『十四五』职业教育国家规划教材

职业教育国家在线精品课程配套教材

高等职业教育新形态一体化教材

高职大学生心理健康教育

（第四版）

主　编　李　斌

副主编　许新赞　邹志超　丁　玲

主　审　俞国良

高等教育出版社·北京

中国教育出版传媒集团

内容提要

本书是“十四五”职业教育国家规划教材，职业教育国家在线精品课程配套教材，本书第三版曾获全国优秀教材二等奖。本书以党的二十大精神为指引，根据高职大学生心理特点和心理发展规律，结合岗位(群)对职业心理素质的要求，精选相应的心理健康知识与活动训练方案编写而成。全书共设十七个单元，前面十个单元主要涉及心理学基本知识，包含关注心理健康、完善自我意识、学会情绪管理、和谐人际关系、优化个性品质、调节学习心理、应对挫折与压力、解读恋爱心理、探索生命意义和调适网络心理；后面七个单元则针对学生所学专业对应的职业岗位(群)特点，分别阐述了七大类职业岗位(群)对应的主要职业心理素质及培养方法。每个单元既有重要理论知识的讲解，又有课内课外实践活动的开展，穿插有案例、故事、心理活动、心理测验等内容，同时涵盖活动、体验和分享，使教材更具趣味性、操作性和实效性。本书内容新颖、资源丰富，注重知识传授、能力培养和素质教育的融合。

本书配套教学资源丰富，在线课程“高职大学生心理健康教育”已在爱课程平台上线，可以助力开展线上线下教学，满足教师和学生的不同需求。

本书既适用于高等职业院校、中等职业院校和应用型本科院校选用，亦可供相关社会人士参考。

图书在版编目（CIP）数据

高职大学生心理健康教育 / 李斌主编. -- 4版. -- 北京 : 高等教育出版社, 2023.9（2025.8重印）
ISBN 978-7-04-060734-5

Ⅰ. ①高… Ⅱ. ①李… Ⅲ. ①大学生－心理健康－健康教育－高等职业教育－教材 Ⅳ. ①G444

中国国家版本馆CIP数据核字(2023)第128653号

高职大学生心理健康教育
Gaozhi Daxuesheng Xinli Jiankang Jiaoyu

策划编辑 李聪聪　责任编辑 李岳璟 李伟楠　封面设计 王 洋　版式设计 马 云
责任绘图 邓 超　责任校对 刘娟娟　责任印制 高 峰

出版发行 高等教育出版社
社　　址 北京市西城区德外大街4号
邮政编码 100120
印　　刷 固安县铭成印刷有限公司
开　　本 787mm×1092mm 1/16
印　　张 21
字　　数 500千字
购书热线 010-58581118
咨询电话 400-810-0598
网　　址 http://www.hep.edu.cn
　　　　 http://www.hep.com.cn
网上订购 http://www.hepmall.com.cn
　　　　 http://www.hepmall.com
　　　　 http://www.hepmall.cn
版　　次 2010年10月第1版
　　　　 2023年9月第4版
印　　次 2025年8月第6次印刷
定　　价 47.80元

物 料 号 60734-00

编委会成员

序

2018年7月，中共教育部党组印发了《高等学校学生心理健康教育指导纲要》的通知（教党〔2018〕41号）（以下简称《纲要》）。《纲要》明确指出，高等学校要对新生开设心理健康教育公共必修课，大力倡导面向全体学生开设心理健康教育选修和辅修课程，要不断完善心理健康教育教材体系，组织编写大学生心理健康教育示范教材，科学规范教学内容。在此背景下，以李斌教授为首的编写团队迈出了扎实且至关重要的第一步。作为《纲要》的起草者和编制研究者，我谨向李斌教授及其团队致以热烈的祝贺和诚挚的感谢！

毫无疑问，高职学生作为新时代的大学生，他们思维活跃、充满朝气、勇于创新，富于理想和激情。然而，在这个改革不断深化，文化价值多元、快速发展的社会转型时期，大学生们面临诸多挑战与压力，由此产生的一系列心理健康问题不容忽视。教育者如何帮助他们化解内心的矛盾与冲突？如何引导学生健康成长？解决这些问题需要教育者们的爱心和智慧，需要针对高职大学生的特点寻求新理论、新办法、新途径，需要结合高职专业对应的岗位（群）的内在要求开展课程设计，需要通过校企合作来设置教学情境，才能实现事半功倍的教育效果。

高职院校是我国高等学校的“半壁江山”，所开设的“心理健康教育”是“提高大学生心理素质、促进其身心健康和谐发展的教育，是高校人才培养体系的重要组成部分，也是高校思想政治工作的重要内容”，而课程教学则是推进与深化这项工作的重要抓手，在培养与我国社会主义现代化建设要求相适应，德智体美劳全面发展，具有综合职业能力，在生产、服务一线工作的高素质劳动者和技能型人才过程中有特殊的地位，并发挥着其他课程无法替代的重要作用。该课程的主要任务是提高全体高职学生的心理素质，帮助他们正确认识和处理成长、学习、情绪和职业生活中遇到的心理行为问题，促进自强意识、成才意识、创业意识和自我价值感。让他们了解激发学习兴趣和动机的方法，理解终身学习概念的新内涵，培养自己的学习信心和兴趣，体验学习过程中的积极感受和体验，树立终身学习和在职业实践中学习的理念；让他们正确认识人际交往和社会适应障碍的成因，理解和谐人际关系、快乐生活的意义，热爱职业，诚实劳动，崇尚人际交往中的尊重、平等、谦让、友善和宽容，追求健康的生活方式，不断提升自己的生活质量；关注自身性生理和性心理发展的特点，从而能主动进行心理调适、情绪管理，做积极、乐观、善于面对现实的人；使他们了解自己的性格特征、行为方式和成长规律，积极接纳自我，学会欣赏自我，敢于接受职业的挑战，追求自己的人生价值，直面成长中的心理行为问题。特别是让他们享受成功体验，增强职业意识，培养职业兴趣，提高职业选择能力，做好职业心理准备；了解职业心理素质的重要性，正确对待求职就业与创业中可能出现的心理行为问题，勇于面对职业压力和职业倦怠，认同职业角色规范，不懈追求创业和创新，提高职业适应能力，在职业体验和实践中提高职业心理素质，做一个身心健康的高素质劳动者。

有鉴于此，我认真拜读了李斌教授主编的《高职大学生心理健康教育（第四版）》，从中感受到他和他的同事们付出的艰辛与努力，体会到了他们对高职大学生心理健康教育工作的思考与实践。本书积极创新，富有实效：一是重新构建了高职院校大学生的心理健康体系，将大学生心理健康教育通识模块与不同专业群要求的职业心理健康模块有机结合；二是更多注重传授心理健康问题的解决方法和心理训练的技能技巧；三是问题意识强，针对高职大学生普遍存在的心理行为问题进行教材编写，逻辑清晰，较好回答了“是什么、为什么、怎么办”三个层次的问题；四是重视教辅资源的开发，构建了具有特色的一体化教学资源库，通过开发课程教学资源，提供包括慕课、微课、阅读资料等教学资源，丰富了学生课外学习的内容，提高了课程学习的质量和效率，扩大了课程的影响力。五是重视典型工作领域里典型工作情境下典型心理问题的应对，培养高职大学生的职业心理素养。通过本课程的学习，学生们一定会对如何更好地提高心理健康水平有所思、有所悟、有所得。

李斌教授是我的心理学同仁，完成老朋友的嘱托既是荣幸也是责任！我相信，本教材的修订和再版，一定会给高校大学生心理健康教育，尤其是高职院校大学生心理健康教育增添浓墨重彩的一笔。真诚希望它能成为高职院校心理健康教育工作者的得力助手，大学生心灵成长的良师益友。

俞国良

2023年6月于北京西海探微斋

俞国良简介

俞国良，男，浙江杭州人。现为中国人民大学二级教授（2011）、博士生导师（1999）、心理研究所所长（2005）。国家自然科学基金委员会心理学与神经科学学科评审组成员、全国教育科学规划心理学学科评审组成员；教育部中小学心理健康教育专家指导委员会秘书长和高等学校心理健康教育专家指导委员会委员、国家卫生健康委员会精神卫生和心理健康专家委员会委员；中国心理学会社会心理学分会原会长、中国教育学会教育心理学分会副会长、中国职教学会德工委副主任。研究领域为社会心理学和心理健康教育。承担国家自然科学基金项目、教育部人文社科重大研究项目等30多项。在SCI、SSCI收录有论文50余篇，《心理学报》《教育研究》《新华文摘》论文50余篇、CSSCI论文300余篇，著有《社会心理学》《社会性发展》《现代心理健康教育》《社会转型：心理健康教育报告》《社会转型：社会心理学的立场》和《探微集5卷》等多部专著。

前言

2018年7月，教育部出台了《高等学校学生心理健康教育指导纲要》(以下简称《纲要》)。《纲要》指出，要把心理健康教育课程纳入学校整体教学计划，规范课程设置，对新生开设心理健康教育公共必修课，大力倡导面向全体学生开设心理健康教育选修和辅修课程，实现大学生心理健康教育全覆盖。

自2001年以来，长沙民政职业技术学院就把“大学生心理健康教育”作为必修课面向全体学生开设，课程开设的主要目的是引导学生正确认识并妥善处理在学习、生活、成长成才、择业交友、恋爱等方面遇到的具体问题，培养学生良好的职业认知能力和良好的职业心理素质，了解对应职业岗位（群）对职业心理素质的要求，有效预防与应对未来职业生涯中可能遇到的心理困惑、障碍与危机。

作为心理健康教育的主阵地，心理健康教育课程教学一直受到学校党委和行政部门的高度重视。青年强，则国家强。我们要培养怀抱梦想又脚踏实地，敢想敢为又善作善成，有理想、敢担当、能吃苦、肯奋斗的新时代好青年，让青春在全面建设社会主义现代化国家的火热实践中绽放绚丽之花。为了更好地促进教学、提高教学质量，学校专门成立了心理健康教研室作为相对独立的教学机构，专门负责心理健康教育的教学改革与研究，力求在吸取众多优秀成果的基础上，体现高职特色和校本特色。育人的根本在于立德。课程教材建设要全面贯彻党的教育方针，落实立德树人根本任务，培养德智体美劳全面发展的社会主义建设者和接班人。在编写教材过程中，老师们坚持调研200余家企业和行业组织，深入了解企业对人才职业心理素质的要求。学校每年开展新生心理普查、心理咨询与团体辅导，以帮助在校学生解决心理问题，分析在校学生的心理健康教育需求。学校坚持整合资源，构建立体的心理健康教育体系，在专业课、就业指导课、大学生素质拓展等教书育人环节均体现了心理健康教育的要求。本教材结合高职学生的心理发展特点编写而成，体现出以下六个方面的理念。

一、体现大学生心理健康共性与不同职业岗位（群）心理素质个性相结合的理念

本教材在高职心理健康教育的教学内容有所创新，构建了“维护心理健康”和“拓展职业心理素质”两大模块。本书的前10个单元构成“维护心理健康”模块，旨在帮助高职大学生享有快乐、阳光的大学生活；本书的后7个单元构成了“拓展职业心理素质”模块，旨在帮助高职大学生了解自己的职业兴趣、提高职业心理认知水平、获得一定的职业

心理体验、为职业发展打下良好基础，助推职业学习，使学生拥有一个积极向上、愉快充实的职业心态。心理健康教育已成为高职人才培养的有机组成部分，充实完善了高职人才培养的理念与模式。

二、体现心理素质培养与职业教育培养目标相结合的理念

本教材的主要内容基于对高职院校大学生心理健康现状的调查研究和对行业企业的调查分析设计而成。教学过程与方法贴近高职人才培养的规律与特色，紧扣行业企业的工作情境与流程，创建了“10+1”的课程运行模式。“维护心理健康”模块10个单元为所有专业学生必修，“拓展职业心理素质”模块7个单元由学生根据所学专业选修1个，教师可根据实际教学情况灵活使用，避免了一本教材统管所有层次学生、所有专业学生的弊端，使课程建设富有针对性、感染力和亲和力。

三、体现校企双元的编写理念

在本教材编写过程中，除了本校的心理健康教育专业教师参与外，我们还聘请了企业的技术骨干参与编写。通过他们收集整理企业员工在典型工作场景中容易出现的典型心理问题，对问题进行深入分析，并提出解决职业心理问题的相应方案，为提高学生职业心理素养奠定基础。

四、体现育心育德相统一的编写理念

本教材在每个单元的开篇引入心灵故事，融入课程思政元素，优化教材内容体系。将理想信念、奋斗精神、文化自信、社会主义核心价值观、诚信服务、家国情怀、工匠精神等课程思政元素以案例故事的形式融入教材。让学生在理论学习、实践体验、社会服务中提升道德修养和职业精神。育人的根本在于立德，本教材全面贯彻党的教育方针，落实立德树人根本任务，培养德智体美劳全面发展的社会主义建设者和接班人。

五、体现线上线下相结合的理念

本教材除了有纸质书籍外，我们还配套开发了教学课件、微课视频资源、拓展阅读、测试试题等教学资源。通过多种方式，引导学生在线上线下学习与体验的过程中学会心理调适的具体方法，提高心理调节能力，全方位加强学生心理素质培养。

六、体现实用性与开放性相结合的理念

本教材围绕高职大学生学习、人际交往、恋爱、网络行为等方面的心理热点问题开展心理健康教学，根据目前高职院校开设比例较高的专业和与专业对应的职业岗位（群）来设置职业心理素质教学内容，体现了“以问题为本”的教学设计和教学特征，着力解决学

生心理发展中的具体问题。教材采用开放的方法、努力为在开放的环境实施教学提供文本依据，强调采用讨论分享、角色扮演、心理测试、心理游戏、小组活动等开放性教学方法，建立由第一课堂（课堂教学）、第二课堂（课外活动）和第三课堂（社会实践）共同组成的教学体系。

尽管整个编写团队尽力呈现优质内容，但由于水平有限，教材还有很多需要改进和提高的地方。我们在修订时更新了一些典型案例和理论知识，增加了微课视频资源。在今后的使用过程中，我们会根据遇到的实际问题不断努力，在教中学，在学中教，优化学生体验，对教材加以完善。作为中国心理卫生协会高职学生心理健康教育工作委员会副主任单位、湖南省大学生心理健康教育研究会副会长单位、湖南省高职学生管理研究会会长单位，我们既吸取了心理学专家的意见，也通过与广大高职院校同行们进行广泛深入交流，吸取了同行们的宝贵经验，在此一并致谢。

李　斌

2023 年 6 月于长沙

目 录

第一单元 1

关注心理健康

心语

一个人的身体，决不是个人的，要把它看作是社会的宝贵财富。凡是有志为社会出力，为国家成大事的青年，一定要十分珍视自己的身体健康。

——徐特立

非淡泊无以明志，非宁静无以致远。

——诸葛亮

知识梳理

关注心理健康
知识点
技能点
心理健康的标准
心理健康的概念
大学生心理健康的标准
正确理解大学生心理健康标准
大学生常见的心理问题
环境适应问题
学习问题
人际关系问题
恋爱问题
经济问题
就业问题
影响大学生心理健康的因素
个人内在因素
外在环境因素
心理自助的方法
掌握一定的心理卫生知识
积极进行自我调整
朋辈互助的方法
个体面谈辅导
电话、网络辅导
团体辅导
心理求助的方法
向朋友或亲人求助
向辅导员求助
向学校心理中心求助
向校外专业心理咨询机构求助
寻求医院精神科的专业咨询与治疗

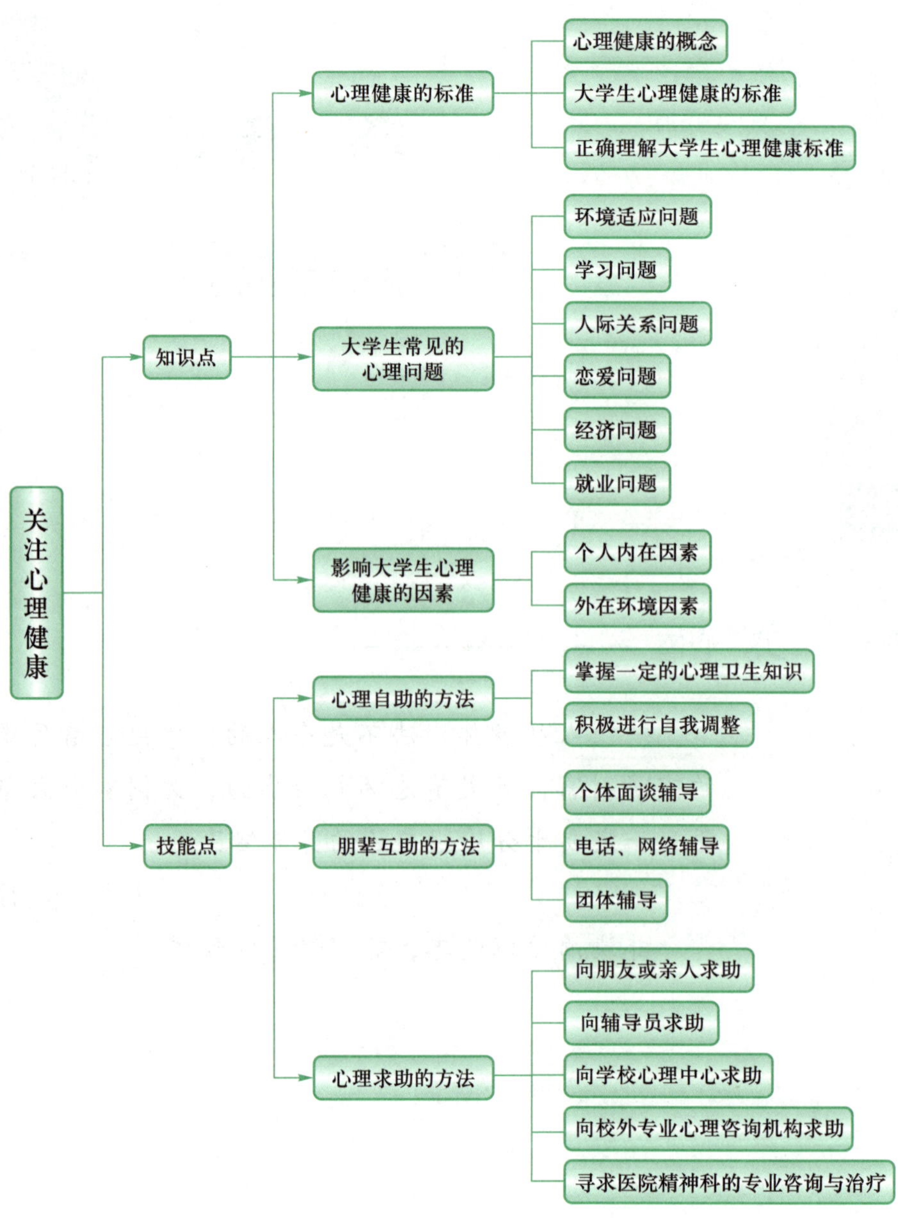

心理讲堂

心灵故事

2020年新年伊始，一场突如其来、态势凶猛的新型冠状病毒感染疫情笼罩全国。面对疫情，我们同舟共济，众志成城。在我们身边涌现了太多感人至深、可歌可泣的人和事。中国文艺志愿者协会副主席何加林在这样的背景下，写下了这首《我们都是战士》的诗歌。让我们一起来观看《我们都是战士》抗疫短片，并请同学们谈谈，面对疫情，我们的"战士"们有哪些精神和品质值得我们去学习。在新型冠状病毒感染疫情的影响下，我们如何调节自己的心态，积极规划未来的生活，做好新时代的接班人？

小故事

《我们都是战士》

一、心理健康的标准

当大学生活的画卷铺开时，你是否发现在寻寻觅觅的尽头，并不都是以往"那人却在灯火阑珊处"的喜悦。"梦里寻他千百度"，却是"犹抱琵琶半遮面"。在痛苦的反思之后，有的人开始调整目标，调适心态，积极面对新生活；有的人则灰心丧气，觉得前途阴云密布，以消极的心理和行为去应付生活。积极面对生活的人，为了梦想，会珍惜时光，一点一滴地积累，让大学生活变得更加充实、丰富、有节奏；消极的人则会生活在徘徊、迷茫、抱怨之中，最后可能一事无成。因此，在大学阶段，把握心理健康标准，掌握促进心理健康的方法与途径，树立良好的心理健康观，关系着每一位学子的成长。

（一）心理健康的概念

心理健康是指一种良好的心理或精神状态。与心理健康含义接近的词有"心理卫生"和"精神卫生"，意指对心理或精神健康的维护和保健。

看微课

你的心理健康吗？

1946年，第三届国际心理卫生大会将心理健康定义为"在身体、智能以及情感上与他人的心理健康不相矛盾的范围内，将个人心境发展成最佳状态"。

一般认为，心理健康是指个人心理所具有的正常的、积极的状态和与环境保持良好心理适应的能力。心理健康并不代表没有心理疾病，也不是对任何事物都能愉快地接受，而是在对待环境和问题冲突的反应上，能更多地表现出积极的适应倾向。心理健康是一种积极向上的、高效而满意的心理状态。

围绕心理健康开展的教育称为心理健康教育。心理健康教育的目的在于预防心理障碍或行为问题，以促进人们心理调节的能力，发挥更大的心理效能。良好的心理素质是人的全面素质的重要组成部分，因此，开展心理健康教育也是实施素质教育的重要内容之一。

（二）大学生心理健康的标准

人体的身高、体温可以用尺子、温度计准确测量，心理健康水平的测量就困难多了。要考虑不同的年龄阶段、不同的群体。那么，作为一名当代大学生，具备怎样的心理素质才是心理健康的表现呢？综合各种观点，根据大学生年龄特征、社会角色和心理发展的特点，一般认为，我国大学生心理健康的基本标准包括以下八个方面（图 1-1）。

图 1-1　大学生心理健康的标准

1. 智力正常

智力正常是大学生进行正常学习、生活的最基本的心理条件，是大学生适应周围环境最基本的心理保证。心理健康的学生对学习有浓厚的兴趣，求知欲望强烈，能克服学习中的困难，学习成绩稳定，能保持一定的学习效率，从学习中体验到满足与快乐。

2. 情绪健康

情绪健康是大学生心理健康的一个重要指标。心理健康的学生能经常保持愉快、开朗、乐观的心境，对生活和未来充满希望，虽然也有悲、忧、哀、愁等消极体验，但能主动调节，并能适当表达和控制情绪，喜不狂、忧不绝、胜不骄、败不馁。

3. 意志健全

坚强的意志是人们取得事业成功的先决心理条件之一。意志健全的人在行动的自觉性、果断性、顽强性和自制力等方面都会表现出较高的水平。意志健全的大学生在各种活动中对自己的行为有正确的认识，在困难和挫折面前冷静、果断，能够采取合理的方式应对所遇到的各种困难，并在行动中能适度地控制自己的语言、行为及情绪，善于督促自己去执行已经做出的决定。

4. 人格完整

人格完整指人格的各要素（气质、能力、性格、理想、信念、人生观等）完整统一，平衡发展。一个心理健康、人格完整的大学生，其所思、所想、所行是协调一致的，同时具有积极进取的人生观，并以此为中心把自己的需要、目标和行动统一起来。

5. 自我意识明确

正确的自我意识是大学生心理健康的重要条件，是大学生良好人格的重要体现。一个心理健康的大学生应该有正确的自我评价，能够客观地认识自己，了解自己，接纳自己，既不妄自尊大，做自己力所不能及的事情；也不妄自菲薄，甘愿放弃可以发展自己的机会。

6. 人际关系和谐

和谐的人际关系是大学生心理健康的重要条件和途径，也是衡量大学生心理健康的标准。心理健康的大学生乐于与人交往，并能用尊重、信任、友爱、宽容、理解的态度与人相处，能获得他人的信任，愿意与人分享友谊，乐于助人，团结协作。

7. 适应能力强

环境适应能力包括正确认识环境及处理个人与环境的关系的能力。对环境的适应能力反映着一个人的心理健康水平。心理健康的大学生在环境改变时能面对现实，使个人行为符合新环境的要求，并能对社会现状有清晰的认识，与社会保持良好接触。

8. 心理行为符合年龄特征

从心理学角度来看，人的发展有很多阶段，每个人在生命发展的不同阶段，均有相应的心理行为表现。大学生是处于特定年龄阶段的社会群体，他们的认知、情感、言行、举止应具有与其年龄和社会角色相符合的心理行为特征，如精力充沛、勤学好问、反应敏捷、喜欢探索等。过于老成、过于幼稚、过于依赖等都是其心理不健康的表现。

（三）正确理解大学生心理健康标准

正确理解和运用大学生心理健康标准应注意以下问题。

（1）心理不健康是指一种持续的不良状态。偶尔出现一些不健康的心理和行为，并不等于心理不健康，更不等于心理疾病。因此，不能只看到一时一事就简单地对人对己做出心理不健康的结论。心理冲突犹如身体感冒、发烧一样，平时要注意提高自我保健意识，及时进行自我调整。

（2）心理健康与不健康是一种连续的状态。在许多情况下，异常心理与正常心理、变态心理与常态心理之间没有绝对的界限，只是程度的差异。心理完全健康和完全不健康的人都是极少数的，大多数人都处于中间区域（图 1–2）。

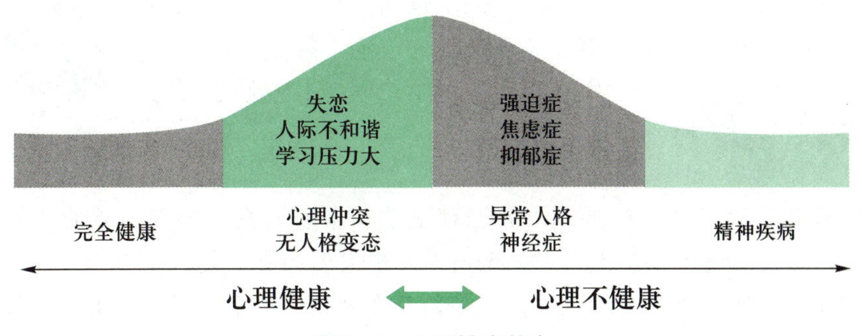

图 1–2 心理健康状态

（3）心理健康状态不是固定不变的，而是动态变化的过程。随着人的成长、经验的积累、环境的改变，心理健康状况也会有所改变。

（4）上述心理健康标准只是心理健康的一般要求，而不是最高境界。每个大学生都应该在自我现实的基础上，追求心理健康和心理发展的更高层次，充分发挥自己的潜能，促进自我的全面发展。

二、大学生常见的心理问题

从总体上说，绝大多数大学生的心理状况是健康的。多数学生遇到的都是一般性心理困扰，这些问题大多是发展性问题，轻微，可调适。但是，一般性心理困扰也会在很大程度上影响学生的发展。

（一）环境适应问题

案例：静静（本书案例中涉及姓名均为化名），女，18 岁，某大学一年级新生，来自北方某中等城市。静静是独生子女，在家备受父母宠爱。入学后，静静非常想家，她诉说道："在这里我太孤独了，成天想家。早上醒来一睁眼就想到不是在家里，真不是滋味。我喜欢有家人陪伴的温暖，每当一个人的时候，内心总是特别敏感，害怕孤独会变成生活的常态，对这个陌生的城市充满了无数未知，虽然告诉自己要坚强，未来还有很多事情需要独立去面对，但心里头总是涌起心酸。"

环境适应不良主要发生在大学新生群体之中。新生入学后，在自我认知、同学交往、自然环境等方面都面临着新的调整，这使得一些大学生难以适应而感到困惑。例如，有的想家、恋旧，常常偷偷以泪洗面；有的厌学、彷徨，沉溺于游戏，无所事事；有的出现失眠、情绪低落等症状。这些矛盾如果过于激烈和持久，则容易导致大学生心理压抑，甚至引发心理疾病。

（二）学习问题

案例：小磊，男，大一新生。进入大学学习，小磊身边没有了妈妈的唠叨，不再面对升学的压力，学习相对轻松了很多。可是他觉得自己的学习积极性、自觉性大不如前，上课也明显不像高中那样认真了，做作业拖拖拉拉，敷衍了事。临近期末，他开始莫名地感到焦虑与不安（图 1–3）。

图 1–3　学习问题

学习是大学生活的主旋律，学习上的困难与挫折对大学生的负面影响是最为显著的。大量的事实表明，学习成绩下降是引起大学生焦虑的主要原因之一。大学生存在的主要学习问题，包括学习方法、学习态度、学习兴趣、考试焦虑等。

（三）人际关系问题

案例：雨萌最近遇到了一件烦心事，那就是和室友的交往问题。随着彼此不断地了解，室友之间的陌生感早已不复存在，雨萌却发现大家的交往越来越勉强，有时甚至为了一点小事就生气斗嘴。曾经听人说过，大学的朋友都多了一个心眼，没有人会轻易地敞开自己的心扉，彼此间像是有一种利益纷争似的……有时雨萌真的不想去维持这种关系，觉得独自一个人生活更好，但她知道这是不可能的，她多希望大家在寝室能够继续像一家人一样快乐地生活！

进入大学后，如何与周围的同学友好相处，建立和谐的人际关系，是大学生面临的一个重要课题。由于大学生缺乏社会生活经验和社会交往阅历，再加上青春期心理固有的闭锁、羞怯、敏感和冲动，使大学生在人际交往过程中不可避免地遇到各种困难，从而产生困惑、焦虑等心理问题，这些问题甚至会严重影响他们的健康成长。

（四）恋爱问题

案例：松妍，某校大二学生。她有一个哥哥，现已参加工作。松妍来咨询室自述：我和我男友最近总是吵架。我觉得他对自己的要求太高了，总想着未来就业问题，逼着自己去上自习、看书，陪伴我的时间越来越少了。我觉得他对我越来越冷淡，两个人在一起也没什么话题可说。我希望他能多一点时间来陪我，可是他总是要忙自己的学习、工作。我认为大学的爱情是浪漫的，不应该因为未来的压力而受到影响（图 1–4）。

图 1–4　恋爱问题

大学生处于青春期中后期，有着建立亲密关系的愿望。但是，由于大学生的恋情懵懂，特有的激情给爱情蒙上了一层神秘色彩的同时，也会引发各种心理问题，严重的还会导致心理障碍。

（五）经济问题

案例：王蒙，女，来自偏远地区，家庭经济压力大，主要经济来源为父亲的务农收入。上大学后，王蒙来到一个大城市学习，由于她性格内向，不善言辞，经常独来独往。后因寝室遗失物品，被同学怀疑、嘲笑，发生了寝室矛盾，加之学习效率下降，她产生了退学的想法。

目前，我国高校在校生中仍有不少家庭经济困难的学生。他们可能因为家境贫寒而感到自卑，甚至有时还会遭到同学的不理解和嘲笑。这些情况会影响他们对自己的认知，产生情绪困扰，导致人际关系不良，严重地影响了学习、生活和身心健康。

（六）就业问题

案例：铭铭，大三学生。铭铭的自述：我马上就要毕业了，很快就要走向社会，可是对于择业的社会环境和工作单位都不熟悉。听过一些校内安排的毕业生心理调适专题讲座，我觉得很有用，只是我不知道该从哪些方面来弥补自己对就业知识了解的不足，很迷茫。

就业是人生的重要转折点。面对就业，大学生的心理是矛盾的。一方面渴望自己尽快走入社会，谋求到适合自己的理想职业；另一方面又患得患失，不愿意走出校门，对走入社会感到迷茫。大学生的就业忧虑和恐惧心理是由于意识到就业的客观形势与自我主观愿望的差距而产生的消极心理体验。

三、影响大学生心理健康的因素

影响大学生心理健康的因素体现在多方面，归纳起来可以分为个人内在因素和外在环境因素。

（一）个人内在因素

1. 生理因素

（1）遗传因素。遗传是生物界共有的普遍现象。一般来说，心理活动是不会遗传的，它主要是在后天的社会环境影响下，在社会实践活动中形成和发展起来的。然而，作为一个整体的人与遗传的关系十分密切，尤其是一个人的体型、气质、神经系统的活动特点及能力等直接受到遗传因素的影响。

（2）身体健康状况。各种躯体疾病会使人烦恼、敏感多疑、行为控制力下降，尤其是慢性病或久治不愈的疾病更容易导致严重心理障碍的产生。

（3）内分泌系统。青春期是内分泌腺体活动加剧、激素分泌旺盛的阶段，某一种腺体活动失调会影响人的心理活动。青春期的性发育也是影响心理健康的一个不可忽视的因素。性发育给青少年带来了最初的性心理冲击。

2. 心理因素

（1）人格因素。心理学上的人格即个性，它表现为个体差异，是个体在与环境相互作用过程中所表现出来的独特的行为模式。一个人在其成长发展过程中，如果受到家庭、学校、社会不良因素的影响，则可能出现人格发展缺陷（某方面过分发展，某方面发展不够等），严重的可能出现病态人格。人格（个性）结构存在严重缺陷的人，社会适应力低，心理健康水平低；在遭遇外部刺激时，常会产生严重应激反应，诱发心理问题。

（2）心理素质。大学生活也不是一帆风顺的，所谓“人生逆境十之八九，顺境十之一二”，大学生随时都会在学习、生活、交友、恋爱、择业等方面遇到各种各样的困难。心理素质脆弱，尤其是缺乏自制力与挫折承受力的人，容易发生心理问题。

（二）外在环境因素

1. 社会因素

人的心理品质的形成是和特定的社会条件相适应的。当社会生活条件发生变化，人不能做出相应的调整而出现社会文化关系失调时，就有可能出现心理问题。社会经济结构的变革，多元文化价值观念的冲击，社会竞争的加剧，以及知识更新加快、成才周期缩短等因素，给大学生带来巨大的心理压力。对大学生来说，社会、家庭寄予他们很高的期望，这种高期望对大学生的压力也是巨大的。在这些巨大的压力之下，他们又常常觉得缺少社会的支持，因此，自然会感到压抑、苦闷和茫然。

2. 家庭因素

家庭的影响主要包括家庭的情绪氛围、父母的教养态度、家庭结构及家庭经济状况四个方面。家庭的情绪氛围是良好心理素质形成的前提，家庭成员间的语言交流及人际氛围，直接影响着每个成员的心理，尤其是对个性逐渐成熟的大学生而言，更具有特别的意义。父母的教养态度和教育方法直接影响孩子的行为和心理，民主、平等、开明的教养态度与教育方法有利于子女心理的健康发展。家庭结构的变化也会对正在上学的大学生的心理产生一定影响，如单亲家庭、重组家庭等。家庭经济状况拮据，特别是需要勤工俭学的学生易产生心理不适感。可见，家庭环境对大学生心理健康的影响是深远而持久的。

3. 学校因素

学校是大学生日夜生活的场所，因而学校氛围对大学生心理健康的影响是直接而深刻的。

（1）人际关系的复杂化

大学是集体生活，然而一些大学生以自我为中心，容易造成人际摩擦。同时，大学生在寻求友谊中表现出对他人的苛求、交流的被动性等也会造成人际的疏离；在人生观方面流露出消极性，如主观认为人是自私的、虚伪的，这也妨碍着人际交往的进行。

（2）学习生活的紧张化

大学生心理上的紧张和压力一方面来自繁重的学习任务以及需要应付的各种考试，另一方面来自同学之间的竞争以及社会责任感等。适当的紧张与压力对一个人的成才是必要的，但如果超过一定限度，成为一种心理负担时，就会影响心理健康。

四、大学生心理调适

（一）心理自助的方法

1. 掌握一定的心理卫生知识

（1）阅读相关的书籍、报刊，浏览网络媒体等。

（2）选修有关心理健康教育方面的课程，包括听讲座和报告会等。

（3）参加校内外各种心理健康方面的社团及实践活动，如心理沙龙、心理健康主题班会、心理剧表演、心理知识竞赛、心理健康教育周（月）活动等。

2. 积极进行自我调整

（1）树立合理的奋斗目标

大学生要摆脱心理上的困惑，就要为自己树立一个远大的目标。当然，目标并非越大越好，力所不能及的目标本身就失去了价值和意义。对这个目标，既有能达到的信心，又存在适度的风险；既能通过自己的努力实现，又能在实现后使自己感到满意。

（2）了解自我，悦纳自我

一是学会多方面、多途径了解自己，不盲目自信，也不妄自菲薄。

二是学会从周围获悉对自我的真实反馈。大学生要学会与人沟通，善于从沟通中获取他人对自己的评价，同时进行正确分析，否则就会造成自我认识偏差，不能客观、正确地了解自我。

三是学会从社会生活经验中了解自我。要积极参加各种社会实践活动，在实践中锻炼自己的能力，并扩大自己的社会接触面，积累经验，增加自我了解。

四是学会热爱生活。五彩缤纷的生活是快乐的源泉，大学生不要用不切实际的标准来奢求生活，而要用合理的标准来对待生活，看待自己，做到“知足常乐”，唯有如此，才能始终保持心情的舒畅和精神的振奋。

五是避免用唯一标准来衡量自己。“金无足赤，人无完人”，每个人都不是十全十美的，要正确看待和处理公与私、苦与乐、得与失、名与利的关系。

（3）学会管理和调整情绪

一是培养乐观主义精神。积极乐观的精神能促使人保持良好的情绪状态，从而轻松、从容地应对生活。

二是学会合理宣泄。合理宣泄的方法有很多，如向朋友、亲人或老师倾诉；伤心、难过时，不妨痛哭一场；如果不愿意找人诉说，也可以用文字发泄；当然，也可以参加一些运动，在运动中调节情绪，疏泄压力与不快。

三是培养兴趣爱好。在大学阶段，学生可以根据自己的性格特点和条件，培养一些兴趣和业余爱好，积极参与有益活动，扩大自己的社交领域，丰富自己的精神生活，培养自己开阔的胸怀。

（4）建立良好的人际关系

一是培养优秀的个性品质。在了解自己的性格特征的前提下，发展乐观、热情、诚实、宽容等良好的性格品质，增强心理韧性。

二是坚持诚实、宽容和谅解的原则。与人交往时，对他人期望不要过高，不要处处盲目与人竞争，学会去包容和关爱别人。

（二）朋辈互助的方法

朋辈之间的心理互助可以通过朋辈辅导来实现。朋辈辅导是指年龄相当者对周围需要心理帮助的同学和朋友给予心理开导、安慰和支持，提供一种具有心理辅导功能的帮助，具有自发性、义务性、亲情性、友谊性和有效性，通常是由同龄人来担任辅导员。朋辈辅导的形式有以下三种。

1. 个体面谈辅导

主要是个别辅导，当事人直接到朋辈心理辅导室进行面谈。这种方式有利于消除当事人的疑虑，打破心理屏障，使辅导能不断深入发展。同时，朋辈辅导员还可以根据当事人的反应，随时调整辅导对策，避免其他因素的干扰。

2. 电话、网络辅导

通过打电话或网络聊天的方式，给予当事人劝告和安慰，该辅导形式在一定程度上可减轻当事人的隔阂感，放下心理戒备。

3. 团体辅导

以讲座、团辅游戏等形式达成，注重的是在模拟的人际交往环境中，使每一个参与者体会到他人生活中的成长方式，感受到同伴的关怀和支持。

（三）心理求助的方法

“求助是强者的行为”，当你在生活中遇到困扰、挫折与打击，感到压抑、焦虑、绝望时，你可以这样求助。

1. 向朋友或亲人求助

找个知心的朋友，把你的烦恼跟你的好朋友倾诉一下，也可以找自己的父母或者亲人诉诉苦，寻求心理支持，说完后，你会感觉轻松很多。

2. 向辅导员求助

辅导员能为你解决很多困难，大学的辅导员是你在学校的“家长”，他们是最能帮助你的人。当然，辅导员也会为你的事情保密，所以你不用太担心，更不用担心辅导员知道你的事情后对你有看法，他们希望自己的学生都能成功成才，会为你提供更多的支持和帮助。

3. 向学校心理中心求助

心理咨询老师会为你做详细的评估，他们会运用心理学的方法帮助你，在求助的过程中，你要相信老师的专业和能力，并采纳老师的建议，积极行动起来，这样才有辅导效果。如果心理咨询无法解决你的困扰，老师也会为你提供建议，进行更进一步的心理治疗，学校的心理咨询师会严格遵守保密规定（图 1-5）。

图 1-5　心理咨询场景

4. 向校外专业心理咨询机构求助

如果你确实不想让学校知道，不想在学校寻求帮助，你也可以寻求校外专业的心理咨询机构提供帮助，但是，这些机构良莠不齐，要注意鉴别。

5. 寻求医院精神科的专业咨询与治疗

假设你经过努力也无法好转，出现严重心理困扰时，建议你到医院的精神科寻求专业建议治疗。也请你的监护人一同前往医院寻求帮助，同时建议尽快告诉辅导员，让辅导员为你提供必要的帮助。

最后，想告诉大家，心理问题不可怕，可怕的是你不能正视自己的问题，回避问题；可怕的是你没有信心，不能坚持！

心理实践

一、心理测量：症状自评量表（SCL-90）

指导语：症状自评量表（SCL-90）是世界上最著名的心理健康测试量表之一，“SCL-90”是90项症状清单（Symptom Check List 90）的简称，可以协助我们从十个方面来了解自己的心理健康程度。表1-1中列出了有些人可能有的症状或问题，请仔细阅读每一条，然后根据该句话与自己的实际情况相符合的程度（最近一个星期或现在），选择一个适当的数字填写在后面的选项框中。

1—从无：自觉并无该项问题。
2—很轻：自觉有该项问题，但发生得并不频繁、严重。
3—中等：自觉有该项症状，其严重程度为轻到中度。
4—偏重：自觉常有该项症状，其程度为中到严重。
5—严重：自觉该症状的频度和强度都十分严重。

看答案

症状自评量表（SCL-90）评分与解释

表1-1　症状自评量表SCL-90

序号	题目	选项				
		从无	很轻	中等	偏重	严重
1	头痛					
2	神经过敏，心中不踏实					
3	头脑中有不必要的想法或字句盘旋					
4	头晕或晕倒					
5	对异性的兴趣减退					
6	对旁人责备求全					
7	感到别人能控制自己的思想					
8	责怪别人制造麻烦					
9	忘性大					
10	担心自己的衣饰整齐及仪态的端正					
11	容易烦恼和激动					
12	胸痛					
13	害怕空旷的场所或街道					
14	感到自己的精力下降，活动减慢					

续表

序号	题目	选项				
		从无	很轻	中等	偏重	严重
15	想结束自己的生命					
16	听到旁人听不到的声音					
17	发抖					
18	感到大多数人都不可信任					
19	胃口不好					
20	容易哭泣					
21	同异性相处时感到害羞不自在					
22	感到受骗，中了圈套或有人想抓住自己					
23	无缘无故地突然感到害怕					
24	自己不能控制地大发脾气					
25	怕单独出门					
26	经常责怪自己					
27	腰痛					
28	感到难以完成任务					
29	感到孤独					
30	感到苦闷					
31	过分担忧					
32	对事物不感兴趣					
33	感到害怕					
34	自己的感情容易受到伤害					
35	旁人能知道自己的私下想法					
36	感到别人不理解、不同情自己					
37	感到人们对自己不友好，不喜欢自己					
38	做事必须做得很慢以保证做得正确					
39	心跳得很厉害					
40	恶心或胃部不舒服					
41	感到比不上他人					
42	肌肉酸痛					
43	感到有人在监视、谈论自己					
44	难以入睡					
45	做事必须反复检查					
46	难以做出决定					

续表

序号	题目	选项				
		从无	很轻	中等	偏重	严重
47	怕乘电车、公共汽车、地铁或火车					
48	呼吸有困难					
49	一阵阵发冷或发热					
50	因为感到害怕而避开某些东西、场合或活动					
51	脑子变空了					
52	身体发麻或刺痛					
53	喉咙有梗塞感					
54	感到前途没有希望					
55	不能集中注意力					
56	感到身体的某一部分软弱无力					
57	感到紧张或容易紧张					
58	感到手或脚发重					
59	想到死亡的事					
60	吃得太多					
61	当别人看着自己或谈论自己时感到不自在					
62	有一些不属于自己的想法					
63	有想打人或伤害他人的冲动					
64	醒得太早					
65	必须反复洗手、点数					
66	睡得不稳不深					
67	有想摔坏或破坏东西的想法					
68	有一些别人没有的想法					
69	感到对别人神经过敏					
70	在商店或电影院等人多的地方感到不自在					
71	感到任何事情都很困难					
72	一阵阵恐惧或惊恐					
73	感到公共场合吃东西很不舒服					
74	经常与人争论					
75	单独一人时神经很紧张					
76	别人对自己的成绩没有做出恰当的评价					
77	即使和别人在一起也感到孤单					
78	感到坐立不安心神不定					

续表

序号	题目	选项				
		从无	很轻	中等	偏重	严重
79	感到自己没有什么价值					
80	感到熟悉的东西变成陌生或不像是真的					
81	大叫或摔东西					
82	害怕会在公共场合晕倒					
83	感到别人想占自己的便宜					
84	为一些有关性的想法而很苦恼					
85	认为应该为自己的过错而受到处罚					
86	感到要很快把事情做完					
87	感到自己的身体有严重问题					
88	从未感到和其他人很亲近					
89	感到自己有罪					
90	感到自己的脑子有毛病					

二、典型心理情境及应对

（一）新生适应心理情境

1. 情境描述

沁玥，女，某高校大一学生，来自偏远山区，刚入学的时候，经常跟以前的高中同学倾诉，在大学迷茫、郁闷，怀念以前的生活，感到这里一切都那么陌生。从高中紧张学习的生活一下到了完全放松状态，课余时间太多，不知道怎么安排。

2. 情境应对

（1）小组讨论：以6~8个同学为一组，准备好纸和笔。讨论并分享以下问题：进入大学后，你对大学的印象有什么改变？讨论结果以表格的形式呈现，具体见表1-2。

表1-2　大学印象前后对比记录

内容	高中阶段	我期待的大学	当下的大学
学习方式			
评价标准			
校园环境			
人际交往			
生活方式			

（2）如何适应大学生活。进入大学，部分新生会经历郁闷、迷茫、自卑……任何人在面对自己过去没有经历过的新环境、新生活方式、新人际关系时，都会忐忑不安，有的担心，有的焦虑，以下三个措施可以调节上述情绪。

① 增强确定感。当我们感到不确定时，我们很可能会处于焦虑、无助等状态。如果能提前做好充足准备，增强确定感，就能缓解负面情绪。

② 自我调节。可以通过积极的心理暗示或者合理宣泄等方式进行自我调节。另外，也可以参加一些学生社团，逐渐适应大学环境。适应并不是目的，而仅仅是开篇，我们需要的是发展，收获的是成长。没有适应谈不上发展和成长，适者生存，这是自然界的法则。而我们每个人都有闪光点，也都有应对困境的潜力，要相信自己。

③ 寻求帮助。求助是强者的行为，遇到问题要积极寻求帮助，利用身边的资源，构建自己的社会支持系统，比如你的父母、辅导员、班主任、老师、同学、朋友、心理咨询师等都可以成为你支持系统的一部分。

（二）自卑心理情境

1. 情境描述

我是一名大二女生，从小学习成绩不太好觉得自己长得也不漂亮。在学校我也不喜欢参加集体活动，走路时我总是避开人群，我怕别人的眼神，也不敢去外面实习，怕被人歧视，更别说谈男朋友了，我想也不会有人喜欢我。我觉得自己很失败，什么也做不好。

如果你是她的同学，你认为可以怎么样去帮助她？

2. 情境应对

（1）倾听练习。根据该案例设三人一组，一人说，一人听，一人观察。说的人主要向倾听者诉说困惑、苦恼、痛苦等。倾听的人要注意倾听时的表情、姿势、语言等方面，要表现出对倾诉者的接纳、尊重和理解。一轮结束后，观察者给予倾听者和倾诉者反馈，并进行小组讨论：① 作为倾听者，有什么感受？② 作为倾诉者，你在诉说的时候有什么感受？③ 作为观察者，倾诉者的倾诉让你有什么感觉？

（2）寻找资源。练习扮演案例中的主角，帮她寻找和发现身边的资源。

（3）寻求帮助。建议案例中的主角积极寻求专业心理咨询师的帮助。

（三）学习问题情境

1. 情境描述

志豪，男，大一新生。他以较好的成绩考入某高校，到这个城市两个多月来，他感到心中茫然，对学习提不起精神，对于未来就业也很迷茫。对于目前这种状态，他自己也很烦恼，但束手无策。

2. 情境应对

（1）做好大学生生涯规划。对于大学生来说，在大学生活中要获得良好发展，必须学会寻求各种有关信息。建议你用一些时间去听取老师、家人朋友的建议，规划大学生涯，请填写表 1–3。

表 1-3　大学生涯规划

老师的建议	
学长的提醒	
我的特点（优点及不足）	
努力的方向	

（2）正视问题，探索目标。案例中的同学存在学习问题和适应问题。从高中到大学，学习方式和学习评价标准发生了变化，一时间还没有适应，没有学习目标，学习动力缺乏，并产生了学习疲劳，建议他与心理咨询师一起探索大学发展目标，用目标来驱动自己，找到大学生活的意义和方向。

三、心理训练

（一）适应团体

活动名称：我想有个家。

活动目的：让成员体会和感受个人和团体的关系，认识团体对个人的重要性，从而更愿意投入团体，增强团体的凝聚力。

活动时间：15 分钟。

活动准备：多媒体。

活动过程：

（1）开始时让全体成员围圈拉手，充分体会大家在一起的感受。

（2）指导员说："变 4 人一组"，成员必须按照要求组成 4 人组，形成新家。以此类推，变成 5 人一组、7 人一组……

活动分享：离家在外的人有孤独、无助的感觉。人是社会的人，我们渴望被他人接纳，彼此关心帮助。离开了集体，我们会失去安全感。大家从五湖四海来到大学，组成了新的集体。很多人是第一次离开父母，大学就是你的新家。如果我们中间的哪位同学生病了，或是遇到困难了，希望大家要去关心他、帮助他，这样相互支持帮助的感觉是很温暖的。营造一个温暖和谐的集体人人有责，在集体里我们可以获得支持、关心、归属、荣誉和安全感。

（二）认识新朋友

活动名称：连环自我介绍。

活动目的：促进成员之间相识，拓展交往范围。

活动时间：30 分钟。

活动过程：

（1）以 6~8 人为一组，大家围圈而站（图 1-6）。

（2）从其中一人开始，每人用一句话介绍自己。这句话中必须包括姓名、籍贯和爱好。

（3）当第一个人讲完后，第二个人介绍自己时，必须带上第一个人的信息，具体规则如图 1-6 所示。

（4）接下来，每位成员在自我介绍时都要把前面同组成员的信息包含进去。

（5）最后，每小组抽 2~3 名同学按规则进行自我介绍。若在 2 分钟内未能完成或出现错误者，小组一起表演一个节目。

（6）在多次重复中，大家便记住了小组中的每一个人。

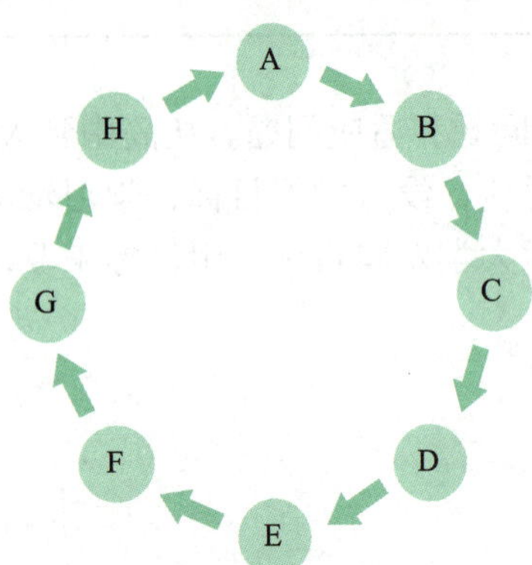

A:我是来自江西喜欢读书的A。
B:我是来自江西喜欢读书的A旁边的来自湖北喜欢踢足球的B。
C:我是来自江西喜欢读书的A旁边的来自湖北喜欢踢足球的B旁边的来自河南的喜欢唱歌的C。

图 1-6　围圈而站和自我介绍

课外拓展

一、心理书籍

（一）《心理学改变生活》

本书是一本与日常生活密切相关的心理学读物。它专为对心理学应用感兴趣的读者而著，通过把心理学知识和原理应用到自己的生活中，读者可以更清楚地了解自己的生活为什么会这样，应该是什么样子的，以及如何做出改变。

（基尔希，达菲，阿特沃特．心理学改变生活［M］．何凌南，何吴明，等译．北京：机械工业出版社，2015.）

（二）《大学生心理学》

本书从大学生在环境适应、自我认识、人格塑造、情绪管理、压力应对、人际交往、性与爱、学习策略、求职与择业等方面遇到的困惑和烦恼进行分析和探讨，并提出了多种调适心理、解除困扰、改善关系的方法和策略。

（江光荣．选择与成长：大学生心理学［M］．武汉：华中师范大学出版社，2004.）

（三）《安全基地：依恋关系的起源》

本书详细探讨了母婴关系的本质，从对本能行为的讨论开始，结合许多其他研究者的文献，列举了很多非人类哺乳动物幼崽和母亲的依恋关系，从而推及人类的依恋模型。研究表明，婴儿与抚养者（主要是母亲）的依恋关系对其一生的情感发展具有十分重要的影响，为人父母者应充分了解如何与孩子建立安全的依恋关系，帮助孩子形成健康的人格，从而拥有幸福的人生。

（鲍尔．安全基地：依恋关系的起源［M］．余萍，刘若楠，译．北京：世界图书出版公司，2017.）

二、健心影院

（一）《我的忧郁青春》

该片根据真人真事改编，描述了伊丽莎白·伍兹尔自童年开始到进入哈佛大学并成为成功记者期间，所经历的浮沉与挣扎，包括父母离异后的争执、大学生活的迷失，以及与抗忧郁药物的抗争。

（二）《爱德华大夫》

该片多处运用了心理分析和心理治疗的方法与技术（如精神分析、梦的解释等），简单展示了弗洛伊德关于精神分析的几个问题。

（三）《心灵捕手》

该片讲述了一个名叫威尔的男子在麻省理工学院做清洁工的故事。威尔在数学方面有着过人的天赋，却是个叛逆的问题少年，在教授蓝勃、心理学家桑恩和朋友查克的帮助下，威尔最终把心灵打开，消除了人际隔阂，并找回自我和爱情。

三、学以致用

（一）案例分析

子萌说，马上要进行专升本考试了。这是她上大学以来最重要的一件事，还有两周就要考试了，如果考砸了将对自己的未来有很大影响。子萌表示之前一直在努力备考，但最近一周总是不由自主地担心自己考试不过，并且吃不好、睡不香，担心这样下去只会考砸。

讨论：从心理健康角度出发，你如何看子萌所说的问题呢？

（二）想想做做

1. 活动目的

（1）帮助学生了解自己的心理健康状况，学会辨别心理困扰程度，并能恰当应对，形成正确的心理健康观。

（2）掌握评价大学生心理健康的标准。

（3）能对自身的心理健康状况进行正确评价。

（4）懂得如何应对自身的心理困扰。

2. 准备材料

（1）10 厘米 ×10 厘米纸片若干张（根据人数确定），大头针一盒，彩色笔一盒（36色），双面胶一个，B5 纸张若干张（根据人数确定）。把标有各组名称或标记的纸片别在学生衣服上，相同名称或标记的学生为一组，形成一个团队。

（2）安排各组学生课前或即兴准备，将校园心理现象以各种形式在课堂上表现出来（如漫画、心理剧、文学作品等）。

3. 操作步骤

（1）各组学生将课前或即兴准备的校园心理现象在课堂上进行展示和表演，全班分享。

（2）心理健康课教师提问：无病等于健康吗？心理健康等于没有烦恼吗？你是怎么判断自己的心理是否健康的？哪些校园心理现象是正常的？哪些是不正常的？哪些现象给你带来了心理冲突？心理健康与不健康的区别是什么？心理健康就是要控制自己的情绪吗？

（3）各组同学对心理教师提出的问题进行讨论辨析，并提出各自的理由。

第二单元 2

完善自我意识

心语

谁不能主宰自己，谁就永远是一个奴隶；想左右天下的人，须先左右自己。

——苏格拉底

知人者智，自知者明

——老子

知识梳理

完善自我意识
知识点
技能点
自我意识概述
大学生自我意识的发展
全面认识自我
积极悦纳自我
有效地控制自我
自我意识的概念
自我意识的结构
自我意识与心理健康
自我意识的发展特点
自我意识的发展过程
自我意识的发展偏差
通过比较认识自我
通过他人评价认识自我
通过实践活动认识自我
通过自我反省认识自我
通过科学测量认识自我
建立和巩固良好的自我感觉
无条件接受自我
正确对待成功与失败
改变自己的观念和思维方式
保持适度的成就动机
关注自己的长处和优势
增强自尊和自信
培养顽强的意志和坚强的性格

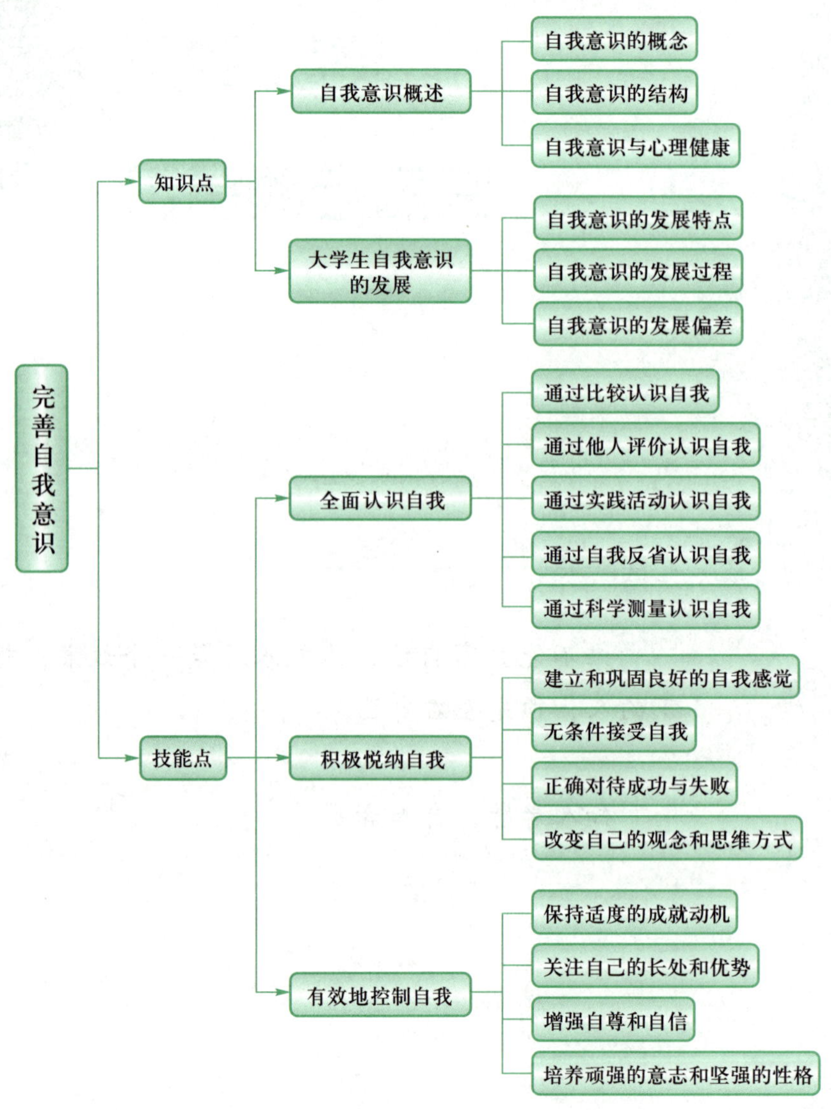

心理讲堂

心灵故事

凡是胸有大志者，都是懂得自律，能够自我管理的人。如何才能做到自我管理呢？自我管理从哪些方面去体现呢？阅读曾国藩的自我管理十二条，再结合自己的行为习惯，思考如何在生活中实现自我管理，达到自我完善。

（1）敬。整齐严肃，无时不慎。无事时心在腔子里，应事时专一不杂。清明在躬，如日之升。

（2）静坐。每日不拘何时，静坐四刻，体验来复之仁心。正位凝命，如鼎之镇。

（3）早起。黎明即起，醒后勿沾恋。

（4）读书不二。一书未完，不看他书。东翻西阅，徒徇外为人。

（5）读史。丙申年购《廿三史》，大人曰："尔借钱买书，吾不惜极力为尔弥缝，尔能圈点一遍，则不负我矣。"嗣后每日圈点十叶，间断不孝。

（6）谨言。刻刻留心，第一工夫。

（7）养气。气藏丹田，无不可对人言之事。

（8）保身。十月二十二日奉大人手谕曰："节劳，节欲，节饮食。"时时当作养病。

（9）日知所亡。每日读书记录心得语，有求深意是徇人。

（10）月无忘所能。每月作诗文数首，以验积理之多寡，养气之盛否。不可一味耽着，最易溺心丧志。

（11）作字。饭后作字半小时。凡笔墨应酬，当作自己功课。凡事不留待明日，愈积愈难清。

（12）夜不出门。旷功疲神，切戒切戒。

VR 视频

走进大脑

一、自我意识概述

古希腊大哲学家苏格拉底创办了一所学校，这所学校的门口立着这样一块牌子："认识你自己。"仅仅五个字道出了千百年来困扰着一代又一代人的命题，即："我究竟是怎样的一个人？""在社会中、班级里我究竟处在什么样的位置？""我的能力行不行呀？""别人怎样看待我呢？""我应当成为怎样一个人？""我怎样改变现状，成为理想中的那种人？"通俗地说，这些就叫作自我意识。

（一）自我意识的概念

自我意识（Self-consciousness）是个人对自身以及对自己与客观世界的关系的认识，是一种多维度、多层次的心理系统，是人格调控系统的核心。

看微课
什么是自我意识

（二）自我意识的结构

所谓自我意识的结构，即指自我意识由哪些心理成分或基本表现形式所构成。许多心理学家一致认为，自我意识是一种既联系又区别的结构，它是一种多层次的心理系统，从不同角度可以划分为以下几个类别。

（1）躯体我、社会我和精神我。心理学家威廉·詹姆斯（William James）认为，人最先是从自己的躯体知道自己的存在，产生了“躯体我”，即对自己身体、健康状况、外貌、动作技能等方面的感受，照镜子、美容美肤等都是躯体我的表现。与人交往，从他人对自己的反应中以及对自己的社会角色中，体验出自己的“社会我”，即对自己在社会中所处的经济状况、政治地位、声誉威信等方面的自我评价和自我体验，如：自己是贫穷还是富裕？是否受人尊重和信任？在集体生活中举足轻重还是无足轻重？别人对自己是亲近还是疏远？之后再从生活的成败得失和心理发展中，产生对自我心理品质、精神状态的认知，逐渐形成“精神我”。这三个概念直接对应自我意识的内容：生理自我、社会自我和心理自我。

（2）本我、自我和超我。心理学家西格蒙德·弗洛伊德（Sigismund Freud）在其人格结构理论中深入探讨了自我的结构。他认为，人出生时只有一个本能的我（本我），其功能是为了生存，其行为表现大多属于原始性的冲动，遵循的原则是快乐至上。做事肆无忌惮，且个人多不自知。它像一个幼儿，容不得紧张，希望得到满足，易冲动、非理性、无组织；自我是人与外部世界的媒介，它适应环境的一些条件和限制，代表人的学习、训练和经验，遵循现实原则；超我是社会规范中是非标准与价值判断的代表，它遵循道德原则，支配、监督个人的一切。

（3）理想自我、现实自我和应该自我。心理学家希金斯（Edward Tory Higgins）依据自我的立场和范畴定义了三种自我。理想自我是人喜欢或想拥有的特征；现实自我是人实际具有的特征；应该自我是人必须或应该拥有的特征。理想自我和应该自我都是想要成为的我，统称为自我导向或自我标准，主要包括以下几个方面：个体的理想、愿望、期望以及责任、义务和道德。

（4）自我认识、自我体验和自我监控。自我意识具有认知、情感和意志三种心理要素，即所谓的自我认识、自我体验、自我监控。自我认识主要涉及“我是一个什么样的人”“我为什么是这样的人”等问题，包括自我感觉、自我观念、自我分析、自我批评等。自我体验属于情绪范畴，它以情绪体验的形式表现出人对自己的态度，主要涉及“我是否接受自己”“我是否满意自己”“我是否悦纳自己”等问题，包括自尊、自爱、自卑、自弃、自恃、自傲、责任感、义务感、优越感等。自我监控主要表现为人的意志行为，它监督、调节自己的行为，调节、控制自己对自己的态度和对他人的态度，涉及“我怎样克制自己”“我如何改变自己”“我如何成为优秀的人”等问题，表现为自主、自立、自强、自制、自律、自卫等。以上三者互相联系、有机组合、完整统一，成为个体个性中的自我。

（三）自我意识与心理健康

自我意识越成熟、越完善的大学生，其自我认识、自我体验和自我监控越能够协调一致地发挥作用。他们会更加客观地认识学习生活中遇到的挫折，会更加自我肯定、自我欣赏并能积极地进行自我协调和控制。相反，自我意识不成熟的大学生，由于对自身片面地认识，无法客观地分析、评价自己以及生活中遇到的负性生活事件，往往会出现情绪反应过激，缺乏行动的动机等情况。自我意识存在各种矛盾、冲突和偏差，是引起大学生各种心理问题的关键因素之一。因此，无论从维护大学生心理健康的层面上，还是从促进大学生心理发展的角度上，塑造健全的自我意识，化解自我意识的矛盾冲突，纠正自我意识的偏差，是预防、减少大学生心理疾病，促进大学生心理健康的重要途径。

二、大学生自我意识的发展

（一）大学生自我意识发展的特点

大学生自我意识发展的特点和同年龄段的青年有相同之处，但是由于其特殊的教育环境和知识背景，导致自我意识又与一般青年有些不同，可以概括为如下几个方面。

1. 独立意识强烈，关注个人发展

上大学意味着独立生活的开始，生活上的独立促进大学生心理上的独立，他们开始更多地关心自己的现状和未来发展。他们不断地寻求自己的未来，并为之进行周密地计划和安排。同时，大学生还会产生孤独感，渴望和别人交流。表面上大家各自为政，生活在自己的世界里，内心里却涌动着被别人理解，与别人沟通的愿望。

2. 自我评价能力有了很大发展

到了大学阶段，学生对自己的认识和评价发生了很大的变化，这种变化不是说学生不看重外在的东西了，而是与外在的东西相比，他们更加注重内在的素质。随着年级的升高，大学生对自我的社会属性，包括社会地位、社会角色、社会责任、社会义务等越来越关注。一般而言，低年级的学生自我评估的倾向比较明显，这是因为他们刚从中学毕业，渴望得到他人认可，因此，他们自认为是“天之骄子”。但是，经过几年的大学学习、观察和体验，自我的评价趋于平衡，对自己的评价更为客观、现实。

3. 自我体验强烈而复杂

大学生在自我评价提高的基础上，认识到自我的价值、地位和作用，责任感和义务感增强，自尊心有突出的表现，在学习和各项活动中争强好胜，一旦受挫或失败就会产生内疚和压抑的情绪。成功与失败都会引起大学生强烈的情绪反应，从性别差异来看，一般而言，在自我体验强度方面，男生大于女生；在体验的持续性方面，女生比男生持久。

4. 自我控制能力明显提高

随着独立性的提高，大学生的自我控制能力也不断增强。一般情况下，多数大学生能够理智地处理同学之间的矛盾与冲突，克服自己对专业学习的厌倦情绪，顺利通过考试，按学校的规章制度和要求管理自己。

（二）大学生自我意识的发展过程

大学阶段是自我意识稳步发展的阶段，自我认识、自我体验、自我控制逐渐协调一致，大学生自我意识发展的基本规律表现为：分化——矛盾——统一（图 2-1）。

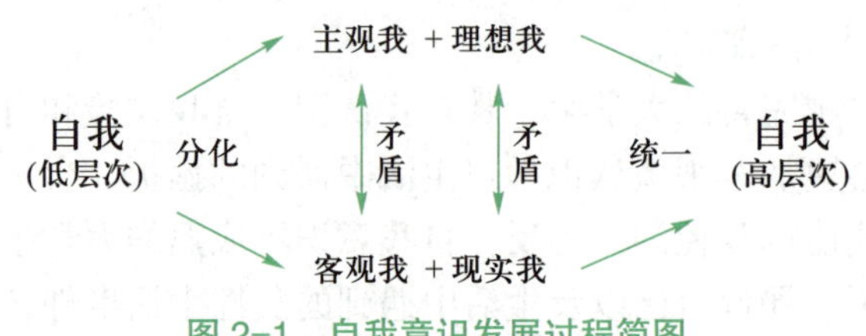

图 2-1　自我意识发展过程简图

1. 大学生自我意识的分化

大学生自我意识的发展是从明显的自我分化开始的。表现为以往那种笼统的、完整的“我”被打破，出现了两个“我”：主观“我”和客观“我”，以及理想中的“我”和现实中的“我”。其中主观的“我”处于观察者的角度，而客观的“我”则处于被观察者的角度。自我意识的分化是自我意识走向成熟的标志。随着自我明显的分化，大学生们开始主动、迅速地关注自己的内心世界和行为，对生理自我、心理自我、社会自我每一处细微变化产生新的认识和体验。自我反省能力的增强，自我形象的再丰富、再认识，由此带来种种激动、焦虑、喜悦等错综复杂的情绪，使得自我体验更加丰富多彩，自我思考逐渐深刻，自己应该怎样做，不能怎么做等等成为经常思考的问题，大学生们开始要求拥有属于自己的一片天空和世界，渴望得到理解和关注。

2. 大学生自我意识的矛盾

一位大学生在日记里这样写道：“我有时是乐观的，有时是忧郁的；有时是慷慨的，有时是苛刻的；有时是内向的，有时是外向的；有时是骄傲的，有时是自卑的；有时是上进的，有时是消沉的。我不知道我为什么是这么一个人。”

自我意识的分化，使大学生开始注意到自己以往不曾留意的许多方面，同时也意味着自我矛盾冲突的加剧，这会给大学生带来不安、疑惑与困扰，可能还会影响到他们的心理健康与心理发展，但它更会促使大学生努力解决矛盾，实现自我意识的统一，从而推动自我意识向着成熟发展。自我意识中常见的矛盾主要有以下几种（图 2-2）。

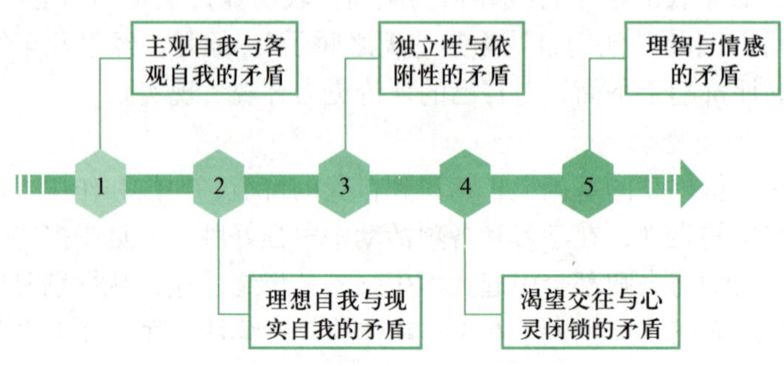

图 2-2　自我意识发展的矛盾

（1）主观自我与客观自我的矛盾

大学生对自我有较高的积极评价，但由于他们尚未进入社会，缺乏社会经验，在校园浓郁的学术与文化氛围中成长，对社会的了解缺乏客观的眼光与切身的体验。而且，随着高等教育大众化进程的推进，适龄青年接受高等教育机会的增加，社会对大学生的评价更趋客观。大学生回归本位，身上光环的消失使他们产生失落感，导致主观自我和客观自我的矛盾加剧。

（2）理想自我与现实自我的矛盾

在现实生活中，理想自我与现实自我总是存在着一定的差距。合理的差距能够使人不断进步、奋发有为，但是，如果差距过大，则有可能引起自我分裂，导致一系列心理问题产生，经常听到的一句俗语："理想是美好的，现实是残酷的"，这正是对大学生自我矛盾冲突的写照。

（3）独立性与依附性的矛盾

大学生生理与心理的成熟，使他们渴望独立，以个人的力量去面对生活、学习与工作中遇到的问题，但由于长期的校园生活使他们应有的社会阅历与经验相对匮乏，当应激事件出现时，他们却又盼望亲人、老师和同学能够替自己分忧。此外，大学生心理上的独立与经济上的不独立也形成了明显的反差。他们在迫切希望摆脱约束、追求独立的同时，却又不可能真正脱离家长和老师的支持和帮助。特别是对于部分独生子女来说，由于长期受到父母的溺爱，独立与依赖的矛盾就表现得尤为突出。

（4）渴望交往与心灵闭锁的矛盾

没有哪个阶段比青少年时期更加渴望友情与爱情以及同辈群体的认同与归属感。在这个时期，每个人都憧憬着爱与友谊，期待交往与分享，渴望自我价值得到实现，积极探讨人生的真谛，寻找人生的知己，渴望成为群体中受尊敬与欢迎的人，然而大学生的自我表露又受到心灵闭锁的影响，总是不经意地将自己最真实的一面深藏起来，与同学有意无意地保持着一定的距离，存在着戒备心理，不能完全敞开心扉交流，和他人沟通思想。这也是与中学相比，大学生常常感到交往不那么自如真诚的原因之一。

（5）理智与情感的矛盾

大学生情绪的显著特点是情绪两极分化，或高或低，波动起伏，不易控制，但随着身心的发展和认知水平的提高，大学生渐渐成熟，在遇到客观问题时，他们既想满足自己情绪与情感的要求，又想服从于社会及他人的需求。特别是当大学生遇到失恋等人生打击时，尽管理智上能够理解，却在感情上难以接受（图 2-3）。

图 2-3　理智与情感的矛盾

3. 大学生自我意识的统一

自我意识的矛盾冲突常常会给大学生带来不安或心理上的痛苦。他们总是寻求新的支点，寻找自我意识的统一点，以达成知行合一。自我意识统一的过程也是自我同一性的过程，即主观自我与客观自我的统一、理想自我与现实自我的统一，自我认知、自我体验和自我监控的统一。获得自我统一的途径一是努力改善现实自我，使之逐渐接近理想自我；二是修正理想自我中某些不切实际的高标准，使之与现实自我趋近；三是放弃理想自我，迁就现实自我。

总之，大学生自我意识由分化、矛盾直到统一的过程并不是绝对的，由于每一个大学生的身心发育水平、经历不同，导致自我分化的早晚、特点和矛盾斗争的水平、倾向不同，达成统一的早晚、模式也不同，而且自我意识的发展是终生的，并不是说自我意识在青年这个阶段分化、矛盾、统一，就意味着它不再发展，只是在青年以后它的发展不像青年阶段那么突出，比较稳定和平缓罢了。

（三）大学生自我意识的发展偏差

一个女大学生的自白："我感到十分孤独，宿舍的同学不喜欢我，我常常在宿舍外面听着里面在热烈讨论一个问题，而我进入宿舍时，谈话就中断了，大家的表情也显示出冷淡与不在乎，我不知道自己做错了什么，得不到大家的认同，这使我非常痛苦。我在中学时一直是很受同学欢迎的，但现在的我变得沉默了。"

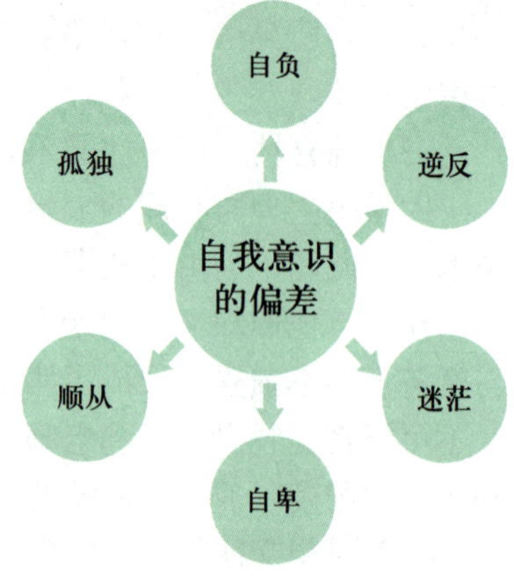

图 2-4 自我意识的偏差

从总体说，大学生自我意识发展的水平较高，但尚未完全成熟，因而容易出现各种发展偏差（图 2-4），引起自我意识发展缺陷，致使自我意识过强或过弱，影响心理健康。

1. 自负与自卑

从大学生自我认知来看，大学生自我意识的偏差表现为自负和自卑。第一，自负。自负的人往往不采纳别人的批评，唯我独尊、盛气凌人、自恃过高。由于缺乏自知之明，这种类型的人总认为自己对而别人错，把自己的意志强加在别人身上，所以不能与人和睦相处，自己也容易受到伤害。第二，自卑。当一个人的自尊需求得不到满足又不能恰如其分、实事求是地进行自我分析时，就容易产生自卑心理。形成自卑心理后，往往会从怀疑自己的能力转变为不能表现自己的能力，从怯于与人交往转变为自我封闭，本来经过努力可以达到的目标，也会主观臆断"我不行"而放弃追求。

2. 孤独与迷茫

从自我体验来看，大学生自我意识的偏差表现为迷茫和孤独。第一，迷茫。大学生具有强烈的自我价值感和自主意识，"自我"观念非常强烈。但是，由于许多大学生的自我意识尚未完善成熟，对价值的判断和选择缺乏稳定和统一的标准。在市场经济高速发展情况之下，不同的社会文化与思想交织交错甚至相互冲突，不少人处于难以选择取舍的困惑境地。一项有关大学生自我意识的测试发现，有 14.7% 的被试者回答常有自我迷失的感觉，有 22.4% 的被试者回答曾有过此种感觉。① 第二，孤独。在进行自我体验和内心感受时，一方面大学生在大学广阔的空间中可以更好地发现自我、认识自我；另一方面自我意识的偏差常常没有足够的实践支撑来检验自我意识的合理性和非合理性，使大学生在短时间内找不到归宿，精神无所归依。

3. 逆反与顺从

从自我控制的角度来看，大学生自我意识的偏差表现为两个方面。第一，逆反心理。逆反心理是大学生自我意识发展中的一种非理性的产物，具有以下特征：（1）盲目性。一些大学生凡事不管正确与否都盲目否定，反其道而行之；凡事无论是否可行，只要想干就

① 王建平．影响大学生自我意识的因素浅析［J］．韩山师范学院学报，2000（01）：98—101.

随心所欲，表现出很大的盲目性。（2）抵触性。大学生的逆反心理与社会的某些行为规范、道德要求存在着一定程度的不相容性，会产生应付、抵制、消极对抗的态度。（3）放纵性。具有逆反心理的大学生往往听不进别人的忠告、劝阻、批评，我行我素。（4）极端性。逆反心理在很大程度上是一种极端性的表露，一些大学生对待别人要求自己做的事情，常常是你让我干，我偏不干。第二，顺从心理。有些大学生性格内向、独立能力差、无主见、甘当配角，缺乏独立意识和对问题的独到见解，具有趋同性，缺少独当一面的勇气。具有顺从心理的大学生容易接受暗示和受人指使，在紧急和困难情况下常常惊慌失措，生活上多无头绪。

三、大学生自我意识的培养

（一）全面认识自我

中国有句谚语说，人贵有自知之明。先哲们不断地教导我们认识自己的重要性，那么认识自己到底有哪些方法呢？下面我们介绍一些认识自我的方法。

1. 通过比较认识自我

德国教育家费斯汀格曾说，个体对自己价值的认识，是通过与他人的能力和条件的比较而实现的，比较时，选准比较的对手对于自我评价的形成有着重要的影响。所以我们在比较的时候，第一，要看这个条件是不是具有可比性，比如说自己的父母或家世不是你能决定的，拿这个去比较就没有什么实际的意义。第二，看和什么样的人进行比较，比如向上比较会降低自我评价，向下比较会提高自我评价，平行比较会迷失方向，止步不前（表2-1），所以确定合理的立足点和参考体系对自我评价尤为重要。

表 2-1　三种比较的优缺点

方向	优点	缺点
向上比较	产生前进动力	降低自我评价
平行比较	客观可信	迷失方向
向下比较	提高自我评价	产生自满情绪

2. 通过他人评价认识自我

当局者迷，旁观者清，周围的人对我们的态度和评价能帮助我们认识自己、了解自己。我们要正视他人对我们的态度与评价，冷静地分析，客观地判断，既不能盲从，也不能忽视。通过将自我评价和他人对自己的评价相互比较，可以更好地了解自己。

3. 通过实践活动认识自我

大学生活可以全面地发挥和展示自己的才华和特长，以及自己的优缺点。在活动中，我们可以发现和验证自我，可以确定自己在团体中的位置，了解自己在哪些方面有突出的表现，在哪些方面不如别人。

4. 通过自我反省认识自我

要认识自己，我们必须要做一个有心人，经常反省自己在日常生活中的点滴表现，总结自己是一个什么样的人，找出自己的优点和缺点。孔子也说："吾日三省吾身。"自我反省的方法很多，一般而言，写日记是一种较好的反省方法。个人成长报告也是一种自我反省的方法，通过对自己成长中的经历和发生的事件的分析，了解自己的个性特点和价值观念。

5. 通过科学测量认识自我

测量可以分为生理测量和心理测量。通过生理的测量或检查，我们可以了解自己的生理状况，对自己的生长发育有正确认识，而通过心理测量可以了解自己各方面的心理特征，如智力水平、性格特征、气质类型、心理适应状况等。通过一些比较标准或具有很高信度、效度的测量来了解自己的心理状况，是一种比较科学、准确的方法。

（二）积极悦纳自我

悦纳自我就是对自己的内在特点持肯定、认可的态度，积极悦纳自我是发展健康的自我体验的关键和核心。大学生怎样才能形成悦纳自我的积极态度呢？

1. 建立和巩固良好的自我感觉

找出最近一次或几次自己做过的比较成功的事情，用心体会成功的愉快心情，庆祝自己的胜利；及时了解自己各方面的发展、进步和成绩，肯定自己的能力；记录别人对你的积极评价和态度，增加自信。通过以上方法，就能把注意力集中在自己的优点和成功上，而不是停留在自己的缺点和失败上，有助于建立和巩固良好的自我感觉。

2. 无条件接受自我

首先，以慷慨和诚实的态度至少举出 10 项自己的优点和自我欣赏的地方；然后，以诚实的态度列出不喜欢自己的地方，在可以改变的地方标上记号，对不喜欢却又无法改变的缺点，试着去接受它，对能改变的缺点，有的放矢地去改变它；最后，肯定自己的价值，相信天生我材必有用。

3. 正确对待成功与失败

从错误和失败中吸取教训，但不被它们打垮，永远给自己机会。一个人不可能不犯错误，也不可能事事成功，可怕的不是错误和失败，而是失败后的一蹶不振。人应平静而又理智地看待自己的错误和失败，从中吸取教训，不因个别的错误和失败轻率地全盘否定自己，要永远对自己保持信心。

4. 改变自己的观念和思维方式

心理学家埃利斯认为，影响我们的态度和情绪的，不是事情本身，而是我们对事情的认识和态度。同样的事情发生在不同的人身上，引起的反应可能是大相径庭的。可以说，其他人不一定会伤害我们或者让我们不开心，是我们自己的理解和看法决定了一件事对我们的影响和意义。人们的生活质量以及幸福与否，从来都有不同的衡量标准，人们对生活的要求是无止境的，需求层次的提高也是永恒的，所以各种压力和困扰总是在所难免的。重要的是我们要能够把握自己的长处，不断进取，摈弃我们头脑中不合理的信念，换一个角度重新认识自己和环境，换一种思维方式看待问题，就会对自己多一份欣赏和接纳。

（三）有效地控制自我

自我控制是指个体在自我认知的基础上，自觉控制自我，主动协调个体与他人、个体与环境的关系，并争取在这些关系中更主动积极地、更有效地激发自己的潜能，即主动地改变现实的“我”以达到理想的“我”的过程。想要有效控制自我，应该做到以下四点。

1. 保持适度的成就动机

究竟要确定什么样的抱负水平才能形成合理有效的目标呢？心理学家阿特金森（Atkinson）做的关于抱负水平的投环实验也许能够给我们一些启示：被试者自己选择投环的距离，然后根据投中与否、距离远近等指标计算成绩。结果发现凡是成就动机高的人，即努力工作追求成功的人，多选择中等距离的位置投掷；而成就动机较低的人，多选择很近或很远的位置投掷。可见成功者情愿在有适度把握又有适度冒险的情况下做出努力，他们的抱负水平是适中的；而成就动机低的人，则是在十分有把握或完全碰运气的情况下工作，其抱负水平不是偏低就是偏高。所以，人们在确立抱负水平的时候，要立足现实，从自己的实际出发，制定出通过一定努力可以实现的适宜目标，即“跳一跳，够得着”的目标。

2. 关注自己的长处和优势

每个人的精力都是有限的，所以精力应当放到自己最擅长的地方。坚持不懈地在自己已有所成就的，或者自己最有优势的领域努力学习或工作，有利于不断地取得成功，获得自我实现。大学生在学习过程中，了解自己的爱好和专长，了解自己的专业发展方向和本专业的就业需求，再在此基础上结合自己的优势进行学习，是自我调控的有效途径。

3. 增强自尊和自信

身心互动原理告诉我们，改变我们的动作和身体状态就可以改变情绪，调整心态。要想自信，可以先假装你很自信，即做到雄赳赳，气昂昂，双眼有神，走路快速，腰板挺直，渐渐地，你会真的增强自信。

4. 培养顽强的意志和坚强的性格

培养意志力和坚持性要做到两个方面，第一，要有适度的目标观。要学会把远大的理想分解成一个个由近及远、由低到高、循序渐进的、具体的、可操作的子目标，每天或者每一段时间坚持检查目标实现的情况，及时地自我反馈，这样才可以慢慢提高自己对目标的坚持性。第二，要有正确的成败观。如果某人将在某项任务上的成功归于稳定的因素，如他的能力很强或这项任务对他很容易，他自然会期望自己在以后的类似情境中继续成功；如果成功被归因于情境等不稳定的因素，如工作努力或运气不错等，这样对下一次能否成功就没有把握了。有正确的归因，才可以有正确的成败观，才可能承受挫折，排除干扰，坚持到底。

心理实践

一、心理测量：自我和谐量表

看答案

自我和谐量表评分与解释

指导语：下面（表 2–2）是一些有关个人对自己的看法的陈述。选择时，请你看清楚每一句话的意思，然后圈选一个数字以表示这句话与你现在对自己的看法的符合程度（1 代表这句话完全不符合，2 代表有些符合，3 表示不确定，4 表示比较符合，5 表示完全符合）。每个人对自己的看法都有不同，因而没有对错可言，请你如实回答。

表 2–2　自我和谐量表

序号	题目	完全不符合	有些符合	不确定	比较符合	完全符合
1	我周围的人往往觉得我对自己的看法有点矛盾	1	2	3	4	5
2	有时我会对自己在某方面的表现不满意	1	2	3	4	5
3	每当遇到困难，我总是率先分析造成困难的原因	1	2	3	4	5
4	我很难恰当地表达我对别人的情感反应	1	2	3	4	5
5	我对很多事情都有自己的观点，但我并不要求别人与我一样	1	2	3	4	5
6	我一旦形成对事情的看法，就不会再改变	1	2	3	4	5
7	我经常对自己的行为不满意	1	2	3	4	5
8	尽管有时得做一些不愿做的事，但我基本上是按自己的意愿办事的	1	2	3	4	5
9	一件事情好就是好，不好就是不好，没有什么可以含糊的	1	2	3	4	5
10	如果我在某件事上不顺利，我往往会怀疑自己的能力	1	2	3	4	5
11	我至少有几个知心的朋友	1	2	3	4	5
12	我觉得我所做的很多事情都是不该做的	1	2	3	4	5
13	不论别人怎么说，我的观点决不改变	1	2	3	4	5
14	别人常常会误解我对他们的好恶	1	2	3	4	5
15	很多情况下我不得不对自己的能力表示怀疑	1	2	3	4	5
16	我朋友中有些是与我截然不同的人，这并不影响我们的关系	1	2	3	4	5

续表

序号	题目	完全不符合	有些符合	不确定	比较符合	完全符合
17	我认为与别人交往过多容易暴露自己的隐私	1	2	3	4	5
18	我很了解自己对周围人的情感	1	2	3	4	5
19	我觉得自己目前的处境与我的要求相距太远	1	2	3	4	5
20	我很少去想自己所做的事是否应该	1	2	3	4	5
21	我所遇到的很多问题都无法自己解决	1	2	3	4	5
22	我很清楚自己是什么样的人	1	2	3	4	5
23	我能很自如地表达我想表达的意思	1	2	3	4	5
24	如果有了足够的证据，我也可以改变自己的观点	1	2	3	4	5
25	我很少考虑自己是一个什么样的人	1	2	3	4	5
26	我认为把心里话告诉别人不仅得不到帮助，还可能招致麻烦	1	2	3	4	5
27	在遇到问题时，我总觉得别人都离我很远	1	2	3	4	5
28	我觉得很难发挥出自己应有的水平	1	2	3	4	5
29	我很担心自己的所作所为会引起别人的误解	1	2	3	4	5
30	如果我发现自己在某些方面表现不佳，我总希望尽快弥补	1	2	3	4	5
31	我认为每个人都在忙自己的事情，很难与他们沟通	1	2	3	4	5
32	我认为能力再强的人也可能会遇上难题	1	2	3	4	5
33	我经常感到自己是孤立无援的	1	2	3	4	5
34	我感到一旦遇到麻烦，无论怎样做都无济于事	1	2	3	4	5
35	我总能清楚地了解自己的感受	1	2	3	4	5

二、典型心理情境及应对

（一）了解自我心理情境

1. 情境描述

大学开学了，不论是在班级还是社团，都要进行自我介绍，姗姗发现，每次做自我介绍时，自己都不知道如何自我介绍。下面是室友丽丽和姗姗的对话。

丽丽：“姗姗，上次你在班上说你性格外向，喜欢运动，今天在社团里面你说你性格内向，比较宅，我不知道你到底是内向还是外向呢？”

姗姗：“我是随便说的呢。”

丽丽：“这也可以随便说啊？”

姗姗：“我……”

2. 情境应对

（1）展示我的自我评价：20 个我是谁。

① 写出 20 句“我是谁”，要求选择一些反映个人风格的语句，尽量避免出现类似“我是一名学生”这样的句子。

② 将写出的 20 句“我是谁”的内容做如下归类。

生理自我（身体状况、体貌特征、年龄、身高等）

社会自我（身份、地位、社会关系及交往等）

心理自我（如情绪、个性、智力和能力等）

（2）通过他人评价了解自我，以微信朋友圈评论为例。

① 打开微信朋友圈，写上 1~2 句自我介绍，比如我是一个什么样的人，然后向朋友圈的朋友求助，问在朋友们的心中，我是一个什么样的人，求评论。譬如：我是一个来自湖南长沙的人，是一个性格外向，有点小闹，爱吃甜食的妹子。但是不知道在你们心中，我是一个什么样的人，求评论。

② 看到朋友的评论，谈谈自己是什么感受。

（3）总结：自我评价和他人评价总会有一些差别，请你对比自我和他人评价，思考自己是自信的还是自卑的，或者处于二者之间的。在生活中你将如何根据评价去调整自我？

（二）迷茫心理情境

1. 情境描述

雨婷是一名大一的学生，高中毕业后考上了自己理想的大学。来到大学后，她就被城市的繁华所吸引，大学丰富多彩的社团活动也让她激动不已。但是，她不知道该加入哪些社团，也发现自己没有什么特长，于是找到了自己的心理辅导员，辅导员告诉她，你要了解自己的兴趣爱好是什么，你的特长和优势有哪些。雨婷一想，我的特长和优势有哪些呢？我自己也不清楚啊。

2. 情境应对

迷茫是青春期大学生都会经历的，可以从生理、心理和社会自我去全面了解自己，发现自己的优势，逐步消除迷茫。

（1）对于青春期迷茫的学生，要学会发现自己的优点，描绘多重自我。

①“我能做什么？”至少列出 5 个选择。

②“我应该做什么？”至少列出 3 个选择。

③“我喜欢做什么？”至少列出 3 个选择。

④“我擅长做什么？”至少列出 1 个选择。

⑤“我适合做什么？”至少列出 5 个选择。

⑥“我讨厌做什么？”至少列出 5 个选择。

（2）进行自我探索，完成乔哈里视窗。乔哈里视窗是一种关于沟通的技巧和理论，将人的内心世界被分为四个区域：公开区、隐藏区、盲目区和潜能区（图 2–5）。

① 公开区：在周围人际圈子中，开放区是你知我知的资讯。这个部分是有关自己的信息，包括行为、态度、感情、愿望、动机、想法、优点和缺点等，是自己知道，别人也知道的部分。

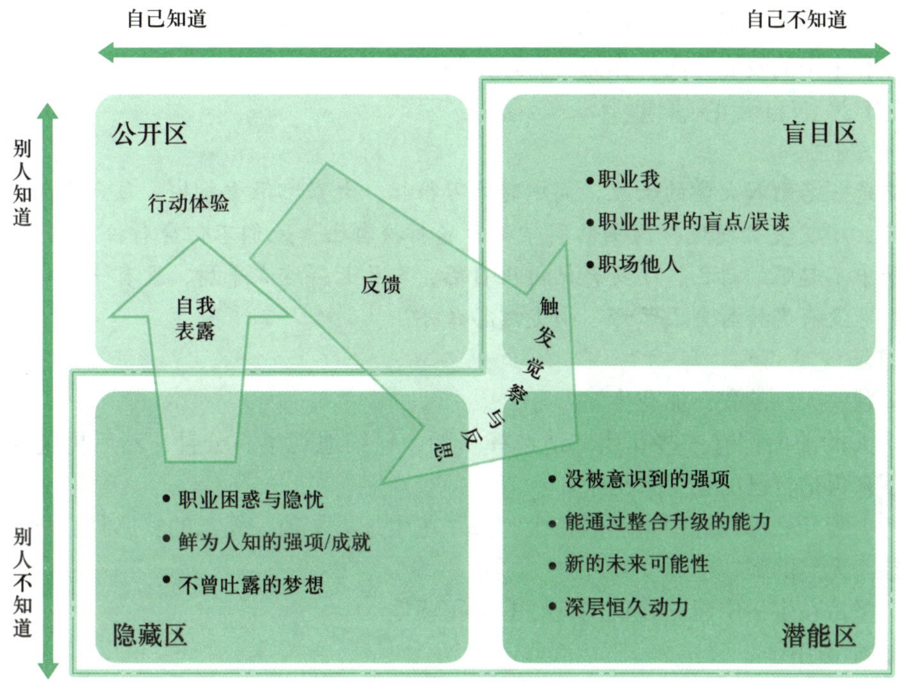

图 2-5　乔哈里视窗

② 隐藏区：是自己知道别人不知道的资讯。这是一个对外封闭的区域，包括个人的思想、感受、经验等，别人无法了解。这个隐私地带的开放程度由自己控制。

③ 盲目区：别人知道关于我的资讯，但我自己并不清楚。在这个区域中，个人看不到自己的优劣，但在别人的眼中，却是一目了然，这就是所谓个人的盲点。

④ 潜能区：双方都不了解的全新领域。它对其他区域有潜在影响。这个部分是有关自己的讯息，但是自己不知道，别人也不知道的部分，包括个人未曾觉察的潜能，或压抑下来的记忆、经验等。

请利用前面学习的了解自我的方法，在图 2-6 中填写乔哈里视窗里面自我的信息。

图 2-6

（3）分享总结：通过以上的练习，分享讨论，你是否对自己了解更深刻了？面对自己的优缺点和未来的发展方向，你需要做好哪些准备？

（三）悦纳自我心理情境

1. 情境描述

小艾是一名刚入大学的女生，高中时学习很忙，大家都很少打扮，每天素面朝天。来到大学后，小艾突然发现，周围的同学都开始打扮自己，她们不但会打扮，而且很自信，看到镜子中不起眼的自己，小艾开始讨厌自己，自己长得这么平庸，没有一点特色，高中到现在，也没有男孩对自己示好。小艾该怎么办？

2. 情境应对

（1）独一无二的我：抓花生。

每个人的前面都有一些花生，请选择一颗，仔细地观察一分钟，然后再把花生放回去，接下来再把自己的花生选出来。

思考：为什么可以选出自己的花生？每颗花生是不是独一无二的？那我们每个人是不是也是独一无二的呢？

（2）坚持在生活中建立和巩固良好的自我感觉。

① 在学习中……

② 在实践中……

③ 在关系中……

④ 在失败时……

（3）思考：悦纳自我和“躺平”有何不同？

① 在认知上，自我接纳是接纳自己的优势和劣势，“躺平”是没有看到自己的优势。

② 在情感上，自我接纳是对自己的未来保持了乐观的心态，“躺平”是接受了悲观的结果。

③ 在行为上，自我接纳是尽力而为，“躺平”是不管未来怎么样都没有行动。

④ 在意志上，自我接纳是坚持不懈，“躺平”是提前放弃。

三、心理训练

（一）了解自我团体活动

活动名称：我希望……

活动目的：认识自我，悦纳自我。

活动时间：30 分钟。

活动地点及准备：教室和室外均可；纸和笔。

活动过程：填空，完成下列句子。

（1）假如我是一种花，我希望是____________，因为____________。

（2）假如我是一种动物，我希望是____________，因为____________。

（3）假如我是一种乐器，我希望是____________，因为____________。

（4）假如我是一种水果，我希望是____________，因为____________。

（5）假如我是一种颜色，我希望是____________，因为____________。

（6）假如我是一种交通工具，我希望是____________，因为____________。

（7）假如我是一种树，我希望是____________，因为____________。

小组分享讨论：能否找到一个与自己完全一样的同学呢？

活动总结：我们都是一个独立的个体，都有自己的特点，要了解自己，悦纳自己。

（二）拒绝迷茫团体活动

活动名称：优势取舍。

活动目的：认识自己身上最重要的5种优势，通过留与舍的决定，让学生更加深刻珍惜自己的优势。

活动时间：30分钟。

活动准备：A4纸每人一张，笔若干。

活动步骤：

（1）请同学们写出自己认为最重要、最引以为豪的五种品质（优势），自己独立思考，不要交流。

（2）删除第一个优势，并想清楚删除的理由。

（3）删除第二个优势，要想清楚以后再做选择，因为一旦划去以后，就意味着你将永远失去你的优势。

（4）删除你的第三个优势、第四个优势。

小组分享讨论：

① 请同学们在每次删除之后，描述一下自己的心情。

② 你最后留下的是什么，说说你这样选择的理由是什么？

③ 你该如何对待你的优势、你的宝藏？

活动总结：① 人总是在失去某件东西的时候，才能体会到它的珍贵。② 失去的时候才知道自己曾经是多么富有，我的优势对我是多么的重要。

（三）悦纳自我团体活动

活动名称：天生我才。

活动目的：通过练习，帮助同学了解自己的长处，珍惜自己的潜能，学习自我欣赏、自我肯定。

活动时间：30分钟。

活动准备：每人一张“天生我才”练习表，一支笔，每个小组8~10人。

活动过程：请每个同学填写下面“天生我才”练习表，完成下面的句子。

我最欣赏自己的外表是____。

我最欣赏自己对朋友的态度是____。

我最欣赏自己对求学的态度是____。

我最欣赏自己对家人的态度是____。

我最欣赏自己做事的态度是____。

我最欣赏自己的性格是____。

我最欣赏自己的一次成功是____。

小组分享讨论：

（1）你是否同意“每个人都有长处”？理由何在？

（2）当你做了某件事有所收获，如帮助一位盲人安全过马路时，考试成绩很理想时……你会欣赏自己的行为吗？

（3）当你做的某件事出现了问题，如：一次重要的约会迟到了，考试中不会回答问题……你会怎样看待自己？会责怪自己吗？为什么？

活动总结：每个人都有长处，都有值得自己或别人欣赏的地方。对于长处应该欣赏并发扬，对于缺点应了解并改善。这个团体活动，目的就是希望同学们在认识自我、悦纳自我、与人沟通和交往方面有明显改善，同时更乐于关怀他人，更有责任感。

课外拓展

一、心理书籍

（一）《萨提亚冥想：内在和谐、人际和睦与世界和平》

本书汇集了冥想的精髓。一段段温暖平和的冥想小语，如涓涓细流润泽你身体的每个角落。你会惊喜地发现，自己竟从未与内心如此地贴近，自己竟从未发掘过那些潜藏已久的财富与能量。

（贝曼．萨提亚冥想：内在和谐、人际和睦与世界和平［M］．钟谷兰，译．北京：中国轻工业出版社，2009.）

（二）《心理画绘画心理分析图典》

本书是中国第一部图典形式的绘画心理分析著作，该书图文对照，方便查找，可操作性极强。

（李洪伟，吴迪．心理画绘画心理分析图典［M］．长沙：湖南人民出版社，2010.）

（三）《“现在全明白了！”——你我他的自我认识之路》

本书探讨了“心灵”的多面性和复杂性，包括身和心的丰富联结。作者在书中呈现的个案，描绘了自我理解的动态过程，强调了知性及情绪学习两者的重要性。

（斯托克顿．“现在全明白了！”——你我他的自我认识之路［M］．北京：中国轻工业出版社，2009.）

二、健心影院

（一）《哪吒之魔童降世》

影片改编自中国神话故事，讲述了哪吒虽“生而为魔”却“逆天而行斗到底”的成长经历。

（二）《逆光飞翔》

影片讲述了两人相互鼓励一起追逐梦想的故事。天生失明但钢琴弹得好的裕翔，却因为不想被同情而不愿参加任何比赛；爱跳舞的小洁被迫放弃学舞，却结交了一个跳街舞时闪耀着光芒的男友。

三、学以致用

（一）案例分析

章玥，大一女生，通过努力考上了大学，性格内向、多疑敏感，不太爱讲话。家中有一弟弟，章玥认为其弟很受父母喜欢，而自己却得不到父母关爱。来到大学后，她发现自己各方面不如同学，但是又不敢表现出来，想通过努力改变自己，但是不知道该怎么办，发现自己难以适应大学生活。

思考：

（1）章玥存在哪些自我意识的偏差，原因是什么？

（2）如果你是她的室友，你该如何与她交往并帮助她？

（二）想想做做

自我成长报告：撰写一篇自我成长报告，分析自己的优缺点和人生目标，要求如下。

（1）自我介绍中包括生理自我、心理自我和社会自我等自我意识的结构。

（2）对现实自我和理想自我进行分析。

（3）不少于500字。

3

第三单元

学会情绪管理

心语

真正的管理人是去管理人的情绪。

——顾修全

让自己愉悦一生是很重要的能力。

——荣格

知识梳理

学会情绪管理
知识点
走近情绪
情绪的概念
情绪的状态
情绪的基本类型
情绪与身心健康
大学生的常见情绪困扰
自卑
焦虑
抑郁
愤怒
恐惧
嫉妒
冷漠
技能点
情绪管理的“三不原则”
不责备原则
不逃避原则
不委曲求全原则
大学生健康情绪的培养
敏锐觉知情绪
适当表达各种情绪
合宜缓解不良情绪
积极提升情商水平
认识自己的情绪
妥善管理自己的情绪
自我激励
认知他人的情绪
管理人际关系

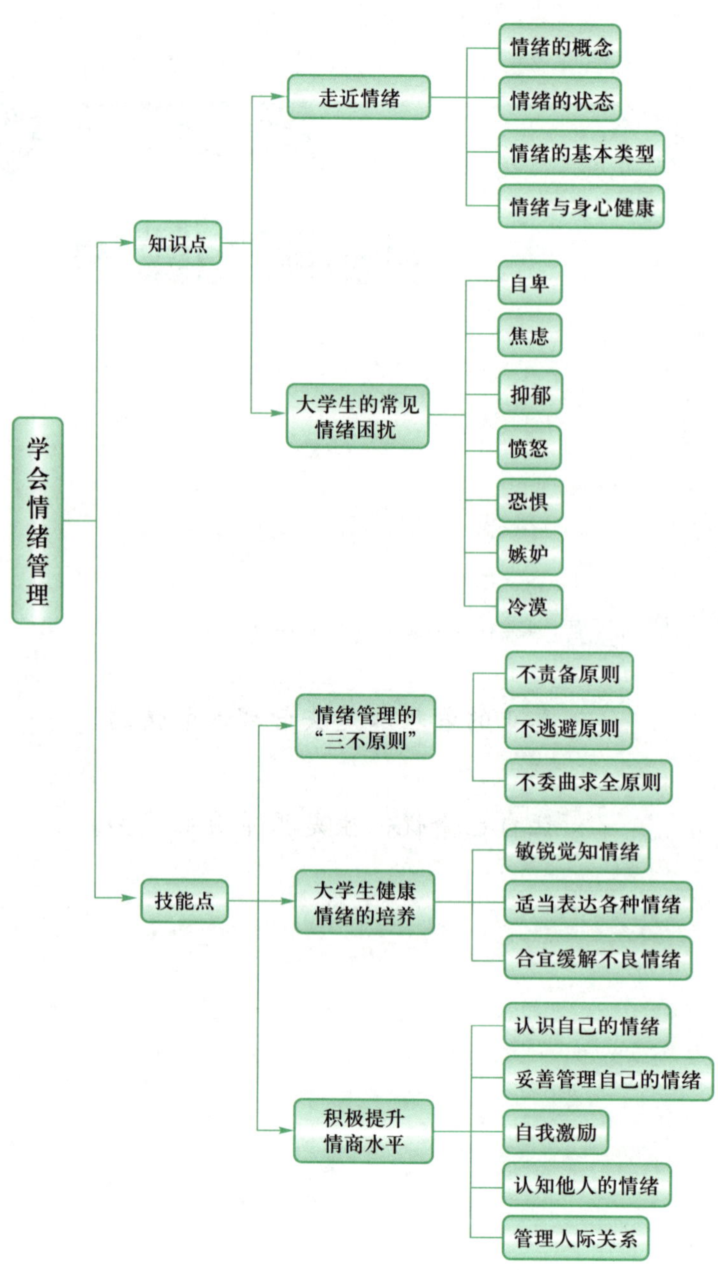

心理讲堂

心灵故事

“80 后”王亚平，出生在一个小山村，父母是地地道道的农民。她曾经梦想成为一名医生或律师。但 17 岁高考那年，她抱着试试看的心理，报名参加了女子飞行员的选拔，成为全国第七批 37 名“女飞”中的一员。从此她与飞行、与蓝天结下了不解之缘。

空军飞行学院的生活是艰苦的，她来不及做好心理准备，就投入到了紧张的理论学习及艰苦的训练中。那时候，面对枯燥的理论及高强度训练，好强的她始终咬紧牙关。特别苦时也曾偷偷哭过，但不服输的她总是擦干眼泪，又继续训练。她努力向前辈们学习，成为团里的骨干飞行员。之后，她多次参加战备演习。2003 年杨利伟驾驶神舟五号成功升天时，作为飞行员，她心中的激动与兴奋难以言表。激动之余，心中升起一个小火苗，什么时候，自己也能飞上太空呢？

功夫不负有心人。2009 年 5 月，通过层层严格的选拔，她成为我国首批女航天员。刚开始，她一直没能突破超重训练二级，身体极限难以承受，急得不行，一面向航天员中“老大哥”们讨教，一面加班加点增强练习。第二年她的成绩就达到了一级。2012 年，她成为神舟九号任务备份乘组成员，此时，唯一的女航天员将从她与刘洋之间产生。最终她以微弱的差距落选，但她毫不气馁，她觉得自己离太空的脚步更近了，她相信自己一定可以飞上太空。她微笑着祝福队友，丝毫不受落选影响，几乎没有停顿，立即投入到后续训练中。2013 年和 2021 年，她分别成功入选神舟十号、神舟十三号航天员。

不管是作为飞行员还是航天员，对情绪管理能力都有着非常高的要求，王亚平是如何做到的呢？带给你情绪方面怎样的启示？

（资料来源：腾讯网，有删改）

看微课

我们的情绪 我们的朋友

一、走近情绪

（一）情绪的概念

情绪（emotion）是人对客观事物是否符合或满足自己的需要而产生的一种主观态度体验（图 3-1）。

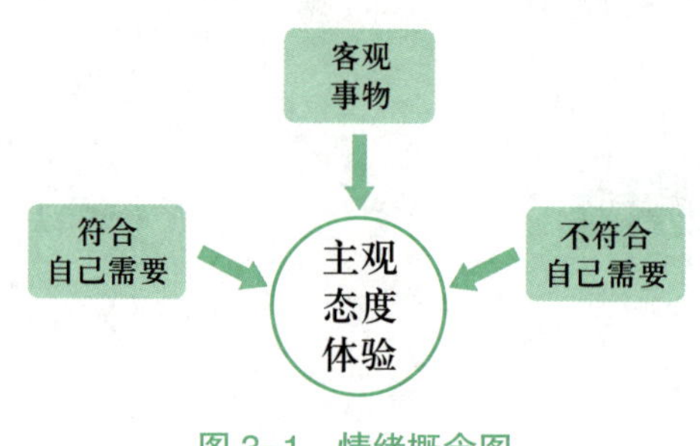

图 3-1　情绪概念图

（二）情绪的状态

情绪的状态是指在一定的生活事件影响下，一段时间内各种情绪体验在强度、持续性、紧张度三个方面所表现的特征。情绪可分为心境、激情、应激三种状态。

（三）情绪的基本类型

人类具有丰富的情绪种类，通常所说的“七情”，就是指喜、怒、忧、思、悲、恐、惊七种情绪。人类最基本的情绪形式主要有四种：快乐、愤怒、悲哀、恐惧。在上述四种基本情绪的基础上，可以派生出众多的复杂情绪，如嫉妒、羞耻、悔恨、喜欢、同情、厌恶等。

（四）情绪与身心健康

有人曾说过，一种美好的心情，比十服良药更能解除生理上的疲惫和痛楚。也曾有人说过，一个小丑进城胜过一打医生。这就非常形象地说明了情绪对人身心健康的影响（图 3-2）。

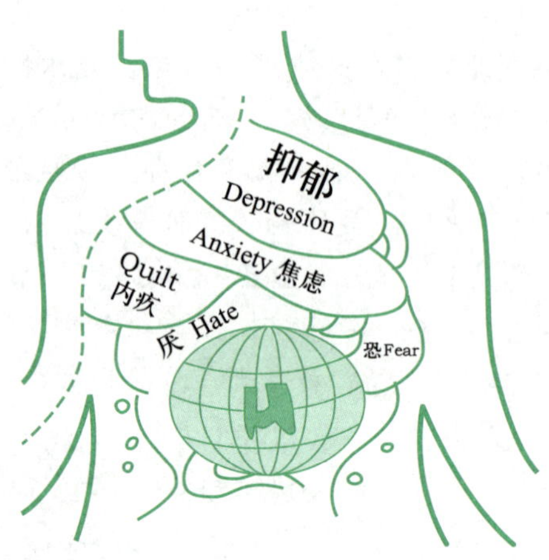

图 3-2　情绪对身体的影响

哲学家赫伯特 · 斯宾塞（Herbert Spencer）说过：“生命的潮汐因快乐而升，因痛苦而降。”当人的情绪处于良好状态时，身体内部各器官的功能十分协调，当人的情绪处于消极状态时，身体内部各器官的功能紊乱，容易引起消化系统、循环系统、内分泌系统和神经系统的功能失调，身心健康易受到损害，甚至引起严重的疾病。积极、乐观、轻松、愉快的心境能够增强人的自信心，提高学习和工作效率；乐观、热情、大方等良好的情绪特征也是促成人际吸引、情感融洽的重要条件。因此，积极而正常的情绪体验是保持心理平衡与身体健康的重要条件。

二、大学生常见情绪困扰及产生原因

（一）自卑

自卑是由于过多的自我否定而产生的自惭形秽的消极情感体验，主要表现为自己瞧不起自己，对自己的能力和品质评价过低。

一个人形成自卑心理后，往往会从怀疑自己的能力发展为不能表现自己的能力，从怯于与人交往到孤独地自我封闭。本来经过努力可以达到的目标，也会认为“我不行”而放弃。

案例：子华的自述：“从很小的时候起，我就发现自己打骨子里就有一种自卑感。总觉得自己不如人，做事畏畏缩缩，说话躲躲闪闪。我特别害怕别人的取笑，这对我来说，就是嘲笑、挖苦、贬低、伤害。有时别人根本不是取笑，我也认为是取笑。虽然我各方面条件都不差，可心里总觉得比别人低一等。我内心软弱，总怕别人看到自己的缺点，从小就封闭自己，不与人交往。我总觉得别人不对劲，不可理喻，其实我知道不对劲和不可理喻的正是我自己。”

（二）焦虑

焦虑是一种没有明确来源而又无所不在的紧张，是由于对威胁性事件或情况无法预料而产生的一种高度忧虑不安的状态。无谓的或过分的担忧是焦虑的实质。

焦虑会带来身心方面的不良影响。大学生更普遍地存在着各种各样的焦虑，如学业焦虑、就业焦虑、生活焦虑等。

案例：乐新，毕业前两个月，工作还是没有着落，情绪低落，内心痛苦，于是每天都在想：我为什么找不着好工作？是不是因为不是名牌大学？我真的很后悔当初没有考上好大学。最近心情非常烦躁，坐立不安，看书没有以前专心，老是走神，食欲也下降了，总为工作的事情担忧。看到同学们陆续找到了工作，觉得自己没用，同学们一定都很看不起我吧，感觉很对不起母亲。

（三）抑郁

抑郁是一种感到无力应付外界压力而产生的消极情绪，主要表现为情绪低落、闷闷不乐、思维迟缓等。著名心理学家马丁·塞利曼称之为“情绪的感冒”。抑郁是大学生常见的情绪困扰。常言道：“人生不如意事十之八九。”出现情绪低落是正常的，但是若长期得不到调节，不断地加强和持续就会发展成抑郁障碍。抑郁障碍是一种以心境低落为主要特征的综合征，可从轻度的情绪不佳到严重的抑郁，有别于正常的情绪低落。如果发现和治疗不及时，在抑郁心境的影响下，人们极易发生自杀、自残等恶性行为。

案例：桑桑在新生军训期间总是迟到，早训缺席，情绪低落，不爱说话，食欲不振，做事无精打采。桑桑的自述：“从高中开始我就总是一个人行动，和父母的关系也闹得很僵，父母都是高级知识分子，希望我好好学习，将来有所成就，可我自己觉得生活、学习、人际关系都一团糟，对什么都很没有信心，对什么都提不起兴致，做事很难坚持，觉得对不起所有对我有期望的人，父母、同学、老师，包括我自己。”

（四）愤怒

愤怒是由于客观事物与人的主观愿望相违背时产生的一种激烈情绪反应。毕达哥拉斯说："愤怒以愚蠢开始，以后悔告终。"

愤怒产生的原因包括自尊心受挫、人格受侮辱、人身安全受威胁、遇事处理不公、个人目的受阻等。愤怒本身不是什么问题，但如果表达不当，则容易出问题，如部分大学生常因为一些小事而冷战、互相大骂甚至动手伤人。

案例：某高职院校一名男生，高大帅气，但就是性格冲动，易怒暴躁，做事不考虑后果，时有与同学发生口角和纠纷。有一次与同系另一专业的学生因不小心相撞发生争吵后，竟然将那名学生刺成重伤，自己也不得不为冲动的行为承担法律后果。

（五）恐惧

恐惧是指有明确对象的不安、担心和忧虑的情绪状态。恐惧与个体的心理因素有很大的关系，如某人遇到交通事故后，对汽车产生恐惧；有人有过创伤性体验，又遇到类似的事件时，也会唤起恐惧反应。大学生中比较常见的恐惧是社交恐惧。

案例：大学生小菲，每次和不熟悉的男生说话都会脸红。其实，她很想跟他们交朋友，但是却羞于表达，害怕他们笑自己胆小。只要是很久没说过话的男生，即使对方是自己所熟悉的人，她也会如此。小菲的女性朋友很多，男性朋友却寥寥无几。高中时期，由于学习紧张，她没有顾虑那么多。步入大学后，她想好好改变一下自己。小菲参加了社团活动，但总是远离男生，亲近女生。她本想通过环境改变自己，但结果总是不如意。

（六）嫉妒

嫉妒是当他人比自己占优势时，心里就感觉不舒服，并设法贬低和排挤对方的一种消极情绪体验。当代文学家艾青说，嫉妒，是心灵上的肿瘤。古希腊哲学家德谟尤利特也曾说过，嫉妒的人常自寻烦恼，这是他自己的敌人。对于爱嫉妒的人来说，当自己的需要未得到满足时，不是用自己的努力去赶超比自己强的人，而是通过挑别人的刺、讽刺挖苦、甚至为对方设置困境、期望对方遭到不幸和伤害等手段，企图缩小或消除与他人的差距，恢复原有平衡关系。所以，嫉妒心强的人，往往是非常尖刻的人。

嫉妒和羡慕不同。羡慕是承认他人的优势，或是自己努力去赶超，或是稍带悲观色彩，感到自己无法达到对方的优势程度的一种比较平静的情绪，而嫉妒则是比较激动并且具有攻击性的。

案例：大学生冰冰："我总是嫉妒身边的好友、同学，她们有任何成就，我的嫉妒心就会发作。我从来没有与好友和身边同学分享成功的喜悦，有时觉得自己实在是太虚伪了。为什么越是亲近我的人，我就越是容易嫉妒她们呢？小时候，姥姥总喜欢拿我和出众的表姐做比较。是不是小时候的环境造成了我现在的性格：讨厌竞争、惧怕竞争、逃避竞争？"

（七）冷漠

冷漠是一种对他人和外界刺激漠不关心、冷淡退让的消极情绪体验。主要表现为强烈的压抑感，不与人交流，对人或事戒备、漠视、敌对、无动于衷、毫无同情心。长期的冷漠容易造成意志麻木、体验贫乏、缺乏责任感和成就感。

案例：某高校大三女生，喜欢独处或外出旅游。平时不喜欢与同学、朋友交流，不爱参加集体活动，电话总是拒接，更不会主动联系他人，对父母极端不尊重。每月收到家人寄来的生活费也不表示感谢，不喜欢的人就拉黑，对别人的担心也置之不理，我行我素。

三、大学生情绪之解

（一）情绪管理“三不原则”

1. 不责备原则

情绪具有传染性，负性的相互作用只能使负性情绪体验越来越强。子曰：“其身正，不令而行；其身不正，虽令不从。”情绪管理应该不以改变一个人为出发点和目标，而是先改变自己，因为改变了自己就影响了对方，对方就会潜移默化地发生改变。“真实自有万钧之力”，你真实地呈现人性中的美好和真情，不说教，不责备，不渲染，不掩饰，对方自有感动，自有领悟，有道是“寻常自有力”。

2. 不逃避原则

自卑、恐惧，你看不清他们，你还以为是洪水猛兽，一旦看清了，你会发现他们不过是整天给你制造麻烦的一群“小妖怪”，其实掀不起什么大浪。大学生逃避的表现方式主要有嗜睡、依赖电子产品、酗酒、人际关系不良等。逃避并不能真正让问题和负性情绪消失，正确处理方式应该是直面问题，解决问题。问题解决了，人自然就放松了，负面情绪也自然而然地消失了。人生就是一场升级打怪之旅，当妖怪被你降伏，被你打倒，你就会看到那个被你藏在盒子里面的，充满生命力的，鲜活的自己。

3. 不委曲求全原则

有些大学生为了父母选择现在的专业；有些大学生为了避免矛盾和冲突，为了让人喜欢自己，不顾自身真实的感受和想法，甘愿做“好好先生”。这种方式短期内也许有效，但时间长了，当事人总会忍受不了，最终问题和矛盾往往以更激烈的方式呈现。事实上，正确的处理方式应该是在不伤害别人的情况下，保全自己，最终达到双赢。

（二）大学生健康情绪的培养

1. 敏锐觉知情绪

你可以问问自己：“目前的情绪是怎样的？为何会有这种情绪？”但记住：只觉察，不做判断，不否定，做自己内心的“旁观者”。

2. 适当表达各种情绪

增进对自己情绪的表达能力，比如增加表达情绪的词汇，可以组织“情绪词语接龙”的活动。一个人表达情绪的词汇或形容个人心情感受的词语若增加，则个人想表达自己的情绪时，就能够很快地以适当的词汇来形容。情绪表达词汇一方面有助于个人对自己情绪的了解与掌握，另一方面则能促进彼此沟通。其次，要能适时适度表达各种情绪。亚里士多德曾说：“任何人都会生气，这没什么难的。但要能适时适所、以适当的方式对适当的对象恰如其分地生气，就难上加难。”

3. 合宜缓解不良情绪

中医学说：“喜伤心，怒伤肝，思伤脾，忧伤肺，恐伤肾。”可见，情绪与五脏有着紧密的关系，要合宜缓解。

（1）改变认知

情绪 ABC 理论是心理学家阿尔伯特·艾利斯提出的，是关于非理性思维导致情绪障碍和神经症的主要理论。在情绪 ABC 理论中，A 代表诱发事件，也就是人们感觉到存在的事实，B 代表个体对这一事件的看法、解释及评价，即信念，也就是对于 A 事件所持的态度和观点。C 代表继这一事件后，个体的情绪反应和行为结果（图 3–3）。

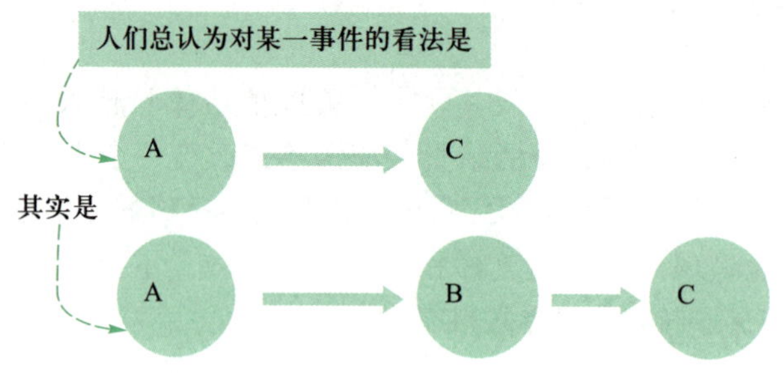

图 3–3　情绪 ABC 理论

心理治疗师萨提亚说，问题本身不是问题，如何看待问题才是问题。即使人们经历相同的事情，但是在不同的想法之下，会带来完全不一样的情绪和行为结果。

（2）合理宣泄

"打开心门，释放自己；心开了，人就开心了。"面对负面情绪，人需要释放自己，但采用什么方式呢？——酗酒或深夜大喊大叫？不，这不合适。为什么？因为它虽然宣泄了自己，但影响了健康，干扰了他人，是一种不合理宣泄。那大学生常用的合理宣泄方式有哪些？这里主要介绍几种：哭一哭、诉一诉、唱一唱、喊一喊、写一写、画一画、动一动。试试看吧！相信总有一种适合你，但不管是哪种宣泄方式都不要影响他人的正常生活，千万不能宣泄了自己，痛苦了他人。

（3）注意转移

出现难解的事先不想它，学会分散注意力。可以为自己的思维安上翅膀，自由畅想，让自己到幻想中的世界去遨游，也可以与人漫无边际地畅谈，避免因为难解的事情去钻牛角尖，给自己带来无端的烦恼。总之遇到什么不愉快的事，要善于转移注意力，让自己去干、去想别的事情。例如当自己苦闷、烦恼时，听听音乐，看看报纸，翻翻画册，观看电影、电视，回忆一下自己最幸福、最高兴的时刻。

（4）意识调节

人可以调节自己的意识、控制自己的情绪，凡是有理智的人，往往能及时意识到自己情绪的变化，以及由此变化而产生的后果，因而能迅速控制自己的情绪。怒从心头刚起时，马上意识到这样做不对，于是很快冷静下来，用理智来减轻自己的怒气。这样就不会使用粗鄙的语言侮辱别人，更不会动手打人。

（5）换位思考

心理换位，和对方调换角色。比如与人冲突，怒火中烧之时，学会调换角色，想一想假如我是对方会怎样，就容易理解对方的做法，从而改变一些自己的原有看法，缓解情绪。

（6）自我安慰法

光绪年间，东阁大学士阎敬铭编了一首自我安慰的《不气歌》："他人气我我不气，我本无心他来气。倘若生病中他计，气出病来无人替。请来医生将病治，反说气病治非易。气之危害太可惧，诚恐因气将命废。我今尝过气中味，不气不气真不气。”可见，自我安慰，是一种智慧，具有暗示性、调节性，人们可以通过自我安慰来实现心理平衡。

（7）音乐疗法

欢快有力的音乐会使情绪消沉者振奋，轻松优美的旋律能让紧张不安者松弛。大学生可以通过聆听音乐、学习乐器和音乐创作等方式，把内心的体验转化成心灵的曲调，并从中体验欢愉。

（8）五色情绪法

根据颜色对人们身心的不同作用，选择特定的颜色通过眼睛对人们的情绪施加影响，这就是所谓的“养眼养心”。另外，色调、色温也可以用于调节情绪。红色、橙色、粉色等暖色，使人感觉温暖、兴奋和愉悦，用于调节情绪低落、悲伤过度、抑郁情绪等；靛蓝色、蓝色、紫色和绿色等冷色，能使人冷静、镇定、克制，用于调节狂躁、易怒、失眠、恐惧等情绪；黑色和白色，是令人忧郁的颜色，能抑制愤怒过度，可以调节愤怒过度、狂喜过敏等；黄色、浅蓝和浅绿，有缓解恐惧，激发思维的作用，可调节恐惧、分散注意力等。

（9）放松训练和积极自我暗示法

当你感觉过分紧张、烦恼时，可通过放松训练和自我暗示的方法放松自己。放松的方法主要有想象放松、肌肉放松、呼吸调节等。自我暗示法包括语言自我暗示、动作自我暗示、环境自我暗示等，如在内心默念振奋人心的语句、让自己处于明亮，宽敞的地方。

（10）倾诉与心理咨询

一家咖啡馆的牌子上写道：“我们没有 WiFi，请和你身边的人说说话吧！”当大学生愤怒、失落、郁闷、难受时，向人倾诉是一种好的方法。倾诉促使人把内心中的事情全部诉说出来，要比平常说话更彻底，特别是失恋了或遇到其他挫折的人，往往特别需要倾诉。倾诉和健康有着重要的联系，它可以缓解压力，但一些不便让他人知道的因素所造成的心理困扰，或向朋友、老师、家人倾诉后效果不明显的心理问题，选择心理咨询则是比较科学、有效的途径。大学生可以选择学校心理咨询室或社会上正规的专业心理咨询机构寻求帮助。由于专业心理咨询人员多是某一领域的专家或经验丰富的老师，能运用心理学的原理和方法，对大学生的学习、情感、适应、发展、择业等困扰给予直接或间接的指导，在心理疏导上针对性强，效果明显，保密性强。因此，当代大学生要树立正确的心理保健理念，即“求助是强者的行为”“心理咨询就像人生病看医生一样，只是一种普通的选择”。

（三）积极提升情商水平

情商又称情绪智力，简称 EQ，它主要是指人在情绪、情感、意志、耐受挫折等方面的品质（图 3-4）。主要内容包括：认识自己的情绪；妥善管理自己的情绪；自我激励；认知他人的情绪；管理人际关系等。

哈佛大学心理学教授丹尼尔·戈尔曼（Daniel Goleman）提出：EQ 是人类最重要的生存能力，成功 100% = IQ20% + EQ80%。一个人如果不具备情感能力，缺乏自我意识，不能处理悲伤情绪，没有同情心，不知道怎样与人和谐相处，那么他即使再聪明，也不会有大的发展。

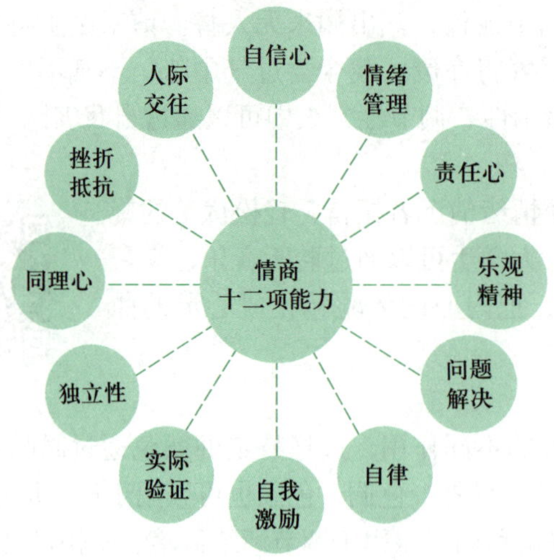

图 3-4　情商十二项能力图

在与天津高校的毕业生、失业人员等座谈的时候，习近平总书记问了大学生村官杨代显一个问题：情商重要还是智商重要？杨代显比较保守地回答每一个都重要。习近平总书记说，做实际工作情商很重要，更多需要的是做群众工作和解决问题的能力，也就是适应社会能力。老话说，万贯家财不如薄技在身，情商当然要与专业知识和技能结合。

大多数人的理论知识丰富，但他们不去行动。80% 的人永远都在想着，如果我有什么，有钱有时间，我就可以做什么，只有少数的人会想着说，我要先做什么，然后我就会有什么。思考的顺序导致结果的不同，也就导致了个体情商指数的高低。人生需要平均分而不是单科分。大学生积极提升情商水平可以通过正确认识情商、保持良好生活习惯，积极创造并有所建树等来实现。

心理实践

一、心理测量：焦虑自评量表（SAS）

看答案

焦虑自评量表（SAS）评分与解释

指导语：（1）请根据你近一周的实际感觉，在表3-1适当的方框内划上“√”，请不要漏评任何一个项目，也不要在相同的一个项目上重复地评定；（2）量表中有部分反向评分的题，请注意保障在填分、算分、评分时的理解；（3）本表可用于反映测试者焦虑的主观感受；（4）关于焦虑症状的临床分级，除参考量表分值外，主要还应根据临床症状，特别是要害症状（要害症状包括：与处境不相称的痛苦情绪体验、精神运动性不安、植物神经功能障碍）的程度来划分，量表总分值仅作为一项参考指标而非绝对标准。

表3-1　焦虑自评量表

序号	题目	没有或很少时间有（1分）	有时有（2分）	大部分时间有（3分）	绝大部分或全部时间都有（4分）
1	我觉得比平常容易紧张和着急				
2	我无缘无故地感到害怕				
3	我容易心里烦乱或觉得惊恐				
4	我觉得我可能将要发疯				
5	我觉得一切都很好，也不会发生什么不幸				
6	我手脚发抖打颤				
7	我因为头痛，颈痛和背痛而苦恼				
8	我感觉容易衰弱和疲乏				
9	我觉得心平气和，并且容易安静坐着				
10	我觉得心跳很快				
11	我因为一阵阵头晕而苦恼				
12	我有晕倒发作或觉得要晕倒似的				
13	我呼气吸气都感到很容易				
14	我手脚麻木和刺痛				
15	我因为胃痛和消化不良而苦恼				
16	我常常要小便				

续表

序号	题目	没有或很少时间有（1分）	有时有（2分）	大部分时间有（3分）	绝大部分或全部时间都有（4分）
17	我的手常常是干燥温暖的				
18	我脸红发热				
19	我容易入睡并且一夜睡得很好				
20	我容易做噩梦				
总分统计					

（资料来源：中国就业培训技术指导中心，中国心理卫生协会. 心理咨询师　三级［M］. 北京：中国劳动社会保障出版社，2017）

二、典型心理情境及应对

（一）我的情绪“雷区”及“扫雷”训练

1. 情境描述

“我今年 18 岁，对身边的朋友都非常客气，在他们眼里我开朗、温柔、和善。而在家里，我总是因为父母一句不顺心的话就大发脾气，大吼大叫，甚至摔东西，家人非常无奈，也很伤心。其实我自己也很痛苦，每次向家人发完脾气后都非常后悔、自责，我真的非常爱他们，也不想伤害他们，可就是控制不住自己。”

2. 情境应对

（1）画出你的情绪雷区

请你回想过去自己曾出现过如下情绪时的情境。

当家人__________时，我会大发脾气，因为我感到很难过（伤心）。

当家人__________时，我会大发脾气，我感到很生气。

当家人__________时，我会大发脾气，我感到很担心（害怕）。

当家人__________时，我会大发脾气，我感到很厌恶。

当家人__________时，我会大发脾气，我感到压力很大。

（2）思索你的情绪爆点

情绪爆点是指容易激起你强烈消极情绪反应的他人特质、语言或行为等。现在我们要找出自己的情绪爆点，请试着回答下面问题。

家人的哪些特质、语言或行为会激惹我：______________________________。

我认为家人该表现出的理想特质包括：______________________________。

（3）寻找避雷方案

找出情绪爆点之后，不妨把自己的情绪爆点贴在显眼位置，便于时常提醒自己，这些地方是情绪爆点，应该寻找避雷方案。

① 自己的雷自己拆——改变认知

如果你的情绪爆点是“家人的唠叨”，每次只要家人一唠叨，你就很烦躁，唠叨多了必定暴跳如雷。现在呢，家人一开始唠叨，你就告诉自己这是家人开始“爱的紧箍咒”，现在还有家人的爱、陪伴和关心是幸福的。同时想一想，你还能用哪些妙招拆除“地雷”。

② 开诚布公——公开自己的情绪爆点

将自己的情绪爆点和家人分享，或者将全家人的情绪爆点昭告天下。这么做不但解救自己，也可以帮助家人避开彼此的雷区。当情绪爆点一个个被拆除后，你会发现自己和家人的情绪爆点版图逐渐缩小，每个人的心情都会越来越清爽，家庭氛围和家庭关系会越来越和谐。

（二）愤怒冲动与“红黄绿灯”训练

1. 情境描述

一天傍晚，两位热恋的大学生在校园里散步，忽然这位女生感觉到头上有不明物体。男友一看，原来在教学楼三楼窗户旁有一位男生在作怪。愤怒之下，男友冲了上去，见男生醉醺醺的，便与这名男生争吵并厮打起来。在打斗中男友顺手抄起旁边的板凳砸向男生的头部，致使男生重伤休克。

2. 情境应对

这是一个因愤怒、冲动发生的案例。设想你是男友，请运用“红黄绿灯法”（表 3–2）控制自己的行为，写出具体的行动步骤。

红灯：1. ________________

黄灯：2. ________________

3. ________________

4. ________________

5. ________________

绿灯：6. ________________

表 3–2 “红黄绿灯”训练步骤

红黄绿灯状态	训练步骤
红灯	步骤一：停下、镇定，心平气和，三思而后行。这一步就是要化解冲动。缓冲可以有多种方法，如转移注意力、暂时压抑怒火、独处、给自己深思的时间、避开特定环境，或通过沙袋拳击和破坏一些无关紧要的东西来释放能量。深呼吸、放松肌肉等方式也很有帮助
黄灯	步骤二：说出问题所在，并表达你对此的感受。愤怒本身就是片面感受的产物，因此在愤怒当中，人是无法全面考虑问题的。全面考虑问题一般是在缓冲以后，或自己认识到愤怒而开始控制或积极化解的时候。首先要解释诱因，怒火总是由某一事件或想法引发的。其次，要发现诱因，对其作出分析，并调整期望，以便很快地平息怒火 步骤三：确定一个建设性的目标。想象一下后果，看看值不值得，再看看那件引发愤怒的事情，对自己、对环境的损失是不是大于愤怒造成的损失。想想有没有别的方案，能不能有效地修正行为。将事情纳入理性的视野，怒火就会自然而然消失 步骤四：预想出多种处理方案 步骤五：考虑上述方案可能产生的后果
绿灯	步骤六：选择最佳方案，付诸行动

（三）“1+X 幼儿照护职业技能等级证书”考试心理情境

1. 情境描述

子涵从小不擅长展示自己，公开场合更是特别害怕。进入大学后，她发现很多事情、很多场合都需要大胆展示自己，比如上课回答问题、参加比赛、公开演讲等都让她害怕，她丧失了很多机会。学校鼓励学生在获得学历证书的同时，积极取得多类职业技能等级证书（图 3-5），拓展创业就业本领，增强职业适应性，努力成为高素质技术技能人才和能工巧匠。于是，子涵为了增加自己的职业竞争力，报名参加了“1+X 幼儿照护职业技能等级证书”考试，经过长时间的准备，不管是理论还是实操，她都掌握得较好，她特别看重这次考试，希望能取得成功，可随着考试越来越近，她总是很忐忑、恐惧，担心自己发挥不好，惧怕考试不能通过，越临近考试她感觉越困扰。

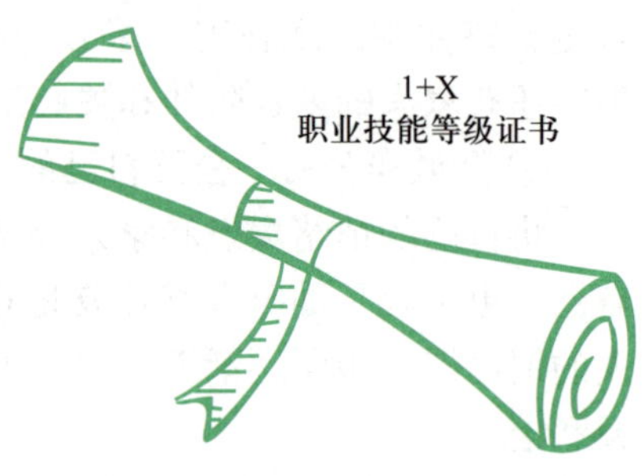

图 3-5 1+X 职业技能等级证书

2. 情境应对

（1）根据考试难度调整动机强度，根据所处阶段调节焦虑水平

耶克斯－多德森定律表明，动机强度和工作效率之间的关系不是一种线性关系，而是倒 U 形曲线关系。对于简单的任务，要规定好时间，在极短时间内完成，时间短到可以制造充分的压力最好。对于中等难度任务，要预留较多时间，保持适中的心理压力。对于困难任务，不要纠结于细枝末节，而是看整体、定框架、定方向，跟着自己的感觉走，先出一个成品，再修改，会发现更多思路。

紧张、焦虑并不像人们以为的那样都是坏事，耶克斯—多德森定律认为一定程度的焦虑和紧张是有利于考试成绩的提升的。子涵可以根据考试所处阶段调节自身焦虑水平。在考试准备阶段，如果考试难度较小，焦虑水平越高越认真，考试成绩可能越优；临近考试（考前一两天）时，将焦虑水平调节到中等程度比较好，这样既不会因为太焦虑而慌张，也保持着一定的专注和努力；考试中，越放松越好，因为考试时已没法把握细节了，只有凭着第一感觉和平日的积累与准备直接去做。至于难度大小区分，因人而异，根据自己能力来把握。

（2）使用心理技能训练来调控考试心理

① 消极念头转变为积极念头。我很忐忑、恐惧、紧张、焦虑——谁都有忐忑、恐惧的时候，谁都会紧张、焦虑，如果其他人能考好，我也一定能考好。

② 强调优点。尝试列出自己的优势，回忆成功的经历，忽略失败的经历。

③ 充分准备。一般原则是，300% 的准备，也许更充分。充分准备可以使恐惧、胆怯的程度下降 75%。

④ 做好预演。恐惧在最初 3 分钟过后会大幅下降。比如面试时做好自我介绍，一旦完成了自我介绍，慢慢就开始放松了。

⑤ 适度积极暗示。过度积极暗示，反而会削减成功的动机。因此，积极暗示要适度，太过正能量也会产生副作用。

⑥ 充满勇气。战胜恐惧，我们最需要的是面对考试的勇气，狭路相逢勇者胜！

（3）通过意象对话疗法来增强自信，提高考场表现

意象对话疗法是我国本土化心理咨询与治疗方法之一，由我国著名心理学专家朱建军教授创立。意象对话疗法源于精神分析学派，吸取了释梦、催眠技术、人本心理学和东方心理学思想，并加入了中国特色。它最大的特点在于运用“意象”这种原始认知的象征性语言，直接在人格的深层进行操作，而不像传统精神分析那样需要经过潜意识与意识层之间的语言转换，因此可以大大减少来访者的阻抗。意象对话疗法不仅是一种优秀的心理咨询和治疗方法，也是一种开发右脑、培养直觉和形象思维能力的方法。该疗法广泛应用于治疗各种神经症、身心疾病、正常人的情绪问题和心理发展问题等。

意象对话疗法简要步骤如下：

① 引入。意象对话的引入并不需要什么特殊的条件，可以始于任何一个细节。例如从讲解意象对话引入：简单介绍意象对话，消除对方的疑虑，然后再帮助他放松，开始想象。

② 想象。无论用哪种办法引入意象，想象也就随之开始了。一般会有一个预先的设定，随即，在咨询师的引导和支持下，让来访者围绕这个设定展开想象。例如：“你说堵在胸口的是一个拳头，能描述一下这个拳头吗？然后，顺着它往上看，看看是谁的拳头？为什么要放在这儿？”

③ 分析和对话。分析和对话都是在想象中同步进行的。咨询师一边倾听来访者描述意象，一边在心里做出分析，分析其象征意义、所表达的心理冲突、防御方式、性格特点、思维方式、可能遭遇的创伤性体验……可以在不挑明分析结果的情况下，通过意象对话进行验证，以决定后面的对话主题，也可以直接展开治疗。

④ 反复想象和积极强化。有时，为了锻炼来访者的自助能力，巩固治疗成效，咨询师需要布置“心理作业”。

⑤ 带回现实。意象对话是在想象中进行的，当对话结束时，咨询师务必将想象者带回到现实生活中来。比如，引导来访者放慢呼吸，在意象里慢慢地回到咨询室，让他摸摸自己坐的沙发，使其确信自己回到现实。然后，咨询师数 3 至 5 个数之后再让他睁开眼睛，活动一下身体，或者让他快速地看看周围，描述咨询室里见到的各种东西等。

⑥ 小结提升。在意象对话之后，通过认知层面的交谈，对此次咨询做些小结，并提醒来访者，刚才是想象，现在需要他在现实生活中做出改变。

三、心理训练

（一）情绪初体验

活动目标：通过现场体验与过往经验回溯，带领学生去感受情绪，觉察自己的情绪，体验情绪对自己生理、心理及行为的影响，体会不同情绪给自己带来的不同感受，以及不同情绪不一样的强烈程度。

活动步骤：

（1）热身——《幸福拍手歌》

全体成员起立，伴随音乐，在带领者的带领下共同演唱《幸福拍手歌》。

要求：配合歌词（投影仪可显示），大声歌唱，并做出相应的肢体动作。成员带着快

乐、幸福的心情与相邻成员微笑、挥手致意，并作简单的自我介绍，以促进成员相互熟悉，活跃气氛，构建轻松、愉悦的环境。

（2）冥想放松

播放舒缓的音乐，要求学生坐在椅子上，选择自己最舒适的姿势，放松肌肉，均匀呼吸。然后轻轻闭上眼睛，回想最近一段时间内发生在自己身上印象深刻的事件，回溯自己当时在情绪上、生理上和行为上的反应，让自己沉浸于当时的情绪中，觉察情绪，体会情绪与身体、行为的关系。

（3）完成“情绪觉察记录表”

（事件描述）__________________，当时我感觉__________________，现在我感觉__________________。

每当心情好的时候，我感觉__________________；每当心情糟糕的时候，我感觉__________________。

我的心情总是__________________，这让我__________________。

刚才参与《幸福拍手歌》时，我感到__________________，我的心情是__________________。

（4）分享交流

找 5~6 人就情绪练习进行交流、分享，区分心理感受与生理反应，再次体会觉察不同的情绪有不同的感受，了解自己的主导情绪（经常出现的情绪）及其对生活、行为、健康的影响。

（二）动作创造情绪

活动指导：

（1）请大家全体站起来，然后坐下。再请大家全体起立，不过这次的速度要比刚才快 10 倍，然后再坐下。第三次起来要比第二次再快 10 倍。

（2）怎么样？大家是否感到有一种振奋的情绪？下面请大家抬头看天花板、张开嘴巴大笑三声，请大家保持现在的样子，要求每个人想一件人生之中最悲惨的事情，给大家 15 秒的时间。

（3）时间到。请大家回到自然状态。

（4）下面请大家慢慢地把头低下来，想一件令你们特别开心的事情，持续 15 秒……时间到，请大家回到自然状态。

（5）请大家先用两个手指快速鼓掌，然后是三个、四个、双手，最后请回到自然状态，坐好。

教师提问：

（1）当让你张开嘴巴，抬头看着天花板，想悲伤事情的时候，你当时的体会如何？

（2）当让你把头低下来，想快乐事情的时候，你当时的体会是又如何？

请大家交流，把两种状态下的体会与感受说出来。张开嘴巴，抬头看着天花板，在这种状态下，人是不可能真正体会那份痛苦的，因为人的身体处于亢奋状态。把头低下来，在这种状态下，人也是不可能真正体会到那份快乐的，因为人的身体处于一种低沉的状态。

（3）大家是否理解动作创造情绪这个活动？你如何在生活中应用这一方法？

（三）心灵游戏之提高学生情绪表达能力

没有肢体语言的帮助，一个人说话会变得很拘谨，很沉闷，但是过多或不合适的肢体语言也会让别人对你望而生厌，自然、自信的身体语言会促使我们的沟通更加自如、情绪更加愉悦。

游戏规则和程序：

（1）将学生们分为 2 人一组，让他们进行 2~3 分钟的交流，交谈的内容不限。

（2）当大家停下以后，请学生们彼此说出对方有什么非语言表现，包括肢体语言或者表情，比如有人老爱眨眼，有人会不时地撩一下自己的头发等。问问这些做出无意识动作的人是否注意到了这些细小行为。

（3）让大家继续讨论 2~3 分钟，但这次注意不要有任何肢体语言，看看与前次有什么不同。

小组分享讨论：

（1）在第一次交谈中，有多少人注意到了自己的肢体语言？

（2）对方有没有什么动作或表情让你觉得极不舒服，你是否告诉他你的这种情绪？

（3）当你不能用你的动作或表情辅助你谈话的时候，有什么样的感觉？是否会觉得很不舒服？

活动总结：

人与人之间的交流体现在两个方面：一方面是语言的，另一方面是非语言的，这两个方面互为补充，缺一不可。有时候非语言传达的信息比语言还要精确，比如如果一个人不停地向你以外的其他地方看去，你就可以理解到他对你们的谈话缺乏兴趣，需要调动他的积极性了。

同样，在日常的生活工作中，为了让别人对你有一个更好的印象，一定要注意克制自己那些不招人喜欢的动作或表情，注意用一些良好的手势、表情辅助你们的交流，因为合适的肢体语言有助于沟通和情绪的表达，不良肢体语言会引发对方不良的情绪，阻碍社交。

课外拓展

一、心理书籍

（一）《理性情绪》

该书告诉我们，想要缓解情绪带来的痛苦，需要做到三点。第一，无条件地接纳自我；第二，无条件地接纳他人；第三，无条件地接纳生活。该书将传授你不再为各种事情烦扰，把注意力集中于生活中积极方面的方法。

（埃利斯．理性情绪［M］．李巍，张丽，译．北京：机械工业出版社，2014.）

（二）《自卑与超越》

该书通过深入剖析与研究每个人生命中的一系列自卑、不足情结，提供了克服自卑心理的一系列措施，以及化自卑为动力、不断超越自己、追求优越、实现个人与社会和谐发展的有效途径。

（阿德勒．自卑与超越［M］．郑和生，译．南昌：百花洲文艺出版社，2021.）

（三）《蛤蟆先生去看心理医生》

这是一本关于心理咨询的入门书，通俗易懂，读起来温暖而又治愈。蛤蟆本是一个热情、时尚又爱冒险的家伙，惹出过不少麻烦和笑话。可他现在陷入抑郁，不能自拔。他的朋友们决定出手相助，其中包括智慧又威严的獾、关心朋友但有点絮叨的河鼠，还有体贴善良的鼹鼠。他们商量来商量去，决定督促蛤蟆重视这个问题，并带他去接受心理咨询，于是本书故事就此展开。在故事最后，经过与咨询师苍鹭的十次面谈，在蛤蟆心中，一些变化终于悄无声息地发生了……

（戴博德．蛤蟆先生去看心理医生［M］．陈赢，译．成都：四川文艺出版社，2022.）

二、健心影院

（一）《头脑特工队》

影片讲述了小女孩莱利因为爸爸的工作变动而搬到旧金山，她的生活被五种情绪所掌控，尽展脑内情绪的缤纷世界。

（二）《阿甘正传》

影片讲述了先天智障的小镇男孩福瑞斯特·甘自强不息，最终“傻人有傻福”地得到上天眷顾，在多个领域创造奇迹的励志故事。

（三）《我和我的祖国》

这是一部能唤起全民爱国情怀的电影，聚焦的就是每一个普通中国人身上的故事，所有人都能从中发现自己的影子。

三、学以致用

（一）案例分析

有一个富人脾气很暴躁，常常得罪人，事后又懊恼不已，所以他一直想将这暴躁的坏脾气改掉。后来，他听说佛经能让人平静，于是盖了一座庙，并特地找人在庙门口写上“百忍寺”三个大字。

这一天，有一位年纪大的香客不认识字，便问富人牌匾上写了些什么。富人面带微笑地回答香客说，牌匾上写的是“百忍寺”。香客没听清楚，又问了一次。这次，富人有些不耐烦地又回答了一遍。等到香客问第三次时，富人已经按捺不住，他暴跳如雷，大声喊道：“你是聋人啊？跟你说上面写的是‘百忍寺’，你难道听不懂吗？”香客听了，笑着说：“你才不过说了三遍就忍受不了了，还建什么‘百忍寺’呢？”富人无言以对。

思考：在生活中，你是否也经常遇见这样的“香客”，你又是否变成了案例中的“富人”？这个案例对你有怎样的启示？

（二）想想做做

1. 请思考最近一段时间让自己感到不舒服的情绪，根据本单元所学知识和方法，完成以下练习。

第一步：我有什么情绪？

____

第二步：我为什么会有这种情绪？

____

第三步：如何有效处理情绪？

____

2. 选取一件让你不开心的事情，完成自我情绪的快速评价。

（1）事情是否重要？

（2）为此事发火是否合适？

（3）事情是否可以改变？

（4）事情是否值得？

3. 选取一个你认为情商很高的人物，分析其具有的情绪特点。

4

第四单元 和谐人际关系

心语

一个永远不欣赏别人的人，也就是一个永远也不被别人欣赏的人。

——汪国真

海内存知己，天涯若比邻。

——王勃

知识梳理

和谐人际关系
知识点
技能点
人际关系
人际关系的概念
人际关系的意义
人际关系中的主要心理效应
首因效应
光环效应
刻板效应
投射效应
近因效应
大学生人际关系的特点
交往愿望强烈
希望交往平等
交往方式多样化
交往的开放化与理想化
大学生人际关系中常见的不良心理
自卑心理
以自我为中心
孤僻心理
多疑心理
建立良好的人际关系
增强人格品质的吸引力
增强仪表的吸引力
增强能力和才华的吸引力
人际交往技巧
学会感恩
换位思考
学会赞美
掌握非语言沟通

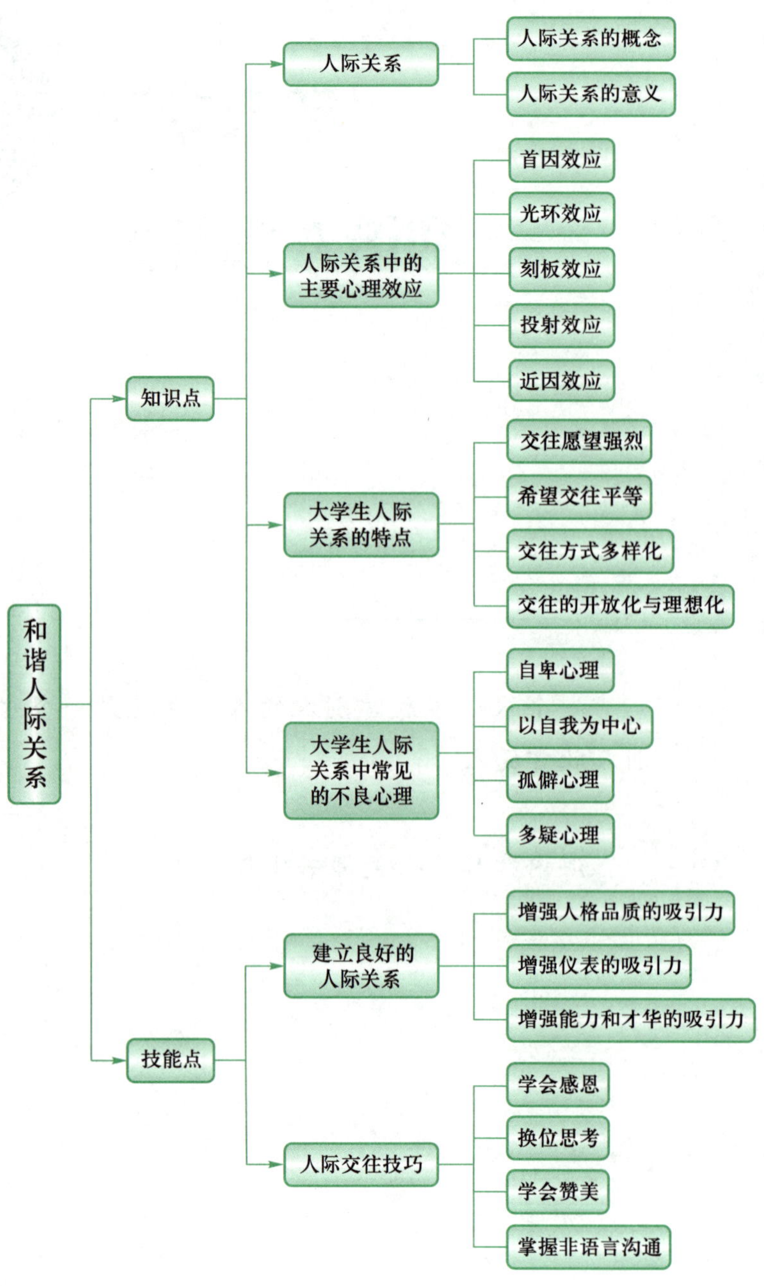

心理讲堂

心灵故事

三国时期的蜀国，在诸葛亮去世后任用蒋琬主持朝政。他的属下有个叫杨戏的，性格孤僻，讷于言语。蒋琬与他说话，他也是只应不答。有人看不惯，在蒋琬面前嘀咕说："杨戏这人对您如此怠慢，太不像话了！"蒋琬坦然一笑，说："人嘛，都有各自的脾气秉性。让杨戏当面说赞扬我的话，那可不是他的本性。让他当着众人的面说我的不是，他会觉得我下不来台。所以，他只好不作声了。其实，这正是他为人的可贵之处。"后来，有人赞许蒋琬"宰相肚里能撑船"。

思考：从这个故事中，你学到了蒋琬的什么精神？

一、人际关系

（一）人际关系的概念

从广义上来看，人际关系即人与人之间的关系，是人与人交往过程中所产生的各种社会关系的总和。从狭义上来看，人际关系即心理关系，是在人际交往的基础上，为了满足自己的心理需要，进行的沟通信息、表达情感、交流思想和协调行为的互动过程。人际关系的心理成分主要包括以下三种。

1. 认知成分

认知成分是指自己对人际关系状况的了解及对他人的认识与评价。双方通过认知，如通过知觉、记忆、思维、想象等过程，实现对人际关系的认识与评价。这其中的重要内容是指人与人之间的相互理解与相互认同。人际关系的认知成分是人际关系形成、发展与改变的基础。

2. 情感成分

情感成分是指交往双方在情感上的亲疏与满意程度的体验。在人际交往的过程中，情感成分主要表现为交往双方对对方的喜欢、厌恶、欣赏、欢迎、反感等各种情绪或情感体现。情感成分是人际关系的主要成分，是影响人际关系是否能保持稳定、协调的重要条件，这种成分往往会贯穿于整个人际交往过程，是建立良好人际关系的动力源泉。情感体验的强度决定了人际关系的远近、亲疏，在人际交往中起决定性作用。

3. 行为成分

行为成分是指交往双方在维系人际关系时的外在表现。具体包括言行举止、面部表情、手势语言等行为，也包括行为意向。由于人际关系不同，两个人的外在行为表现也会不一样，行为成分是人际关系的结果，也是人际关系亲密程度的一种表现。

三种成分之间相互联系，在不同的人际关系中，各种成分所占比重不同，如同学关系中情感成分相对突出，而在社会活动中，行为成分又占较大比重。

（二）人际关系的意义

大量的心理学研究表明，人际关系是个体身心健康发展、良好个性培养的重要组成部分，对于大学生而言，良好的人际关系对于了解社会、认知自我、提高综合素质、促进全面发展具有重要意义。

1. 获得信息

从内容、渠道、速度上来看，大学生通过人际关系获得的知识，要比从书本上获得更广、更多、更快。随着交往范围的扩大，他们可以认识更多的人、听更多的事、交换更多的思想、获得更多的信息。

2. 知己知彼

大学生在广泛的人际关系中，表现出自己的思想和才能，使他人了解、赏识和接纳自己的性格、学识、能力和品质。在与他人的比较和他人对自己的评价中，客观、全面地认识自己。

3. 人际合作

人际合作会影响大学生之间的群体内聚力和学习效率。人际合作是群体内聚力的基础，而内聚力是提高学生学习效率的前提。友爱、和谐的人际合作会使人感到温暖、安全、愉快，从而激发积极性和创造性。冷漠、排斥、敌意的人际合作关系使人产生压抑、焦虑、烦恼的情绪体验，从而阻碍人潜能的发挥。尤其对于脑力劳动者来说，不良的情绪会使他们的学习效率降低 70%。俗话说：“一个篱笆三个桩，一个好汉三个帮。”大学生通过人际关系，学会与人合作，可以提高协调各种力量的能力，懂得依靠集体的智慧和力量，可以明确自己在团体中的角色地位，最大限度地开发自我的潜能，实现自己的目标。

4. 调节身心健康

大学生之间通过相互交往，诉说个人的喜怒哀乐，在心理上可以获得归属感和安全感。那些孤僻、不合群、自卑、猜疑、嫉妒的人，往往有更多的烦恼和忧愁难以排遣，会渐渐形成不健康的心理。长期恶劣的人际环境会导致各种身心疾病，如神经衰弱、高血压、溃疡病等。

5. 促进社会化

人际关系影响个体的个性发展。个体在自我发展和自我完善的过程中，不仅受自然环境的影响，还受人际环境的影响。融洽的人际关系对个体具有以下益处：一是给个体以稳定感和归属感，使个体提高宽容和理解的能力；二是给个体以学习社交技巧的机会，使个体获得丰富的社交经验；三是能给个体提供培养社会洞察力的能力，牢固对集体的忠诚。大学生在人际关系过程中要逐步明确自己的社会角色和地位，在与家人、同伴、老师的交往中，积累生活经验，学习社会生活所必需的知识技能、伦理道德、规范意识等，学会与人合作和竞争，培养良好的道德品质，完善和健全人格特征，努力成为一个取得社会认可的社会人。

二、人际关系中的主要心理效应

（一）首因效应

首因效应也叫第一印象。在人际交往中，交往双方往往会注意开始接触到的外在信息，包括身材体型、穿着打扮、性格特点等，而对后来在交往中接触到的就不太关注，这种由先前的信息而形成的印象对后来进一步交往的影响，就是首因效应。第一印象虽然很牢固，但它并非总是正确的，随着交往的进一步深入，这种印象会逐渐得到修正与改变。

（二）光环效应

光环效应也称晕轮效应。就是指当一个人对某人产生了良好的印象或者不良好的印象后，往往会不自觉地以偏概全，认为这个人一切都好或者一切都不好，形成了一种偏见。在接触一个人时，知觉主体往往从好或坏的局部出发，不断扩散，从而得出全部好或全部不好的整体印象，就像月晕一样，从一个中心点向外发散为一个越来越大的圆，故而称之为晕轮效应。如“情人眼里出西施”就是典型的光环效应表现。在光环效应的影响下，当你对某人的印象好时，就觉得他处处都好，“爱屋及乌”，甚至连他的错误、缺点都觉得可爱；当你对某人印象不好时，就觉得他处处不好，对他的优点也视而不见。这种心理状态必然会影响人际关系的和谐。

（三）刻板效应

刻板效应是指由于社会影响，对某个人或某一类人产生的一种比较固定的看法。如我们一般认为：北方人豪爽；南方人精明；工人豪迈；农民淳朴；教授学识渊博；方下巴的人意志坚强；额头宽大的人聪明；胖的人心地善良；虎头虎脑的人忠厚诚实。以上都可以称之为刻板印象。社会的刻板印象在人际沟通中有利有弊，从积极的一面来讲，刻板印象有助于我们对他人做一个概括性的了解；从消极的一面来讲，刻板印象抹杀了个别差异，容易形成偏见，做出错误的判断。事实上，某一类人所具有的特点，并不一定在该类人的所有人员身上出现，对某人的刻板印象不见得与他本人的事实相符合。

（四）投射效应

投射效应就是指在人际交往中，往往从自己的角度来揣测别人，常常假设对方与自己有相同的属性、爱好等。例如自己好客就推测别人也好客，自己多疑就推测别人也多疑，把自己的某些想法强加在别人身上。在日常交往中，以投射的方式去认识别人，错误的可能性极大，因为即使是与自己很相近的人也不可能与自己完全相同，由己推人的主观方法很难获得对他人的客观认识。如果对方与自己不是同一类人，造成的误解就会更大。所以，在与别人打交道的过程中，千万不要“以小人之心度君子之腹”，不要疑神疑鬼。当你对某人有意见，就以为对方对自己也有意见，这样很容易破坏自己与他人的关系。

（五）近因效应

近因效应也叫“新颖效应”，是指交往中最后一次见面给人留下的印象，这个印象在对方的脑海中也会保留很长时间。多年不见的朋友或老同学，在自己的脑海中印象最深，因为临别时的情景会令人印象深刻。近因效应和首因效应不是对立的，而是一个问题的两个方面，一般而言，与陌生人的交往中，首因效应比较明显，而与之前熟悉的人的认知中，近因效应的影响较大。

在日常生活中，大学生每天都需要与人进行交流，会给别人留下各种各样的印象，可这些印象往往并不能反映客观事实。因此，了解上述主要心理效应是有意义的，有助于大学生正确学习人际关系中的主要心理效应，克服人际交往障碍。此外，表 4-1 展示了人际距离与亲密程度的关系，可以帮助大学生判断自己与对方所处的关系与密切程度。

表 4-1 人际距离与亲密程度

人际距离	亲密程度	人际特点
小于 50 厘米	亲密空间，私人空间	用于语言传递与非语言的交往。限于恋人、亲人，配偶之间
60 ~ 120 厘米	个人空间	以语言交谈为主要交往方式，限于朋友之间
2.7 ~ 3.6 米	社会空间	处理公务或社交里所需的距离，限于同事之间
3.6 米以上	公共空间	类似于演讲场所、教室等公共空间，如课堂上教师与学生的距离

三、大学生人际交往的特点

大学生的主要活动场所在校园，主要交往对象是同学与老师。因此，大学生的人际关系与一般社会上的人际关系相比，有以下特点。

（一）交往愿望强烈

离开紧张的高中校园，没有了升学压力，大学生的学习积极性有所下降，生理、心理上日益成熟，许多大学生进入大学校园后，人际交往的愿望比中学生变得更为强烈。绝大部分的大学生都希望自己在大学里拥有良好的人际关系，希望通过建立良好的人际关系获得同学、老师的认可、接受、信任、尊重。同时，他们也特别想更多地去了解他人与社会，因此，大学生对人际交往抱有积极的态度和迫切交往的愿望。

（二）希望交往平等

大学生已基本成年，他们的主要交往对象都是同学，他们在交往的过程中，存在强烈的“成人感”，对自主和平等的需求值越来越高，他们既希望与他人和平共处，又希望对方对自己也一视同仁。在和长辈的交往中更是如此，他们不喜欢有上下级之分，渴望摆脱服从与依赖的关系。

（三）交往方式多样化

由于科技的快速发展，手机、互联网在大学生的交往中起着越来越重要的作用，他们通过各种不同的聊天软件，如微信、QQ、MSN、视频电话等媒介进行交流，这让大学生的交往更方便、快捷。在某种程度上，大学生们更喜欢这些新的交往方式。当然，面对面交往仍然是大学生的主要交往方式。

（四）交往的开放化与理想化

进入大学，学生交往的范围更广，他们渴望收获更多的友谊，人际交往呈现更加开放的趋势。大学生的交往对象从之前的同班同学扩展到了不同专业，不同年级，不同地域的同学。交往内容也在发生变化，涉及政治、经济、文化、历史、艺术、民风民俗等各个方面。

在交往过程中，大学生已经有了自己独立的意识，在他们心中有一个理想的“人际交往模型”，在交朋友的过程中，往往会根据这个心理模型寻找朋友。多数大学生认为，真正的朋友应该坦诚相见，共同前进，相互关爱，相互帮助，无话不谈，否则就有“上当”的感觉，其交往方式更加趋于理想化。

四、大学生人际关系中常见的不良心理

（一）自卑心理

自卑，即一个人对自己的能力，品质等做出偏低的评价，总觉得自己不如人，易悲观失望，丧失信心。在社交中，具有自卑心理的人孤立、离群、常抑制自信心和荣誉感，当受到周围人们的轻视、嘲笑或侮辱时，这种自卑心理会大大加强，甚至以嫉妒、自欺欺人的方式表现出来。自卑是一种消极的心理状态，是实现理想或某种愿望的巨大心理障碍。部分大学生因在学习、社交、经济、家庭、相貌等方面不如别人，有强烈的失落感，遇事从坏处着想，对自己没有信心或过于自负，对同学和老师的言语过于敏感。有下列表现的学生具有明显的自卑心理（图 4-1）。

图 4-1　自卑心理

案例：“我不讨人喜欢，还是不要与陌生人说话，免得又多一个人讨厌我。”

“从来就没有人愿意与我交朋友。”

“我的样子让人看到就讨厌，我最好还是坐得离别人远一点。”

“我能提出什么好的建议呢？还是不说话为妙。”

“我是一个内向、自卑的女孩，在人际关系中，我总是担心别人会看不起我，总是猜疑他们会不会厌恶我平凡的长相、陈旧的衣装、矮小的身材，所以我总是很大声地说话，而且喋喋不休，希望以此来掩饰自己的自卑。”

（二）以自我为中心

在人际交往中，以自我为中心的行为表现为说话盛气凌人，过分肯定自己，否定他人，自我感觉良好，在各种场合都希望以自己为中心。因为较关注自己，对他人的感受不在意，不尊重别人，自我定位偏高，易引起他人反感。在交往方式、态度上的尺度把握不好，也往往易伤害他人。以下列举了具有明显的“以自我为中心”这一不良心理的一些表现。

“他们太讨厌了，没有人认真听我说话。”

“我说的这些是真正有哲理的，你们就听着好了。”

“你们不要再去说那些无聊的话题了，听我讲讲这个问题的最新动态吧。”

“当我说话的时候，请你们闭嘴。”

（三）孤僻心理

孤僻心理表现为不愿与他人交往，喜欢独来独往，不合群，感到被孤立，自我心理压力大，生活态度不乐观。有下列表现的学生具有明显的孤僻心理。

“我才不与那些地位比我低的人说话。”

“我讨厌别人来打扰我，我宁愿一个人待在一个清净的地方。”

“要是世界上有一个地方只有我一个人就好了。”

（四）多疑心理

多疑心理就是对人、对事物没有进行客观了解之时，就主观地进行假设与推测，是非理智的判断过程。多疑心理在人际交往中表现为对他人不够信任，与人交往时过分小心谨慎，待人不够诚恳，往往误解他人的好意。有下列表现的学生具有明显的多疑心理。

“你们这么热情是不是对我有所企图？”

“现在的坏人多得很，我还是小心为妙。”

“这些人一看就像坏人。”

五、建立良好的人际关系

（一）提高人际吸引力

1. 增强人格品质的吸引力

人格品质是影响吸引力的最稳定的因素，也是组成个体吸引力最重要的因素之一。外国学者安德森研究了影响人际关系的人格品质，发现喜爱程度最高的几个人格品质是真诚、诚实、理解、忠诚、真实、可信；受喜爱水平最低的几个品质是说谎、假装、不老实等。安德森认为，真诚受人欢迎，不真诚则令人厌恶。

2. 增强仪表的吸引力

容貌、体态、服饰、举止、风度等个人外在因素在人际情感中的作用很大。“爱美之心，人皆有之。”仪表是人的第一印象，常给人以类型化的倾向。人们喜欢美的东西，这是一种自然倾向。外貌美容易造成一种好的印象，人们很容易“以貌取人”。尤其是在交往的初期，好的外貌容易给人良好的第一印象，正因为如此，有人说美貌是一张特殊通行证，美是一种力量、一种吸引。

《三国演义》中大才子庞统准备效力东吴，面见孙权。孙权见庞统相貌丑陋，心中先有不快，又见他目中无人，便将其拒于门外。可见第一印象的巨大影响。

仪表吸引能够给人以美感，对人来讲，这也是心理上的一种奖赏，这种奖赏能促进人际吸引。社会心理学的研究表明，一种非常悲哀的情况，那就是尽管我们口口声声说“人不可貌相”，但实际上外表吸引高的人无论在就业还是爱情，各个方面都比外表吸引低的人具有优势。

3. 增强能力和才华的吸引力

才华与能力主要指一个人的智慧、能力、学识等，是智商（IQ）和情商（EQ）的综合能力。一个人的学识高低，常表现在他的言谈举止以及处理难题方面是否有能

力、是否可信等。

索洛门和沙克斯做了一项研究，给被试者描述一个妇女的外貌和才智。结果表明，才智在吸引力上更重要。一个有高尚品德和才智的人，往往被认为外貌也是有吸引力的。可见吸引力并不取决于单一的因素，而是取决于多种因素的。要维系人与人之间的长久吸引，主要是要有内在美，即人格魅力。如果一个人有一张美丽的面孔，再加上善良和智慧，那么他（或她）将永具魅力。反之，如果一个人有一张美丽的面孔，却有一颗狠毒的心，最后他（或她）的面孔也将令人厌恶。

正因为如此，增强自己的吸引力，不仅仅是加大自身在人际上的“注意”，也要让自己拥有更多的内在条件，如学识、才干、品德等都是人与人互惠的资源。这样，你才能够得到他人的喜欢和赞同。

（二）遵循人际交往的原则

在人际交往中要遵循如下交往原则（图 4-2），即平等、尊重、互利、信用、宽容和真诚。平等和尊重是人际交往的基石，宽容和真诚让人们的关系更近一步，互利能够满足双方的心理需要，信用构成了人与人之间交往的反复。

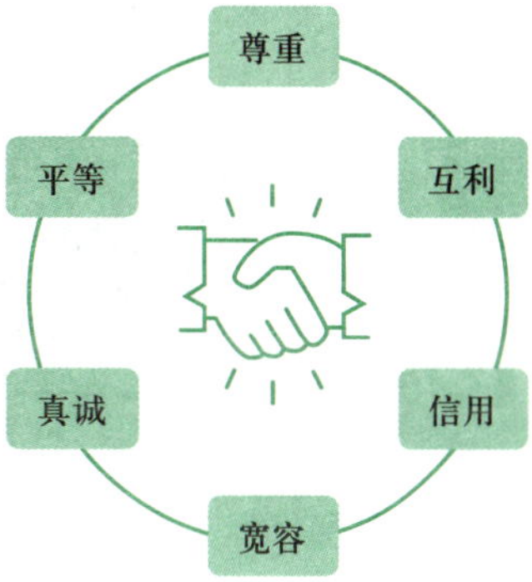

图 4-2　人际交往的原则

（三）把握人际关系的技巧

1. 学会感恩

一位老师要求全班同学以最快的速度写出他们最不喜欢的人的姓名，有些同学在 30 秒之内，仅能写出一个人的名字，甚至是一个都想不出来；而有的同学竟一口气写出了 15 个之多。经调查发现，那些写出不喜欢的人数最多的同学，他自己也正是最不受别人喜欢的人。学会感恩生活，尝试着去喜欢别人，你就会感觉生活比以前更美好。

2. 换位思考

你是你，我是我，你不是我，我不是你，但你把我当成你，我把你当成我，这样就换了位，再思考一下……

换位思考的实质，就是设身处地为他人着想，即想人所想，理解至上。人与人之间少不了谅解，谅解是理解的一个方面，也是一种宽容。我们都有被“冒犯”“误解”的时候，如果对此耿耿于怀，心中就会有解不开的“疙瘩”；如果我们能深入体察对方的内心世界，或许能达成谅解。一般说来，只要不涉及原则性问题，都是可以谅解的。谅解是一种爱护，一种体贴，一种宽容，一种理解。

3. 学会赞美

一个富翁特别喜欢吃烤鸭，就用重金聘用了一名厨师，每天为他做烤鸭。厨师烹制的烤鸭很美味，但每天只有一只腿。时间一长，富翁就把厨师叫来问道：“你烤的鸭怎么只有一条腿呢？”

厨师指着一只脚站着休息的鸭子回答：“它本来就只有一条腿啊。”富翁气得拍手，掌声惊动了鸭子，它伸出了另外一条腿。富翁说：“那鸭子不是有两条腿吗？”厨师答道：“是啊，如果你早鼓掌的话，那烤的鸭子早就有两条腿了。”

可见，人性最深切的需求就是渴望别人的欣赏。

4. 掌握非语言沟通

传播学家艾伯特梅拉比安曾提出一个公式：信息的全部表达 = 语调（7%）+ 声音（38%）+ 肢体语言（55%）。我们把声音和肢体语言都作为非语言交往的符号（图 4-3），那么人际交往过程中信息沟通就只有 7% 是由言语进行的。

在人际关系中，要想取得良好的沟通效果，就要学会充分利用非语言，目光真诚，常保持微笑，学会积极倾听，搭配服饰艺术，合理利用体态语言。

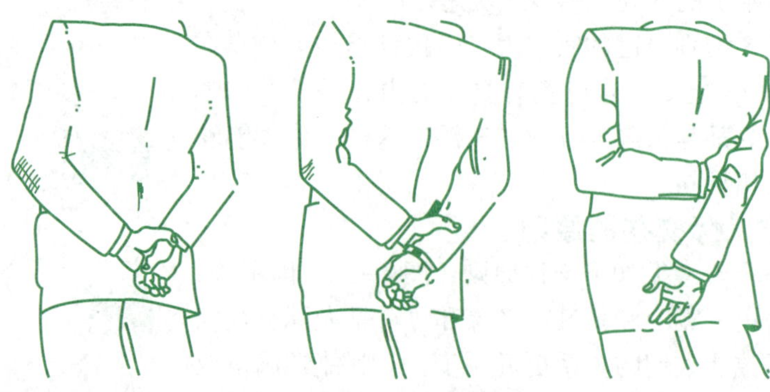

图 4-3　不同的肢体语言

心理实践

一、心理测量：大学生人际关系行为困扰诊断量表

指导语：这是一份大学生人际关系行为困扰的诊断量表（表 4-2），一共有 28 个题目，请你根据自己的实际情况，逐一对每个问题做“是”或“否”的回答。为了保证测验的准确性，请你认真作答。

表 4-2　大学生人际关系行为困扰诊断量表

序号	题目	是	否
1	对自己的烦恼有口难开		
2	和生人见面感觉不自然		
3	过分地羡慕和忌妒别人		
4	与异性交往太少		
5	对连续不断的会谈感到困难		
6	在社交场合，感到紧张		
7	时常伤害别人		
8	与异性来往感觉不自然		
9	与一大群朋友在一起，常感到孤寂或失落		
10	极易受窘		
11	与别人不能和睦相处		
12	不知道如何与异性适可而止		
13	当不熟悉的人对自己倾诉他（她）的生平遭遇以求同情时，自己常感到不自在		
14	担心别人对自己有什么坏印象		
15	总是尽力使别人赏识自己		
16	暗自思慕有好感的异性		
17	时常避免表达自己的感受		
18	对自己的仪表（容貌）缺乏信心		
19	讨厌某人或被某人所讨厌		
20	瞧不起异性		

续表

序号	题目	是	否
21	不能专注地倾听		
22	自己的烦恼无人可申诉		
23	受别人排斥，感到冷漠		
24	被异性瞧不起		
25	不能广泛地听取各种意见和看法		
26	自己常因受伤害而暗自伤心		
27	常被别人谈论、愚弄		
28	与异性交往不知如何更好地相处		

（资料来源：关阳昌．大学生心理诊断［M］．济南：山东教育出版社，1996：339–340.）

二、典型心理情境及应对

（一）宿舍风波心理情境

1. 情境描述

我的大学学生宿舍里，4人都来自不同地方，我是寝室长，制订了寝室规程，刚开始一个月，大家都执行得很好，按时熄灯，轮流打扫卫生、打开水。军训结束以后，小涛因为兼职的原因，经常很晚才回宿舍。小王开始玩游戏，也玩得很晚，只有我和小张两个人按时上床休息，但因为其他两个室友都很晚，严重影响到了我俩的日常生活，终于有一天，小张忍不住了，有天晚上，小王照常玩游戏，而且声音开得很大，小张要小王把声音调小，他不听，一气之下，小张下床把小王的电脑推到桌下，两人发生很大争执，我赶紧把他们拉开，气氛一下变得很紧张。之后数日，两个人谁也不理谁，我作为寝室长，也不知怎么办才好。

2. 情境应对

在大学生活中，同一屋檐下的室友可能是与你相处时间最长的人。与宿舍成员搞好关系非常重要。融洽的室友关系，不仅使你心情舒畅，有利于学习，也有利于身心健康。反之，如果关系不和，甚至紧张，就会给生活抹上一层阴影。那么，如何处理好宿舍冲突，让宿舍真的成为一个温馨的家呢?

（1）可能你的反应是习得性的，与家庭处理冲突的方式有关。

① 思考一下处理家庭冲突的不良模式，如把冲突的责任推诿给他人，愤怒的攻击性反应，或退缩和缺少沟通。

② 理解自己现在与室友冲突的反应形式与家庭中不良、无效的冲突处理方式的关系。

（2）在冲突中采取积极、具体的行为反应，促进直接的、尊重他人的沟通。

① 学习解决争执和问题的技巧：首先明确问题所在，然后采用头脑风暴法，想出可供选择的解决方案，比较各种方案的利弊，在其中选择一种实施，看一看效果，再做出适当调整，以达到满意的效果。

② 重要的是面对矛盾，积极行动。

（3）认识和改变消极的自我暗示，这些暗示往往在冲突中造成不良情绪。

① 认识到冲突中存在的一些负性的、歪曲的自我暗示，如“他认为他比我聪明”“她从不吃亏，处处想占我的便宜”“她很霸道，总想让我听她的”“他觉得他是大城市的，要高人一等”等，这些自我暗示会潜移默化地导致自己愤怒、焦虑、不信任他人。

② 实事求是地进行积极的自我暗示，力求在冲突中保持平和心态，如“总能找到合理的办法一起分担寝室的清洁”“她跟我一样，也想消除我们之间的误解”。

（4）认识和改变不合理信念。

① 有一些不合理信念会妨碍冲突的解决，如“每个人都想占我的便宜”“所有的问题都出在他身上”“我不能容忍跟我想法不同的人”等。

② 学着重建这些信念，如“大多数人是与人为善的”“一个巴掌拍不响，出问题也有我的错”“尊重和欣赏人与人之间的差异是成熟的表现”等。

（5）学会放松。

① 学会放松，在发生冲突时尽可能保持平和的心情。

② 简单的放松方法有：放松肌肉、深呼吸和积极想象。

（6）运用新的社交技能，建立新的社会关系。

① 学会“SOFTEN”，即微笑、开放心态、前倾、抚触、凝视、点头等社交技能的要素，尽量在社交中加以运用。

② 学会积极倾听技巧，包括：全神贯注倾听，带有情感如身临其境地倾听，重复叙述表示已听懂对方想要表达的意思。

③ 学会“我”型句式：“当你……我感到……因为……；如果你……我会很乐意。”例如，当你在熄灯之后还在不停地发短信时，我感到很烦躁，因为入睡前，我对声音很敏感，如果你调到静音，我会感激不尽。

（二）寝室的孤独心理情境

1. 情境描述

某大二学生寝室，6个女生，来自不同城市。经过一年多的交往，寝室里出现了这样一种氛围：一下课，大家都回到宿舍，不声不响，各自玩着自己的手机，总觉得每个人的脸上都蒙着一层面纱，谁也不能走进别人的内心，也不想在别人面前袒露自己的心声，似乎每个人的内心却都很孤独。

2. 情境应对

活动目的：练习表达的技巧，互相接受，互相信任。

活动步骤：

步骤1：宿舍全体同学都站起来，讨论一个话题（如异性之间是否有“友情”，男女之间是否有区别等）。在讨论时，不能用到“我”“我们”第一人称的词语，如果用了，就得坐下来。

步骤2：两两分组，进行讨论。第一轮，甲方提出一个建议（如这周末大家去某某地方，好好玩一下吧）；乙方回答“好吧，但是……”这样的方式回答；之后甲方也用“好吧，但是……”这种方式表达自己的意见。对话按这种方式进行，限时1分钟。

步骤3：第二轮，甲方用同样的假期建议开始谈话，但双方采用“好吧，而且……”

这样的方式进行交流，举例如下：

“假期大家去某某地方，好好玩一下吧。”

“好吧，而且大家要去一个从来没有去的地方。”

“好吧，而且……”

步骤4：分享。同学们轮流发言，讨论如何让寝室气氛活跃起来，共同解决问题。

（三）班级同学都像“演员”心理情境

1. 情境描述

带着美好的憧憬，丽莎走进了大学校园，进入大学后，丽莎一下变得落寞而敏感，她说：“我没有要好的朋友，和班上的同学相处只是表面上的打打招呼，有些同学甚至形同陌路，一个个像是‘演员’，遇到不同的人扮演不同的角色，让我不能认清他们，我很渴望交往，渴望关心，可是很难感受到班集体的温暖与关爱，我只能通过努力学习和工作来打发大学时光。”

2. 情境应对

一个团队彼此间的信任是最重要的。那么，你所在团队有着怎样的信任度？如何提升人与人之间的信任感？做完了这个游戏，你就知道了。

活动名称：地雷阵。

活动目标：使学生在活动中建立及加强对伙伴的信任感。

活动过程：用绳子在一块空地圈出一定范围，撒满各式玩具（如娃娃、球等）作障碍物。学生两人一组，一人指挥，另一人蒙住眼睛，听着同伴的指挥通过地雷阵，过程中只要踩到任何东西就要重新开始。指挥者只能在线外，不能进入地雷阵中，也不能用手扶伙伴。

注意：

（1）不可用尖锐或坚硬物作障碍物。

（2）不可在湿滑地面进行。

（3）避免两位蒙眼者发生对撞或其他不安全的事件发生。

总结讨论：

（1）请问各位在通过地雷阵的时候有什么感觉？

（2）平时你在跟其他人互动时是否需要练习所讲的想法、做法？

（3）若再有一次机会，我们还有哪些需要加强？

三、心理训练

（一）大学生人际沟通团体活动

活动目的：帮助学生认识到人际交往的重要性，培养沟通意识；培养人际的信任意识和协作意识；掌握基本的与人沟通的原则和技巧。

VR视频

人际交往的技巧

活动时间：90分钟。

热身活动：天气指令。

活动指令：刮风——摩擦手掌；小雨——右手两个手指拍左手掌；中雨——右手四个

手指拍左手掌；大雨——两手五指拍掌；暴雨——两手五指拍掌，加上跺脚。由导师随机喊出指令。

主题活动：心有千千结。

（1）所有成员手牵手连成一个大圈，面向圆心。

（2）请成员们记住自己的左右手分别牵的是谁。

（3）松开手。音乐响起，成员们随着音乐在小范围内随意走动。

（4）音乐停，成员们站住。在不挪动位置的情况下去牵原来左右手牵的人。

（5）现在手与手之间、人与人之间，结成了一个异常混乱的死结。要求在不说话、不松手的情况下把结打开。最后恢复成大家开始时手拉手围成的一个大圆圈。

（6）当出现“结”非常复杂，有人想放弃时，主持人要暗示、鼓励，一定可以解开“死结”。

分享：请 4~5 位成员发言，与大家分享活动中的感受。

引导：

（1）真正的“结”其实在我们心中，只要我们下定决心解开心结，就一定能够达到目标。

（2）团队力量大，每个人都是重要的。人与人关系的大结是大家共同织成的，只有集体的力量才能把它解开。我们不能松手，我们都是这个关系链里至关重要的一个部分，不可能做到与人脱节。

（3）思维的多样化。解开结的方法有很多种，每个人都是突破口，关键是找对方法。有时候可能还需要我们转换思维，换位思考。

（4）体验非语言沟通的作用。由于不能说话，更需要我们细致观察同伴的需要，解读同伴传达的非语言信息，留意同伴的行为语言。只有这样，才能使团队的步伐一致，目标相同，迅速完成任务。

结束阶段：领导者鼓励成员将团体中所学到的沟通方法继续运用于日常生活中，使自己在人际交往中有所领悟和成长。

所有成员站成一个大圈，面朝圆心，将两手分别搭在左右成员的肩膀上，然后随着《友谊地久天长》的背景音乐有节奏地左右摇摆，并一起轻声哼唱，使全体成员在温馨甜蜜的气氛中告别团体活动。

（二）“倾听”训练

活动目的：

（1）学习人际沟通的基本态度（技巧）——倾听。

（2）体会“倾听”与“回馈”在人际沟通中所产生的效果。

（3）思考使用每一种倾听方法时应注意的问题。

活动时间：40 分钟。

活动程序：找一个练习伙伴，与他进行角色扮演。首先，让你的伙伴说一个故事，你分别用下列 5 种层面的倾听方式去听，然后回忆自己究竟分别听到了什么内容，并且问问同伴的感受。然后，换一下角色，由你来讲一个故事，让同伴用五种倾听方法进行倾听，分析并记下自己的感受。

五种倾听方法分别是：忽视地听、假装地听、有选择地听、全神贯注地听、有同情心地听。

练习效果检查：

从下面顾客的动作或话语，你能听出顾客的潜台词吗？

◆ 顾客故意发出一些响声，如咳嗽、清嗓子、把单据弄得沙沙作响。

潜台词是：______

◆ “你似乎什么都不知道。”

潜台词是：______

◆ “我们买不起这种产品。”

潜台词是：______

◆ “我们以前用过了这种产品。”

潜台词是：______

◆ “你们的电话不是占线就是打不通。”

潜台词是：______

活动总结：

“倾听”的要领是耐心、关心。在人际沟通中，人们并不只是把自己的意见、想法表达出来，更重要的是要用心倾听对方所传达的信息，这样才能真正达到双向沟通的目的。认真倾听既是一种基本的沟通态度，也是一种可习得的技巧。

课外拓展

一、心理书籍

（一）《人性的优点》

这是一本关于人如何征服“忧虑”的书，它唯一目的就是帮助你解决所面临的最大问题：如何在日常生活、商务活动及社会交往中与人打交道，并有效地影响他人；如何击败人类的生存之敌忧虑，以创造一种幸福美好的人生。当你解决好这些问题之后，其他问题也就迎刃而解了。

（卡耐基．人性的优点［M］．博达，译．北京：民主与建设出版社，2004.）

（二）《交际与口才全集》

本书以丰富的事例深入浅出地阐述了练就交际能力与口才的基本要领，并通过在职场、推销、谈判、恋爱、交友等场合中的实际运用，帮助读者获得高超的驾驭人际关系的能力和说话艺术。

（于向勇．交际与口才全集：经典珍藏版［M］．北京：当代世界出版社，2009.）

（三）《社交礼仪规范与技巧》

本书具体而详尽地介绍了社交活动中应遵循的各种礼仪规范，包括个人仪容与仪态礼仪、介绍礼仪、交谈礼仪、电话礼仪、办公室礼仪、商务接待礼仪、商务会议礼仪、商务谈判礼仪、涉外礼仪等方面。

（王平辉．社交礼仪规范与技巧［M］．南宁：广西人民出版社，2008.）

二、健心影院

（一）《五个扑水的少年》

影片讲述了五个少年意外组成了一支男子花样游泳队，面对老师、同学、家长的不信任和嘲讽，内心反而燃起“想要赢一次”的斗志，他们互帮互助，相互打气，形成了令人羡慕的友情，历经万难完成了一场前所未有的花样游泳表演。

（二）《牛仔裤的夏天》

影片讲述了四个个性鲜明的妙龄少女和一条会飞的牛仔裤之间的故事。电影令人动容的便是她们之间的友谊，完全不同于男性的两肋插刀式或“狐朋狗友”型，而是真正彼此体谅、互相感怀的女子情怀。

（三）《生死朗读》

该片讲述了 20 世纪 50 年代少年迈克和中年女子汉娜展开的一段刻骨铭心的爱情故事。

三、学以致用

（一）案例分析

阿静是某高校的女生，自认为所学专业对社会用处不大，害怕与人谈起自己的专业，却又常常故作冷傲。她害怕与人交往，在别人面前，总感到很不自在。在回家或回校的途中，要是没有熟人做伴，她会一句话也不和别人说，即使同座主动找她聊天，她也会冷漠地拒绝。

讨论：你觉得阿静的问题出在哪？你将如何处理呢？

（二）想想做做

访谈 6~10 人，尽量考虑被访谈对象年龄、性别、职业的差异性，要求如下。

（1）访谈他们是如何应对大学生中人际关系的变化，并画出人际圈子图。

（2）撰写访谈报告，内容包括访谈对象基本情况、访谈过程以及访谈感想。不少于 1 000 字。

第五单元 5

优化个性品质

心语

决定人一生的不是学习成绩，而是健全的人格修养。

——蔡元培

每个人都有他隐藏的精华，和任何人的精华不同，它使人具有自己的气味。

——罗曼·罗兰

知识梳理

优化个性品质
知识点
个性的概述
个性的概念
个性的结构
气质四大类
胆汁质
多血质
黏液质
抑郁质
大学生常见的个性偏差
偏执
焦虑
理想化
自我中心
依赖
意志薄弱
个性的优化途径
了解自身个性
善用气质，扬长避短
提升个性品质，放大人生效能
技能点
了解自身个性的方式
观察法
投射法
自陈法
善用气质，扬长避短
了解自己的气质，学会扬长避短，选择适合自己气质的工作
提升个性品质，放大人生效能
善于利用个性的可塑性，通过培养良好习惯与平和心态、统一个人价值和社会价值、改进思维方式和心理策略等方式方法，完善个性系统中的健康有益因素，矫正个性系统中的不良因素

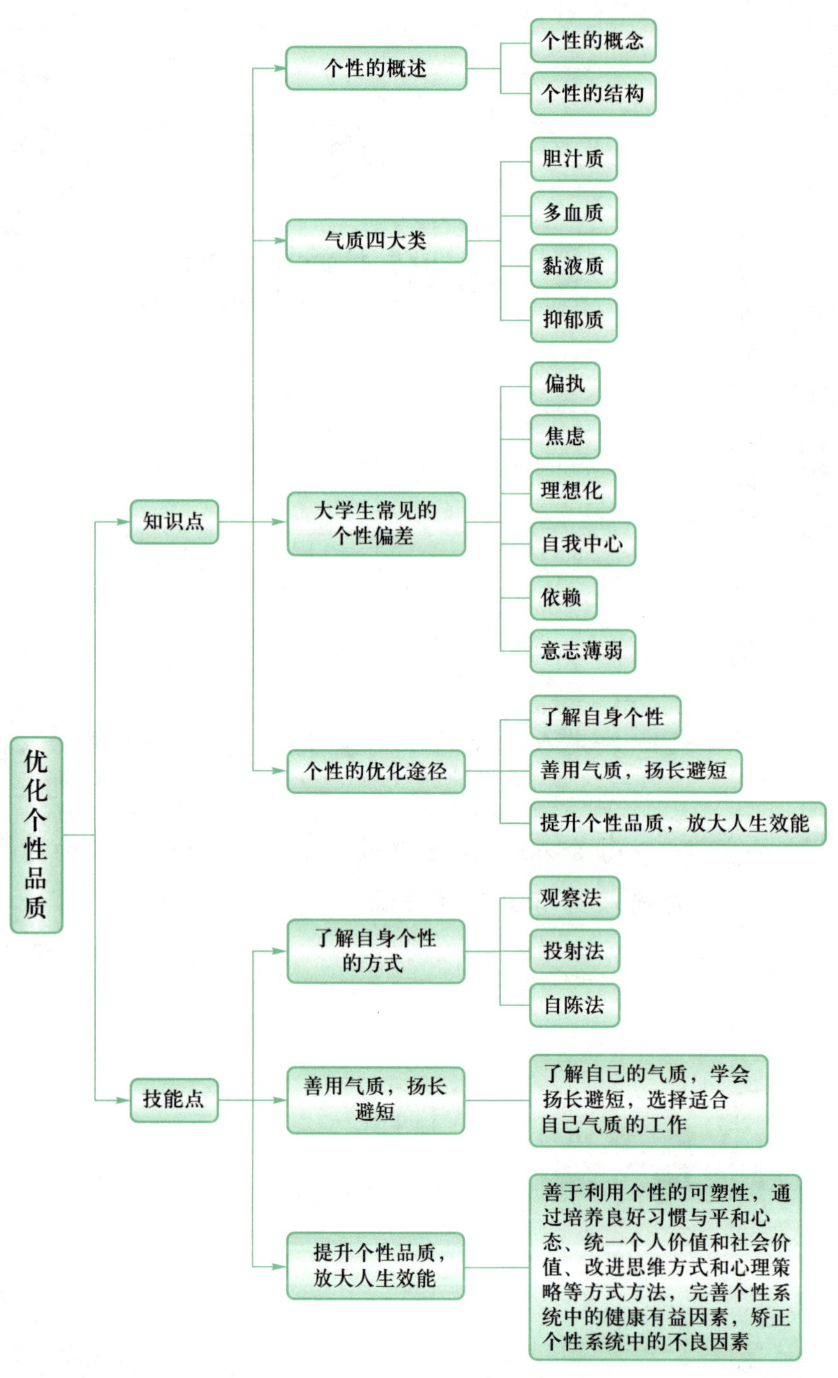

心理讲堂

心灵故事

张桂梅，一位很多人眼里的“超人”。她多年和贫困斗争，和疾病斗争，以一己之力创办了丽江华坪县女子免费高中，帮助近 2 000 名贫困山区女孩圆了大学梦，培养了贫困山区教育史上的一个又一个奇迹的优秀人民教师。2021 年 6 月 29 日，北京人民大会堂，她蹒跚着走上授勋台，代表“七一勋章”获得者发言，几度哽咽。她表示，只要还有一口气，就要站在讲台上，倾尽全力、奉献所有，虽九死亦无悔。

看视频

“燃灯”校长张桂梅

思考：她瘦弱的身体里怎么会迸发出如此强大的能量？她拥有着怎样的个性品质？

一、走近个性

（一）个性的概念

个性（Personality）也叫人格，源于拉丁语 Persona，指戏剧演员在舞台上扮演角色时所带的假面具，代表剧中人物的身份，表现剧中人物的某种典型心理，类似于我国京剧中的脸谱。如：红脸的关公代表忠义执着，白脸的曹操代表阴险狡诈，黑脸的包公则代表刚正不阿。后来，个性被引申为一个人在生命舞台上所扮演的各种角色。由于个性的复杂性，我国心理学界对个性尚未有完全一致的定义。《心理学大辞典》中的个性定义反映了多数学者的看法：个性，也可称人格，指一个人的整个精神面貌，即具有一定倾向性的心理特征的总和。个性结构是多层次、多侧面的，由复杂的心理特征的独特结合构成的整体。这些层次有：第一，完成某种活动的潜在可能性的特征，即能力；第二，心理活动的动力特征，即气质；第三，完成活动任务的态度和行为方式的特征，即性格；第四，活动倾向方面的特征，如动机、兴趣、理想、信念等。这些特征不是孤立存在的，是错综复杂、相互联系、有机结合的一个整体，对人的行为进行调节和控制。

在现代，个性一般而言是指一个人在其生活、实践活动中经常表现出来的，比较稳定的、带有一定倾向性的个体心理特征的总和，指一个人区别于其他人的独特的精神面貌和心理特征。

图 5-1 显示出了九种不同的人格，它将人按照不同的气质类型分成了完美主义者、

给予者、实践者、浪漫主义者、观察者、质问者、享乐主义者、支配者和媒介者，对应九种人格基本类型。

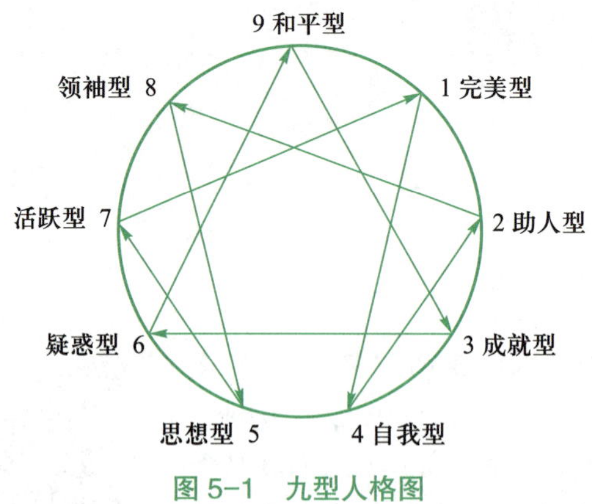

图 5-1　九型人格图

（1）完美型。完美型人格做事认真尽责，他们以超高的标准审视自己的行为，做事情总想臻于完美。他们天生拥有道德优越感，厌恶不守规矩的人。他们是优秀的组织人才，能够避免错误，紧盯必须完成的事项，督促任务完成。

（2）助人型。助人型人格对别人的需要和感觉非常敏锐，能够吸引别人。他们喜欢付出胜于接受，天生具有同情心，乐于照顾、支持、帮助别人。他们从不表现出自己的需求，鲜少寻求别人帮助。在人际交往中他们是天生的给予者。

（3）成就型。该人格是精力超强的工作狂、实干者，他们追求成功、地位和赞赏，具有竞争性，喜欢挑战并且击败他人。他们追求目标全心全意，永不厌倦，能使别人相信“天下没有不可能的事”，成就型人格往往会成为杰出的团队领袖。

（4）自我型。该人格具有艺术气质，多情且易伤感，他们被称为悲情的浪漫主义者，寻求理想伴侣或一生的志向，他们容易陷入自己的情绪，有高度的同情心，特别能理解和支持处在情绪痛苦中的人。

（5）思想型。这类人格喜欢带着审慎的目光来处理事物，不牵扯任何情绪，他们重观察胜于参与，需要高度隐私，心智极高，他们热爱知识和资讯，通常是某个专门领域的研究者。他们对生活的规划严谨，希望事先知道在工作与休闲时他们被期望的是什么。思想型人格往往是杰出的决策者，是具有创意的知识分子。

（6）疑惑型。这类人格把世界看作是威胁，他们恐惧，多疑，对威胁明察秋毫，会预想最糟的结果，会猜疑他人的动机。他们做事拖延，害怕权威，喜欢参与弱势团体运动。在猜疑极端时，会表现出极大的攻击性，而一旦愿意信任时，又会是忠诚而可靠的朋友和团队伙伴。

（7）活跃型。这种人格乐观、迷人、精力充沛，并难以捉摸，他们痛恨束缚和控制，向往快乐和愉悦。他们是未来导向者，具有统筹规划事情的能力，并能适时更新，按需调整相关计划。他们享受新经验、新人群、新点子，是富有创意的网络工作者、综合家及理论家。

（8）领袖型。领袖型人格独断专行，具有攻击性，是天生的领导者，喜欢照顾朋友、家人，乐意为正义和公平而战。他们具有支配力，支持有价值的事件，当然有时他们也会成为极端的孤立者。

（9）和平型。这种人格是和平使者、媒介者、调停者。他们善于了解每个人的观点，却不知道自己要什么。他们喜欢和谐舒适的环境，乐于配合他人，不会制造冲突。他们通常兴趣广泛，积极主动，喜欢休闲活动，是很好的仲裁者和磋商对象，具有专心执行某项团体计划的能力。

（二）个性的结构

西格蒙德·弗洛伊德认为个性是一个整体，分三个相互作用的部分，即本我、自我、超我。本我是人的各种欲望，自我介于本我和超我之间，协调本我和超我，既不能违反社会道德约束又不能太压抑。与超我、自我、本我相对应的是弗洛伊德对人的心理结构的划分，基于这种划分，他提出了人格的三我，他认为人的人格就像海面上的冰山一样（图 5-2），露出来的仅仅只是一部分，即有意识的层面，剩下的绝大部分是处于无意识层面，而这绝大部分在某种程度上决定着人的发展和行为。

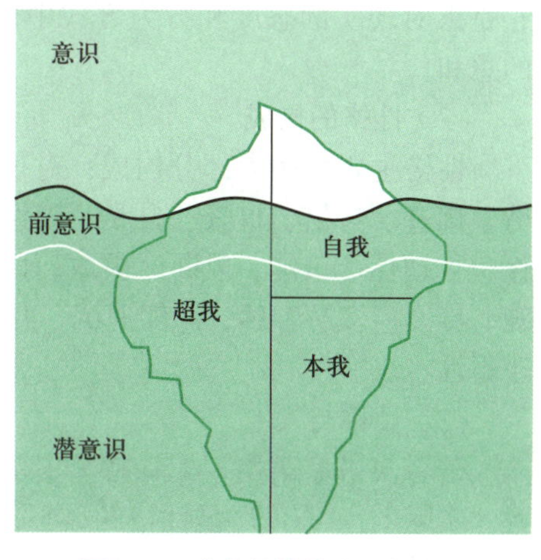

图 5-2　弗洛伊德的冰山假说图

1. 气质

（1）气质是什么

气质是人的个性心理特征之一，它是指在人的认识、情感、言语、行动中，心理活动发生时力量的强弱、变化的快慢和均衡程度等稳定的动力特征。

（2）气质的类型与特点

目前最常用的气质分类方法还是源于古希腊医生希波克拉底的体液说，他将人的气质分为胆汁质、多血质、黏液质和抑郁质四种类型。巴甫洛夫根据个体高级神经活动过程的强度、均衡性和灵活性的差异，将人的气质分为不可遏止型、活泼型、安静型和抑郁型四种类型。巴甫洛夫的高级神经活动类型与体液学说的对应关系如表 5-1 所示。

表 5-1　高级神经活动类型与体液学说

	高级神经活动类型		体液说
强型	不平衡型（不可遏止型）		胆汁质
	平衡型	灵活性高（活泼型）	多血质
		灵活性低（安静型）	黏液质
弱型	抑郁型		抑郁质

这四种气质分别有什么样的特征呢？我们借助一些典型人物来分析。张飞：强而不平衡，属胆汁质；贾宝玉：强而平衡，热爱交际，属多血质；林冲：强而平衡，沉默寡言，属黏液质；林黛玉：弱而不平衡，抑制，显著的抑郁质。这四种人具有典型性气质，其实现实生活中大多数人属于混合类型。

2. 性格

（1）性格是什么

性格是个体在社会实践活动中所形成的对人、对事、对自己的态度以及与之相适应的习惯化了的行为方式。它是人对现实的态度和行为方式中比较稳定的心理特征的总和。

（2）性格的构成

性格主要由四大部分构成：对现实和对自己的态度的性格特征，如忠实、坦率、勤劳、谦逊、自信、自豪、自私、狡诈、自满、自卑；性格的意志特征，如目的性、纪律性、主动性、镇定、果断、勇敢；性格的情绪特征，如热情、精神饱满、欢乐愉快、乐观、冷漠、多愁善感、抑郁消沉、悲观；性格的理智特征，如敏捷性、独创性、深刻性、逻辑性。

（3）性格与人生

著名演讲家诺曼·文森特·皮尔曾说，态度决定一切，性格决定命运，细节决定成败。实际上，"态度"是性格的核心，"细节"是性格的行为方式。性格对人的发展极其重要。大学生的诸多心理问题是由性格原因产生的，大学生要想具有健康的心理就必须培养良好的性格。

3. 气质与性格的关系

（1）气质与性格的区别

气质是个性的自然属性，是在早期表现出来的比较稳定的先天的遗传素质，无好坏之分，无阶段性，世界上存在气质相同的人。性格是个性的社会属性，是较晚出现、后天形成的，是可以改变的，具有好坏之分，有阶段性，世界上没有性格完全相同的人。

（2）气质与性格的联系

气质的特点体现在性格上。比如胆汁质的人大多是急性子；黏液质的人大多是慢性子；多血质的人兴趣容易转移，爱好广泛；抑郁质的人性格孤僻，不愿与人交往。气质会影响个体性格的形成，如有些婴儿喜欢哭或笑，有些婴儿安静，有些婴儿很好动，这些气质特征必然会影响家庭环境，影响父母或其他哺育者的不同行为反应。气质可以按照自己的动力方式，渲染性格特征，从而使性格特征具有独特的色彩。例如，同样是乐于助人的性格特征，多血质的人在帮助别人时，往往动作敏捷，情感明显表露于外；黏液质者可能动作沉着，情感不外显。气质影响性格特征形成或改造的速度。如要形成自制力，胆汁质的人往往需要做极大的努力和克制，而抑郁质的人则自控力较强，他们不用特别抑制自己就能办到。从性格对气质的影响上来看，性格也可以在一定程度上掩盖或改变气质，使它服从于生活实践的要求。

二、大学生常见的个性偏差

（一）偏执

偏执表现为固执，敏感多疑，过分警觉，心胸狭隘，好嫉妒；自我评价过高，拒绝接受批评，对挫折和失败过分敏感。

（二）焦虑

焦虑的人总是感到紧张、提心吊胆、不安全，极自卑，总是需要被人喜欢和接纳，对拒绝和批评过分敏感，有回避某些活动的倾向。

（三）理想化

理想化是指过分追求完美、精确，容易把现实理想化。

（四）自我中心

自我中心的基本特征是对自我价值感的夸大和缺乏对他人的共感性。可能表现出不能接受批评、颐指气使、过分自高、自大、自信、过于追求功利、虚荣并渴望被关注和赞美。

（五）依赖

依赖他人的人易敏感多思，控制情绪的能力较差，偏向感性，不太注意自己参与决策的能力，社会参与程度较低，选择、抉择困难，对于亲近和归属有着过分的渴望。

（六）意志薄弱

意志薄弱的人易逃避、倒退、怯懦，做事虎头蛇尾。如想改正坏习惯，想与同学、室友友好相处，想养成早睡早起、按时运动、按时饮食等良好习惯，但总是虎头蛇尾，半途而废。

三、个性的优化途径

（一）了解自身个性

了解自身个性的方法主要有以下几种。

1. 观察法

在自然条件下，通过自己的感官或录音、录像等辅助手段，有目的、有计划地观察自己的表情、动作、语言、行为等，来研究自身个性的心理活动规律。

2. 投射法

投射法，也称投射测试，就是通过一定的媒介，建立起自己的想象世界，在无拘束的情景中，显露出自身的个性特征。测试中的媒介，可以是一些没有规则的线条，可以是一些有意义的图片，也可以是一些只有头没有尾的句子，还可以是一个故事的开头，自己来编故事的结尾。因为这一画面是模糊的，所以自己的表述只能是来自自身的想象。通过个人的回答和反应，来了解自己的个性。

每个人内心对外界刺激都有一种反应机制，又称投射，投射与人生观、人生经验有关，是弗洛伊德的精神分析中的自我防御机制之一（投影）。在个体的内心深处，都存在着某种情感、欲求、冲动和观念，在现实中难以表现，留存在潜意识中，当外界给予某种适当的刺激，这种留存在潜意识中的东西就会反映出来了。就像月光、日光下的人影，这个影子与人本身不同，但必然源自人的形体，与个人有关。弗兰克认为，为了研究和理解人格，比较精确、但间接的科学方法就是投射测验法。

① 罗夏墨迹测验。1921 年 9 月，罗夏墨迹测验首次在心理学界亮相，罗夏发表了专著《心理诊断学》，以这本专著为开端，罗夏墨迹测验吸引了众多群体的关注，学者们广泛地使用它，认真仔细地研究它。截至 20 世纪四五十年代，罗夏墨迹测验已成为精神分

析学或临床心理学的同义词。在那个时期，临床心理学家的首要任务就是心理诊断和评估。而到了 20 世纪六七十年代，临床心理学家的任务领域与工具已经扩大和多样化了，即便如此，罗夏墨迹测验仍是临床上最常用的心理测验，它的这一权威地位保持至今。

罗夏墨迹由 10 张墨迹图组成（图 5−3），包括黑白的和彩色的，通过被试者对墨迹的自由联想，判断出被试者人格特征，如思维特点、内外倾向等。由于罗夏墨迹的测验材料没有明确意义，受测者可以有广泛自由的反应方式，且不知道测验的目的，所以与其他测验相比，更能够得到全面与真实的数据，但是这种测验对主试的要求非常高。

图 5−3　罗夏墨迹图（示例）

② 主题统觉测验（图 5−4）。主题统觉测验（Thematic Apperception Test），是知名心理学家 H.A. 默里于 1935 年为性格研究而编制的一种测量工具，简称 TAT。全套测验有 30 张黑白图片和 1 张空白卡片，其中有些是分别用于男人或女人，男孩或女孩的，有些是共用的，可通过一系列对图片的描述来了解受测者的心理状况。测试时由测试者从 31 枚图片中选出多张（默里的手册中是 20 张，而现在的心理临床中基本控制在 10 张以内）来实施。也就是说，来访者讲故事的图版是由咨询师（测试者）来选择决定的，再由来访者进行故事创作。因此，所有的故事都是在二者关系中产生的，甚至可以说是由二者共同创造的。

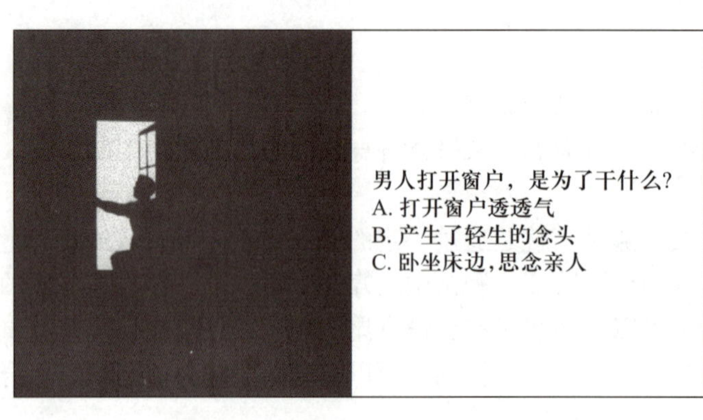

图 5−4　主题统觉测验图（示例）

主题统觉测试需要通过语言叙述表达出浮现在内心的意象，在这一点上跟罗夏墨迹测试很相似，他们被并称为投射测试的代表。测验时可让被试者根据图片内容按一定要求讲一个故事。被试者在讲故事时会将自己的思想感情投射到图画中的主人公身上。默里提出的方法是要从故事中分析一系列的“需要”和“压力”。他认为，需要可派生出压力，而且正是由于需要与压力控制着人的行为，影响了人格的形成和发展。因此，通过主题统觉测验，可以反映一个人的人格特点。临床医学家还用这种测验结果进行病理分析。

TAT 的指导语是这样说的：这是一个看图说话的测试。测试并不难，但要你想象并描述一下画面表现了什么场景，场景中的人在思考着什么。并请你想象，到图画场景发生为止，过去发生了什么，将来会发生什么。

③ 房树人绘画投射测验（图 5-5）。房树人测验（House-Tree-Person），简称 HTP，又称屋树人测验。20 世纪 40 年代~60 年代，约翰·巴克（John Buck）研究出了一种“画树测验”，并率先在《临床心理学》杂志上系统论述房树人测验，这是房树人测验的开端。当时，受测者需要分 3 次在 3 张白纸上分别画一间房子、一棵树、一个人完成测试。从 20 世纪 60 年代开始，学者们在临床实践中发现，分 3 次描绘 3 张图形对被测者的心理压力较大，于是将房子、树、人三项合画于一张测验纸之中，不仅可以大大减轻被测者的负担，扩大测验对象，提高成功率，而且能简捷有效地探测被测者的人格特征。

图 5-5　绘画投射测验图（示例）

房树人绘画投射测验是目前我国运用最广泛的心理投射测验之一。施测时，画者根据指导语进行半结构地自由绘画，然后施测者根据系统的评估标准，对图画进行分析、评定、解释，以此来了解画者大致的心理状态及功能，判定其心理活动和人格结构是否正常或存在何种异常，在某些情况下，该测试可为临床和心理上的诊断与治疗起一定的参考及辅助作用。

3. 自陈法

自陈法是通过创设一种逼真的模拟场景，将自己纳入该场景中，完成该场景下对应的各种工作。在这个过程中，可以采用多种测评技术和方法，观察和分析自己在模拟的各种情境压力下的心理、行为、表现等，以测量评价自己的个性。自陈法多采用问卷、量表等手段进行测试。

（二）善用气质，扬长避短

气质没有好坏之分，也不能决定个人职业活动的社会价值和成就高低，任何气质类型的人都可以在各自专业领域发挥重要作用，成为出类拔萃的人。不同职业对从业者气质可能有不同要求，不同气质的人，对不同类型职业活动的偏爱不同，对职业的适合度也不同。有些特殊职业对个体气质特征的要求较为严格，如宇航员、国际比赛运动员、雷达观察员等，想要从事这些职业的人必须经过气质的测定，严格选择和培训。所以，问题的关键是要了解自己的气质，学会扬长避短，选择适合自己气质、特质的工作。如多血质和胆汁质的人更适合强调速度的工作；黏液质的人更适合要求稳定、持久性的工作；抑郁质的人更能胜任要求精细、敏锐的工作。

（三）提升个性品质，放大人生效能

个性是以个体的生物特征，即先天禀赋为物质基础，在后天的教育实践中逐步形成的。大学生年龄一般在18~20岁，多年的成长经历、家庭环境及所受教育让他们具有了独特而相对稳定的个性特点，因此，提升大学生个性品质首先要善于发现并尊重学生已有的个性特点，将已有的优势部分挖掘出来并加以强化。其次，个性是可以改变的。大学生正处于身心发展的重要时期，个性迅速走向成熟但又未完全成熟，世界观、人生观、价值观尚未定型，在社会、学校和自身多重作用下，个性完全可以发生改变。大学生可能因为一次失恋而消沉抑郁，也可能因发现自身不足而吸取经验，成为一次成长的契机；可能因比赛失利变得自卑，也有可能因为一次谈心而奋起直追；可能因为社会的阴暗面而悲观愤恨，也可能因为一场励志报告会而积极向榜样看齐，激发学习动力。大学生的个性优化就是要善于利用个性的可塑性，通过培养良好习惯和平和心态、统一个人价值和社会价值、改进思维方式和心理策略等方式方法，完善个性系统中的健康有益因素，矫正个性系统中的不良因素，放大人生效能。

心理实践

一、心理测量：职业气质心理测验

指导语：本测验共有60道题目，可帮助你确定自己的职业气质类型。回答这些题目时，应实事求是，你怎样想的、怎样做的，就怎样填写。对于认为最符合自己情况的记2分；比较符合的记1分；介于符合与不符合之间的记0分；比较不符合的记 −1 分；完全不符合的记 −2 分。

表 5-2　职业气质心理测验

序号	题目	最符合	比较符合	符合与不符合之间	比较不符合	完全不符合
1	我做事力求稳妥，不做无把握的事					
2	遇到可气的事就怒不可遏，我非把心里话说出来才痛快					
3	我宁可一个人干事，也不愿很多人在一起					
4	我到一个新环境能很快适应					
5	我厌恶强烈的刺激，如尖叫、噪声、危险等					
6	和人争吵时，我总是先发制人，喜欢挑衅					
7	我喜欢安静的环境					
8	我善于和人交往					
9	我羡慕那些善于克制自己感情的人					
10	我的生活有规律，很少打乱作息时间					
11	在多数情况下，我的心态是乐观的					
12	碰到陌生人，我觉得很拘束					
13	遇到令人气愤的事，我能很好地自我控制					
14	我做事总是有旺盛的精力					
15	遇到问题，我常常举棋不定、优柔寡断					
16	在人群中，我从不觉得过分拘束					
17	情绪高昂时，我觉得干什么都有趣；情绪低落时，我又觉得干什么都没意思					

续表

序号	题目	最符合	比较符合	符合与不符合之间	比较不符合	完全不符合
18	当注意力集中于一事物时，别的事物难以使我分心					
19	我理解问题总比别人快					
20	碰到危险时，我常有一种极度恐惧感					
21	我对学习、工作、事业怀有很高的热情					
22	我能够长时间做枯燥、单调的工作					
23	符合自己兴趣的事，我干起来劲头十足，否则就不想干					
24	我会因一点小事就能引起情绪波动					
25	我讨厌做那种需要耐心、细致的工作					
26	与人交往，我不卑不亢					
27	我喜欢参加热闹的活动					
28	我爱看感情细腻、描写人物内心活动的文学作品					
29	工作学习时间长了，我常感到厌倦					
30	我不喜欢长时间谈论一个话题，愿意实际动手去做					
31	我愿意侃侃而谈，不愿窃窃私语					
32	别人说我时，我总是闷闷不乐					
33	理解问题时，我常比别人慢些					
34	疲倦时，只要短暂休息我就能精神抖擞，重新投入工作					
35	心里有事，我宁愿自己想，也不愿说出来					
36	我认准一个目标就希望尽快实现，不达目的，誓不罢休					
37	在同样学习、工作一段时间后，我常比别人更疲倦					
38	我做事有些莽撞，常常不考虑后果					
39	别人讲授新知识、新技术时，我总希望他讲慢些，多重复几遍					
40	我能够很快忘记那些不愉快的事情					
41	做作业或完成一件工作时，我总比别人花费的时间多					
42	我喜欢运动量大的强烈活动，或参加各种文体活动					
43	我不能很快地把注意力从一件事转移到另一件事上去					

续表

序号	题目	最符合	比较符合	符合与不符合之间	比较不符合	完全不符合
44	接受一个任务后，我就希望把它迅速解决					
45	我认为墨守成规要比冒险强些					
46	我能够同时注意几件事物					
47	当烦闷时，别人很难使我高兴起来					
48	我爱看情节起伏跌宕、激动人心的小说					
49	我对工作抱认真谨慎、始终如一的态度					
50	我和周围人们的关系总是相处不好					
51	我喜欢复习学过的知识、重复做已经掌握的工作					
52	我希望做变化大、花样多的工作					
53	小时候会背的诗歌，我似乎比别人记得清楚					
54	别人说我“语出伤人”，可我并不觉得这样					
55	在学习生活中，我常因反应慢而落后					
56	我认为我反应敏捷，大脑机智					
57	我喜欢有条理且不堪麻烦的工作					
58	兴奋的事情常使我失眠					
59	讲新知识，我常常听不懂，但是弄懂以后就很难忘记					
60	假如工作枯燥无味，我马上就会情绪低落					

确定气质类型的具体方法：

（1）将每题得分填入下表中相应“得分”栏内（表 5–3）。

（2）计算每种气质类型的总分数。

表 5–3 职业气质自我测评记分表

类型	项目																总分
胆汁质	题号	2	6	9	14	17	21	27	31	36	38	42	48	50	54	58	总分
	得分																
多血质	题号	4	8	11	16	19	23	25	29	34	40	44	46	52	56	60	总分
	得分																
黏液质	题号	1	7	10	13	18	22	26	30	33	39	43	45	49	55	57	总分
	得分																
抑郁质	题号	3	5	12	15	20	24	28	32	35	37	41	47	51	53	59	总分
	得分																

（资料来源：陈社育. 大学生职业心理辅导［M］. 北京：北京出版社，2003.）

确定了自己的气质类型后，则可对应表 5–4 中的四种气质类型与职业匹配中的内容，了解自己的气质特点及其职业适合性。

表 5–4　四种气质类型与职业匹配

类型	工作特点	对应职业
多血质	适合做社交性、文艺性、多样性、要求反应敏捷且均衡的工作，而不太适应做需要细心钻研的工作；可从事广泛的职业	外交人员、管理人员、驾驶员、医生、律师、运动员、新闻记者、冒险家、服务员、侦察员、干警、演员等
胆汁质	适合做反应迅速、动作有力、反激性强、危险性较大、难度较高而费力地工作；不适宜从事稳重、细致的工作	出色的导游员、勘探工作者、推销员、节目主持人、演讲者、外事接待人员等
黏液质	适合做有条不紊、刻板平静、难度较高的工作，不适宜从事剧烈多变的工作	外科医生、法官、管理人员、出纳员、播音员、会计、调解员等
抑郁质	适合做兢兢业业、持久细致的工作，不适宜做要求反应灵敏、处理果断的工作	技术员、打字员、排版工、检查员、登录员、化验员、刺绣工、机要秘书、保管员等

二、典型心理情境及应对

（一）意志力心理情境

1. 情境描述

董浩是个聪明俊秀的男生，但就是做事情易半途而废，上课明明想好好听课，可又忍不住拿出手机来玩，做事也总是“三天打鱼，两天晒网”，早上总是不能按时起床，上课经常迟到，晚上玩游戏或看手机总是无节制，多次尝试过改变，但却有头无尾，无疾而终。

2. 情境应对

大学生正处在一个积累和转变期，不磨砺坚强的意志是无法自我实现的。成功向来只青睐那些做好准备并且意志坚定的人。意志力是一种能量，可通过训练获得并加强，但一定要讲究方法，循序渐进，否则就会半途而废。可以尝试使用“意志力训练——目标激励法”进行改变。

（1）你要在心里确定你希望在大学里拥有的具体、细致的收获。

（2）明确你将会付出什么努力与多少代价去换取你所需的成功。

（3）规定一个固定的日期，一定要在日期之前把你要求的事物达成。

（4）拟定一个实现你理想的可行性计划，并马上进行……你要习惯行动，不能沉醉于空想。

将以上四点清楚写下（表 5–5），不妨每天两次大声朗读你写下的计划内容，一次是晚上睡觉之前，另一次在早上起床之后。当你朗读的时候，应坚信自己可以完成这些计划。

表 5-5　意志力训练——目标激励法（示例）

确定的目标	现有的基础	付出的努力和代价	实现的日期	具体措施
坚持一项运动				
学会一样乐器				
提高英文阅读能力				
改善寝室同学关系				

“锲而不舍，金石可镂”，即意志磨炼的真实写照。意志力的锻炼，必须持之以恒、善始善终。目标一旦确定，坚持每天做是最关键的，除非有不可抗拒的原因。

（二）自卑与自信心心理情境

1. 情境描述

丹妮是个总爱低着头的女大学生，她一直觉得自己长得不够漂亮，家庭条件不如其他同学，学习成绩一般，也没什么特长，讲话都没别人说得好听，好像身边的同学都比自己优秀，都比自己活得坦然自信。

2. 情境应对

在大学的校园里，像丹妮那样不够坦然自信的大学生很多。同时，人总会有失意的时候。当你在学习、生活上遭受挫折的时候，怎样才能重新建立自信心呢？心理学家克列尔・拉依涅尔提出了 10 条帮助你增强自信心的措施。

（1）每天照三遍镜子。清晨走出宿舍之前，对着镜子修饰仪表，使自己的外表处于最佳状态。午饭后，再照一遍镜子，保持整洁。晚上就寝前洗脸时，再照一次。消除对自己仪表的不必要的担心，更有利于你将注意力集中到工作、学习上。

（2）不要总想着自己的身体缺陷。每个人都有各自的身体缺陷，完美无缺的人是不存在的，对自身的缺陷不要念念不忘。其实，人们往往并没有那么在意你的缺陷。只要少想，自我感觉就会更好。

（3）你感觉明显的事情，其他人不一定注意得到。当你在众人面前讲话感到面红耳赤时，你的听众可能只是看到你两腮红润，令人愉快而已。事实上，你的窘态并没有那么容易被其他人发现。

（4）不要过多地指责别人。如果你常在心里指责别人，这种倾向就可能成为习惯。你应该逐渐地克服这种缺点，总爱批评别人是缺乏自信的表现。

（5）多数人喜欢的是听众。因此，当别人讲话时，你不要急于用机智幽默的插话来博得别人对你的好感。你只要认真地倾听别人的讲话，他们就一定会喜欢你。

（6）为人坦诚，不要不懂装懂。对不懂的东西坦白地承认，这不仅不会损害你的形象，还会给人以诚实可信的感觉。对别人的魅力和取得的成就要勇于承认，并致以钦佩和赞赏。

（7）在自己的身边找一个患难相助、荣辱与共的朋友，这样在任何情况下你都不会感到孤独。

（8）不要试图用酒来壮胆提神。如果你害羞腼腆，那么就是酒瓶喝干了也无济于事。只要你潇洒大方，真诚礼貌也会受到大家的欢迎。

（9）拘谨可能使某些人对你有敌意。如果某人不爱理你，你不要总觉得自己有错。对于有敌意的人，不讲话虽不是最好的方法，但却是唯一的方法。

（10）一定要避免使自己处于一种不利的环境中。否则，当你处于这种不利情况时，虽然人们会对你表示同情，但他们同时也会感到比你地位优越而在心里轻视你。

（三）自我中心与共情心理情境

1. 情境描述

吴希在学习上比较努力，各门功课成绩都在中上等水平，特别喜欢看书，对人文社科等领域很感兴趣，喜欢高谈阔论，面对其他同学的茫然，她很是不屑，只做对自己有利的事，很少参加班集体活动，觉得这些活动与自己无关，和班级同学、室友的关系有时比较紧张，不会顾及别人的需要与感受，一切围绕自己的喜怒哀乐行事，别人稍有怠慢，吴希就会很生气。

2. 情境应对

自我中心的人往往缺乏共情能力，很难设身处地去想另一个人的处境，体会别人的感觉、需要。共情是一种态度，也是一种能力，建议吴希进行共情能力的培养。

吴希可以与同学一起，尝试心灵游戏——镜中人。

要求：两人一组，一人自由做动作，另一人模仿，然后互换。不可说话，用心体会对方用意。结束后互相交流，看看自己对他人的理解是否准确。

（1）提高自我的感受性

练习：

① 观察班里善于与人交往的同学，写出他们交往的特点。

② A 说出最近遇到的一件重大的事。B 描述，评价。A 对 B 的描述和评价做出反应。然后互换角色。分享练习后的感受。

③ 对情绪词语做替换练习，如烦恼替换为焦急。

④ 欣赏文学作品，体验人的情绪。

⑤ 体会别人的需要。如果你需要帮助，你会有哪些言语和动作？

（2）提高对他人的理解力

① 学会倾听：进行角色扮演，A 说一句话，B 做重复或回答。谈感受。

练习 1：两人一组，背靠背说自己最近遇到的高兴事。要注意的是，只谈感受，同时要注意打断对方是不礼貌的。

通过提问了解对方的思想。提问是好的交流者的基本能力。提问使对方知道你真心想了解她，关心她，对她感兴趣。提问的句式举例如下：

你的意思是__________________________________？

你想说的是__________________________________？

你看我这样理解____________________________，对不对？

练习 2：A 叙述一件事，B 与 A 持不同的想法，但不对 A 的想法做价值判断。用什么句式可以以尊重的态度表达与 B 不同的观点？表达的句式举例如下：

我理解你的意思，但在这个问题上我与你的看法不一样。

你说的有你的道理，但我的看法是____________________________。

② 观察非言语信息，增加对他人的理解。

在与人的交流中，言语信息占35%，非言语信息占65%。注意观察对方的面部表情、目光、身态语，如坐姿，不同的姿态表现不同的情绪，以及言语信息中的语气、语调、语速。

③ 用换位思考去提高对他人的理解力。

一个同学不对你打招呼（或有一位同学总喜欢用他人的东西），这样的情况出现会有几种可能性？哪种可能性会让你生气？哪种可能性让你更能理解对方？

共情不能改变现实，但能改变心情。

（3）学会表达共情

表达是一种非常重要的能力，要学会共情，设身处地站在对方角度思考问题，理解和认同对方的感受。

① 练习：A 说一件快乐的事。

询问 B：“你现在的感觉是____。”

询问 C：“你现在的感觉是____。”

询问 A：“你认为哪位同学的发言与你所讲述的更匹配？你的感受如何？”

② 表达对意图和情感的尊重：我理解你的感受，我知道这对你很重要。我能理解这种心情，我知道处理这种事有多难。

③ 表达关心：我能为你做什么？

④ 拓展练习：为一个你不喜欢的人找10个优点，并说出理由；重新评价一下曾经困扰你的人或环境。

三、心理训练

（一）个性名片

活动目的：

（1）把自己最想与他人交流的信息简洁明了地公布出来，学会推荐自己。

（2）通过“个性名片”了解他人，尽快地熟悉彼此。

活动时间：约15分钟。

活动准备：空白胸卡、彩色笔。

具体操作：

（1）老师发给每个参与者一个空白的胸卡（也可用其他相似品代替），彩色笔放在场地中央公用。

（2）在5分钟之内，每个参与者为自己设计一张“个性名片”，插入胸卡内。

（3）“个性名片”要求：

① 不少于5条个人信息。

② 除文字外，还可用图形等多种形式表示。

③ 可以使用多种颜色的笔。

（4）分享：在这个活动中，你有什么感受？请4~5位同学发言，与大家分享。

注意事项：

（1）每个人的5条信息可以是具体的，也可以是抽象、含蓄的，但要求是个性化的。

（2）老师针对典型案例要进行交流并重点提问，深入挖掘个性特质，帮助当事人进一步了解自己。

（二）我的成长之路

活动目的：帮助学生更好地理解“选择”在个人成长中的重要性。

活动时间：约 50 分钟。

活动准备：纸、笔。

具体操作：

（1）请每位学生仔细回忆，在过去的人生历程中曾经做出的重大选择以及这些选择对个人成长的影响，并填写在下面的横线上。

（2）请每位学生仔细思考：你对过去自己所做的选择是否感到后悔？假如你的人生可以重来一遍，你会做出其他选择吗？思考好之后同样写在横线上。

（3）由 6 个学生组成一个小组，围成一个圆圈，每个学生分别以坦诚的态度向他人介绍以往的选择对自己人生的影响以及个人的心灵感悟。

（4）最后，请学生思考怎样从他人的经验中学习和成长。

我曾经的选择（A）

时间：________________________________

事件：________________________________

选择：________________________________

对我的影响：____________________________

是否后悔：______________________________

如果重新选择：__________________________

我曾经的选择（B）

时间：________________________________

事件：________________________________

选择：________________________________

对我的影响：____________________________

是否后悔：______________________________

如果重新选择：__________________________

（三）举手仪式

活动目的：

（1）让学生体验坚持所需要的耐心和毅力，培养学生的意志力。

（2）让学生认识到意志力的培养要从小事做起。

活动时间：约 20 分钟。

活动准备：秒表一只。

具体操作：

（1）全体同学按体操队形站立，每个人的两只手臂伸直向胸前平举，身体不准晃动，坚持 10 分钟（教师可根据学生实际情况选择时间长短），看谁能坚持到最后。

（2）团体分享：

当时间过了一半的时候，你有什么感受？

当你坚持到最后的时候，你有什么感受？

在坚持的过程中遇到了哪些困难，你是如何克服的？

你觉得这个游戏对你的学习与生活有什么启发？

注意事项：

（1）若在室外，注意避开高温或极冷天。

（2）教师本人最好也参与这个游戏，和学生一起体验，给学生树立一个榜样。

（3）游戏过程中，为了打发难捱的时间，教师可在学生举手的时候播放一些激励性的歌曲或音乐，也可为他们喊一些激励的口号等。时间到的时候，教师要给予那些坚持到最后的同学鼓励，此时游戏还可继续做下去，可把时间再拉长一分钟，看还有哪些同学能坚持。对能坚持到最后的同学，教师应当在全班同学面前大力表扬，以鼓励他们的耐力和毅力。

课外拓展

一、心理书籍

（一）《拆掉思维里的墙》

这是一本融合了心理学和职业规划的书，也许你会觉得它深奥，也许你会觉得它无趣，也许你会觉得它功利，但在你翻开书页的那时起，你会将预定的假设全部推翻。本书作者用幽默的口才，把心理学的知识讲得深入浅出、绘声绘色。在这个讲求个性张扬的年代，作者的职业规划建议则更希望打破每个人头脑里预设的层层障碍，找出自己真正的兴趣和特长，成长为自己本来的样子。

（古典．拆掉思维里的墙［M］．北京：中信出版社，2020.）

（二）《人格科学》

本书的写作目的是向人们介绍当今人格研究领域的状况，同时展示人格心理学家在尝试理解人时所感受到的兴奋和面临的挑战。人是复杂的，没有两个相同的人。我们应怎样在系统表达适合于所有人的普遍规律的同时去把握这种复杂性和多样性呢？这是人格心理学家面临的挑战的本质。本书力求以相关的研究来讨论该领域中流行的一些重要理论，使人们熟悉它们。

（L. A. 珀文．人格科学［M］．周榕，等译．上海：华东师范大学出版社，2001.）

（三）《九型人格 自我发现与提升手册》

该书主要介绍了九型人格理论，它将人类与生俱来的性格概括为九种类型——完美主义者、给予者、实干者、浪漫者、观察者、怀疑论者、享乐者、保护者和调停者。无论你是哪种人，都将在九型人格系统中找到自己的位置。通过九型人格测试，人们可以精准地透视自己和他人的性格。

（丹尼尔斯，普赖斯．九型人格 自我发现与提升手册［M］．程艮，译．北京：中信出版社，2009.）

二、健心影院

（一）《无尽攀登》

影片描绘了在1975年，夏伯渝加入中国登山队的故事，主人公在攀登珠峰时因帮助队友，导致自己因冻伤而双小腿被截肢，但他并未放弃自己登顶珠峰的梦想。在经历双腿截肢、癌症侵扰、病痛折磨的43年里，夏伯渝五次冲击珠穆朗玛峰，凭借自己的坚持不懈与热爱，最终于2018年5月14日被珠峰接纳，在69岁高龄成功登顶。这使他成为无腿登顶珠峰中国第一人。

（二）《沙发上的心理医生》

影片反映了心理医生的自身健康问题。心理医生与普通人一样，也会受到自己的家庭背景、生存环境、人际关系以及个人情感生活的影响，他们也会有情绪困扰和心理健康问题。但作为心理医生，和普通人不一样的是，他们必须处理好自己的心理健康问题，处于相对健康的状态，否则就不能胜任这份职业。观看电影时候，注意体会至少两个问题：一是剧中人物的情绪问题，二是剧中人物的个性特质。

（三）《机器人 9 号》

影片讲述了 9 个个性不同的机器人，他们有的热爱艺术、有的喜欢发明、有的勇敢智慧，他们在精神力量的召唤下，在使命的召唤下，向机器宣战，保护人类最后的文明。

三、学以致用

（一）案例分析

阿甘是电影《阿甘正传》中的主人公，即使智商只有 75，但他什么都不顾，只知道凭着直觉在路上不停地跑，他跑过了儿时同学的歧视、跑过了大学的橄榄球场、跑过了炮火纷飞的越战泥潭、跑过了乒乓外交的战场、跑遍了全国，并且最终跑到了他的人生高点，取得了常人不敢想象的成功。

思考：阿甘为什么会取得如此巨大的成功？他具有怎样的性格特征？对你有怎样的启示？

（二）想想做做

访谈 6~10 个人，尽量考虑被访谈对象专业、性别、个性的差异性，要求如下。

（1）访谈 6~10 个人，了解他们的性别、个性以及理想中的个性特点。

（2）用你所学的个性知识与访谈对象进行互动。

（3）撰写访谈报告，内容包括访谈对象基本情况、访谈过程以及访谈感想。不少于 800 字。

6

第六单元 调节学习心理

心语

学而时习之，不亦乐乎？

——孔子

不知则问，不能则学。

——董仲舒

知识梳理

调节学习心理
知识点
技能点
学习概述
学习的意义
大学生常见的学习心理问题
有效学习
学习策略
学习的含义
学习的内容
大学生的学习特点
学习与心理健康
学习与人生发展
学习动力缺乏
学习焦虑
学习懈怠
功利性强
学习自卑
恰当的学习动机
科学的学习策略
正确归因
复述策略
精细加工策略
组织策略

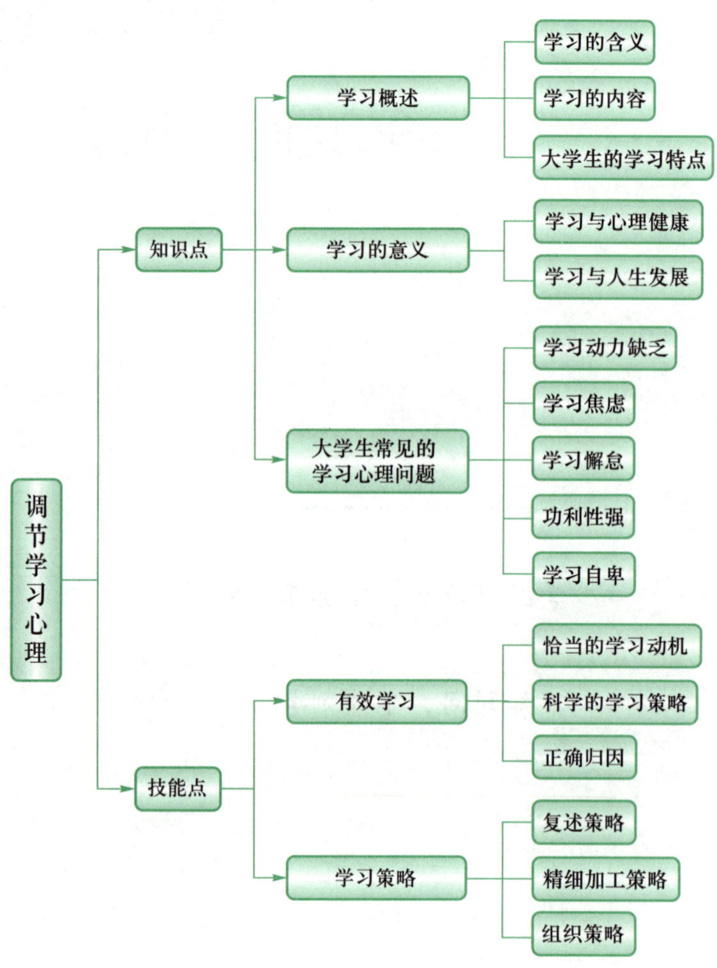

心理讲堂

心灵故事

司马光是个贪玩贪睡的孩子，为此他没少受先生的责罚和同伴的嘲笑。在先生的谆谆教诲下，他决心改掉贪睡的坏毛病。为了早起床，他睡觉前喝了满满一肚子水，结果早上没有被憋醒，却尿了床，于是聪明的司马光用圆木头做了一个警枕，早上一翻身，头滑落在床板上，自然惊醒。从此他天天早早地起床读书，坚持不懈，终于成为一个学识渊博的、写出了《资治通鉴》的大文豪。

古人的学习条件有限，但他们都能尽最大努力创造条件去学习，而且能不断坚持，值得大学生学习和思考。

思考：同学们从司马光的故事中学到了他的什么品质？

一、学习概述

（一）什么是学习

1. 学习的含义

目前，国内对学习的界定没有统一的标准，一般来说，学习是个体获得经验、引起行为稳定变化的过程。理解学习的含义应注意把握以下要点。

（1）个体行为产生了变化才是学习。学习所引起的行为变化，有的是外显的，有的是内隐的，没有变化就没有学习。如有的同学听课后会解题了，这就是行为发生了变化，说明有学习发生；而有的同学听课后却不会做题，这就表明在他身上学习还没发生。

（2）这种变化是后天习得的，不包括成熟和先天反应所引起的变化。如鸭子一生下来就会游泳，这是动物的本能不属于学习；而人会骑自行车、会说话，猴子会表演等，这是后天习得的，属于学习。

（3）这种变化不是药物、疲劳等引起的，是相对持久的。比如运动员吃兴奋剂，会导致爆发力增强，但药性过后，这种能力会消失，这就不属于学习；但学习游泳、解答数学题等，都是变化相对持久的行为，这才是学习的范畴。

学习又分为广义的学习与狭义的学习，广义的学习包括人类的学习和动物的学习，指人和动物在生活过程中，凭借经验而产生的行为或行为潜能相对持久的变化；狭义的学习是指学生在学校里的学习。学生的学习是人类学习的一种特殊形式，是在教师的指导下，有目的、有计划、有组织地进行学习，其目的是在相对集中的时间内，系统掌握科学知识和技能，开发智能，培养个性，形成一定的世界观与道德品质。

2. 学习的内容

学生学习的内容是多方面的，大致可以分为如下三个方面。

（1）知识学习。知识学习亦称“知识掌握”，是指知识传递系统中个体对知识的接受及占有，包括知识领会、知识巩固与知识应用三个环节。知识领会是指了解知识的含义，懂得知识的载体。知识巩固指对已领会知识的持久记忆，由识记、保持、再认与重现组成。知识应用指依据已有知识去解决有关问题，由审题、联想、解析及课题的类化等彼此相联系的智力活动来完成。

（2）技能学习。技能的学习指通过学习或练习，建立合乎法则的活动方式的过程，包括心智技能学习与操作技能学习两种。技能的学习比知识的学习更复杂，不仅包括对活动的认识问题，还包括活动或动作的实际执行问题。这意味着技能学习不仅要知道做什么、怎么做，同时还要能够实际做出动作。技能学习最终要解决的是会不会做的问题。

（3）社会规范学习。社会规范学习又称行为规范学习或接受，是把主体的外在行为要求转化为主体内在行为需要的内化过程。社会规范的学习既包含规范地认识问题，又包含执行及情感体验问题，因此比知识、技能的学习更为复杂。

（二）大学生的学习特点

高职大学生的学习与本科学生的学习相比，既有相同之处，又有独有的特点。本科阶段学习主要是系统的理论学习，而高职的学习既学习一定的专业理论知识，还要学习一定的专业技能，根据社会对技能型人才综合素质的要求，学生就自身的特点、兴趣，选择相应学习的内容，采用多元化的学习方式，构建自己的知识与技能体系，以适应社会的需要。总体来说，高职大学生的学习主要有如下几个特点。

1. 职业性

职业性是指高职院校大学生的学习有一定的职业定向性与专业指向性。高职院校学生的学习实际上是一种针对性很强的专业学习。这种职业性，是随着社会对本专业要求的变化和发展而不断深入的，知识不断更新，知识面要求越来越宽，技能要求越来越高。为适应当代社会发展的既高度分化又高度综合的特点，更具体、更细致的专业目标是高职生学习的显著特点。

2. 自主性

培养高职院校大学生“学会学习”是现代教育的主流思想。高职学习要求学生善于从课堂学到知识，又能充分利用学校的实验实训条件、场地仪器设备、图书资料、学习环境、网络等要素积极主动地、自觉地学习，有意识地培养自己多方面才能，学会自我学习，掌握学习方法和提高学习能力。在大学，高职生必须学会自学，因为自学能力已成为决定高职院校大学生学习效果的主要影响因素，是适应大学学习自主性的一个重要方面。同时，更重要的是在校期间通过自学总结、摸索一套适应自身特点的自学方法，毕业后才能不断地吸取新知识开展创造性的工作。

3. 广泛性

广泛性反映了高职生学习的多层面、多角度的特点，表现为其在学习过程中可以通过各种不同的途径和渠道吸收知识，也可以靠广泛的兴趣去探求课程之外的知识。课余时间，学生有较多时间自由支配，可以在学校为其提供的各种条件下进行广泛的学习，如通过图书馆、阅览室查阅资料，借助学术报告、知识讲座、专题讨论、社会调查等方式提升能力，还可以通过实验、实训、社会实践等获得技能。众多形式为学生从不同层次、不同角度学习知识创造了条件。

4. 选择性

选择性是指学生对学习内容具有一定程度的自由挑选的灵活性特点。虽然学生入学后重新选择专业的机会不多，但是学校为学生开设了大量的选修课程，学生可以依据自己的兴趣、特长，在学科方向、课程内容等方面进行取舍和选择。

5. 实用性

高职院校的人才培养目标是为社会提供应用型、技能型人才，应该说高职教育更侧重实用性。高职院校大学生通过几年的在校学习，不仅积累了较为系统的专业理论，更重要的是掌握了相关专业的基本技能，学校还要求他们获得与本专业相关的技能等级证书。一般来说，高职学校的教育更加契合我国现阶段对技能型人才的需求。

6. 探索性

高职生学习不仅仅是为了掌握专业知识技能，而且还要掌握专业知识与技能的形成过程。随着对专业不断深入地了解，学生可以对本专业的各个领域进行探索，对一些问题形成自己的新观点、新见解、新方法和新工艺。

二、学习的意义

（一）学习促进心理健康

学习对大学生的心理健康和心理发展有重要影响。学校的学习是指学生在教育情境和教师指导下，主要凭借掌握间接经验而产生比较持久的能力或倾向的变化过程，从而使个体适应社会。学习是现代人赖以生存的必要条件，学习能促进人的全面发展。因此，学习对人的心理发展、心理健康是有益的。

学习能发展智力，开发潜能。人生来就有各方面的潜能需要被开发，但这些潜能必须通过学习才能发挥出来，一个人的智力也是在学习过程中不断发展的。心理卫生学认为，一定的智力水平是心理健康的基础，而潜能的开发程度则反映了心理健康水平。

学习能带来满足，创造愉快。心理学专家认为，献身于某些引人入胜的工作，是实现心理健康的基本条件。乐于学习的学生常常能从学习中找到乐趣，每当学习、工作中取得成绩时，就会发现自己的价值和尊严，就会有一份喜悦和满足。而当遇到不如意的事情时，若能埋头学习，把消极情绪升华为学习的动力，就能忘掉苦恼，并能从取得的成绩中得到安慰。因此，大学生积极主动地学习，有利于维护心理健康。

此外，大学生的学习活动还有助于纠正错误的认知观念，发展正确的认知方式；有助于发展健康的情绪和高级情感；有助于培养健全的人格，改善个性品质，提高自己的适应能力；有助于建立和谐的人际关系；等等。这些都是心理健康产生的积极作用。

（二）学习对人生发展作用重大

不同阶段的学习对人的发展起着重要作用，当前社会科技的更新日新月异，知识的更新也非常快，它要求人类学会学习。从这个意义上而言，学习是一辈子的事情，所以，谁也不能指望在年轻时就学到足够以后用的所有知识。因此，学会学习非常重要。对于大学生而言，养成终身学习习惯，不管在什么岗位，从事什么样的工作，都能胜任，甚至决定了一个人今后的发展方向。

三、大学生常见的学习心理问题

大学生在学习过程中，存在不少问题，有些已经严重影响到学业的顺利完成和成才目标的有效实现。具体来说，主要表现在如下几个方面。

（一）学习动力缺乏

学习动力缺乏（图 6-1）在高职院校大学生中较为普遍，这是一种典型的心理疲倦反应，主要表现为：学习不主动，缺乏动力和热情，课前不预习，课后更不会复习；作业拖拉、抄袭，敷衍了事；上课不认真听讲，无精打采，下课生龙活虎，精神百倍；经常无故迟到，千方百计逃课；大量时间花在上网、打牌、踢球、谈恋爱等与学习无关的事情上。

图 6-1　学习动力缺乏

（二）学习焦虑

学生在学习过程中，保持适当的焦虑是必要的，但严重的学习焦虑对学习会产生非常不利的影响。高职学生严重学习焦虑的表现主要有：学习压力大，精神长期高度紧张，思维迟钝，记忆力下降，注意力涣散，情绪躁郁，寝食难安，神情恍惚，郁郁寡欢等，特别是考试前表现得更为明显，有些甚至出现失眠、多汗、尿频、腹泻、神经衰弱、注意力不集中、记忆力衰退等症状。

（三）学习懈怠

许多学生进了大学就以为进入了“安全地带”，感觉人生一片光明。不少高职大学生放松对自己的要求，学习成绩好坏无所谓，荣辱优劣不放在心上，看起来冷静自制，无欲无求，实则缺乏求知欲和上进心，失去理想与抱负。主要表现为：对学习态度冷漠，缺乏学习兴趣，学习如走马观花，满足于一知半解；学习上不肯用功，怕苦怕累，怕动脑筋，遇到一点困难就畏缩不前，缺乏钻研精神。

（四）功利性强

不少学生在学习上奉行“实用主义”，目的过于功利化，主观色彩浓厚，对于自己感兴趣的，或者认为对自己今后发展有用的课程，如核心专业课程等，态度较认真，学习较刻苦；而对一些公共课或自己认为没有实用价值的课程，则应付了事。这部分学生往往表现为严重偏科，学习动机功利，这种情况对其今后的发展必然会产生不良的影响。

（五）学习自卑

学习自卑在高职学生中较为普遍，不少高职学生给自己的定义就是“高考失败者”，因此总有一种低人一等的思想，对自己的学习能力缺乏自信，对未来、前途悲观失望。严重自卑的学生，往往表现为对学习目的、学习内容的困惑、迷茫和无所适从，学习吃力，成绩下降。情绪上忧郁寡欢、压抑自怨、离群索居、焦虑不安，甚至出现失眠、神经衰弱等症状。这种学习上的自卑严重影响了学习和身心健康。

四、如何进行有效学习

（一）恰当的学习动机

学习动机是指动机在学习活动中的表现，是引起和维持个体进行学习活动，并使活动朝向一定的学习方向，以满足学习需要的一种心理状态。学习动机对学习有激活、指向和维持作用。但有研究表明，学习动机过强，会使学生专注于内在的需要或是外部的动力，而不能专注于学习，从某种意义上而言，学习动机过强会阻碍学习的发生。所以在学习动机的水平高低上，可以遵循耶基斯－多德森定律，如图 6–2 所示。

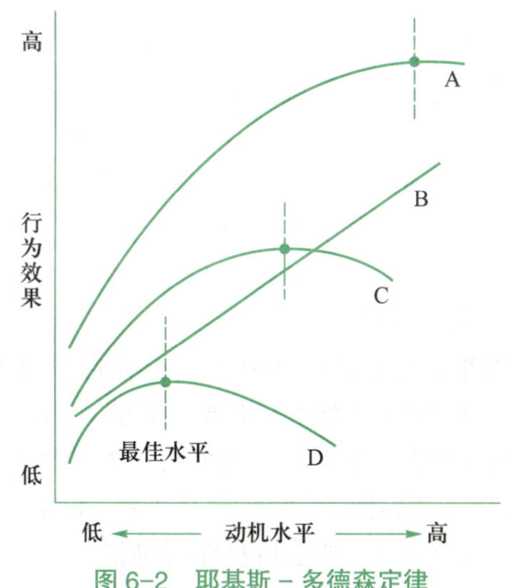

图 6–2　耶基斯－多德森定律

耶基斯－多德森定律表明，动机不足或过强都会影响学习效率。在比较容易的学习任务中，学习效率随动机的提高而上升；随着任务难度的增加，动机的最佳水平有逐渐下降的趋势。一般来讲，学习动机的最佳水平为中等强度的动机。

（二）掌握科学的学习策略

学习策略是指学习者在完成特定学习任务时，选择、使用和调控学习程序、规则、方法、技巧、资源等学习活动或步骤。科学的学习策略可以促进学生智力的发展，使他们形成良好的学习态度和性格，从而带动其主动学习，提高学习效果。在大学的学习中用得比较多的策略主要有以下三种。

1. 复述策略

复述策略是在学习记忆中为了保持信息，运用内部语言在大脑中重现学习材料或刺激，以便将注意力维持在学习材料上的方法。

2. 精细加工策略

精细加工策略是一种将新学材料与头脑中已有知识联系起来，从而增加新信息意义的深层加工策略。例如，学习“医生讨厌律师”这一句话时，我们附加一句“律师对医生起诉了”，如此一来，以后回忆就相对容易一些。一般的精细加工策略有许多种，部分策略被人们称之为记忆术。比较流行的记忆术有位置记忆法、首字联词法、视觉联想法和关键词法。

3. 组织策略

组织策略是整合所学新知识之间、新旧知识之间的内在联系，形成新的知识结构。组织是学习和记忆新信息的重要手段，其方法是将学习材料分成一些小的单元，并把这些小的单元置于适当的类别之中，从而使每项信息和其他信息联系在一起。有人认为，记忆能力的增进是组织的结果，因为学生可以用各类别的标题作为提取线索，从而减少回忆时的负担。因此，在教学中，教师要教会学生对信息进行分类，以提高他们的记忆能力。在教授复杂概念时，教师不仅要有序地组织材料，而且，更重要的是要使学生清楚这个组织性的框架。

（三）保持正确归因

正确归因不仅能让学生端正学习态度，还会不断激励学生通过努力学习不断提高自己，同时，带来积极的情绪体验和学习认知。心理学家韦纳认为，个体对行为成败原因的分析可归纳为以下六个原因：能力，根据自己评估个人对该项工作是否胜任；努力，个人反省检讨在工作过程中是否尽力而为；工作难度，凭个人经验判定该项工作的困难程度；运气，个人自认为此次成败是否与运气有关；身心状况，工作过程中个人当时身体及心情状况是否影响工作成效；其他，除上述五项外，个人自觉此次成败因素中其他相关人与事的影响因素（如别人帮助或评分不公等）。

心理学家韦纳将上述因素和稳定性、内在性、外在性与可控性相结合，组成了如表6−1所示的“三维度模式”。从不同的维度上沿着不同的方向进行归因对学习的影响是不同的。比如当我们把失败视为能力不够时，可能使我们失去学习的动力；而当学习者把失败归为运气不好或不够努力时，则有利于提高学习动力。同时，如果把成功归因于能力，学习动力会增强；把成功归因于运气，则会降低学习动机。

表6−1　韦纳的归因理论示意图

归因种类	稳定性		内/外在性		可控性	
	稳定	不稳定	内在	外在	可控	不可控
能力高低	+		+			+
努力程度		+	+		+	
任务难度	+			+		+
运气好坏		+		+		+
身心状况		+	+			+
外界环境		+		+		+

心理实践

一、心理测量：学习动机量表

指导语：本量表摘自华东师范大学心理系周步成教授修编的学习动机量表（简称MAAT），该量表完整版共有四个维度，本量表只选取其中一个维度。该维度测试的是学生学习的成功动机。学习动机量表（表6-2）包含以下12道题，请你从“经常”“有时”“从不”三个选项中，选出一个符合自身情况的选项。

表6-2　学习动机量表

序号	题目	经常	有时	从不
1	你是否想在学习上成为班级第一名？			
2	你考试获得好成绩时，是否想得到老师表扬？			
3	你是否认为，学习上碰到不懂的地方，只要努力钻研，一定会弄明白？			
4	你是否想在和同学的学习竞赛中获胜？			
5	你是否认为，只要用功学习成绩就会有所提高？			
6	你是否认为，只要努力学习，即使不喜欢的功课，也会变得有兴趣？			
7	你在专心学习的时候，是否对周围发生的事不在意？			
8	你是否认为，平时好好学习，考试时就会得到好成绩？			
9	你是否认为，测验和考试的时候，可以不参加运动和游戏？			
10	你是否认为，学习紧张的时候，可以不和同学玩？			
11	你是否在疲劳的时候，还想再查看一遍已经做完的功课？			
12	你是否想在平时就复习好功课，以便能随时回答老师的提问？			

二、典型心理情境及应对

（一）学习方法问题情境

1. 情境描述

王婷考上了自己心仪的大学，从小她就是一个学习认真刻苦的同学，学习成绩一直名列前茅，到大学后，她说：“我很喜欢自己的专业，也很想学好它，但之前在高中的学习方法在大学似乎已变得没那么有用，看专业书就像读小说一样，如蜻蜓点水，只看懂了字面意思，其实并不理解。”“平时上课时，我也认真听讲，老师讲得很快，有时不按教材内容来，也不知道应该怎么样做笔记。课后也不能很好地回忆学习内容与学习重难点。学习效率很低，不知该如何办才好。”

2. 情境应对

PQ4R 法的名称是用 6 个英文单词的首字母组成的，代表着学习新知识时应遵循的六个步骤。

（1）预习（preview，P）。在开始新一章的学习时，一个最好的做法是不要马上就读，而是先花几分钟大略地看一遍。注意一下各节标题、大写的或黑体的术语，形成一个总体的认识。同时，也要考虑这一章讨论的是什么问题，材料是怎样组织的，以及它与前几章有什么联系等。

（2）提问（question，Q）。在阅读每一节之前，停下来先问问自己该章节都包含什么内容，应当抽取哪些信息。例如，本章中有一节的标题是“人格”，你可以这样思考：“什么是人格？”“人格对我们有什么影响？”

（3）阅读（read，R）。阅读课文，并试着回答自己前面提出的问题。

（4）复述（rehearsal，R）。在读课文时，试图予以理解，默读并想出一些例子，把教材和已有的知识联系起来。

（5）回忆（recall，R）。在学完一段后，试着回忆其中所包含的要点，回答自己提出的问题，对不能回忆的部分再阅读一遍。

（6）复习（review，R）。学完一章后，复习所有内容，找出各节内和各节间的联系。目的是考察学习者如何组织材料，一旦掌握了篇章的组织结构，单个的知识就容易记住了。在学完所有内容以后进行休息、放松。

具体来说，PQ4R 法的操作步骤如下。

（1）浏览。快速浏览材料，对材料的基本组织主题和副主题有一个初步的了解。注意标题和小标题，找出你要阅读和学习的信息。

（2）设问。阅读时自己问自己一些问题。根据标题用“谁”“什么”“为什么”“哪儿”“怎样”等疑问词提问。

（3）阅读。阅读材料，不要泛泛地做笔记，试图回答自己提出的问题。

（4）反思。通过以下途径，试图理解信息并使信息有意义：① 把信息和已知的事物联系起来；② 把课本中的副标题和主要概念及原理联系起来；③ 试图消除对呈现的信息的分心；④ 试图用这些材料去解决联想到的类似的问题。

（5）背诵。通过大声陈述和一问一答，反复练习并记住这些信息。你可以使用标题、划了线的词和对要点所做的笔记来提问。

（6）回顾。最后一步是积极地复习材料，主要是问你自己问题，当你实在回答不出来时，需重新阅读材料。

（二）时间管理问题情境

1. 情境描述

钟蕊考上大学后，参加了 3 个学生社团，还在班上担任了学习委员，由于自己忙于参加各类活动与工作，牺牲了学习时间，对待学业总是在应付了事，自己虽然是学习委员，但学习成绩却远远落在后面。

2. 情绪应对

步骤 1：认清任务的轻重缓急

从图 6-3 可以看出，重要又紧急的事情，得优先做；重要但不紧急的事，可以从重要性来考虑；紧急但不重要的事，可以抽出一定时间先处理；对于不重要也不紧急的事，可以自由安排，可做可不做。

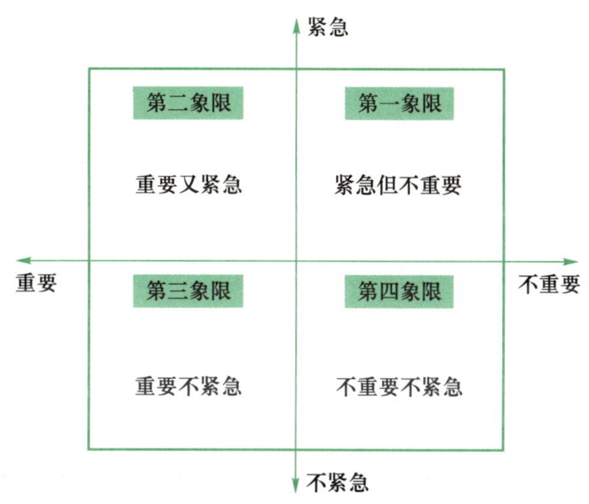

图 6-3　事件轻重缓急示意图

步骤 2：做好时间管理

（1）要有明确的方向（目标），如果你没有明确的方向，那时间是无法被利用起来的；要有好的习惯，如不乱放东西、勤能补拙、学会当机立断等，这是高效利用时间的必备行为，所以做好时间管理的第一步是要有目标、有好的习惯。目标可以分为大目标、中目标和小目标。从小目标开始着手，小目标实现了，中目标自然会实现，多个中目标实现了，大目标的实现也不难了。因此，可以尝试将你的计划列入表 6-3 中。

表 6-3　目标任务表格

	目标	主要的目标任务	次要的目标任务
长期			
中期			
短期			

（2）必须要有一个明确的个人计划，这是根据目标来的，也就是你必须要把每年、每学期、每月、每天、每小时所要做的每一件事情都列出来。从这个意义上讲，时间管理可分为：以年为单位的时间管理、以学期为单位的时间管理、以月为单位的时间管理、以天为单位的时间管理和以小时为单位的时间管理。这些时间管理的制订是由粗到细的，在时

间上是由长到短的，如：以天为单位的时间管理，你可以只做一周的或一天的。

表 6-4 个人每周学习工作计划表

（时间从　　　年　　月　　日至　　　年　　月　　日）

时间	学习工作内容安排	学习工作完成情况	学习工作时长	备注
周一	1.	1.		
	2.	2.		
	3.	3.		
周二	1.	1.		
	2.	2.		
	3.	3.		
周三	1.	1.		
	2.	2.		
	3.	3.		
周四	1.	1.		
	2.	2.		
	3.	3.		
周五	1.	1.		
	2.	2.		
	3.	3.		
周六	1.	1.		
	2.	2.		
	3.	3.		
周日	1.	1.		
	2.	2.		
	3.	3.		

表 6-4 是一个周学习工作计划安排表，同学们可以根据自己的实际情况进行计划性修改。有一句很熟悉的话叫作：“计划没有变化快。”在一些特定的情况下，计划是需要依据客观情况进行调整的，适时做好计划的调整又叫作与时俱进。但是计划的调整是有原则的，计划修改的原则是刷新和升级，不能降低原来的标准，不能改变原有的目标，时间只会变得更紧一些，目标只能是变得更大一些，如果给予自己一次又一次的松动的机会，那是很可怕的事情。在你自己反复思考，经过与所信任的朋友商定后，确认你原有的目标确实是不切合实际，是跟着别人凑热闹而盲目制订的，这时是可以知难而退的，知难而退并不是就此终结，而是要重新制订新计划，以新的、更可行的计划来代替原有计划，而且这个新的计划是不可再反复更改的。当你所达到的目标比预期计划更好时，如果再做下去会

存在很大的困难，经过反复认证后确实如此，这时见好就收也不失为一种好的选择。

（3）每天给自己一段不被干扰的时间，专心做自己的事，想想自己该做的事情，这个时间应该是质量最好的时间，一般以早上起床后的时间为宜，把好的留给自己，因为这时是头脑最清醒、最清静的时候，容易把事情想好、办好、想全、办全，这样的时间安排是比较合理的。因此，作为学生，养成每天早起床的习惯对学习的帮助也是很大的。

（三）职业技能大赛焦虑情境

1. 情境描述

王钰，女，19岁，大二，现就读于某高职院校，电子信息专业。进入大学以来，王钰在学习上一直非常努力，学习成绩也不错，老师也看在眼里，她因此成功入选参加全国职业院校技能大赛省级选拔赛机电一体化赛项。入选后，她信心满满，心想一定要在这个大赛中大显身手。初期，团队备赛进行得比较顺利，但临近比赛时，她开始变得焦虑，在准备题库测试时注意力也明显下降，开始出现了失眠、头痛症状，想着要放弃比赛。

2. 情境应对

步骤一：考试焦虑测验

指导语：请根据自己的实际情况回答以下问题（表6-5）。其中，与自己的情况“很符合”记3分，“较符合”记2分，“较不符合”记1分，“很不符合”记0分。各题得分相加为总分。

表6-5　考试焦虑测验

序号	题目	A. 很符合	B. 较符合	C. 较不符合	D. 很不符合
1	在重要考试的前几天，我就坐立不安了				
2	临近考试时，我就拉肚子了				
3	一想到考试将来临，我的身体就会发僵				
4	在考试前，我总感到苦恼				
5	在考试前我感到烦躁，脾气变坏				
6	在紧张的温课中，我常会想道：“这次考试要是考个坏分数怎么办？”				
7	越临近考试，我的注意力越难集中				
8	一想到马上就要考试了，我参加任何文娱活动都感到没劲				
9	在考试前，我总预感到这考试将要考坏				
10	在考试前，我常做关于考试的梦				
11	到了考试那天，我就感到不安				
12	当听到考试的铃声响时，我的心马上紧张跳动起来				
13	遇到重要的考试时，我的脑子就变得比平时迟钝				

续表

序号	题目	A. 很符合	B. 较符合	C. 较不符合	D. 很不符合
14	考试题目越多、越难，我越感到不安				
15	在考试中，我的手会变得冰凉				
16	在考试时，我感到十分紧张				
17	一遇到很难的考试，我就担心自己会不及格				
18	在紧张的考试中，我会想些与考试无关的事情，导致精力集中不起来				
19	考试我会紧张得连平时背得滚瓜烂熟的知识也忘得一干二净				
20	在考试中我会沉浸在空想之中，一时忘了自己是在考试				
21	考试过程中，我想上厕所的次数比平时多些				
22	考试时，即使不热，我也会浑身出汗				
23	考试时，我会紧张得手发僵或发抖，写字不流畅				
24	考试时，我经常会看错题目				
25	在进行重要的考试时，我的头就会痛起来				
26	发现剩下的时间来不及做完全部考题时，我会急得手足无措、浑身大汗				
27	我担心如果考了坏分数，家长或教师会严厉指责我				
28	考试后发现自己懂的题目没有答对时，我就十分生自己的气				
29	在几次重要的考试之后，我腹泻了				
30	我对考试十分厌烦				
31	只要考试不计成绩，我就会喜欢考试				
32	我认为考试不应当在现在这样紧张的状态下进行				
33	如果不进行考试，我能学到更多的知识				

（资料来源：知网百科，有删改）

步骤二：焦虑的缓解

王钰想要缓解焦虑就需要全面了解比赛，具体做法如下。

（1）了解大赛的相关文件

全国职业技能大赛省级选拔赛是职业大赛的重要一环，参赛选手要充分了解教育部等三十五部门关于印发《全国职业院校技能大赛章程》的通知，以及每年的全国职业技能大赛实施方案和省里的比赛实施方案，把文件看懂弄透。

（2）分析大赛赛题

大赛设了一个专门的比赛网站即全国职业技能大赛网，每年大赛的一些具体的赛项设置与全国职业院校技能大赛拟设赛项、赛题都会在网站公布，选手要把自己赛项的相关赛题找齐并在教师的指导下把每道题都弄懂会做，尤其是对那些需要具体进行操作的题目，每一步都要掌握得很清楚。

（3）做好充分思想准备

全国职业技能大赛的比赛时间都在每年的5~8月举行，比赛时间跨度很长，投入的精力要很多，再加上备赛时会有各种情况出现，对于参赛选手而言，除了带队教师的支持以外，还要做好打硬仗的准备。

步骤三：学会放松

（1）暂时将所有的事务搁在一旁，引导自己到一种放松心情的状态。

（2）伸展全身的筋骨，至少三次，让气血顺畅，这样更易放松自我。

（3）躺着或舒服地坐着，先做三个深呼吸，然后慢慢地引导自我放松（图6-4）。

图6-4 学会放松

（4）精神状况不良者易睡着，只达放松效果，若睡着了则自动脱离潜能状态。

（5）练习时间：约15~20分钟。

（6）练习时可同时播放悦耳、柔和的音乐。

放松的具体步骤如下。

（1）眼睛向上看眼睑、眉毛、额头、头皮（约8秒），慢慢闭上眼睛，然后深呼吸，吸气吸到满时，屏住呼吸三秒钟，然后吐气，眼睛保持闭着，让眼睛放松，让身体放松，想象全身的力气都蒸发掉了，身体、双手及双脚的力气都蒸发掉了。

（2）想象身体飘浮起来，飘浮在一大朵安全、舒适的白云里，同时也感觉全身软绵绵的，觉得非常舒服，非常轻松，自觉进入了深沉的放松状态。

（3）想象白色的光（即宇宙的能量）由头部进入自己的身体，白色的光笼罩自己的额头，感觉有一股暖流进入自己的额头，白色的光笼罩自己的眼睛、鼻子、嘴巴，整个头部都充满了这股暖流，自觉更加放松。

（4）白色的光往下扩散到颈部、肩膀、双手，白色的光使颈部、肩膀、双手都温暖了起来，让身体更加放松。

（5）白色的光进入胸腔，进入肺部与心脏，随着血液循环，扩散到全身，感觉扩散到的部位都温暖了，依序由上背部、下背部、腹部、腰部、臀部、骨盆腔、双腿、双脚都充满白色的光，也依序温暖了起来。此时，全身的每个细胞都充满白色的光，所有的紧张压力完全消失。

（6）现在，全身都笼罩在白色的光里，这让全身的肌肉、神经、皮肤完全放松，你越来越放松，越来越平静，越来越舒服，这时候自觉进入了深沉的潜能状态。

（7）自行从十倒数到一，数到一的时候，自己就进入了潜能状态。（如搭电梯往下降，降至最底层。）

（8）在潜能状态下自己可以静静的什么都不想，此时的境况最佳，是一种无念无想的状态，可以净化自我，想象白色的光不断地进入体内，不断地吸收补充能量，并开启无限的潜能与智慧。

三、心理训练

（一）学习方法团体活动

1. 热身活动 1：进化。

活动目的：通过团体活动的形式，提高学生学习能力，使班级成员之间有良好的学习氛围，让他们了解自己的优势，学会管理学习时间，并掌握有效的学习方法，提高学习能力。

活动时间：45 分钟。

活动过程：

（1）由领导者带领示范，全体成员参与，进化规则遵循螳螂—小鸟—猴子—人。开始全体成员为最底层（螳螂），然后在班级中寻找同一等级的同学，通过用“石头、剪刀、布”的方法决出胜负，赢的成员进化成为上一级，输的成员倒退一级（螳螂为最低级）。以此类推，到最后都进化为人时，游戏结束。

（2）分享：在这个活动中，你有什么感受，请与大家分享。请 4~5 位同学发言。领导者可以总结出“主动出击”“永不放弃”“适应竞争”等活动的意义。

2. 热身活动 2：我的学习我做主。

（1）操作：每个同学写出自己曾使用过的学习方法，并思考哪些方法有效，哪些方法没有达到好的效果，然后和同组的同学进行分享，并讨论哪些方法有助于提高学习效率。

（2）分享：每个组将写好的答案贴在黑板上，并派一名代表上台讲解。

（3）引导：“我的学习我做主”是让团队成员在前两个阶段的基础上，重新思索自己的大学学习生活，什么样的学习方法才是更有效的。

学习是一种复杂的心理活动过程，它包括预习生疑、知惑解疑、个别提问、复习归纳、自我考察与评估五个环节。学习环节的掌握与应用对学生的学习成绩有很大影响，也是提高学习效率的科学方法。

（4）注意事项：

① 大脑在“工作”的时候，并非所有的部分都参与工作，各部分的兴奋程度也不一样，因此，如果调换一下学习的内容，让刚才“工作”的部分休息，那么学习活动仍然可以进行下去。

② 休息有两种形式，一种是静止性的休息，如睡觉；一种是动态性的休息，或者叫积极性的休息，如做操、进行体育锻炼、唱歌、听音乐、跳舞等。对于青年人来说两者应该兼顾。

③ 要吃饱、吃好，不要空腹学习。有些学生早上不愿意起床，不吃早餐就去上课，这样上午 10 点左右就开始头昏脑涨了。

④ 自学是大学学习的主要方式，上课所学的知识需要自觉消化吸收，整个知识体系也要靠自己去补充完善。所以除了课内学习，还要多考取职业技能证书，提高自己的技能水平。

⑤ 在学习上出现困惑时，可以主动寻求朋辈及辅导员老师的帮助，如果觉得问题难

以解决，无法判断是学习风格的问题还是其他方面引起的问题，可以寻求心理咨询师的帮助，他们会为你提供专业指导，争取不让同样的问题延续到大二甚至大三。

3. 结束阶段

（1）分享：全班同学围成一个圈，用一句话说现在的体会，对活动进行简要总结。

（2）合唱歌曲《我相信》，结束活动。

（二）注意力训练

VR 视频

注意力训练

活动目的：改善学生注意力品质，帮助学生在学习过程中集中注意力。

活动时间：15 分钟。

活动准备：纸和笔。

活动过程：

1. 注意转移的训练

改善学生注意转移品质的具体方法如下。

教师按以下规则给学生出两道题。第一题，写两个数，一个在上，一个在下。如 4 和 2，然后把它们加起来，把两数和的个位数 6 写在 4 的右边，而把第一次相加时，上面的那个数（数字 4）移到下面，连续此操作：

4 6 0 6 6 2 8 0

2 4 6 0 6 6 2 8

第二题，起始的两个数与上题相同，分别为 4 和 2，4 在上，2 在下，然后把两个数的和的个位数 6 写在 2 的右面，把下面的数（数字 2）移到上面，连续此操作：

4 2 6 8 4 2 6 8

2 6 8 4 2 6 8 4

稍加训练后，每隔半分钟向学生发出命令“第一”“第二”“第一”“第二”等，要求他们听到命令后，画一竖线，立即改做另一题，尽可能准确而迅速地完成作业。检查后就会发现，错误主要发生在两题转换之间。通过多次训练，学生的自我控制能力会得到提高，做题的错误率会减少，转换的速度也会加快。

2. 注意广度的训练

训练学生注意广度的目的在于提高他们的整体知觉能力，具体的方法如下。

给学生列一张数字表（表中数字的多少和排列顺序可根据学生的实际情况确定），表中的数字都是无规则的，然后划去任意两个数之间的某个数，如划去“1”和“7”之间的偶数（或奇数）。

1 5 3 4 9 6 3 8 2 5 4 7 9

3 0 3 7 1 5 4 2 6 9 8 7 4

4 2 7 3 0 1 5 6 4 9 2 3 8

划数字训练的评分方法是计算划对、划错和漏划的三组数据。全部划对的数字的总和称为粗分，划错的加上 1/2 漏划的称为失误。粗分减去失误称为净分。用公式表示为：

净分 = 划对数 −（划错数 + 1/2 漏划数）

失误率 =（划错数 + 1/2 漏划数）÷ 总数 × 100%

学生应该每天拿出一定的时间进行自我训练，坚持一段时间后通过比较多次训练中的净分和失误率，就可以看出训练的成效。一般来说，经过多次练习，净分会逐步提高，失误率会逐步下降，这表明参与者的注意广度已经得到提高。

3. 注意分配的训练

提高学生学习时的注意分配能力，关键在于训练他们掌握与学习有关的技能，并使各种技能协调化。例如，在训练学生熟练写字的基础上，进一步训练他们边听边记的能力，为记课堂笔记打下基础。

课外拓展

一、心理书籍

（一）《快速记忆法》

本书在介绍快速记忆方法的基础上增加了左右脑功能的作用及训练等内容，以期从增强左右脑的功能方面，来提高记忆的效率。

（华龙宝．快速记忆法［M］．上海：华东理工大学出版社，2005.）

（二）《大学生全脑学习法》

全脑学习就是充分调动左右脑中的 8 种智力区域参与学习活动，多维互动，发挥大脑潜能，最大限度地提高学习效率。全脑学习超越了传统的单纯技巧方式，从战略、战术方面促进大脑开发、具体学习、记忆维新、潜能激发等全面提高，从死读书、书读死，到活读书、书读活、读活书。

（王华斌．大学生全脑学习法［M］．北京：中国时代经济出版社，2006.）

（三）《英语词汇轻松学习法》

本书介绍了心理意象、词的联想、经常性复习、单词的构词形式、听觉输入、短语动词意义的构成等词汇学习的原理和方法。

（凯利．英语词汇轻松学习法［M］．李兴华，译．北京：外语教学与研究出版社，2005.）

二、健心影院

（一）《失忆》

失忆是电影工作者喜欢的心理学题材。记忆是人格形成和发展的关键机制，而失忆则会让人忘记自己是谁，失去行为的前后一致性，由此产生一系列戏剧性后果。

主人公谢尔比只能记住几分钟以前的事情，时间一过就又会忘记。然而，谢尔比却隐约记得自己的妻子被人杀害，于是他开始寻找凶手。他不可避免地被周围人给出的不同信息所左右，难以分辨信息的真伪。谎言和真话交织，使谢尔比陷入了一个他自己编设的迷局之中。

（二）《蒙娜丽莎的微笑》

时代正处于转变之中，毕业于风气开放的伯克利大学的凯瑟琳前往卫斯理女子学校教授艺术史，可是充满理想与热情的凯瑟琳，却大胆地向陈腐的教学制度发起了挑战。

三、学以致用

（一）案例分析

小东，男，19 岁，他虽是一名来自山区的大学生，但学业成绩一直非常优异。上大学后，小东感到心中茫然，学习没有动力，生活没有目标，有时候想到辍学在家的妹妹和年迈的父母，他也恨自己不争气。可他的确找不到奋斗的目标和学习的动力，学习上得过且过，生活上马马虎虎，上课打不起精神。

讨论：针对以上案例，如果你是辅导员，你觉得应该怎么帮助他？

（二）想想做做

试着做一周的学习规划表，看是否能加以执行，如不能，找出原因。

7

第七单元 应对挫折与压力

心语

即使跌倒一百次，也要一百零一次地站起来。

——张海迪

失败也是我需要的，它和成功对我一样有价值，只有在我知道一切做不好的方法以后，我才能知道做好一件工作的方法是什么。

——托马斯·阿尔瓦·爱迪生

知识梳理

应对挫折与压力
知识点
走近挫折
挫折情境
挫折认知
挫折反应
解读压力
人在环境中受到种种刺激因素的影响而产生的紧张情绪
大学生挫折与压力的表现
学业挫折与压力
人际交往挫折与压力
情感挫折与压力
就业挫折与压力
技能点
正确认识挫折与压力
普遍性
两面性
暂时性
积极应对挫折与压力
掌握具体方法
合理运用心理防卫机制
积极寻求社会支持
提升挫折承受力
确立合理的个人抱负
锻炼坚强的意志
提高挫折的预见力
积极投身实践活动
培养积极乐观的心态

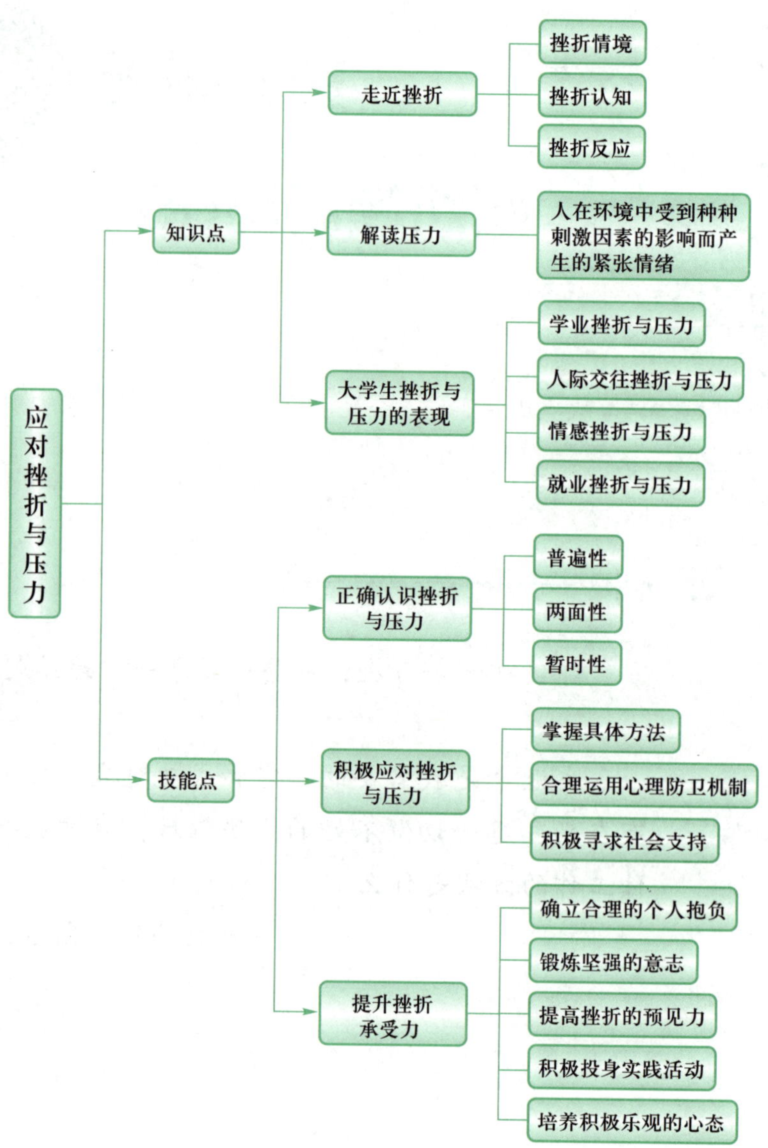

心理讲堂

心灵故事

扫一扫

世界速度——刘玉的故事

2021 年东京残奥会游泳女子 50 米仰泳 S4 级决赛中，牡丹江籍运动员刘玉以 44 秒 68 打破世界纪录，斩获金牌，这是她在本届残奥会上收获的第二枚金牌。不被身体残疾所击倒，与命运顽强抗争，刘玉一次又一次游出了“世界速度”。

1991 年年初，牡丹江市儿童福利院来了一位新成员——脑瘫患儿刘玉。她意志坚强，不畏艰难，为了不给别人添太多麻烦，刘玉放学写完作业就练习独立行走，是牡丹江儿童福利院里第一个考上大学的残疾儿童。

2001 年，刘玉被选入牡丹江残疾人游泳队。从未接触过游泳的她不分白天黑夜地练习，受伤也不停止训练。2014 年，她被选进黑龙江省残疾人游泳队。2019 年，在全国第十届残运会暨第七届特奥会游泳项目比赛中，她获得女子 S4 级 100 米自由泳、200 米自由泳、150 米混合泳三枚金牌，50 米自由泳银牌，其中 100 米自由泳和 150 米混合泳均打破全国纪录。她也成为一颗游泳“新星”。

每个人都会遇到挫折，刘玉在成长中应对挫折压力、提升抗挫力的精神值得大学生们学习和思考。

（资料来源：澎湃新闻，有删改）

一、走近挫折

挫折（frustration）是个体从事有目的的活动过程中遇到障碍或干扰，导致个体的动机无法实现、需要无法满足的心理状态。挫折一般包括三个要素：挫折情境、挫折认知和挫折反应。

（一）挫折情境

挫折情境是指需要不能满足，目标无法实现的内外障碍和干扰。如没有考上理想中的大学、竞选失败、失恋等。

（二）挫折认知

挫折认知是指对挫折情境的知觉、认识和评价。它是产生挫折心理的主观原因，直接导致挫折反应或挫折感。人们对挫折情境的认识和评价不同，产生的挫折感也不同。

（三）挫折反应

挫折反应是指伴随着挫折认知而产生的情绪状态和行为反应。比如紧张、焦虑、攻击、退化等。

在以上三个要素中，挫折认知最重要，它决定着挫折反应的强度。挫折产生的过程如图 7-1 所示。

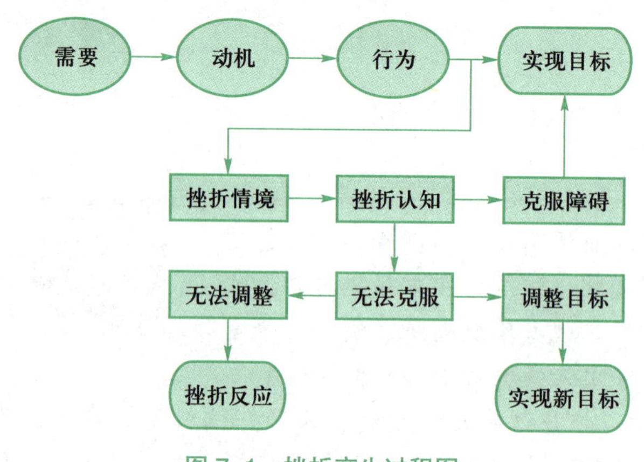

图 7-1　挫折产生过程图

二、解读压力

有一位经验丰富的老船长，当他的货轮卸货后在浩瀚的大海上返航时，突然遭遇到了可怕的风暴。水手们惊慌失措，老船长果断地命令水手们立刻打开货舱，往里面灌水。“船长是不是疯了，往船舱里灌水只会增加船的压力，使船下沉，这不是自寻死路吗？”一个年轻的水手嘟囔。

看着船长严厉的脸色，水手们还是照做了。随着货舱里的水位越升越高，随着船一寸一寸地下沉，依旧猛烈的狂风巨浪对船的威胁却一点一点地减少，货轮渐渐平稳了。

船长望着松了一口气的水手们说：“百万吨的巨轮很少有被打翻的，被打翻的常常是根基轻的小船。船在负重的时候，是最安全的，空船时，则是最危险的。”

这就是“压力效应”。那些得过且过，没有一点压力，做一天和尚撞一天钟的人，像风暴中没有载货的船，往往一场狂风巨浪便会把他们掀翻。

压力（stress）也叫应激，最早于 1936 年由著名的生理心理学家汉斯·薛利（Hans Selye）提出，因此他被称为“压力之父”。他认为压力是表现出某种特殊症状的一种状态，这种状态是由生理系统中应对刺激的反应所引发的非特定性变化组成的。

目前，国内比较公认的压力定义是：由刺激引起的、伴有躯体机能以及心理活动改变的一种身心紧张状态，即压力是人在环境中受到种种刺激因素的影响而产生的紧张情绪。

三、大学生挫折与压力的表现

与高中时期相对单纯的生活不同，进入大学就面临着全新的环境与氛围，学业的竞争、人际交往（人际困扰）、就业（难）等诸多现实问题，会让很多心理脆弱的学生产生挫折心理。针对大学校园生活，大学生常见的挫折表现如下。

（一）学业挫折与压力

学业挫折与压力是指学习上的失败给个体造成的一种心理挫折与压力。

案例：董志是一名大一男生，经常旷课、迟到，尤其沉迷于网络游戏，一年来，辅导员与他多次谈话无效。截止到期末，他共旷课 40 节，挂科 8 门。这时他才意识到问题的严重性，开始着急上火，焦虑不已，不知所措。

（二）人际交往挫折与压力

人际交往挫折与压力是指个体在处理人际关系方面遇到困惑而引发的心理受挫与压力。

案例：嘉琳是一名大一女生，由于说话过于直爽，不注意沟通技巧，不顾及对方感受，经常得罪人，以至于大家都不太愿意与她交往。她感觉到很孤独，很受挫。

（三）情感挫折与压力

情感挫折与压力是指个体在处理情感问题时遇到障碍而引发的心理受挫与压力，这里主要指两性交往过程中产生的挫折与压力。

案例：文瑞是一名大二男生，一个月前与女朋友分手，而在分手后的一星期内，女朋友光速恋爱，他觉得那个男生长相、能力等各个方面都不如自己，特别不能理解女朋友的行为，百思不得其解，表现出夜不能寐、失眠多梦、灰心丧气、精神不振。

（四）就业挫折与压力

就业挫折与压力是指个体在处理就业方面的问题时遇到障碍而引发的心理受挫与压力。

案例：刘园大学毕业后如愿进入幼儿园工作，工作以后才发现幼教行业根本不是自己想象的那么简单，要尽心尽力照顾小朋友，要有足够的耐心去和他们沟通，还要加班。刚刚从学校出来的刘园，适应不了这样高强度的工作，感觉身体不适，焦虑不安，很煎熬，看到同去的同学适应得很好，并受到领导的重视，刘园感觉到挫折与压力。

四、应对挫折与压力

人生不可能一帆风顺，挫折与压力在所难免。有效应对挫折与压力对于大学生的成长意义重大，那么，究竟如何应对挫折与压力呢?

（一）正确认识挫折与压力

挫折情境本身不是导致挫折心理的直接原因，个人对挫折情境的看法和信念，即挫折认知才是导致挫折心理的直接原因。因此，确立科学合理的挫折与压力认知具有重要作用。挫折与压力具有以下特征。

1. 普遍性

人们是在不断认识挫折和战胜挫折的过程中成长和发展起来的，挫折及压力是人生的一部分。人的需要是无止境的，不可能全部达到预期要求。因此，人的一生不可能总是一帆风顺，人人都要经历挫折。

2. 两面性

挫折与压力给人带来烦恼和痛苦，让人手足无措，同时也能磨炼人的意志，修养我们的心性，提高解决实际问题的能力。既要看到挫折与压力对我们大学生消极的影响，也要看到其积极影响，全面、客观、辩证地对待挫折与压力（表 7-1）。

表 7-1　挫折与压力的消极影响和积极影响

消极影响	积极影响
击毁人的信心和意志	使人经受考验，磨砺意志
给人打击，带来损失和痛苦	催人奋进，勇往直前
减弱个体的成就动机水平	激发人的活力
降低个体的创造性思维活动水平	增强个体的承受力

3. 暂时性

挫折心理代表我们在愿望达成的过程中遇到了困难和障碍，但它只是暂时性的，随着我们对问题情境的适应，积极调整心态，挫折心理也会随之缓解。随着我们不断地面对挫折和战胜挫折，很多时候问题也会迎刃而解。

（二）积极应对挫折与压力

掌握应对挫折与压力的具体方法、合理运用心理防卫机制，积极寻求社会支持是受挫大学生从挫折与压力中走出来行之有效的应对途径。

1. 掌握应对挫折与压力的具体方法

（1）自我暗示

遭遇挫折受到打击时，运用积极的心理暗示能够振作精神（图 7-2），增强信心。

图 7-2　自我暗示法

（2）正确归因

归因是指个体依照主观感受或经验，对自己或他人行为及其结果发生的原因予以解释与推测的心理活动过程。导致挫折的原因很多，大学生遭受挫折的时候，要冷静地分析内因和外因，内因主要包括能力、努力程度等个人内在条件的因素，外因主要指运气和环境等外在因素，只有全面正确的归因才能激发大学生前进的动力，增强面对与战胜挫折的勇气和信心（表 7-2）。

表 7-2　成败归因情况

归因	成功	失败
能力水平	自信。增强成功期望	自卑。降低成功期望
努力程度	自信。增强成功期望	内疚。调节努力程度增加成功的概率
任务难度	侥幸。满意感少	生气，失望感积极性受影响
运气好坏	侥幸。满意感少，下一次不一定努力	生气，失望感，也可能重获信心

（3）调整目标

受挫后要重新寻找方向，调整期望值，重新确立更切合实际的新目标。如果是因目标过高无法实现而导致的挫折与压力，可降低目标，减少对挫折、压力的体验。

（4）合理宣泄

大学生受挫后，会产生压抑、焦虑、愤怒和不安等消极情绪，如不妥善化解会给社会和学生个体带来不良后果。因此，应采取合乎社会规范的方式，选择适宜的场合和形式宣泄受挫后的情绪，从而恢复理智和心理平衡（图 7–3）。

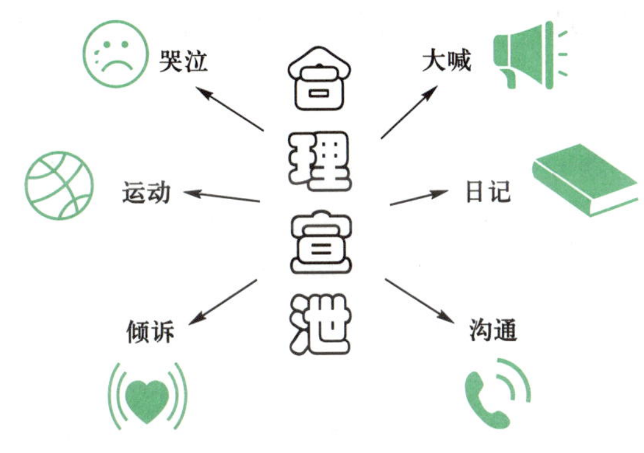

图 7–3　合理宣泄法

（5）自我放松

大学生在面对挫折时最常见的表现是心理和肌肉紧张。因此，调适压力的一个重要策略就是要学会放松自己，让自己的身体或心理的紧张状态转向松弛，从而逐渐消除紧张。当压力和挫折事件不断涌现时，持续数分钟的放松对缓解不良情绪的作用相当显著。散步、游泳、听音乐、瑜伽是我们常用的四种放松方法。

（6）转移注意力

健康的课余生活可以锻炼能力，拓宽知识面，在一定程度上减少因压力与挫折导致的紧张感。将挫折带来的压力和不适感转移到自己的兴趣爱好或其他事情上，平时多培养自己的爱好，多参加实践，降低对挫折、压力的感受。

2. 合理运用心理防卫机制

心理防卫机制最初是由西格蒙德·弗洛伊德提出来的，后经其女儿安娜·弗洛伊德进一步系统研究后，逐渐形成成熟的理论。我们可以学习一些建设性的心理防卫机制，它是心理成熟程度较高的人为了应付心理压力及挫折而经常采用的比较有效的适应环境的方式。主要包括认同机制、升华机制和幽默机制。

（1）认同机制

“认同”意指个体对比自己地位或成就高的人的认同，借以消除个体在现实生活中因无法获得成功或满足时产生的挫折所带来的焦虑。个体通过认同成功的方式，来提升自己在他人眼中的价值，获得心理上的满足感。如大学生十分仰慕学识渊博的老师，也模仿对方的穿着打扮，以这样的方式认同老师。

（2）升华机制

升华指当个人对某一对象所持有的动机、情感与态度不为社会所接受，将此种感情与态度转向其他对象的行为方式。例如，一个人在生活上遇到挫折后，将挫败感转化为动力，在事业上努力拼搏，取得突出成就。

（3）幽默机制

当一个人身处困境或尴尬局面时，通过含蓄、双关、俏皮的语言，可以渡过难关或摆脱困境。例如，某班级新换了一个辅导员，班里同学想测试一下新老师的忍耐程度。在开会之前，他们故意在教室里点燃了几张废旧报纸。可新来的老师跨进烟雾弥漫的教室之后，不但没有发脾气，反而说了句令学生们十分感动的话，他说："同学们，你们好！谢谢你们对我火一般的热烈欢迎！请同学们收拾'残局'，我要开始进行自我介绍了。"由此避免了一场冲突。

3. 积极寻求社会支持

社会支持是指家庭、亲友、同学、老师或社会其他组织对个体精神和物质上的关心、安慰和帮助（图 7–4）。社会支持的水平与个体心理适应性紧密相关。能否获得社会支持，一方面取决于外在环境、文化等，另一方面取决于自己是否主动追寻和接受。寻求社会支持，对改善挫折的意义重大。主动寻求家长、同学、老师、专业心理咨询师的帮助，当他人给予关怀和亲近时，能够加强人际交往中的自我价值实现，同时能够很大程度避免过度压力引发的一系列问题。社会支持的价值不只限于解决问题，面对一些难以解决甚至无解的问题，社会支持更倾向于提供情感支持。

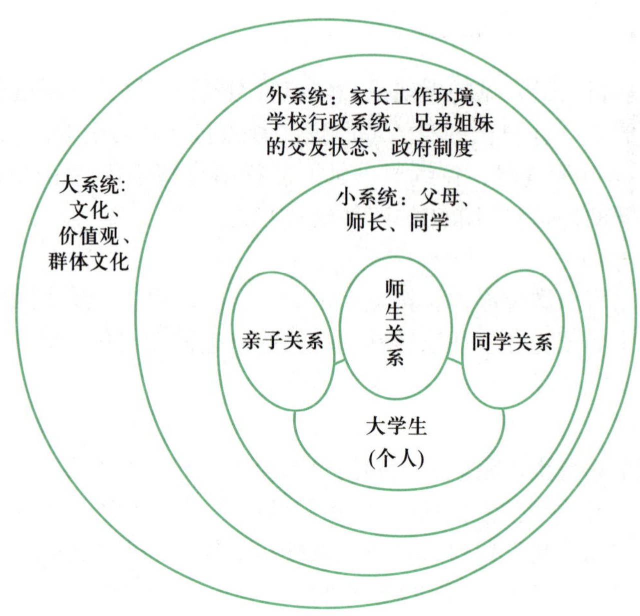

图 7–4　大学生的社会支持系统图

（三）提升挫折承受力

最初使用"挫折承受力"这一概念的是心理测验专家罗森茨维格。他给挫折承受力下的定义是"抵抗挫折而没有不良反应的能力"，即个体适应挫折、抗御和对付挫折的能力。

大学生提升挫折承受力可以从以下几方面着手。

1. 确立合理的个人抱负

个人体验到的挫折强度大小，与个人的社会抱负水平息息相关。人人都有自己的社会抱负和人生目标规划，其目标是否合理、是否有可操作性十分重要。大学生在设计个人的职业规划和人生目标时，难度要适中，如果难度太大超出个人实力，导致目标无法实现，必然会遭受挫折的打击；反之，如果个人抱负水平太低，目标实现地轻而易举，那就不能激发个人的能力和潜力。

2. 锻炼坚强的意志

意志是人们为达到一定目的，克服困难做出自觉、顽强、不懈努力的品质，是大学生克服困难达到目标的精神力量。坚强的意志是在挫折和困难中培养和显现的，也是抗挫力的主要表现。人的坚强意志力往往能够在挫折和困境中得到更大的感召与发挥。大学生可以通过每天早起锻炼身体、登山、远足、坚持不懈地开展专业学习和社会实践活动等方式锻炼自己坚强的意志力。

3. 提高挫折的预见力

对付预见到的挫折和未预见到的挫折，所需要的容忍力有很大的差别。未能预见的挫折比预见到的挫折对情绪上的打击和影响要大得多。

4. 积极投身实践活动

遇到挫折时，很多时候真正能帮助你的不是别人，而是你自己。有时，我们在挫折的伤痛中忽视了自己的潜能，一味地等待外力的帮助，正确的做法应该是投身于实践，在实践中探寻解决问题的办法。大学期间可以多参加社团活动、青年志愿者活动、大学生下乡活动、社会实践（图 7–5）、各种竞赛和文艺活动等。

图 7–5　投身社会实践

5. 培养积极乐观的心态

积极乐观的心态有助于帮助大学生坦然面对成功和失败、痛苦与幸福。“不经历风雨怎么见彩虹？”为了培养积极乐观的心态，我们要学会减压、学会调适自己的情绪、正确对待别人的评价，允许挫折的发生，而后笑对挫折，勇敢地战胜挫折。

心理实践

一、心理测量：心理韧性量表

指导语： 以下列出的是当你在生活中经受到挫折打击，或遇到困难时可能采取的态度和做法（表 7–3）。请你仔细阅读每一项，然后选择最适合你的答案，并打√。

表 7–3　心理韧性量表

序号	题目	完全不符合	比较不符合	说不清	比较符合	完全符合
1	失败总是让我感到气馁	1	2	3	4	5
2	我很难控制自己的不愉快情绪	1	2	3	4	5
3	我的生活有明确的目标	1	2	3	4	5
4	经历挫折后我一般会更加成熟	1	2	3	4	5
5	失败和挫折会让我怀疑自己的能力	1	2	3	4	5
6	当我遇到不愉快的事情时，总找不到合适的倾诉对象	1	2	3	4	5
7	我有一个同龄朋友，我可以把我的困难说给他（她）听	1	2	3	4	5
8	父母很尊重我的意见	1	2	3	4	5
9	当我遇到困难需要帮助时，我不知道该去找谁	1	2	3	4	5
10	我觉得与结果相比，事情的过程更能够帮助人成长	1	2	3	4	5
11	面临困难，我一般会定一个计划和解决方案	1	2	3	4	5
12	我习惯把事情憋在心里而不是向人倾诉	1	2	3	4	5
13	我认为逆境对人有激励作用	1	2	3	4	5
14	逆境有时候是对成长的一种帮助	1	2	3	4	5
15	父母总是喜欢干涉我的想法	1	2	3	4	5
16	在家里，我说什么总是没人听	1	2	3	4	5
17	父母对我缺乏信心和精神上的支持	1	2	3	4	5
18	我有困难的时候会主动找别人倾诉	1	2	3	4	5

续表

序号	题目	完全不符合	比较不符合	说不清	比较符合	完全符合
19	父母从来不苛责我	1	2	3	4	5
20	面对困难时，我会集中自己的全部精力	1	2	3	4	5
21	我一般要过很久才能忘记不愉快的事情	1	2	3	4	5
22	父母总是鼓励我全力以赴	1	2	3	4	5
23	我能够在短时间内快速调整情绪	1	2	3	4	5
24	我会为自己设定目标，以推动自己前进	1	2	3	4	5
25	我觉得任何事情都有积极的一面	1	2	3	4	5
26	我心情不好也不愿意跟别人说	1	2	3	4	5
27	我情绪波动很大，容易大起大落	1	2	3	4	5

（资料来源：胡月琴，甘怡群．青少年心理韧性量表的编制和效度验证．心理学报．2008，40（8）：902-912.）

二、典型心理情境及应对

（一）学业挫折压力心理情境

1. 情境描述

距离高职院校一年一度的专升本考试还有两周，胡丽丽从进入大学开始，立志通过该考试成为一名本科院校的学生，这是她期盼已久的考试，她一直努力地准备着。同学们认为勤奋好学的她一定会如愿以偿，都对她信心满满。可不知道为什么，越临近考试，丽丽越静不下心来，心慌气短，心跳加快，根本无法集中精力看书复习。原来这样的考试情境让她想起了高考时候的自己：因过分紧张而发挥失常。时隔三年，类似的场景让丽丽感受到了曾经的挫折和考试压力，无法安下心来专注复习。

2. 情境应对

（1）心理扫描

完成心理实践中的心理韧性测验，为自己的心理韧性评估提供参考。

（2）正念减压训练

① 正念减压疗法简介

正念减压疗法产生于1979年，是马萨诸塞理工学院分子生物学博士、马萨诸塞大学医学院的荣誉医学博士乔·卡巴金为马萨诸塞大学医学院开设减压诊所，并设计了“正念减压疗法”，协助病人以正念禅修处理压力、疼痛和疾病。其本身是用来缓解压力的一套严格、标准的训练课程。课程的核心步骤是正念冥想练习。至此，正念减压疗法越来越被人们所熟知，并被广泛地应用。

② 正念减压冥想步骤

选择一个安静而舒适的环境。可以是宿舍里或者休息室，穿上舒适的衣服，准备一个毯子在旁边，以防着凉。

设置好一个时间。可以先从 5 分钟开始，逐渐增加时间。最好每天空出一段整块的时间，例如早饭之前进行冥想练习，为一天的学习打下好基础。

找到一个舒适的姿势。可以选择一款用于冥想的坐垫，最好有个小枕头，便于坐在上面。

做几个热身动作。活动身体各关节，颈部，手腕肘肩腰胯膝脚腕等关节。

盘腿而坐，身体正直，眼睛微闭，下颚微收，两掌相叠，掌心向下，置于腹部下方，全身放松。

开始正念冥想。刚开始，你的脑袋中会冒出各种各样的想法或事件，不要紧，也不用担心，只需要将注意力集中到呼吸上来就可以，不用害怕，不用后悔，也不用任何评判。

关注你的一呼一吸。可以想象气流从你的鼻尖进入，进而充满全身，然后又从你的鼻尖出去。

整个冥想过程中，只要出现了走神的情况，就马上将它们转移到你的呼吸上。也可以采用数息的方法，把全部注意力集中在鼻孔处，每次呼气的时候（或者吸气的时候）就数一个数字，从 1 数到 10，然后再从 10 数到 1。

在像这样训练 10~15 分钟之后，静静地休息 1~2 分钟，然后再从事其他正常的生活学习活动。

③ 注意事项

关于正念冥想训练，最重要就是觉知并专注于当下的事情，走神没关系，只要关注呼吸并把意识重新拉回来即可。

冥想是集中精神的自我体验，并不是无意识，也不要睡着。

开始训练时，可以听一些舒缓的音乐或大自然的声音来辅助练习。

每天空出一段整块的时间进行冥想锻炼，并安排一个固定的地方。

通常冥想 10 分钟之后才能逐渐进入状态，所以一开始期待值不要太高。

（3）在挫折中历练成长

生活中的挫折与压力是难免的。一方面，我们去感知和觉察，看见即最好的疗愈，释放情绪和压力。另一方面，我们确立适合自己的目标，而后去面对目标实现过程中的困难和艰难险阻，在实践中历练和成长。

（二）家庭挫折心理情境

1. 情境描述

6 月的第三个周日是父亲节。周欣走进学校咨询室和付老师袒露自己的心声：由于自己是个女孩，爷爷奶奶便没有正眼瞧过自己和母亲，加之父母感情不和，终于在自己小学三年级的时候离婚。母亲带着自己很艰难地生活，在多方亲戚的资助下，周欣进入大学上学。这么多年父亲从来没有来看过自己，也从未支付过生活费，周欣觉得自己是如此不值得被爱。即使自己各方面表现得乖巧懂事，尽力念书上学，可在内心深处依然埋藏着深深的父亲情结。今天恰逢父亲节，朋友圈里铺天盖地的节日祝福让周欣感到前所未有的挫折感，自己只有一个小小的心愿，和父亲说声节日快乐，可就是这么微小的心愿却无处实现，她感到无比的悲伤和难过。

2. 情境应对

（1）了解情结

“情结”是精神分析学派的一个主要概念，由卡尔·荣格最早使用。他认为情结是有关观念、情感、意象的综合体，将其形容为“无意识之中的一个结”。创伤性经验、情感困扰或道德冲突等都会导致某种情结的形成。案例中周欣内心隐藏着对父亲的情结。

（2）选择合适的音乐舒缓情绪

根据自己的喜好选择音乐舒缓情绪，如在心灵感到空虚时，可以欣赏贝多芬《命运》，博克里尼大提琴《A 大调第六奏鸣曲》，日本歌曲《拉网小调》；忧愁时听西柳贝丝的《悲圆舞曲》，莫扎特的《b 小调第十四交歌曲》；待忧愁心情渐渐消除时，再听格什文的《蓝色狂想曲》，我国的民乐《光明行》《步步高》《喜洋洋》《情深意长》等。让情绪与音乐产生共鸣，让情绪在音乐的旋律中流动和释放。

（3）曼陀罗心理绘画

在欣赏音乐的过程中花一点时间感受与父亲的联结，觉察自己的情绪，用铅笔将头脑中自然浮现的画面画在圆里，并用彩笔着色。

曼陀罗绘画模板

绘画完后，请回答下列问题。

描述绘画前后的情绪感受、身体感受以及联想到什么？

画者的内在需求是什么？画者有什么话想对这幅画说？

请你为画作取名。

（4）活动总结

总结活动带给自己的收获和启示，寻找适合个人特质的挫折与压力处理方法，提升抗挫力。

（三）竞赛压力心理情境

1. 情境描述

某高职院校“互联网＋”大学生创新创业大赛团队负责人王毅来到心理咨询中心，和咨询师李老师说起这次大赛的过程和结果，团队在省赛中拿到了一等奖，现在正在准备国赛。由于第一次参加国赛，没有比赛经验，王毅担心赛不出好成绩；同时，整个备赛过程从院赛到校赛到省赛得到了院校领导莫大的支持和鼓励，也担心交不出满意的答卷。随着一层层地选拔，竞争越来越激烈，王毅团队深感压力和紧张。他希望自己和团队能够以更好的状态去面对比赛，调适心理压力，也很想帮助自己和这些同学，所以特意来寻求李老师的帮助。

2. 情境应对

（1）与竞赛团队成员会谈

李老师根据王毅介绍的情况，邀请参赛的6位主要团队成员分别进行会谈，了解大家的竞赛压力后，建议开展团体沙盘辅导，得到大家的同意后，定在周六上午8点30到学校团体沙盘室开展辅导。希望通过团体沙盘游戏疗法，促进团队成员相互交流，分享各自的压力与比赛心理，探索自我，释放压力，提升抗挫力。

（2）团体沙盘游戏咨询步骤

① 咨询师与前来参加活动的每一位同学进行简单的访谈，确定是否适合参与团体沙盘游戏咨询。

② 使用标准沙盘，开展有规则、有主题的团体沙盘游戏咨询，以“竞赛中的我们”为主题。

③ 学生进行5分钟的自由抚沙练习，用手触动沙子，感受沙子带来的感觉。

④ 老师介绍团体沙盘游戏规则。具体游戏规则可扫描二维码进行查看。

⑤ 同学们根据自己的意愿创作以“竞赛中的我们”为主题、有规则的团体沙盘，并进行团体沙盘游戏作品分享：结合团体沙盘讲一个故事；这次团体沙盘中触及自己的感受是什么，会想到什么；大家可以从各自的经验和视角谈谈采用什么方式有效应对。

⑥ 大家一起来调整下沙盘作品，看怎样可以更舒适，调整的前提是征得摆放沙具的成员同意，调整好后共同为沙盘作品取个名字。

（3）总结分享

通过此次团体沙盘游戏活动，成员分享活动感受以及成长点，体验竞赛过程中带来的感受，允许感受，共同应对。

根据团队成员的需要，李老师商量和同学们开展持续性的团体沙盘辅导和会谈辅导，一起面对竞赛压力，找到解决办法，协助比赛团队在备赛过程中做好心理建设。

三、心理训练

（一）认识你的挫折

活动目的：回顾自己成长历程，触及生活中的挫折事件，学习觉察自己，并学会客观、全面地去认识成长过程中的挫折，培养正确的挫折观。

活动时间：40 分钟。

活动准备：挫折活动表、多媒体。

活动过程：

（1）播放舒缓的轻音乐，让学生选择舒适的姿势坐好，感受自己的呼吸。

（2）在音乐冥想中回顾自己的成长过程，感受成长过程中印象深刻的挫折事件，每个事件发生在什么时候，发生在哪里，带给你怎样的情绪感受和身体感受？

（3）大家完成这个过程后慢慢地睁开双眼，回到课堂现场，填写挫折事件记录表（表 7–4）。如实填写刚才冥想过程中触及的一个挫折事件，以及挫折事件带来的情绪感受、身体感受、消极影响和积极影响。

（4）学生就近 6~8 人一组，进行小组分享，组员们认真倾听，可以就分享者的挫折事件表达自己的感受和看法，供其参考。

（5）综合所学挫折知识、自己对挫折的认识以及他人对挫折的认识，总结如何正确认识挫折。

表 7–4 “认识挫折”活动记录表

挫折事件	
情绪感受	
身体感受	
消极影响	
积极影响	
小组成员观点	
关于挫折认知观点	

（二）应对挫折与压力的潜能开发

活动目的：了解遇到挫折时，认知、情绪、躯体、动作等方面可能的反应，以及如何应对。

活动时间：15 分钟。

活动准备：纸和笔。

活动过程：

当我们处于下列情形时，我们在认知、情绪、躯体、动作等方面可能会有什么反应？理智思考后，我们该怎么做？

（1）当考试成绩不理想时

认知：想到了什么？

情绪：感受到什么情绪？

躯体：躯体感受是怎样的？

理智分析后，该怎么办？

（2）当老师和家长批评我们时

认知：想到了什么？

情绪：感受到什么情绪？

躯体：躯体感受是怎样的？

理智分析后，该怎么办？

（3）当我们遭受疾病的困扰时

认知：想到了什么？

情绪：感受到什么情绪？

躯体：躯体感受是怎样的？

理智分析后，该怎么办？

（4）当我们与别人相处不融洽时

认知：想到了什么？

情绪：感受到什么情绪？

躯体：躯体感受是怎样的？

理智分析后，该怎么办？

（三）小组讨论——生活要越挫越勇

活动目的：对生活中的挫折与压力进行分析，共同探讨应对挫折与压力的有效方法。

活动时间：30 分钟。

活动准备：纸和笔。

活动过程：

（1）小组讨论之前，需要挑选 4 个重要角色。

主持人：把握主题，动员参与，掌握时间。

记录人：准确性记录，归纳性记录，创造性记录。

发言人：发言准确生动，言之有物，注意掌握时间。

（2）小组每个成员先思考，然后轮流陈述。

你的压力来自哪些方面？

具体排列出前 5 个压力。

通常在压力状况下，你有什么表现？

通常情况下，你会怎样处理这些压力？

（3）每组发言人根据记录人的记录发言。

（4）学习“应对挫折与压力”的具体方法。

① 冷静对待——在失败中看到其中孕育着成功的可能，使自己重拾信心。

② 自我疏导——不过于自责，善于自我排解，使情绪得到调节。

③ 请求帮助——主动把痛苦向亲朋好友倾诉。

④ 期望水平适中——不必事事争第一，舍弃自己还不具备能力与条件的目标不是坏事。“塞翁失马，焉知非福”，人们只有在明白了自己一生何求之后，明智地取舍，并学会放弃，才能摆脱无谓的烦恼，拥有自在的生活。

⑤ 释放坏情绪——适度宣泄，尽早摆脱。面对挫折，有的人惆怅悲观，把痛苦和沮丧埋在心里；有的人则乐观看待，选择倾诉。如果心中苦闷，不妨找一两个亲近的人，把心里的话倾吐一下，这样，不健康的情绪就能得到宣泄。宣泄是一种自我心理救护，它可以消除因挫折而带来的精神压力。

⑥ 精神升华——把失败化为发愤图强、努力学习工作的动力。

（5）同学之间相互分享并谈一谈活动的感想。

课外拓展

一、心理书籍

（一）《平凡的世界》

本书高度浓缩了中国西北农村的历史变迁过程，体现主人公面对困境艰苦奋斗的精神。劳动与爱情、挫折与追求、痛苦与欢乐、日常生活与社会冲突纷繁地交织在一起，展示普通人在大时代历史进程中所走过的艰难曲折的道路。

（路遥．平凡的世界［M］．北京：十月文艺出版社，2009.）

（二）《独自上场》

本书讲述了李娜 30 年的人生故事。与众不同的成才之路、跌宕起伏的赛场传奇、不离不弃的爱情誓言以及不为人知的酸甜苦辣。李娜从武汉到北京，从北京到墨尔本、巴黎、伦敦、纽约……荣耀背后是超乎常人的努力和付出。

（李娜，独自上场［M］．北京：北京联合出版社，2019.）

（三）《把梦留住　支教记录 2005—2017》

本书是厦门大学第六届赴宁夏海原支教队队员的支教记录。一方面是西部孩子在艰难困苦的条件下刻苦向学，另一方面是支教队员的爱心奉献和心灵洗礼，构成一个热血青年的理想之梦。时隔 10 多年，书中西部的孩子都已长大成才，他们身处艰苦环境，却没有气馁，而是不断向学，最终成就了自己的事业。

（叶楠．把梦留住　支教记录 2005—2017［M］．4 版．厦门：厦门大学出版社，2017.）

二、健心影院

（一）《当幸福来敲门》

影片讲述了一位濒临破产、老婆离家的落魄业务员，如何刻苦耐劳地承担单亲责任，奋发向上成为股市交易员，最后成为知名的金融投资家的励志故事。

（二）《我的左脚》

该片讲述了因小儿麻痹症而全身瘫痪的布朗，依靠唯一可以活动的左脚来改变自己的人生，成为画家和诗人的故事。

三、学以致用

（一）案例分析

姜妍，1973 年出生，现任沈阳鼓风机集团股份有限公司设计院副总工程师，教授级高级工程师。她设计了我国第一台自主知识产权乙烯压缩机，还主导设计了多个项目的国产化超低温压缩机。她曾获得全国道德模范、全国优秀共产党员、全国五一劳动奖章、全国劳动模范等荣誉。

1997 年，从原沈阳化工学院毕业后的姜妍来到了沈阳鼓风机厂工作。工作伊始，她并没有被安排到压缩机设计部门这样的重要技术部门，只是从事简单的压缩机配套工作。2006 年，沈鼓集团承担了研制乙烯压缩机的任务。“刚接到任务时，来不及多想就投入到了研究工作中。”姜妍回忆，当时，摆在她面前的困难有很多：国内的相关资料几乎为零，国外技术层层封锁。但她从没有想过打退堂鼓，从黑龙江到广东，从辽宁到福建，刚刚三十出头的姜妍每天奔波穿梭于各大炼化厂，吃力地爬上几十米高的进口乙烯设备台，认真记录设备的外观结构和运行情况。晚上她又熬夜整理数据和资料，一点点改进设计图纸。每天睡眠时间不足 5 个小时，300 多份图纸像小山一般堆满工作台，电脑屏幕上的数据密布排列，一旁的饭菜从温热到冰冷也顾不上吃几口。

设计、试车失败、修改、再失败、再修改……直到 2010 年 1 月 8 日，姜妍设计的 45 万吨乙烯压缩机试车成功，实现了我国乙烯压缩机领域零的突破。随后，她一鼓作气，带领团队又成功设计了百万吨级乙烯压缩机，彻底终结了我国乙烯压缩机长期依赖进口的局面，使我国成为世界上少数几个具有百万吨级乙烯压缩机设计制造能力的国家之一。

像姜妍一样，一线科研工作者们的研究之路虽然很艰辛，会遇到不少挫折，但只要坐住冷板凳、下得苦功夫，持续深耕钻研，终究会有所收获。

（资料来源：学习强国，有删减）

思考：在工作中，姜妍遇到哪些挫折？她是如何去应对的？对你有怎样的启示？

（二）想想做做

访谈 6~10 个人，尽量考虑被访谈对象年龄、性别、职业的差异性，要求如下。

1. 访谈他们生命中遇到过哪些挫折、如何认识这些挫折对生活的影响、如何面对这些挫折。

2. 用你所学的挫折知识与访谈对象进行互动。

3. 撰写访谈报告，内容包括访谈对象基本情况、访谈过程以及访谈感想，不少于 1 000 字。

8

第八单元 解读恋爱心理

心语

关关雎鸠，在河之洲。窈窕淑女，君子好逑。

——《诗经·周南·关雎》

死生契阔，与子成说。执子之手，与子偕老。

——《诗经·邶风·击鼓》

知识梳理

解读恋爱心理
知识点
爱情解读
爱情的含义
恋爱心理的发展规律
大学生常见的恋爱现象
爱情的得与失
说不清的爱
我们不再牵手
爱情的伊甸园
大学生的性心理特征
影响大学生性心理发展的因素
技能点
学会爱的表达
有声语言
目光语言
文字语言
行动语言
学会爱的拒绝
勇敢地说“不”
掌握恰当的拒绝方式
积极走出失恋阴霾
正视现实
丢弃自卑
合理宣泄
寄情于山水
放眼于未来
给爱放个假
学会调控性冲动
将生理冲动转向精神追求
调节环境
不看色情内容
用意志调控性冲动
多与异性交流

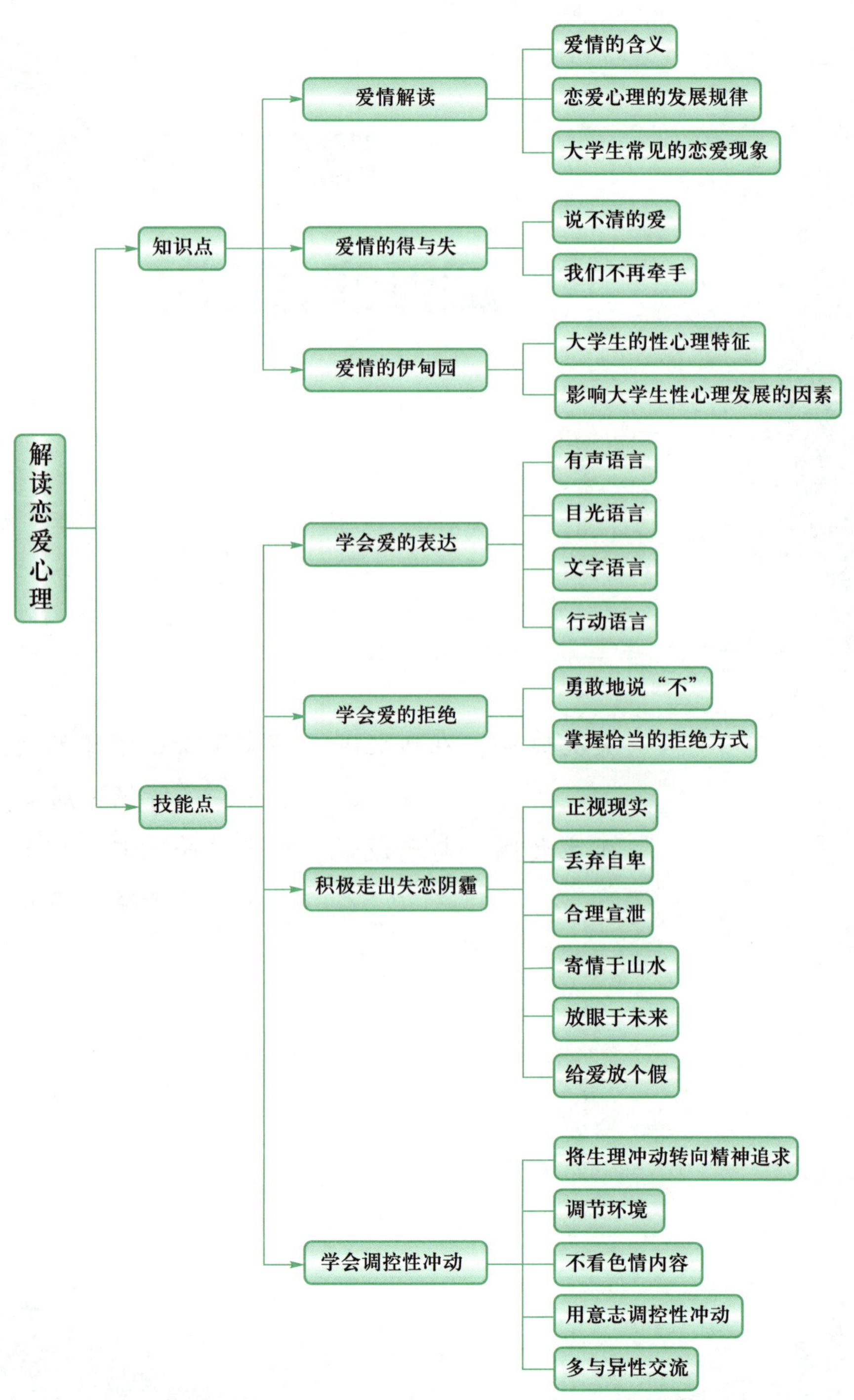

心理讲堂

心灵故事

哲学家柏拉图有一天问老师苏格拉底什么是爱情。苏格拉底叫他到麦田走一次，在途中要摘一株最大最好的麦穗，但只可以摘一次，并且只能向前走，不能回头。于是，柏拉图按照老师说的去做了，结果他空手而回。老师问他为什么摘不到。他说："因为只可以摘一株，又不能走回头路，其间即使见到最大最金黄的，也因为不知道前面是否有更好的，所以没有摘；走到前面时，又发觉总不及之前见到的好，原来最大最金黄的麦穗早已错过了，于是我什么也没摘。"这时，苏格拉底告诉他："这就是爱情！"

扫一扫

这样的爱情在发光

人生正如穿越麦田，只走一次，不能回头。要找到属于自己的最好的麦穗，你必须要有莫大的勇气和足够的智慧。

爱情到底是什么？该怎样维系好爱情？如何在爱情中收获成长？扫码观看西部计划志愿者的爱情小故事，感受新时代的爱情价值观——"爱是相互了解，守望相助；爱是齐心协力，相互支撑；爱是志同道合，彼此成就。"看完后，分享一下你的爱情价值观吧！

一、爱情解读

大学校园里，爱情是一首经久不衰的主题曲。大学生们时常为情所系，为情所牵。到底情为何物？从古至今都没有一个标准的答案，问一百个人就会有一百种答案。大学是学生独立生活和充分发挥自我的重要阶段，学会正确认识爱情，树立健康的爱情观，是大学生畅游爱情海的重要"神器"。

（一）爱情的含义

爱情有千万种模样。在人类社会广为流传的经典爱情模型里，青梅竹马、两小无猜是爱，山盟海誓、连枝共冢也是爱。无论是一见钟情的热烈，还是相濡以沫的温柔，都化作人类对爱的美好想象和体验。每个人都有自己对爱的定义，没有标准答案。在汉语词典中，爱情是指男女相爱的感情。目前，大部分学者认为爱情是指异性之间在生理、心理和环境因素交互作用下互相倾慕和培植感情的过程。心理学家根据恋爱中对爱情的追求，进一步把爱情分为健康的和不健康的两大类。

1. 健康爱情的主要表现

（1）不过分痴情，不咄咄逼人，不显示自己对对方的占有欲，能够充分尊重对方。

（2）认为自己的付出比向对方索取爱情更使自己感到欢喜，并以对方的幸福为自己的夙愿。

（3）健康的爱情中彼此是独立的个体。

2. 不健康爱情的主要表现

（1）过高地评价对方，将对方的人格理想化。

（2）过于痴情，一味地要求对方表露爱的情怀，这种爱情常伴有病态的夸张。

（3）缺乏体贴怜爱之心，只表现自己强烈的占有欲。

（4）偏重于对外表的追求。

（二）恋爱心理的发展规律

恋爱过程是高级情感的培养过程，一般来说，从初次接触到结婚，完整的爱情发展都具有一定的发展规律与特点（图 8-1）。

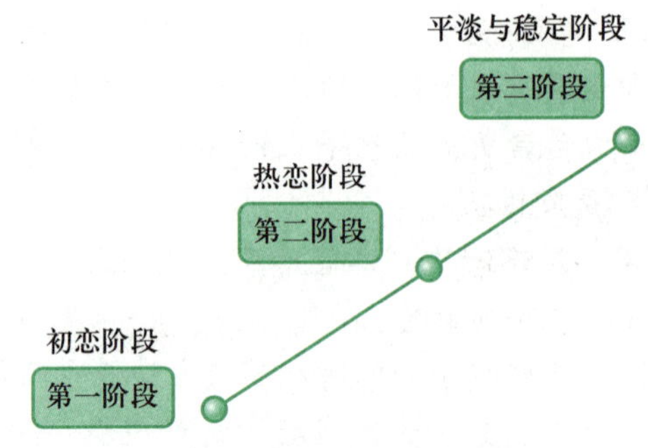

图 8-1　恋爱心理的发展规律

1. 初恋阶段：试探心理、戒备心理与冲突心理并存

进入恋爱的双方都希望通过各种方式全面了解对方，因而都存在着不同程度的试探心理和戒备心理。经过一段时间的了解后，发现了对方的不足之处，欲分不能，欲续又勉强，心理充满矛盾。

2. 热恋阶段：对时间的感觉、情感与理智的控制以及注意力变化明显

恋爱双方在热恋阶段是“一日不见，如隔三秋”，所有的兴趣都转移到恋爱上来，情感也处于迷恋的状态，充满对恋人的思念，有时很难用理智控制，有时易出现冲动性的行为。对异性的注意由外向内，注意对方的为人处事是否得体、品格情操是否高尚、情趣志向是否令自己满意。

3. 平淡与稳定阶段：恋爱双方出现占有感、冷战思维以及超前思维

处于这一阶段的恋爱双方，都想占有对方，在情感上表现得非常自私。接触越多就发现对方的缺点越多，出现对对方的不满和莫名的烦躁，引发“冷战期”。但随着感情的发展，恋爱双方更关心恋人的身体状况、工作学习以及今后的发展方向等，超前思想开始出现。

（三）大学生常见的恋爱现象

如今，大学校园恋爱已成为一个热门话题，部分大学生甚至把恋爱列为大学必修课之

一。通过对当代大学生恋爱现象的分析可知，部分大学生的恋爱除了具备恋爱的一般特征之外，还存在以下现象（图 8-2）。

图 8-2　大学生恋爱现象的特点

1. 浪漫性：不求天长地久，只求曾经拥有

大学生恋爱的一个重要特点是只想恋爱而没有考虑将来，他们并非清楚地、自觉地意识到应选择一个终身伴侣，恋爱只是因为需要爱和被爱。一些学生恋爱的动机在于体验爱情的幸福、消除寂寞、充实大学阶段的生活，甚至是赶时髦或不知道为什么，还有部分学生认为恋爱的目的不是婚姻。由此可见，一些大学生注意的是恋爱过程本身，至于恋爱的结果已经被忽略了。

2. 易变性：主观学业第一，客观爱情至上

在对待学业与爱情的关系上，学者余金枝在 2016 年的研究中表示，高职生普遍认为学习是学生的天职，大学阶段应以学习为主，爱情应当服从学业，或者希望学业与爱情双丰收，既渴望学业有成，又向往爱情幸福。然而，真正在客观上、行为上能够正确处理好学业与爱情关系的高职大学生虽然有，但更多的人是坠入情网，无心学习，甚至荒废学业。可见，摆正学业与爱情的关系，是高职学生难以控制而又必须正确处理的问题，所以一定要端正态度，培养和树立健康的恋爱心理。

3. 多元性：恋爱态度复杂，价值观念多元

"当代大学生婚恋观调查研究"课题组的研究指出，大学生的婚恋观表现各异，不同性别、年龄、籍贯、家庭环境、专业的大学生婚恋观具有一定差异；大学生的婚恋观日趋理性、务实、乐观、成熟；在对恋爱动机、择偶标准、婚姻忠诚度、性爱关系、未婚同居、毕婚族、[1] 在校结婚等问题的认知方面，大学生婚恋观兼具传统型、开放性；大学生对待爱情、婚姻、性的态度日益温和、宽容。

4. 突击性：失恋态度宽容，承受能力较弱

大学生中"有情人"虽多，但"终成眷属者"少，这样就产生了一部分"失恋大军"。大学生感情受挫后出现一段时间的心理困扰是正常的，绝大多数大学生通过找朋友诉说或者理性思考，采取宽容的态度，尊重对方的选择。但仍有一部分学生摆脱不了"情感危机"，有的失去信心，放弃对爱情的追求；有的一蹶不振，沉沦自弃，以至于悲观厌世；有的甚至做出极端行为伤害自己。因失恋而失志、失德者虽是少数，但失恋的影响波及范围广、时间长。

---

① 毕婚族指一毕业就结婚的大学生，这类人群把结婚当出路，缓解即将面临的就业压力。

二、爱情的得与失

爱情是人世间最微妙的一种情感，“问世间情为何物，直教人生死相许”。在现实生活中，人们祈求爱、渴望爱，为爱痴、为爱狂……在大学校园里，有人为浪漫的爱情苦苦寻觅；有人则幸运地找到了自己的另一半，从此比翼双飞；还有人为爱情几经沧桑，变得玩世不恭、游戏人生。既有得到，也有失去，爱情的天平才能保持平衡。失去与得到，这是人世间颠扑不破的真理，只有在无数次的失去与得到中才能够更好地领悟真实的人生。爱情，这一人世间最难以琢磨的东西，同样需要在失去与得到中成长、升华。

（一）说不清的爱

“这就是爱，说也说不清楚。这就是爱，糊里又糊涂。”一首经久不衰的歌——《糊涂的爱》，唱红了大江南北、长城内外，黄河两岸。“爱有几分能说清楚，还有几分是糊里又糊涂。”确实，有些爱是朦胧的，有些爱却表现得真切热烈，有些爱表现在一些细小的地方，还有一些爱让人想起都会心潮澎湃。

1. 单相思与爱情错觉

恋爱是两个人的事情，是双方在相互吸引和相互交往中，所付出和收获趋于平衡的状态。单相思是一方的倾慕情感苦于不被对方知晓和接受而造成的一厢情愿或对恋爱的渴望。爱情错觉则是指在异性间的接触往来关系中，一方错误地认为对方对自己“有意”，或者把双方正常的交往和友谊误认为是爱情的来临。爱情错觉是单相思的另一种形式，它常会使当事人想入非非，自作多情。单相思与爱情错觉都是恋爱心理的一种认知和情感的失误。单相思使某些学生陷入痛苦的境地，处于空虚、烦恼，甚至绝望之中。如果处理不好，对今后的恋爱、婚姻、生活都会产生消极的影响，因此，陷入单相思的大学生要及早止步，另做选择。要想克服单相思和爱情错觉，应正确理解爱情的含义，用理智驾驭情感，尊重对方的选择，不可感情用事。

2.“剪不断、理还乱”的多角恋

所谓多角恋是一个人同时被两个或两个以上的异性所追求或自己同时追求两个或两个以上的异性并建立了爱情关系。青春期对异性的渴求、男女生比例的失调、单亲家庭的孩子缺爱等种种因素，是“多角恋爱”产生的基础和条件。

爱情本身是有排他性和占有性的，很少有人能平静地接受与他人分享爱人。正如教育家陶行知说：“爱之酒，甜而苦；两人喝，是甘露；三人喝，是酸醋；随便喝，要中毒。”在“多角恋”这场爱情的竞争中，被爱者和求爱者应该冷静分析。恋爱是一件严肃的事情，应该保持一种对爱情、对他人和自己的感情负责的态度。任何不负责任、游戏人生的恋爱带来的只能是不尽的痛苦和悲惨的结局。

（二）我们不再牵手

失恋是指恋爱的中断、交往的停止和恋人的离散。失恋是爱情的悲剧，对于失恋者来说，失恋是一杯难以下咽的苦酒。“一个诚实的人不可能不走弯路，一个人即使在爱情中使尽全力也仍然会失败”，因为“生活总是缺乏数学和逻辑的纯净”。

1. 距离不一定产生美

人们常说：“距离产生美。”新经济时代似乎难以容下遥远的相思，分开往往变成了爱

情的“坟墓”。为什么爱情经不起距离的考验呢？首先，环境使得个体发生“日新月异”的变化。随着环境的变迁，个人的观念、思想、喜好都可能会发生很大的变化，他/她与恋人之间的距离自然就拉远了。其次，在陌生的环境里，人的情感变得更加脆弱，更渴望伸手就能触及的情感慰藉。

2.“速食爱情”的苦涩

爱情之花，需要两个人用心去培植和浇灌，这份美丽是长久而夺目的。而在大学校园里的“速食爱情”中，他们没有耐心等待。当他们在学习、人际交往、就业等方面压力大时，就容易出现情感的真空，一旦遭遇激情，就容易做出恋爱的决定。“速食爱情”一族追求瞬间迸发的激情，随着相互的了解，缺点暴露无遗时，恋爱关系就会快来快去。

不管何种原因的分手，大多数失恋者都能理智地看待并接受这一现实，但是，也有一些人因为存在错误的恋爱认知，在失恋的打击下，容易产生严重的心理问题。失恋的痛苦，需要外界的帮助来缓解，但更重要的是提高自己的心理承受力，增强心理的适应性，学会自我心理调节，从而达到新的心理平衡。

三、爱情的伊甸园

从古至今，人类对性的追求都是一种高级的肉体和情感的满足，即使现代高科技诸如克隆等无性繁殖手段应用于生育，性爱行为也是无法取代的，它仍将伴随人的终生。早期的希腊神话记载了爱欲创造生命的故事，当世界没有生命而显得一片贫瘠时，是爱欲拉起了生命之箭，才使得亚当和夏娃偷吃禁果，造就了人类的繁衍生息，于是“褐色的地表覆满了一片膏腴的葱绿”。

大学生从年龄阶段划分，属于青年阶段的初、中期，但由于他们处在一个较为特殊的环境、社会地位和文化阶层，因而在性心理上，与一般社会青年比较，既有相同又有不同。由于这种特殊的身份，大学生便会产生性心理上的一些特有的矛盾。比如在性意识上的独立性与依赖性的矛盾，性道德观念的批判性与片面性的矛盾，在同异性交往中严肃与盲目的矛盾等。

（一）大学生的性心理特征

大学生是一个独特的社会群体，在西方的思想、观念、文化涌入的对外开放大背景下，在中外文化的撞击中，大学生的性价值观也发生了一些变化。当代大学生的性心理有如下特征。

1. 本能性与朦胧性

进入大学，大学生更加积极主动地关注自我发展，也包括自身的生理和心理。生理上日趋成熟，产生了心理上愿意接近异性的需求，但由于性心理不具有深刻的社会性，基本上是一种由生理上的急剧变化而带来的本能作用。往往是怀着好奇心，秘密地探求性知识，对异性的兴趣、好感及爱慕比较盲目和单纯。

2. 强烈性与文饰性

大学生的心理发展，由朦胧纷乱的心理变化逐渐发展为强烈的性意识。一方面，他们十分重视自己在异性心目中的形象，十分看重来自异性的评价，并按照异性的要求和希望来进行自我评价和塑造自己的形象。另一方面，他们表现出对性的强烈渴求。尽管大学生在心理上对性问题和异性都很关注和敏感，但在行为上却表现得拘谨、羞涩和冷漠，具有明显的文饰性。

3. 冲动性与隐蔽性

青年期是性欲望和性冲动最强烈的时期，这是正常的心理、生理发育现象，但由于性心理还未完全成熟，还未形成较正确的性道德观和恋爱观，因而性心理发展很容易受外界不良影响而产生冲动。大学生是一个特殊的群体，十分重视自己在异性心目中的形象和价值，往往不轻易吐露出心中所思所想。

4. 压抑性和宣泄性

大学生对异性接触的渴望与学校、家长、社会的严格规约发生矛盾，导致一些人产生了强烈的压抑感，也有一些人的性能量以扭曲的、不良的，甚至有害的行为方式进行宣泄。

（二）影响大学生性心理发展的因素

大学生性心理的发展随其性成熟的发展而变化。它的发展主要受到他们的自然属性、心理水平的不断提高以及社会环境的影响。

人的生物学属性是性心理产生的基础。大学生处于青春后期，性生理已基本成熟，有效的神经调控、良好的内分泌环境和健全的性器官是其性心理产生的基础，性心理是性生理成熟的产物。

大学生的心理水平相对比较高，他们的性冲动会通过性欲望、性幻想、性梦、性情感表达出来；另一方面，他们通过小说、诗歌、戏剧、舞蹈、音乐、美术、摄影、雕塑、服饰以及建筑设计等途径进行性心理的补偿。

家庭性环境对大学生性观念和性道德的特殊作用在于：家长对子女的性角色意识、性心理，性的是非、善恶、荣辱观念的初始定势及日常生活中无意识的示范、模仿。

社会文化背景对性态度的封闭或开放直接影响大学生的性态度。另外，社会的道德观念、舆论导向，也会影响大学生性心理的产生和发展。

大学生群体的性心理、性行为成为社会及其自身和家庭共同关注的重要问题，形成了该群体内部特有的性道德价值取向和舆论氛围。由于个人对群体的心理依附作用，大学生会服从小群体的性道德舆论，认同其道德价值，慢慢内化为自我内在的性道德观。

四、爱的艺术

（一）学会爱的表达

泰戈尔（Tagore）的《飞鸟集改编》中有这么一句话：“世界上最远的距离，不是生与死的距离，而是我站在你面前，你却不知道我爱你。”当我们想倾吐心中那强烈的爱意时，我们才发现，自己的语言是多么贫乏，根本传递不了我们心中那炙热的情感。这或许是恋人们苦苦追寻，试图用各种方式来表达爱的原因吧！

1. 有声语言

有声语言无疑是最直接、最富有魅力的情感交流工具。如果是讲英语的人，一句“I love you”是表达爱最简洁的方式。如果认为这种表白过于直露、难以启齿，也可以用间接式的语言表达心中的爱意。如果你是男生，在和她交流时，可以这么说：“像你这么温婉、柔顺的女孩，真是魅力十足啊”“最近，我常常梦见你”“你今天的发型好漂亮啊”“和你在一起的时候，什么烦恼的事都忘了”等。如果你是女生，那么你可以这么说：“昨夜，一直想着你，结果失眠了睡不着”“要是能和你一直这么聊下去，该有多好”“下次，我们还会再见吧”等。

2. 目光语言

目光是人与人沟通中最清楚、最准确的讯号传达者，目光接触是双方情感交流中具有杀伤力的武器。用目光传递信息，在男女情感上尤为突出，在用目光进行爱的表达上，女生更优于男生。女生可能只需流波送盼就可以传达信息，其含情脉脉尽在不言中，真可谓“此时无声胜有声”。目光接触的确可能引发爱情奇迹。但要注意，与你心爱的人对视时，要让对方感觉有安全感，否则会适得其反。

3. 文字语言

在表达情感的过程中，文字是除语言之外最重要的情感传递工具，它甚至发挥着比有声语言更重要的作用。无论是通过一封短信，还是一首情诗或是一篇情意浓浓的散文，只要它们能够表达出你的情感，都是很好的。写情书最主要的就是真诚，向对方介绍自己的情况要实事求是，同时写出自己的真情实感，唯有真诚才会感人。真实坦率的态度能感动对方，从而获得对方的信任与爱情。

4. 行动语言

有人说，行动是爱最好的表达方式。爱的语言仅仅表达了你的思想，而爱的行动才是爱的真正体现。说一万次的爱你和把爱转化为具体行动是有区别的，爱的语言表达的结果是你最后听到了，而爱的行动的结果是你最后看到了、得到了。把爱转化为具体行动后，可以让人真正地感受到爱的真谛所在。爱情需要语言表达，更需要行动体现。

（二）学会爱的拒绝

自己不愿或不值得接受的爱应有勇气加以拒绝。拒绝爱要注意两个方面。

1. 勇敢地说“不”

在你并不希望让爱情到来时，要果断、勇敢地说“不”，因为爱情来不得半点勉强和将就。如果优柔寡断或屈服于对方的穷追不舍，发展下去对双方都是不利的。爱情关系到一个人一生的幸福，所谓“强扭的瓜不甜”，不要因一时的勉强和将就，错爱一生，造成终生遗憾。

2. 掌握恰当的拒绝方式

虽然每个人都有拒绝爱的权力，但是珍惜每一份真挚的感情是对他人的尊重，也是一种自重，同时是对一个人道德情操的检验。不论是面对面地拒绝，还是通过书信等方式，都要注意语气婉转，以尊重对方为主。切不可冷嘲热讽、恶语伤人后扬长而去，也最好不要让双方以外的任何人，尤其是双方都熟悉的朋友知道此事，以免使失恋者的自尊心受到更多的伤害，毕竟爱者无罪。你可以拒绝他人的爱，这是你的自由和选择，但是你没有权利伤害他人。

（三）积极走出失恋阴霾

1. 正视现实——放弃也是一种美丽

失恋分手，可以有很多理由，即使是不能接受的，也要学会直面。其实，放弃一段已经死亡的感情，每个人都会有痛苦的体验，但是也给了我们新的爱情空间，让我们彼此有了重新选择的机会。不要再眷恋以往，虽然我会犯错（每个人都会犯错），虽然我有缺点（人都有缺点），但我还有我自己的尊严，我要维护自己的尊严，向前看，向前走。

2. 丢弃自卑——失恋并非羞耻之事

一次成功的恋爱固然可喜，但这毕竟只是可能性，而不是必然性。所以，谈恋爱要做好谈不成功的心理准备，失恋也是情理之中的事，是无可非议的。成熟的青年人不应受世俗偏见的束缚，不要自己瞧不起自己。如果能从失恋中发现自己的不足，并有所进取，那将受益匪浅，不愁以后找不到称心如意的伴侣。

3. 合理宣泄——失恋调整不当，可能造成情感障碍

如果不及时合理宣泄，会造成不良后果。宣泄的方法有：向亲密朋友或家人倾诉内心的痛苦与悲伤，最好找心理老师咨询，或者闭门痛哭一场。

4. 寄情于山水——走出阴霾，重整旗鼓

可以向大自然宣泄压抑的情绪。尝试外出旅游，体验大自然之神奇与伟大、人生的短暂与美好，会感到自己失恋的痛苦只不过是沧海之一粟，心胸会变得开阔，去迎接更好的未来。

5. 放眼于未来——学会拿得起放得下，避免触景生情

把他（她）给你的东西过滤，把会让你回忆起过往的东西通通丢掉，免得惹自己伤心生气，也不要去你们以前常去的地方，以免触景生情，让你情绪低落。当然，忘记一个人不是说忘就能忘的，可以采取一些方式来充实和发展自己的生活，着眼于未来以及新的生活目标和新的幸福。可以多参加集体活动或体育活动，如打球等需要依靠团体力量的活动、主动与老友联络叙叙旧等。

6. 给爱放个假——不要急于开始新的恋情

虽然分手了，但我们发现与旧恋人相似的人仍会对自己有些吸引力，不要马上再找一个类似他（她）的人。最好冷静下来分析自己的喜好：究竟他（她）的哪种特质令我无法抗拒？那种特质是否也有缺点？这种特质跟我的性情是否可以匹配？

（四）学会调控性冲动

适度的性控制是性心理健康的体现。大学生性冲动非常强烈，怎样将这种性冲动以最有利的方式化解呢？

（1）将生理冲动转向精神追求。如提高学习成绩、促进人际关系、参加实践调查、完成职业生涯规划、提高综合素质等。

（2）调节环境。浪漫的环境及独处的地方，特别容易引起性冲动，所以要从环境入手，减少到宁静、幽暗等地方的频率，尽量选择到人多的场合、活动的场所等。

（3）不去看有关性方面的小说、杂志、电视和电影，见到这方面的事物尽量回避，把大部分精力用在学习上，不给自身性唤醒的机会。

（4）用意志调节性冲动。在大学生恋人的性活动中通常男性是主导，能控制性冲动是男性有毅力、担责任、高尚、成熟的表现。

（5）多与异性交流。真诚地与异性交流思想和学习经验，可以对异性有所了解，减少性好奇和性压抑。不要单独与固定异性频繁交往，多参加集体活动和体育锻炼，可以减少性冲动。

心理实践

一、心理测量："喜欢"还是"爱"的测试量表

指导语：真正相爱的人可以听得见彼此心里的回声，但某些戴着玫瑰色眼镜的人有时却会发生爱的错觉。当一个人深深地倾慕某个异性时，会不自觉地把自己的情感投射到对方身上，以为对方也有同样的意思，这时的观察和试探都会带上主观色彩，如：别人只是出于礼貌的行为，你却以为人家喜欢和你在一起；你不小心闯了祸，别人好心帮你善后，却成了献殷勤的行为……

心理学家鲁宾将爱情看作是一个人对另一个所持的态度，他编写了下面的量表来区分爱情和喜欢。你能分辨出来"喜欢"与"爱"吗？不管你是否恋爱，试着针对自己的情况或想法，勾选下列符合你目前恋爱状况或对爱情的憧憬的项目。

表 8-1 "喜欢"还是"爱"的测试量表

序号	题目	答案
1	他 / 她情绪低落的时候，我觉得很重要的职责就是让他 / 她快乐起来	
2	在所有的事件上，我都可以信赖他 / 她	
3	我觉得要忽略他 / 她的过失是一件很容易的事	
4	我几乎愿意为他 / 她做所有的事情	
5	对他 / 她，有一点占有欲	
6	若不能跟他 / 她在一起，我觉得非常不幸	
7	寂寞时，我首先想到的就是去找他 / 她	
8	他 / 她幸福与否是我很关心的事	
9	我愿意原谅他 / 她所做的任何事	
10	我觉得他 / 她得到幸福是我的责任	
11	同他 / 她在一起的大部分时光，我就这样看着他 / 她	
12	我非常享受他 / 她对我的信赖	
13	没有他 / 她的日子，对我来说很难过	
14	我们在一起时，心情总是一样的	
15	我认为他 / 她环境适应能力很强	
16	我强烈推荐他 / 她做一项责任重大的工作	

续表

序号	题目	答案
17	以我看来，他 / 她特别成熟	
18	我相信他 / 她有良好的判断力	
19	我觉得什么人跟他 / 她相处，大部分都有很好的印象	
20	我觉得他 / 她跟我很相似	
21	我愿意在班上或团体中，做什么事都投他 / 她一票	
22	我觉得他 / 她是容易让别人尊敬的一个人	
23	我认为他 / 她是万分聪明的	
24	我觉得在我所有认识的人当中，他 / 她是非常可爱的	
25	他 / 她是我很想学的那种人	
26	我觉得他 / 她非常容易得到人们的钦佩	

（资料来源：李建伟. 大学生爱情心理学：理论　案例　测量［M］. 杭州：浙江工商大学出版社，2016.04.）

二、典型心理情境及应对

（一）爱的表达与拒绝心理情境

1. 情境描述

“我早已暗恋她很久，一直没有勇气说出，我和她已有一年多没有见面，这一年我每晚都在思念她，也睡得不好。今晚是中秋节，我非常寂寞，很想她能够陪伴我度过，但是我知道这是不可能的事情，所以今晚我鼓起勇气决定在网页上发出爱的宣言，希望她能考虑。可是写完这封信，我还是没有勇气发出，我怕被她拒绝，连起码的朋友都不能再做了。”

2. 情境应对

为了帮助案例中的主人公，我们可以做一个现场角色扮演游戏。

目的：通过角色扮演，学习爱的表达方式，并学会拒绝自己不爱的人。

操作：这是一系列的角色扮演，包括如何表白爱情、如何拒绝一个自己不爱的人、如何约会交谈等，以上都是先由指导者作提示，再进行角色扮演，然后评价、讨论、交流。

（1）如何表达爱意？

指导者提示：表达爱的方式多种多样，可以有以下方式。

① 用你的眼睛传达爱的信号。这是一种比较含蓄的方法，当对方注意到你的目光时，不要再逃避，镇定地、坦然地凝望着她，把你的爱意表现在眼睛里。

② 以你的关爱行动来表示。用实际行动来表示对倾慕对象的关心、帮助和亲昵，如下雨天送雨伞，在她生病时前去看望，或者投其所好。

③ 用书信和写字条来传情。如果你无法用言语大胆地说出来，写下你爱的誓言也是很好的方法。

④ 送去代表相思之情的爱情信物，如红豆、有着心形相框的照片、亲手做的首饰、荷包、手工艺品等，让对方睹物思人，知道你的心思。

操作：请选择其中一种方式，或独创一种方式进行角色扮演，之后评论、交流。

（2）如何拒绝一个不爱的人？

指导者提示：如何婉转而又坚定地拒绝一份不想要的感情，确实是一件不容易的事。

说“不”需要很大的勇气。在人际交往，尤其是密切交往的关系中，如果一方提出了某项请求是你不能接受也无法允诺的，尽管你十分想拒绝，但最后要说出“不”来，不是件容易的事，因为对方是你在意的人，你并不想伤害对方。但如果你一时心软，说了声“是”，则很可能在不久的将来既伤了自己，又伤了对方，而且伤得更重。人的感情勉强不得，更何况这是一份揉不进一粒沙子的爱情。

不过，在拒绝之前，你一定要好好地问一下自己：“我有没有真正弄清自己对他（她）的感情？我是不是回答得太快了？我是不是还需要好好地想一想？”

如果你确定自己不爱他 / 她，那么就坚持离开他 / 她，勇敢而温柔地说上一句：“对不起！”简单、粗暴乃至伤害性的拒绝是必须避免的，你可以拒绝一个爱你的人，但请你不要伤害一颗爱你的心。

操作：请考虑一种方式进行拒绝爱的角色扮演，之后评论、交流。

（3）如何约会，建立和发展爱情？

指导者提示：如何建立感情、维系感情都不是一件简单的事。约会，也要动动脑子，不断地变换约会的内容和形式（图 8-3）。约会可有多种形式，如以下六种。

图 8-3　美好的恋情

① 消遣游玩：逛街、看电影、听音乐会、参观博物馆、游动物园、野餐、逛书店、看话剧、旅行、品尝美食、看日落、钓鱼、雨中散步、乘观光船游园……

② 运动：打网球、打羽毛球、放风筝、爬山、游泳、打乒乓球、跑步、跳健身操、骑单车、打保龄球……

③ 社会服务：探访养老院、孤儿院、当图书馆义工、到社区做志愿者……

④ 学习与进修：听讲座、参加兴趣班、阅读书籍、听录音带、去图书馆……

⑤ 扩大社交圈子：参与朋友聚会、探访亲友、庆祝生日、参加集体活动……

⑥ 增进交流，沟通思想：沟通双方对事物的看法，例如学校生活、交友体验、恋爱婚姻、对金钱的看法、对前途与职业的看法、自己的理想、生活中难忘的事件、受挫折的经历……

操作：请思考你会和自己喜欢的人选择哪种约会形式？

（二）初恋的心理情境

1. 情境描述

王皓，男，19 岁，某大学二年级学生。王皓在学校社团活动中认识了大一学妹，学妹主动向他表白。相恋后，他们曾因个性不合发生过多次争吵，使得对方越来越不耐烦，结果移情别恋。女友提出中断恋爱关系，这对他是一个沉重的打击，使他对未来美好的憧憬瞬间化为乌有。他很难相信，自己这么认真呵护的爱情就这么结束了。多日来，他情绪低落，无心学习，想逃避，内心总渴望女友会有回心转意的那一天。失恋的痛苦像恶魔一样无情地折磨着他的心。

2. 情境应对

王皓在大学里第一次恋爱，是怀着美好的憧憬和愿望开始的，但没有想到相处过程中发生一些冲突和矛盾。王皓非常纳闷为什么自己认为美好的爱情就这样轻易结束了。如果王皓和女友分手已经不可挽回，那么王皓就需要试着去接受现实，然后采取一些适合自己的方式慢慢处理好自己的情绪。相信自己，一段恋情的结束也是个人成长的机会。

（1）第一步，大家可以一起来讨论失恋的 10 大好处。

① 因为我失恋了，所以我获得了________。

② 因为我失恋了，所以我获得了________。

③ 因为我失恋了，所以我获得了________。

④ 因为我失恋了，所以我获得了________。

⑤ 因为我失恋了，所以我获得了________。

⑥ 因为我失恋了，所以我获得了________。

⑦ 因为我失恋了，所以我获得了________。

⑧ 因为我失恋了，所以我获得了________。

⑨ 因为我失恋了，所以我获得了________。

⑩ 因为我失恋了，所以我获得了________。

（2）第二步，大家一起讨论失恋后的情绪调适方法。

方法 1：________。

方法 2：________。

方法 3：________。

（3）第三步，自我冷静思考：分析失恋的原因，哪些方面没有做好，哪些方面将继续改进。

课堂互动：爱的困惑。

目的：强化成员表达自己的观点、看法和“做决定”的能力，了解“失恋过激反应”的心理机制，学习正确对待失恋的策略。

操作程序：

分组讨论分析因失恋而有过激反应的案例。再表演一位同学劝慰一位失恋同学的经过。

活动总结：

心理学家契可尼通过实验证明，一个人的记忆有奇特的功效，它对已完成的事情极易忘却，而对中断了的、未完成的事情却总是记忆犹新，这被称为“契可尼效应”。没有结果的初恋让人回味无穷，刻骨铭心。从心理学上解释，就是因为它是未完成的、不成功的。如果你懂得这一心理学常识，也许就不会那么执着于没有结果的初恋，也就不会有那么多失恋的痛苦乃至悲剧的故事了。

（三）青春期的性困惑心理情境

1. 情境描述

李玲玲，女，某大学大二学生。大一与师兄相恋，成为男女朋友。男朋友经常向自己提出性要求，李玲玲刚开始不同意，每次因为这个事情两个人闹得不欢而散。偶然间，玲玲听到室友讨论婚前性行为的事情，发现大家都秉持开放和宽容的态度。玲玲受到这些观点刺激，再联想到目前男友对自己也很不错，害怕因为这个失去男友，便给了男友一次机会，两人有了第一次性行为。事后玲玲又有些害怕，担心自己意外怀孕，每天都在想这个事情，处于焦虑当中。同时，考虑到男友即将毕业，这段感情该何去何从，自己内心很纠结。

2. 情境应对

从案例中我们可以看到，玲玲由于担心关系疏远，并受到室友观念影响而与男友发生了婚前性行为，但婚前性行为并不能为两人关系提供保证，事后玲玲又有了各种担忧（包括怀孕、未来两人关系）等，因此，内心出现非常强烈的冲突和困扰。

第一步，在纸上写下“我的性心理困扰”（不署名）交给老师。

第二步，从大家写的性心理困扰问题中随机抽取五个，让大家一起来分享对问题的认识和经验。

第三步，总结出解决性心理困扰的方法。

三、心理训练

（一）活动一：知己知彼

活动目的：认识到异性的差别，加深对性别角色的完整认知。

活动过程：

（1）在黑板上画出男女两个头型，分别由参加成员在异性头像内填上自己对异性角色特征的认识。

（2）配对的另一方给予评论，表示是否同意对方的意见并说明理由。

（3）对参与者列出的男女特质，按生理、心理和社会角色行为三个方面进行统合，并对性别角色的相对性进行讨论。注意避免性别角色观念的刻板化。

（二）活动二：倾听情感深处的回声

活动目的：考察所持的爱情观，澄清自己的爱情期望。

活动过程：

（1）请你用一句话表达爱是什么。

（2）按男女分组讨论。我喜欢的异性的特质是什么？如外表、性格、行为方式等。我不喜欢的异性的特质是什么？如外表、性格、行为方式等。

（3）活动分享。

我在女生眼中，是一个____________________。

我在男生眼中，是一个____________________。

我对待男女生最大的差别是____________________。

若我和异性交往成功，是因为我____________________。

若我和异性交往失败，是因为我______________________________。

活动总结：完美是人们潜意识中永远追求的目标，但现实中总有不尽如人意的地方，或是天生的，或是想象的，使人总会感到一种缺憾。爱情是一种补偿，我们从中找到了那个自己失落已久的梦。在梦中，我们具有自己喜爱的身形，具备自己钟爱的特性。就算自己的变化不大，但我们的另一半帮我们补足了这样或那样的缺憾而美梦成真。

课外拓展

一、心理书籍

（一）《男人来自火星，女人来自金星》

本书作者以男女来自不同的星球这一新鲜、生动、形象的比喻，介绍了男人和女人之间在沟通、应对压力、解决冲突、体验爱和给予爱等方面存在着巨大的差异，对理解男人和女人的沟通做出了突出的贡献。

（格雷. 男人来自火星，女人来自金星［M］. 荷兰兰，周建华，译. 北京：北京联合出版公司，2020.）

（二）《亲密关系：通往灵魂的桥梁》

本书是作者克里斯多福·孟继《找回你的生命礼物》后的又一力作。他告诉我们如何穿透自我障碍，用爱酿造幸福秘方——没有人能年复一年地活在火辣、热情、浪漫的亲密关系之中，但我们能在亲密关系的旅途中，学习面对自己最好以及最糟的特质，学习接受和放手，最终找到通往爱和幸福的桥梁。

（克里斯多福·孟. 亲密关系：通往灵魂的桥梁［M］. 张德芬，余蕙玲，译. 长沙：湖南文艺出版社，2015.）

（三）《爱的五种语言》

盖瑞·查普曼博士是享誉全球的婚恋辅导专家，他发现每一个人都有一个情绪的爱箱，只有当这个爱箱填满了的时候，人际关系才能发展。然而，不同人的爱箱需要用不同的语言来填满。人们基本上有五种有爱的语言，即肯定的言语、精心的时刻、接受的礼物、服务的行动、身体的接触。该书对于处理与朋友、邻居、配偶、小孩、同事、甚至所有的人际关系都非常有效。

（查普曼. 爱的五种语言［M］. 王云良，译. 北京：中国轻工业出版社，2006.）

二、健心影院

（一）《你的名字》

影片告诉人们要学会换位思考，体验不一样的人生。要学会爱，给予爱，在爱中成就自己。

（二）《致我们终将逝去的青春》

在影片中，童话的梦幻与想象，青春的悸动与张扬，爱情的美好与感伤，现实的无奈与苍凉，共同交织成了一则残酷的青春物语。

三、学以致用

（一）案例分析

季怀，男，21 岁，工科专业三年级学生，知识分子家庭出身，但说话吞吞吐吐。自诉自己非常喜欢同年级一个女生，而且认为对方也喜欢他，但当他提出与对方进一步密切关系，并频频相对时，却遭到对方的婉言拒绝，他感到非常痛苦并产生幻觉，觉得那位女生也喜欢自己，于是更频繁地纠缠该女生。一天早上刚上课，他忽然从后面搂抱该女生，对方大叫，并打了他一巴掌。他既没有生气，也没有兴奋。

据季怀家长介绍，他从小就自卑、羞怯，在自知其貌不扬、个子矮小时，就更觉低人一等，遇事固执。

讨论：你认为接下来会发生什么事？请跟你的组员们一起分析季怀的表现及原因。

（二）想想做做

1. 有人认为，在排除道德品质因素以外，不成熟的、没有责任感的“自恋型”男人不可嫁；“没有安全感”的女人不能娶。因为____。（请填写理由）

2. 请访谈身边的同学和朋友们，他们有过失恋的经历吗？他们是如何突破失恋的困境的？

9

第九单元 探索生命意义

心语

节约时间也就是使一个人的有限的生命更加有效，也即等于延长了人的生命。

——鲁迅

生命的意义是什么，这个问题不应当由我们向命运发问，而是命运对我们提出挑战。意义或许不是生命本身所具有的属性，而是我们应对生命的方式，赋予了它意义。

——维克多·弗兰克尔

知识梳理

探索生命意义
知识点
何为生命之惑
不知何为生命
不知为何而生
不知如何去生
何为生命之美
生命的坚韧美
生命的境界美
生命的平凡美
生命的遗憾美
常见的心理危机
发展性危机
境遇性危机
存在性危机
障碍性危机
技能点
绽放生命之光的方法
树立正确的生命价值观
强化生命责任意识
提高生命品质
识别心理危机
情绪异常
行为异常
提升生命品质的方法
克服恶性猎奇心理
拒绝盲目从众心理
远离不利于身心健康的行为
心理危机干预的方法
第一时间报告
陪伴的力量
切忌擅自处理

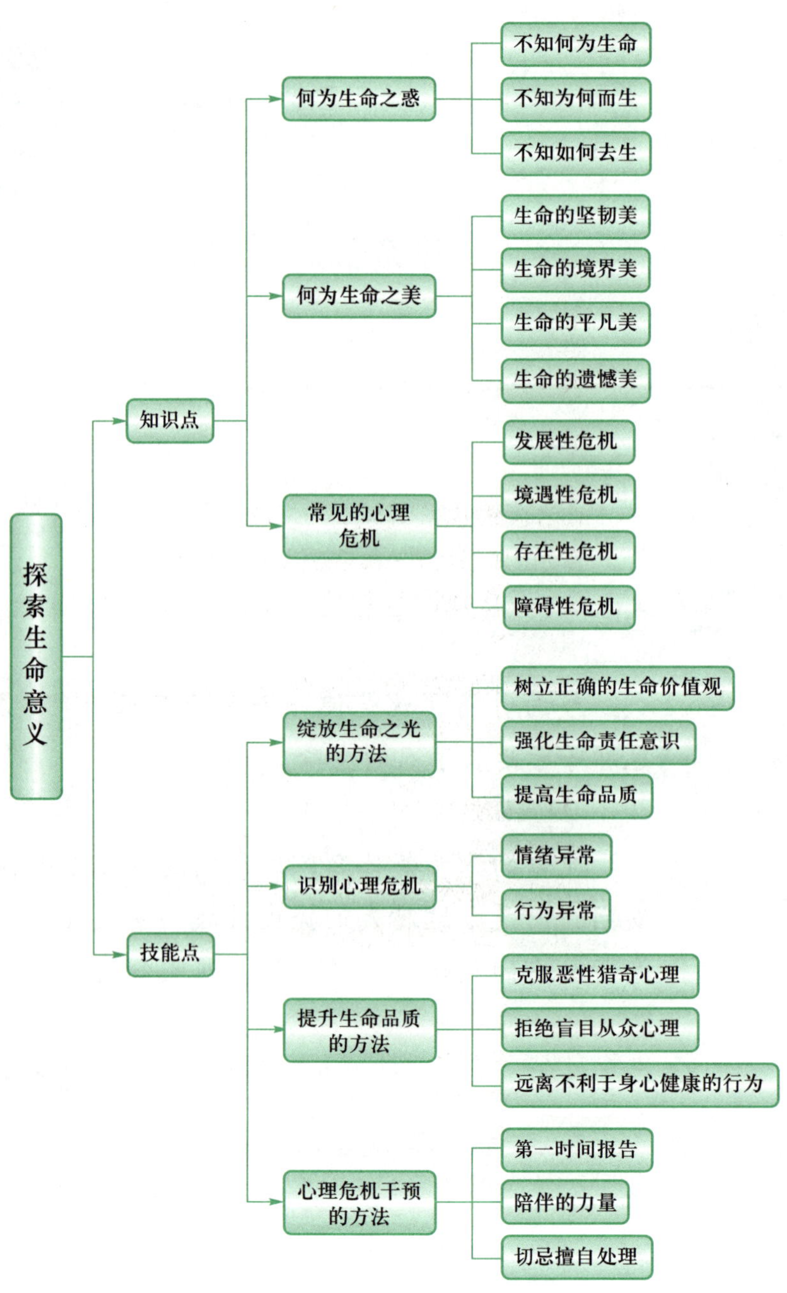

心理讲堂

心灵故事

扫一扫

杜富国的光荣事迹

“‘你退后，让我来’，六个字铁骨铮铮，以血肉挡住危险，哪怕自己坠入深渊。”这是“感动中国”给杜富国的颁奖词。2018 年 10 月 11 日，在云南省麻栗坡县老山西侧坝子雷场，杜富国在扫雷行动中发现一枚加重手榴弹，他立即让同组战友退后，独自上前查明情况。突然“轰”的一声巨响，手榴弹爆炸了。生死瞬间他下意识向战友方向侧身，遮挡住爆炸冲击波和弹片，用身体护住战友，自己永远失去了双眼和双手。至 2022 年杜富国先后获得“感动中国 2018 年度人物”“全国自强模范”“时代楷模”“第七届全国道德模范”“全国优秀共产党员”“八一勋章”等荣誉。

一个人的生命质量跟健康的体魄或许有很大的关系，但生命的意义绝不是其本身所具有的属性，而是我们应对生命的方式赋予了它意义，或重于泰山，或轻于鸿毛。在历经三年艰难的康复训练后，失去双眼和双手的杜富国毅然回到了自己的“战位”，继续谱写着生命的赞歌。

生命起源于何时、何处？在诸多的期盼之中，我们不知不觉地来到这个世界，然后如花儿般悄悄绽放。也许又在诸多惋惜中谢去，草草地如一粒尘埃，陨落在浩瀚的岁月长河之中。

一、了解生命之惑

心理学家爱利克·埃里克森在发展心理学理论中把人的一生划分为八个阶段，从出生到死亡贯穿人的一生。而当青春期或成年早期的大学生开始逐步独立思考生命时，如何“认识生命、关注生命、尊重生命、珍惜生命、欣赏生命、成全生命、敬畏生命”这些贯穿生命的认知便成了他们了解、认知生命的困惑，具体来说可以归纳为以下三个方面。

（一）“不知何为生命”的困惑

“生命是什么”属于认知范畴，然而生命绝非一个非生即死的命题。有人认为生命是可以活动的生物，有人认为生命是自我生长、繁衍、感觉、意识、意志、进化、互动的活动过程。湖北工业大学牟玲玲教授调查显示，45.5% 的大学生接受过生命教育，但是开展的课程比较少，所得到的知识不够全面，不能满足自己的需求；22% 的大学生没有接受过专门的生命教育，只是在其他课程中略有涉及；16% 的大学生完全没有接受过生命教育；仅有 16.5% 的大学生比较系统地接受过生命教育。由此可见，高校生命教育开展情况令人担忧，大部分学生想接受但没有明确的途径指引他们。

（二）“不知为何而生”的困惑

“我是谁，我来自哪里，我要到哪里去”，这是永恒的哲学命题，也是当下大学生思考比较多的问题，同时也是发展心理学所积极探讨的问题。积极心理学与发展心理学都认为认知自我方能改变创造自我，而严谨的思考、系统的规划是认识自我的开始。

相关调查显示：对于人生规划，22.2% 的人有长远规划；20.7% 的人只有比较清晰的近期规划；6.7% 的人没有仔细考虑过；15.2% 的人从来没有想过；35.2% 的人偶尔思考过。① 如果没有明确的人生规划，生命就不知道该走向何处。没有系统的人生规划，生命发展就可能会出现断流和迷失。

（三）“不知如何去生”的困惑

我应该怎样才能更好地活着？电视剧《士兵突击》中王宝强饰演的人物许三多说：“好好活着就是多做有意义的事情。”当下部分大学生受社会不良风气等因素的影响，向钱看齐，唯金钱至上，把财富的拥有量作为衡量人生成败的唯一标尺。这种错误的金钱观和低俗的价值标准严重影响了大学生对生命价值的正确认知，从而在人生选择中做出错误的价值判断。

研究表明，人的幸福指数并没有与物质标准和条件呈正相关，如能在平凡的岗位上干出不平凡的事业，这样的人生也不乏是积极而有意义的人生，这才是大学生正确的人生价值观。

二、探索生命之美

2011 年中央电视台《远方的家》栏目专题报道了长沙民政职业技术学院优秀毕业生刘一村的支教事迹。2007 年刚刚大学毕业的刘一村得知云南藏区缺少师资，就瞒着家人来到云南的一个偏远山村，从此开始了没有名分、没有报酬的支教生涯，这一坚持就是五年。后来，网友把她的事迹发到了网上引发热议，刘一村也因此被网友誉为“彩云之南”的“最美支教老师”。什么是最美？最美就是让人生命的灵魂得到净化的信仰。

（一）生命之坚韧美

心理学家维克多·弗兰克曾说，一个人若能接受命运及其所附加的一切痛苦，并且肩负起自己的十字架，则即使处于最恶劣的环境中，照样有充分的机会去加深他生命的意义，使生命保有坚忍、尊贵、与无私的特质。否则，在力图自保的残酷斗争中，他很可能因为忘却自己的人性尊严与做人的根本，以致变得与禽兽无异。

只有经历过苦痛的万物才能体会坚韧之美，才能体会坚韧带来的成长力量。据了解，

---

① 魏立娟，张小华. 关于高校疏解大学生生命困惑路径的研究［J］. 湖北工程学院学报. 2017. 37（05）：75-78.

来自农村的最美支教老师刘一村在大学期间家境并不宽裕，但贫穷并没能击倒她的斗志，反而练就她强大的内心。大学生生命之坚韧在于自强不息的意志与精神，生命之坚韧在于高度与宽度。我们都无法去改变出身与环境，但作为青年大学生，我们都应该通过自己的奋斗和努力去做到尽量不被出身和环境所影响与左右。

（二）生命之境界美

澳瑞森·梅伦曾经说过："人类心灵深处，有许多沉睡的力量，唤醒这些人们从未梦想过的力量，巧妙运用，便能彻底改变一生。"人类的创造力往往源于最初的梦想，梦想人人都有，可以说，人人心中都涌动过创造发明、开拓创新的梦想，然而积极乐观的心态、远大的理想抱负都是梦想的最高境界。

梦想没有大小之分，积极进取、乐观向上加之对最初梦想持之以恒地坚守、奋斗便是最高的生命境界。刘一村的支教梦想源于父辈的耳濡目染，她的父亲是一位平凡而伟大的农村代课教师，收入不高但把自己的一生无私奉献给了农村教育事业。在一次事迹报告中，刘一村谈道："我从小立志要成为一名教师来分担父亲的工作，我也是带着这种最初的梦想开启了大学生涯学习，大学期间加入爱心社团，参与社会实践，在这过程中我也明白了父亲的那种大爱，只有去帮助别人，我得到的快乐才是真正的快乐，也因为有梦想所以才会更努力。"

（三）生命之平凡美

艺术家奥古斯特·罗丹曾说："世界上不是缺少美，而是缺少发现美的眼睛。"这也正表现出美就在身边，而生命之平凡美是最伟大、最永恒的美，每一个平凡的生命都具有它本质的意义，但平凡并不等同于平庸。每一个人、每一个岗位实际上都是平凡的，平凡的奉献、平凡的爱、平凡的温暖、平凡的坚守都是一种美。

教师是众多平凡岗位的其中之一，我们从呱呱坠地到接受学习教育，从幼儿学前教育、义务基础教育、大学专业技能教育再到终身教育，无论是何种教育本身都是知识或技能的授受过程，其本质没有大小、高低、贵贱之分。但目前社会教育资源在我们国家暂处于分布不均状态，偏远农村、西部等欠发达地区的教育容易被人忽略。支教教师刘一村作为一名大学生，义务支教到偏远农村更能够感同身受，而她本人其实也是众多平凡人中的一员，但她在平凡的坚守中缔造伟大，这种伟大的平凡，本身就是她生命价值的实现过程中最难能可贵的美。

生命是平凡的，但如果每一个人都能坚守着属于自己的平凡，那么这份平凡一定是伟大的、最有力量的，也一定能温暖自己，照亮他人。

（四）生命之遗憾美

心理学家爱利克·埃里克森在人格与发展心理理论中强调自我属于独立自我，也就是说，生命是一个曲折的活动过程，没有一帆风顺的人生，同样也没有完全等同的人生，就像世上没有两片完全相同的树叶。澳大利亚著名演讲家尼克·胡哲天生没有四肢，只有左侧臀部以下的位置有一个带着两个脚趾头的小"脚"，但他并未顺从命运不公的安排而消极、平庸地度过余生，坚强的意志、同命运抗争的不服输精神才造就了他辉煌、精彩的人生。

身体发肤受之父母。生命只有一次，我们每个人都应该在奋进过程中感受生命的魅力，分享它的精彩。无论命运给予你什么，这并不代表你生命的全部与结果。无论贫穷、疾病、挫折还是失落，这些都只是构成你生命旅程的元素，认知自我，超越自我，完善自我，方能改变自我。

三、绽放生命之光

生命的意义在于成长，每一个生命的鲜活绽放，都留下过岁月的痕迹，每一个生命都有它独特的存在和意义。或许我们暂时对生命还存在着困惑和质疑，但这并不影响我们去追寻生命之美，只有在成长的过程中绽放自己的生命之光才能感受到生命之美。大学生作为生命力最为坚韧的主力军代表，我们应该怎样去绽放自己的生命之光呢？

（一）树立正确的生命价值观

一棵树的种子，在这粒种子埋下之时，它的“命”也就定型了。首先，它是树的种子，那它今后必然长成一棵树，而不是其他生命，这是它无法改变的。然后，我们把它播种在一块空地上，只要满足它生长所必需的能量，那它必然是按照既定的模式生长，会长成一棵参天大树，这就是树的“命”。但现在我们把它播种在一块非常贫瘠的土地上，它生长所必需的能量供应严重不足，这个时候，它要么因营养不良而夭折，要么长得非常矮小。如果它想长成与原来差不多的大树，那它就必须长出更发达的根须，伸向更深、更远的地方，这样才有机会去获取足够的能量。或者我们还可以把它播种在与原来一样的土地上，但不是一粒种子，而是许多种子一起播种。在这种情况下，这些种子就会因为能量不足而相互竞争。质量好的种子就会长得高大，质量差的种子则长得矮小，这些就是树的另外一种“命”。

从上面的故事中，我们可以看出一颗小小的种子的命运其实都是掌握在自己手上，更何况人类是大自然的开拓者，是文明进步的推动者，当然可以是自己命运的主宰者。当下有些大学生迷信宿命论，容易把生活中遇到的一些挫折、困难归咎为“命运”，从而忽略自身的主观能动性，成为自己轻易放弃或逃避的借口，这是不可取的。

（二）强化生命责任意识

2020 年初，各学校正值放寒假之际，全国上下弥漫着一股中国人特有的年味，然而在我国湖北省武汉市境内暴发一种“不知名”新型病毒（后被科学家团队命名为新型冠状病毒感染），这是我国继 2003 年“非典疫情”之后的又一次重大传染性疫情“灾难”。短短数十天在全国上下产生了数以万计的感染者，其中感染死亡人数也是相当罕见，也正是因为疫情的突发罕见，加之致命并且暂无直接“解药”，短时间内引起了人们的恐慌。同样是面对疫情，许许多多的白衣天使、人民解放军、青年大学生志愿者和基层岗位工作者等怀着对生命的敬畏之心和责任意识，投入到了这场无硝烟的战役中。感人肺腑、催人泪下的故事数不胜数，甚至也不乏为之奉献了自己宝贵生命的事迹。

大学生应具备承担各项责任的能力，责任的承担是绽放生命之光、感受生命之美的过程，生命的责任首先应该体现在自身对生命的态度，其次在于承担更多服务社会的责任。

（三）提高生命品质

近年来颇受人们关注的校园自杀、校园欺凌、大学生不幸感染艾滋病、大学生吸食毒品的新闻报道，也从另外一个角度折射出部分大学生的生命品质有待提高。

这些负面的行为不仅严重影响大学生的身心健康，也给校园安全管理带来一定的冲击。新时代大学生应该在认知生命、敬畏生命的基础上具备提高生命品质的能力，首先做到洁身自好，养成良好的生活习惯；其次提高不良行为的认知能力，克服自身恶性的猎奇心理。

四、危机与干预

校园危机事件发生后，师生普遍有心理干预的需求。由于校园心理危机中的当事人和目击者大多是未成年人或青年学生，及时有效的心理危机干预能有效降低危机事件给学生造成的心理伤害，缓解危机事件造成的心理失衡（图 9–1）。对于生命的意义而言，及时采用有效的危机干预手段可以引导大学生树立积极向上的人生目标，激发学生学习和生活中的兴趣，找到生命中留恋的人或事，将“生有所苦，生无所恋”转化成“生有所乐，生有所恋”，从而提高大学生的生命品质。

图 9–1　心理干预是温暖的灌溉

（一）常见的心理危机

按心理危机特征的差异划分，可以将心理危机分为发展性危机、境遇性危机、存在性危机和障碍性危机。

1. 发展性危机

发展性危机（Developmental crisis）是指在大学生在正常成长和发展过程中，面对急剧的变化或转变所产生的异常反应。例如大一新生因为环境适应心理问题而导致学习成绩下滑、自信心下降等。

2. 境遇性危机

境遇性危机（Situational crisis），也称外源性危机（Exogenous crisis），是指由外部事件引起的心理危机，即当出现罕见或超常事件且个体无法预测和控制时出现的危机。例如意外交通事故、突发的重大疾病、好友的转学、父母离婚、地震、火灾等。

3. 存在性危机

存在性危机（Existential crisis）是指存在于大学生日常生活学习中，由于大学生的人生目标、人生责任和未来发展出现冲突而造成的心理危机。存在性危机往往不具有突发性。

4. 障碍性危机

障碍性危机（Barrier crisis）是指大学生因心理问题、人格障碍，甚至精神病引起的心理危机。障碍性心理危机最显著的特点是具有潜在性和痛苦性。

（二）心理危机的表现

陷入心理危机中的大学生，会在生理、情绪、认知和行为上有一定的表现和反应。这些反应相互作用、相互影响，甚至会导致功能水平的全面性下降。

1. 生理表现

陷入心理危机的大学生，其生理反应主要表现为身体免疫力下降、胸闷、头晕、失眠、食欲不振、胃部不适、敏感、紧张等。生理反应没有得到及时有效干预，将会影响大学生的心理健康，导致大学生身体素质下降，产生各种疾病，严重者甚至可以导致死亡。

2. 情绪表现

陷入心理危机的大学生，情绪表现容易不稳定，也易被激怒或产生过分依赖，其情绪反应一般表现为焦虑、恐惧、抑郁、愤怒、沮丧、紧张、绝望、烦躁、害怕等。

3. 认知表现

在心理危机状态下，大学生感知觉功能可能受损，一般会陷入绝望，认为所经历的困境无法走出，偏执、爱钻牛角尖，易出现记忆力减退、思维反应迟钝、认知不合理等现象。

4. 行为表现

心理危机中的行为表现是大学生为排解和减轻痛苦而采取的一些防御手段。如上课无法集中注意力、不能专心学习、回避他人、逃避困难；产生对自己或他人的破坏性行为，如自暴自弃等；行为和思维、情感不一致，出现过去没有的异常行为，如物质依赖、吸烟酗酒等。

（三）心理危机的识别

1. 情绪异常的识别

人如果遭遇重大的生活事件或长期处于精神压力之下，就可能出现心理危机，表现在情绪的变化上，通常会感到痛苦、低落、焦虑、无望、无助、愤怒等；身体上也会出现睡眠不好、没有食欲、身体疼痛、肠胃不适等问题。有的人还可能出现不良行为，如酗酒、攻击暴力、滥用药物、伤害自己等。严重的心理危机可能导致抑郁症、焦虑症、急性应激障碍、创伤后应激障碍等心理障碍。

同时，心理危机还会影响人际关系。比如，使人变得没有耐心、脾气暴躁、容易激怒，易与他人发生冲突，或者变得不愿意与人交往，封闭自己等。

2. 行为异常的识别

行为异常的危机信号往往还会体现在“行为举止与往日不同”上。比如，突然将自己喜欢的或者珍贵的东西送人、和家人或者朋友说一些类似道别的话、在非节假日无缘由地邀约家人聚会、无故整理或丢掉自己的东西、突然开始叮嘱家人或者安排一些事情等。

（四）心理危机的干预

心理危机干预，又称危机介入、危机管理或危机调解，是指干预者采取紧急应对的方法帮助当事人从心理上解除迫在眉睫的危机，使其症状得到缓解和消失，心理恢复平衡的过程。

每个大学生都应该具备识别心理危机的基本能力和技巧，这不仅是课程教学的目标，也是顺应社会、时代敬畏生命的基本要求。如果生活中发现或遇到心理危机，我们该怎么处理呢？

1. 第一时间报告是关键

一旦发现有同学处在心理危机应激状态或心理明显异常时，我们必须在第一时间将情况上报给班主任（辅导员）或心理健康中心，并协助学校采取措施，使当事人对自我和他人的生理和心理危险降到最低。同时要收集当事人所处环境的信息，了解其真实心理状态及所面临的问题，初步判断问题的性质和严重程度，确定应对方案。在相关教师未到现场时，要随时注意通过电话报告情况，起到信息联络员的作用。

第一时间报告的主要目的是尽快让心理健康专业人士尽早地介入心理危机，从而有效地排除危机，这也是对他人生命负责的一种态度。普遍来讲，心理危机第一时间得到有效的干预可以大大提高心理危机的排除率，减小危机创伤。

2. 陪伴的力量

在心理危机事件中，首要目的是保证心理危机当事人的安全，同时也要注意危机干预者自身的安全，如防止当事人独处，去除可能导致其轻生的危险物品，或陪伴他们。陪伴可分为短期陪伴和长期陪伴，短期陪伴是指留在“现场”，“拖延时间”并等待专业人士接手进一步的干预和帮助；长期陪伴是指专业人士初期介入后对危机当事人进行持续性的“跟踪”关注，直到危机彻底解除。

3. 擅自处理隐患极大

世界卫生组织的调查数据显示，全球每年大约有 100 万人死于自杀，70% 的人曾经有过求助的意愿，但都不曾得到过有效的、专业的危机干预。很多人在明知身边的朋友、同学存在危机，但碍于情面或其他原因都不曾主动报告，其实这样处理隐患极大，也是对他人生命不负责的一种行径，擅自处理不当造成的严重后果是我们无法想象和承担的。我们应当始终相信专业的事情应该交由专业的人来处理，我们的身份是学生、朋友，而不是危机事件干预者。

无论生命逝于何瞬、何地，任何精彩的生命都会在积极、顽强与奉献中绽放出生命之光。生命只有一次，逝去没有机会再重来，但生命对于我们每一个人都是公平的，如果你不珍惜、爱护它，你或会失去，或会残缺。每一个生命都是独特而有意义的，了解生命的内涵，掌握心理危机的干预技能，就能提高生命的品质。让我们对自己的生命负责，学会自我保护，也学会帮助他人珍惜宝贵的生命。

心理实践

一、心理测量：生命意义感测量

指导语：根据下列的描述（表 9-1），判断其与你的情况相符合的程度，在完全不同意至完全同意 7 个选项中做出选择，并在相应的选择里面划√，请你尽可能准确和真实地作出回答，下列问题的主观性很强，每个人的回答都会有所不同，并无对错之分。

表 9-1　生命意义感测量

序号	题目	完全不同意	基本不同意	有点不同意	不确定	有点同意	基本同意	完全同意
1	我正在寻觅我人生的一个目的或使命							
2	我的生活没有明确的目的							
3	我正在寻找自己生活的意义							
4	我明白自己生活的意义							
5	我正在寻觅让我感觉自己生活有意义的东西							
6	我总在尝试找寻自己生活的目的							
7	我的生活有一个清晰的方向							
8	我知道什么东西能使自己的生活有意义							
9	我已经发现一个让自己满意的生活目的							

（资料来源：刘思斯，甘怡群．生命意义感量表中文版在大学生群体中的信效度［J］．中国心理卫生杂志．2010．24（06）：478-482.）

二、典型心理情境及应对

（一）生命之美心理情境

1. 情境描述

2019 年 10 月开学之初，人民日报媒体转载了扬州大学大一新生李东明带着患有精神疾病的母亲和残疾父亲入学报到的事迹，并对其评价“穷且益坚”。李东明说：“如果自己不谋一点出路的话，可能这个学就没法念下去了，虽然学院也给了我一些帮助，但靠别人，也总归只能解决一时。”因此除去每周休息一天，李东明的课余时间基本都是在打工中度过，平均每天工作超过6小时。每月拿3 000元工资，留下1 000元生活费，其余全部留给父母。

李东明的父亲对儿子说：“穷不怕，只怕不争气。”生命中每一个人、每一个家庭可能都会历经一些磨难，有些人怨天尤人，有些人却乐观面对。积极的心态和一定的承挫能力是每个大学生必须具备的心理素养。

2. 情境应对

（1）拥有积极、乐观的心态

案例中“穷且益坚”的大学生李东明的遭遇是许多人无法想象和承受的不幸，但他选择了“逆风”而行，坦然接受自己的不幸，乐观、积极地面对。他说道：“如果自己不谋一点出路的话，可能这个学就没法念下去了。”这就是他对待生命的积极态度。

有人说人生只有两面，或是积极、乐观的一面，或是消极、悲观的一面。无论你属于积极乐观的还是消极悲观的，生命总在悄然中逝去，生活总在时光中向前，但前者会让你的生命绽放幸福的光芒，后者则会让你的生命黯淡无为。

那么怎样才能保持积极乐观的心态呢?

① 及时调整自己的情绪。

② 不攀比，不嫉妒。

③ 学会幽默和自嘲。

④ 处理好人际关系。

⑤ 不必过分注意别人的评价和自己在别人心目中的位置。

⑥ 不为功利所累。

（2）具备承受挫折的能力

孙悟空用超群的本领，护卫师父唐僧历经了九九八十一难才取得真经，就像所有电视剧情节一样，主人公都是历尽磨难挫折才能完成自己的使命。李东明的身份是一名大学生，面对生命中突如其来的意外，他的压力可想而知，但积极乐观的他并没有在挫折面前退缩，于是就有了他带着病母残父入学的感人事迹。

影响挫折承受能力的因素有诸多方面，如认知因素、个性因素、环境因素和挫折出现的频率等，而增强抗挫能力主要涉及以下两个方面。

其一，正确认识挫折，是战胜挫折的前提。

① 几乎所有的挫折都有时限性，是暂时的。可以这样去理解：没有失败，只是暂时没有成功。

② 几乎所有的挫折都有局限性，是局部的。可以这样去理解：没有失败，只是局部不够完美。

③ 所有的挫折都与我们自身的缺点或不足有关。可以这样理解：这是上天赐予我再次认识自己不足从而提升自己的机会。

④ 挫折困难与喜悦成功是伴生的，没有例外。如果某件事非常顺利一直都没有困难，马上警惕：这是陷阱！有巨大的挫折隐藏其中。

⑤ 风雨过去了，下次就很可能迎来彩虹。经历了挫折，离成功就更近了一步！世上所有的成功都是这样来临的。

其二，采取科学、理智的方式战胜挫折是关键。

① 聚焦于挫折处理上，而不是困扰于原因探究，更不要陷于恐慌或沮丧中。如果一定要探索原因，也必须是为了解决困扰。

② 保持理智处理方式和积极乐观的态度。

③ 集思广益、学会求助并大胆尝试。

④ 善于识别利弊、总结反思自我。

（二）提升生命品质心理情境

1. 情境描述

某高校学生小杨因再次违反校纪校规被学校开除学籍，接到学校电话的小杨父母如遭受晴天霹雳，悔恨不已，他们怎么也无法接受他们的儿子居然会走到今天这一步。小杨的父亲说，儿子高中成绩很好，是邻居眼中的“别人家的孩子”，为了奖励儿子考上大学，他们买了台电脑“犒劳”儿子，没想到刚一上大学儿子就开始放任自我，沉迷网络游戏，在网吧、网游中结识了一群社会上的人，在这群“朋友”的诱惑怂恿下沾染上了毒瘾，直至这次被公安机关查获。不良的生活习惯不仅祸害了许多年轻大学生的身心健康，也造成了一定的社会问题。大学生到底该如何养成良好的生活习惯，提高生命的品质呢？

2. 情境应对

（1）克服恶性猎奇心理

猎奇心理也就是我们常说的好奇心理，属于从众心理的一种。良性猎奇心理是大学生产生创造力的前提要素。反之，如果不对恶性猎奇心理加以控制，就会导致大学生沉沦于无法自拔的困境。

同被退学的小杨一样，我们身边不时会有因为克服不了恶性猎奇心理而导致罪错的负面新闻，如：大学生感染艾滋病，大学生伤害他人，大学生违法犯罪等。那么究竟怎么才能克服恶性猎奇心理呢？

① 建立与自我约定的仪式感。自我约定犹如自己跟自己订立原则、底线或制度。比如大学生可以给自己订立原则，不管诱惑多大，不管自己有多好奇，不管有多少人都这样做，只要是违法犯罪的、不符合学生身份的、侵害他人利益的、损害自身身心健康的行为都坚决不参与。

② 在行动前冷静一分钟。当你遇到和自我约定相冲突的行动时，先暂停一分钟，想一想负面后果：这样做我可能会很恐惧、心里很难受、晚上吓得失眠、疑神疑鬼等，然后再问问自己，到底要不要这样行动？这种思考和质疑有助于你的理性派上用场。如果你的理智占了上风，可能就不会做出错误的、让你后悔的决定。

③ 让生活多一些有趣的选择。多培养一些有益身心的兴趣爱好，多和亲朋好友交往，让生活丰富多彩起来。当你做一些有趣的活动时，可能就不会觉得无聊，也就不会想着去追求不当刺激了。

（2）拒绝盲目从众心理

现实生活中很多人没有自己的思想和主见，喜欢盲目地追寻、模仿他人的行为方式，别人逃课我就逃课，别人玩游戏我就玩游戏等，不会主动考虑利弊后果，这就是典型的从众心理。从众是指个人的观念与行为由于群体的引导和压力，不知不觉或不由自主地与多数人保持一致的社会心理现象，通俗地说就是“随大流”。作为新时代的大学生，我们要有思想、有主见，避免“随大流”。

① 学会为自己做主。一个有主见的人，很难被别人影响，也不会出现从众心理。所以在日常生活和学习中，自己要学会做决定，拿定主意。

② 掌握分析能力。一个有分析能力的人，不容易受别人影响，也会有自己的想法和思路，不会轻信他人或盲从，会有自己的判断，会根据各类因素去分析整个事情。

③ 保持自我内心的强大。要克服从众心理，还需要保持内心的强大，要懂得让自己充实起来，不会因为别人的看法而改变什么，有自己的行为原则和处事风格。

④ 制订目标计划。要懂得什么是自己的目标，有自己的计划，养成良好的习惯。根据目标去完成计划，当计划有序完成时，成就感会油然而生，自然会杜绝从众心理，找寻到真正的自我。

（3）远离不利于身心健康的行为

受社会不良风气的影响，部分大学生沉迷于网络游戏，行走于酒吧、KTV，甚至沾染毒品等，这些不良的生活习性让大学生的生命品质大打折扣，轻则荒废学业，重则走向犯罪的深渊。

① 正确利用互联网。2019 年，世界卫生组织召开的世界卫生大会正式将游戏成瘾列为“精神疾病”。游戏障碍除了导致相关人员产生攻击行为和心理抑郁等问题外，还会带来身体缺乏锻炼、忽略健康饮食、视力或听力下降、睡眠不足等一系列健康问题。随着社会的进步，互联网已经影响并改变着人类社会的发展，但同时也成为社会进步过程中的一把双刃剑。网瘾少年辍学、网络诈骗等新闻时有发生，这就要求大学生对网络有一个正确的认知，不仅要学会合理利用互联网来助力学业和生活，还要有抵制不良网络行为的自控能力。

② 杜绝毒品，珍爱生命。随着毒品的蔓延，校园已不再是一方净土，部分不法分子把毒品市场悄然从社会扩展到了学校，试图侵蚀校园里的广大学子。2021 年国家禁毒办颁布的禁毒报告数据显示：截至 2021 年底，全国现有吸毒人员 148.6 万名，同比下降 17.5%；戒断三年未发现复吸人员 340.3 万名，同比上升 13.4%；新发现吸毒人员 12.1 万名，同比下降 21.7%。即使全国吸毒人员的人数比例有所下降，但仍然出现了新的挑战，例如新型毒品形式多变，为吸引、迷惑公众，一些毒贩不断翻新毒品花样，变换包装形态，“神仙水”“娜塔沙”“0 号胶囊”“氟胺酮”等新类型毒品不断在娱乐场所出现，具有极强的伪装性、迷惑性和“时尚性”。

③ 远离艾滋病，幸福生活。艾滋病是一种危害性极大的传染病，由感染艾滋病病毒（HIV 病毒）引起。HIV 是一种能攻击人体免疫系统的病毒，它将人体免疫系统中最重要的 CD4+T 淋巴细胞作为主要攻击目标，大量破坏该细胞，使人体丧失免疫功能。

因目前尚无预防艾滋病的有效疫苗，因此最重要的是根据艾滋病毒的传播方式采取预防措施。HIV 的传染源是 HIV 病毒携带者和艾滋病患者，其传播途径主要是性行为传播（包括异性性行为、男男同性性行为）、静脉吸毒注射、母婴传播和注射或输入污染的血液制品。

④ 远离“垃圾人”。“垃圾人”是近年来网络流行用语，指那些本身存在很多负面情绪或倾向，需要找个地方倾倒“垃圾”的人。生活中存在很多负面情绪缠身的人，他们需要找个地方发泄，如果刚好被某人碰上了，就往这个人身上丢“垃圾”。这种“垃圾”可

以是一种情绪，也可以是不良行为等。大学生是初入社会的弱者，不懂得如何保护自己，经常会遇到“垃圾人”或“垃圾”行为，诸如被性骚扰、被恶意欺凌、诋毁等。

（三）危机干预心理情境

1. 情境描述

某高校大一新生辅导员余老师接到班级军训负责学生干部的电话报告：来自吉林的小程在军训过程中每天无精打采，老被教官批评，也不愿意和他人说话。根据寝室同学的反映，小程经常很晚才睡，哪怕睡觉也会听一些很伤感的音乐，有时候同学半夜起来还会听到从小程被子里发出的低沉哭声。老师立刻意识到事情不简单，于是在军训休息之余找到小程谈心，这才了解到小程父亲在他很小的时候意外去世，小学后母亲带着他改嫁，因为继父一直对他持有偏见，后来小程选择和奶奶生活在一起。前两天接到家里电话，忽告奶奶病危，小程很想回去见奶奶最后一面，但军训期间学校规定不准请假。他不敢跟老师请假，且回去路程遥远，担心奶奶等不到自己。辅导员余老师在稍做安抚后，准假送小程上了火车。

2. 情境应对

情境中小程遇到的情况属于突发性境遇危机，可以采取协助建立社会支持体系以及注意力分散等方法进行自我调适，而案例中的小程是刚入学不久的新生，对环境和身边同学、老师都还不熟悉。如果不是其他同学向老师主动报告、老师主动介入，小程还是刻板地以为学校军训不准请假。如果没有见到奶奶最后一面，再加上他原本的“心病”，可能会导致严重的心理危机。

（1）建立社会支持体系

社会支持系统，也称为社会关系网，即个人在自己的社会关系网络中所能获得的、来自他人的物质和精神上的帮助和支援。支持方式分为工具性支持与表达性支持。工具性支持包括引导、协助、有形支持与解决问题的行动等；表达性支持包括心理支持、情绪支持、自尊支持、情感支持、认可等。良好的个人社会支持系统可以很快帮助你摆脱困境的束缚，使你从痛苦的深渊中走出来。建立健全良好的社会支持系统的具体方法有：

① 建立社会支持理念。小程遇到的境遇危机是我们每个人在生活中都可能遇到的，生活中我们每个人都离不开与他人的相互配合、共同发展。人与人之间的亲密互动、相互支持是社会支持的本质，是在帮助他人的过程中产生的。帮助行为包括物质、体力、信息以及情感支持等方面。

② 主动寻求家庭、朋友及心理咨询师的帮助。虽然小程是新生，但每一个人都有自己极其信任的人，比如父母、兄弟姐妹等，血脉情是任何情感都取代不了的。还有自己的好朋友，在你失落或者遇到挫折时，他们会充当各种后备军的角色，会心甘情愿地听你诉说，理解并帮助你。

这些关系网在社会支持系统中占据很重要的位置。当我们遇到危机时，应该主动向他们求助，如果实在难于开口，也可以求助专业的心理咨询师。心理咨询师或心理老师都是专业人士，面对任何来访者，首先都是以“专业身份”出现，他们的职业操守是面对任何来访者都保持中立、对来访者的信息保密、不作社会道德评价、不涉及法律和政治。

（2）注意力转移法

注意力转移法在心理治疗和自我调适中是常用的一种方法，特别是针对小程遇到的突发性境遇危机，可以根据以下步骤进行自我调适。

① 目标转移法。小程面对亲人的病危，内心的不适是难免的，但如果一直陷入悲伤难过中无法自拔的话，并无益于自身身心健康，也不会改变结果。如果因某个人或者某一件事情感到心情烦躁、郁闷，而注意力又无法集中，这时就不要强迫自己了，应该换一种方式放松一下烦躁郁闷的心情，最好的方法就是听听音乐、看看电视、上上网、跑跑步，这样做会分散紧张的注意力，让烦躁郁闷的心情及时得到缓解和放松。

② 心理暗示法。心理暗示有积极暗示和消极暗示两种。当你心情不愉快时，如果你采取消极的方法暗示自己，就会使心情“雪上加霜”，会让自己的心情更加烦躁和不愉快。正确做法是采用积极的暗示方法，也就是用积极的心态去思考，告诉自己心情烦躁是暂时的，属于正常心理反应，乌云就快散去，温暖即将到来。还可以回忆从前发生在自己身上的美好事情，这样做会缓解由心理压力造成的心情烦躁。

（3）主动求助其他心理资源

心理危机求助的平台资源有很多，每所学校一般都配备心理健康中心，并会开设咨询电话、网络咨询方式。很多高校的二级学院都设有成长辅导室，温馨舒适的环境是放松压力、舒缓情绪的不错选择。

同时，国家也要求社区逐步配齐心理专干，专门从事社区居民心理健康工作，这也是一种求助途径。另外很多省份已经开设了 24 小时心理危机求助热线，这些资源都可以在网络平台上搜索到。

三、心理训练

（一）生命的坚强

活动目的：

让学生明白在生命中，灾害在所难免，我们只有坚强地过好当下，才能活出精彩。

活动导入：

当新型冠状病毒感染、唐山大地震等灾难深深地震撼我们心灵的时候，我们对生命有了新的理解；当灾害来临，看见一个个生命倒下的时候，我们惊叹生命的脆弱；当经过无数的努力、拯救无数生灵的时候，我们感慨生命的坚强；当举国上下凝聚一心抗击灾情时，我们明白了生命的价值。下面，让我们来感悟生命的坚强吧。

活动过程：

（1）将全体学生分成六组，每组一位组员站在团体中央，其他组员手臂互相钩住，形成包围。受包围者可任意用钻、跳、推、拉等方式力求挣脱、突围。

（2）在此游戏中，被包围的同学极力想冲出来，筑成“包围墙”的同学极力阻碍被包围的同学出来，双方相互“斗争”。

（3）一分钟内，不管是否突围成功，都换另一位组员突围，直到每位组员都尝试过。

（4）请突围成功的同学谈谈自己在活动过程中的感悟。

活动分享：

我们很有必要对每个人的生命价值做一番思索。感悟生命和净化心灵，从而以愉快饱满的精神去拥抱生活，在以后的人生路上走得更加坚强和快乐。

（二）生命中最重要的五样东西

活动目的：

（1）思考自己“生命中最重要的五样东西”，通过对留与舍的决定，帮助学生认清自己的价值取向。

（2）在交流分享中，同学之间互相学习，完成价值观的重组。

（3）对于“生命中最重要的五样东西”留与舍的思考，是为了帮助学生及时地思索生命的价值，尽可能有意义地生活。这就是游戏的目的所在。

活动准备：一间空教室。

活动过程：

（1）全班学生分成若干 4 人小组，每人准备一张纸和一支笔，把自己认为的生命中最重要的五样东西写下来，然后在小组内做一个交流。

（2）请每个人想想，假如要从五样东西中划去一样，自己首先划去哪一样？划去的理由是什么？就这样依次再划去另一样直到最后只剩一样。小组交流划去的顺序和理由，分享自己作出的留与舍决定时的心理感受。

活动总结：

大多数同学都能认真、积极配合这个游戏，认真思考写出自己认为生命中最重要的五样东西。当教师要求依次划去四样的时候，大多数同学会表现出不舍，感到难以取舍。这样的过程是艰难的，但最终使学生对自己的价值观进行了思考。对每个人来说，生命只有一次，是值得珍惜的。正因为是只有一次的经历，所以又很难创造完美的生命。对生命中最重要的五样东西的思考，可以让同学们更有目的地思考生命的价值，创造有意义的生命。

课外拓展

一、心理书籍

（一）《我与地坛》

《我与地坛》讲述了作者在突遭不幸双腿瘫痪后对于生死的深沉思考，书中表达了作者在母亲过早去世后才理解到母爱的无私与伟大的追悔，讲述一位身残者在一座废弃的古园中对自己所见到的人生百态所发出的感悟、思索。作者以地坛作为寄托自己情感与发泄情感的地方，同时也是思考人生的佳境。

（史铁生．我与地坛［M］．北京：北京出版社，2020.）

（二）《假如给我三天光明》

这是美国当代作家海伦·凯勒的散文代表作。该文的前半部分主要描写了海伦变成盲聋人后的生活，后半部分则介绍了海伦的求学生涯，同时也介绍了她体会到的丰富多彩的生活以及参与的慈善活动等。她以一个身残志坚的柔弱女子的视角，告诫身体健全的人们应珍惜生命，珍惜拥有的一切。2020 年 4 月，该书列入《教育部基础教育课程教材发展中心中小学生阅读指导目录（2020 年版）》。

（凯勒．假如给我三天光明［M］．陈才，译．吉林出版集团股份有限公司，2021.）

（三）《活出生命的意义》

著名心理学家弗兰克尔是 20 世纪的一个奇迹。作为犹太人，他的全家在纳粹时期都被关进了奥斯威辛集中营，他的父母、妻子、哥哥全都死于毒气室中，只有他和妹妹幸存下来。弗兰克尔不但超越了这炼狱般的痛苦，更将自己的经验与学术结合，开创了意义治疗法，替人们找到绝处再生的意义，也留下了人性史上最富光彩的见证。

（E. 弗兰克尔．活出生命的意义［M］．吕娜，译．北京：华夏出版社，2018.）

二、健心影院

（一）《送你一朵小红花》

一个声称能“看见未来”的患癌男孩韦一航，遇见了一个相信“平行世界”的患癌女孩马小远，他们都是脑瘤患者，但性格和心态迥异：韦一航经历了开颅手术之后，时刻面对死亡的阴冷召唤，疾病复发的恐惧如影相随，变得有些愤世嫉俗又颓唐自闭；马小远却能以爽朗豁达、活泼开朗的性格让周围的人如沐春风。马小远通过只有 8 个观众的幼稚直播，俘获了韦一航的心，带领他走出麻木冷漠与自暴自弃，开始懂得父母的苦衷与不易，从厌世到珍惜活着的每一秒钟。

（二）《红剪花》

影片是孟宪明编剧的电影作品，主要讲述了孤独的残疾女孩以剪纸为伴，后天不幸导致家庭更加贫困，改变了原本充满希望的生活。她成为村子里可有可无的人，即使在家她也无所适从。小小的纸片纾解着女孩的孤独与惆怅，但是女孩剪出的却是一个个人心中的希望故事。

三、学以致用

（一）案例分析

“山对山来崖对崖，日子好比江中排。毛竹天生筋骨硬，顺风顺水出山来。李家大姐人才好，张家大哥看上她。没脚走出致富路，无手绣出幸福花。”这是 2022 年 3 月感动中国组委会在颁奖典礼上对张东顺、李国秀的颁奖词。

张顺东 6 岁时被电击伤，由于家里贫穷没钱医治，右手、双脚相继截肢。李国秀天生缺双手，家庭贫困。虽然生活艰难，但两人从没放弃过对美好生活的追求。李国秀靠双脚在地里劳动，还能用脚绣花写字；张顺东凭借一只手，学会骑农用三轮车，平时自己运输力所能及的材料，减少家庭支出。他们共同建设出完整、幸福的家庭，在脱贫攻坚奔小康的路上，他们不等不靠、不找不要，以自强不息的精神克服重重困难，与当地村民同步奔小康。

（资料来源：央视网，有删改）

讨论：阅读上述案例结合本章所学知识，你觉得张东顺、李国秀夫妇的事迹体现了哪些值得我们学习的生命品质？

（二）想想做做

运用本章节所学知识，回顾自己的生命成长历程，根据个人实际情况，完成一篇不少于 400 字的个人生命价值分析报告。具体要求如下。

（1）对比分析自己与本单元案例中的人物所体现的生命之美有何异同之处。

（2）规划、思考未来如何绽放生命之光。

第十单元 调适网络心理

10

心语

没有自控力，就没有执行力，一切将成空。

——《自控力》，何常明

要善于网上学习，不浏览不良信息。

——全国青少年网络文明公约

知识梳理

调适网络心理
知识点
网络心理和行为
网络心理空间的特征
网络对大学生心理的影响
大学生网络心理健康的标准
大学生网络行为的特征
网络成瘾
网络成瘾的界定
网络成瘾的类型及表现
网络成瘾的原因
大学生网恋
大学生网恋的风险性
大学生网恋的特殊性
大学生网恋致情感异化
技能点
网络游戏成瘾
网络游戏成瘾诊断
网络游戏成瘾心理疏导方法
大学生网恋
以谨慎的心态对待虚拟情缘
促进网络交往与现实交往的整合
网络暴力应对
明确网络暴力的危害
学会冷静三思，用积极的方法进行自我保护
学会理性表达，提升处理人际冲突的能力

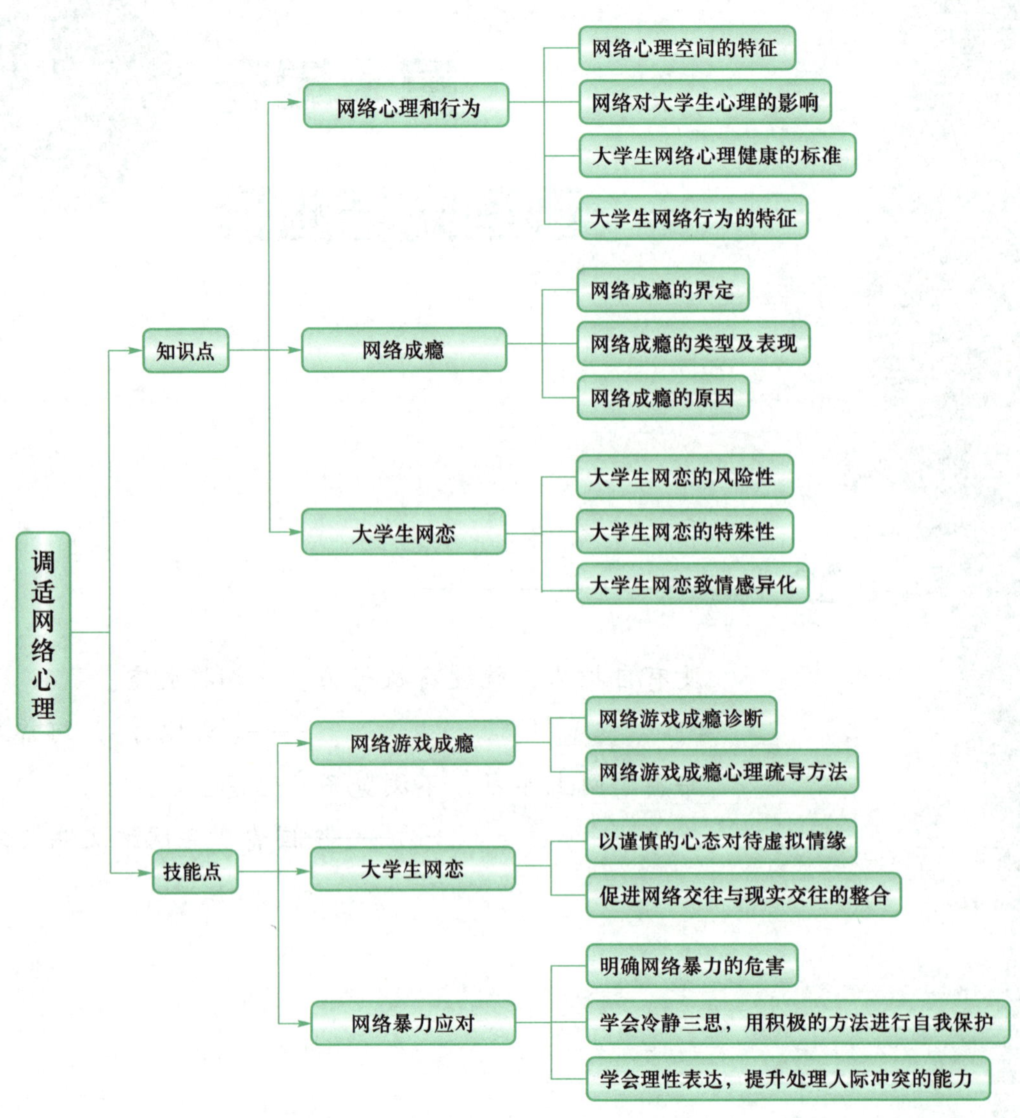

心理讲堂

心灵故事

在享受网络带来的方便时，我们应该铭记一个人——钱天白教授。

1987 年 9 月 14 日，钱天白教授发出我国第一封电子邮件，从北京发往德国，“越过长城，走向世界”，揭开了中国人使用互联网的序幕。

1990 年 11 月 28 日，钱天白教授代表中国正式在国际互联网络信息中心（InterNIC）的前身 DDN-NIC 注册登记了我国的顶级域名 CN。

1994 年 5 月 21 日，在钱天白教授和德国卡尔斯鲁厄大学的协助下，中国科学院计算机网络信息中心完成了中国国家顶级域名（CN）服务器的设置，改变了中国的 CN 顶级域名服务器一直放在国外的历史。

一、网络心理

仅 40 年的时间，网络以其独特的魅力给全人类带来了深远的影响，也带来了全新的思维方式、生产方式、交往方式和生活方式。2022 年 8 月 31 日，中国互联网络信息中心（CNNIC）在北京发布第 50 次《中国互联网络发展状况统计报告》（以下简称《报告》）。《报告》显示，截至 2022 年 6 月，我国网民规模达 10.51 亿，互联网普及率达 74.4%。

（一）网络心理空间的特征

1. 感知经验的有限性

人们在网络中的感知经验是有限的，无法全面了解网络世界中对方的全貌，即使通过视频能看到对方的图像，但获得的信息均有片面性，而非整体的认知，因而是有限的。

2. 身份的平等性与自我满足感

人们在网络中交往的身份是平等的，无论这种平等是真实的还是虚构的，都在很大程度上使人产生了自我满足感。特别是在现实生活中身份和地位处于较底层的人们，更容易对网络产生好感，因为他们能够在网络中寻找心理平衡并获得自我满足。

3. 交往的变动性与匿名性

网络交往具有很强的随意性和变动性。网络中的交往由于缺乏面对面的交流和监督，使交往双方的身份不易识别，他们既可以暴露自己的真实身份，也可以匿名或用虚假的身份。这种情况可能会伴随着欺骗，给人们带来不安全感和戒备心理。

4. 地域的无限扩展与非界域性

在网络世界中，地域对人们的交往可以说是没有明显影响的。地球两端的人只需要动动小小的鼠标就可以建立起密切的联系，这一点在现实世界是无法实现的。这种空间的无限性超越了传统人际交往的地域性，使得人们交往更加广泛，整个地球变成了一个“地球村”。

5. 超现实的感觉体验与心理满足

人们在网络中模拟现实的游戏操作或聊天时，会产生强烈的超现实的感觉体验，使人暂时与现实生活分离。人们在现实世界中无法实现和满足的部分心理需求，可以在虚拟的网络环境中得到充分补偿与实现。

（二）网络对大学生心理的影响

1. 网络对大学生心理的积极影响

（1）网络有利于大学生形成多元化的思维。网络打开了大学生的视野，他们通过网络获取大量信息，丰富了自己的思想，让足不出户尽知天下事从梦想变为了现实。

（2）网络拓宽了大学生的人际交往方式和人际沟通途径。随着网络的普及与发展，大学生通过电子邮件、网络游戏、网络聊天等方式进行沟通的频率增加，网络交流扩大了他们人际交流的广度，通过网络大学生可以接触到社会不同层面的人，对社会有进一步的觉察和了解，有利于其思想和心理的社会化。

（3）网络为大学生的不良情绪宣泄提供了途径。网络为大学生提供了相对私密的沟通渠道，使大学生找到了一个情绪宣泄的口子，有助于缓解压力。同时网络好友在一定程度上也为大学生提供了社会支持，通过网络畅聊，可以缓解大学生的不良情绪。

（4）网络可以改变大学生的学习方式。网络信息容量巨大，大学生可以从中获取自己所需的信息（图 10-1），或直接与某领域的专家进行交流。他们在网络上学习各种知识，由于网络具有快捷性和廉价性的特点，使得知识的获取方式相对于传统的书籍和课堂而言，显得尤为便捷。

图 10-1　利用网络查阅资料

2. 网络对大学生心理的消极影响

（1）过度使用网络影响大学生的健康。目前，计算机和网络对健康的影响已引起人们的高度关注。长时间在网络里漫游不利于大学生的身心健康，一方面会让其产生社会隔离感和沮丧、孤僻、焦虑等心理，另一方面会引发视力下降、颈椎病、肩周炎、背痛、手臂肌肉僵硬和手指灵活度降低等健康隐患。

（2）人际交往萎缩，形成畸形的人际关系。建立良好的人际关系对大学生的人格发展十分重要。大学生在与他人的相互交往中能得到客观的评价，从而便于认识、反省、完善自我。而网络交往是在虚拟情境下进行的，并非面对面交往，这种人机之间的交往方式，极易导致人际关系淡漠，产生新的人际障碍，从而阻碍大学生心理健康发展。

（3）产生不良的情绪体验，情感趋于冷漠。大学生的情感体验极为丰富、强烈、敏感，也兼具动荡、复杂。他们既关注社会的发展，也关注自己的切身利益，但由于生活阅历的贫乏，大学生对人生充满理想，却又脱离现实，情绪起伏较大，很不稳定，容易产生不满足感和焦虑、紧张、抑郁等不良的情绪体验。大学生的成熟必须通过社会生活实践才能得以实现，而长时间的上网阻断了大学生亲身的社会实践体验，逐渐造成情感冷漠。

（4）网络依赖性愈发严重，导致人格分裂。随着互联网的广泛使用，大学生对网络也越来越依赖。每当他们在现实生活中遇到挫折、困难时，总想在网络中回避或得到安慰。网络掩盖了真实生活，扩大了“现实生活”与“虚拟世界”的差距，他们渴望在网络上追求虚拟的完美人生，而消极地对待或逃避现实世界，其自我系统中的“真实的自我”“现实的我”“网络的我”一旦产生冲突，往往会在网上、网下判若两人，严重的会导致人格分裂。

（5）网络信息良莠不齐，可能会带来信息污染。网络信息有精华也有糟粕，不是所有的网络信息都适合大学生去了解。互联网作为人类科技成果重要的标志物之一，确实存在着文化生态方面的巨大缺陷。

（三）大学生网络心理健康的标准

网络心理健康虽然有“网络”一词加以限定，但仍然归属于心理健康层面。一般来说，网络心理健康是指人们在上网时能够保持积极的心态，离线时能够保持心理的平衡，较好地把握虚拟网络与现实生活之间的关系，在虚拟性与现实性之间，以现实性为主导，在线时和离线时都能保持人格的完整和统一。简言之，大学生网络心理健康的标准是：

第一，有正确的网络心理健康意识和观念；

第二，在线时和离线时能够保持人格的统一与和谐，在虚拟性与现实性之间能够做到以现实为主；

第三，不因网络的使用而影响正常的工作和学习；

第四，有正常的人际交往，能够保持人际关系和谐，与周围群体进行良好互动；

第五，离线时身心没有明显的不适应。

二、大学生常见网络心理问题

（一）网络成瘾

根据国家卫生健康委员会2018年发布的《中国青少年健康教育核心信息及释义（2018版）》，网络成瘾指在无成瘾物质作用下对互联网使用冲动的失控行为，表现为过度使用互联网后导致明显的学业、职业和社会功能损伤。其中，持续时间是诊断网络成瘾障碍的重要标准，一般情况下，相关行为需至少持续12个月才能确诊。

中国科学院院士、北京大学第六医院院长陆林在国家卫生健康委员会2018年举行的新闻发布会上表示，统计数据表明，全世界范围内青少年过度依赖网络的发病率是6%，我国比例接近10%。目前，我国关于这一领域的治疗规范仍在制订之中。①

1. 网络成瘾的界定

2013年7月17日，原北京军区总医院中国青少年心理成长基地主任陶然教授领衔制订的《网络成瘾临床诊断标准》，被美国精神病协会纳入正式出版的《精神与行为疾病诊断与统计手册》，这标志着该标准正式成为网络成瘾疾病诊断的国际标准，也成为我国第一个获得国际医学界认可的疾病诊断标准。

① 资料来源于《中国青年报》。

为了解决网瘾诊断标准问题，陶然团队从 2005 年开始，先后对 1 200 位网瘾患者进行了统计分析，在国际上首先提出网络成瘾是一种疾病，并总结出网络成瘾的 9 条诊断标准。

（1）对使用网络的渴求。

（2）减少或停止使用后的戒断。

（3）耐受性增强，也就是网瘾越来越大，需要不断增加上网时间才能够达到同样的满足程度。

（4）对网络的使用难以控制。

（5）不顾危害性后果。

（6）放弃其他活动。

（7）逃避问题或缓解不良情绪。

（8）确诊需具备（1）（2）两条核心症状及后 5 条附加症状中的任意一条。

（9）病程标准为平均每天非工作、学习日连续上网≥6 小时，符合症状标准≥3 个月。

2. 网络成瘾的类型及表现

根据成瘾者网络使用行为的不同特征，将网络成瘾的表现方式分为以下 5 种不同类型。

（1）网络游戏成瘾。近年来，网络游戏在功能、种类和设计上都得到了飞速发展，网络游戏已经成为大学生课余生活的“大餐”，在寝室里或者网吧，大学生将大量时间、精力和金钱花费在网络游戏之中，网络游戏的诱惑力使他们丧失了自我控制能力，在学习和游戏之间无法实现自我平衡。开始接触游戏时只是好奇，尝鲜，后面就变得一发不可收拾。

（2）网络色情成瘾。网络色情成瘾指个体由于经常上网搜索、查找大量网络色情信息形成的一种迷恋状态。网络色情成瘾者一再通过网络搜索、下载、快速浏览、传播或交流色情作品，沉浸在虚拟的色情世界中而与现实世界脱节，通过网络色情来躲避现实、获得短暂的愉悦感。

（3）网络交际成瘾。大学生用微信、QQ 等通信软件在网络上进行人际交流，通过这些工具来建立人际关系、寻求友谊甚至爱情等。网络交际成瘾的大学生将全部精力投注于在线关系或是虚拟情感之中，以致于在线朋友变得比现实生活中的家庭成员和朋友更为重要。

（4）网络信息成瘾。包括强迫性地从网上收集无用的、无关的或者不迫切需要的信息。这一类成瘾者花费大量时间致力于在网上查找和收集信息，伴随有强迫倾向和工作效率下降两个典型特征。

（5）网络强迫行为。此类成瘾者将大量时间、精力和金钱花费在网上讨论、赌博、购物和拍卖等活动之中，收集、下载或更新毫无价值的软件，明知无必要，但又无法控制自己，并且往往丧失工作职责，疏离重要的人际关系。

3. 网络成瘾的原因

（1）网络自身的诱惑。首先，计算机和网络是人类创造的最新“玩具”，它们更新换代非常快，具有很强的可操作性，能满足人们的控制欲。计算机给普通消费者提供了一个前所未有的机会，让他们可以充分发挥自己的主观能动性，而不是作为一个被动的接受者和使用者。也就是说，计算机和网络的某些特性具有易成瘾性。

其次，网络交流与现实生活的面对面交流相比较，存在许多不同的特点，包括其语言多元化、匿名性、多对多、即时性、范围广、自由度高等，这些特点使得有些人可随心所欲地变换形象或重新塑造自己的人格特征，具有很大的吸引力，易于上瘾。

再次，网络游戏带来的高水准的数字化音像享受，比传统游戏的真实性、互动性都强，对大学生极具吸引力。游戏中人们分工扮演不同角色，很多人会被游戏中虚拟感情打动。在虚拟的网络世界里，女生可以转变为白雪公主，胆怯、不擅社交的男生可以“伪装”成风流倜傥的绅士。

最后，长时间上网会使大脑中“内啡肽”水平升高，这种化学物质令人们出现短时间的高度兴奋，沉溺于网络的虚拟世界不能自拔，但之后的颓废感和沮丧感却比之前更为严重。

（2）网络的相关法规不健全。青少年是上网的主力军，尽管我国已实施了《互联网上网服务营业场所管理条例》等条例，但在许多地方并没有得到很好地贯彻执行，例如对网吧的管理依然存在漏洞。

（3）家庭环境的影响。许多家长对孩子缺乏教育和陪伴，一味在物质上满足孩子的要求，而忽视了他们的心理需求，使不少青少年将网络当作发泄情绪的场所。家庭环境对网络成瘾的影响主要集中在家长对子女的态度和教育方式上。

（4）上网者自身的因素。性格内向、敏感、交际困难的人更容易上网成瘾，由于他们在现实中得不到自我实现的满足，因而很容易在网络上寻找属于自己的空间。许多人甚至把网络世界当成逃避现实的地方，当他们遇到家庭不和睦或生活中不顺心的事件时，就会到网络中去宣泄。

（二）大学生网络情感心理问题

1. 大学生网恋的风险性

目前，网聊（图 10-2）、网恋、网婚是大学生在网络活动中最感兴趣的主题，甚至于发展为高校的时尚。许多大学生性格内向、不善言语、情感表达方式不当，常常会把现实中的情感转移到网络世界。在这里，他们能自由地表达自己的情绪和情感，从中得到安慰、关爱、自尊等，但是长时间对网络的依恋，往往会导致大学生情感问题的发生。

图 10-2　网聊

北方某高校一名大一女生，性格单纯，对生活充满了很多浪漫的幻想，因为刚进大学没有太多的朋友，于是，慢慢迷上了网络聊天，每天上网就是和陌生人天南海北地聊天，以获得心理慰藉。渐渐地，一个南方的男孩通过聊天赢得了她的好感，在虚拟空间的光环下，两个人成了无话不说的网上恋人。在一个周末的下午他们相邀见面，她踏上了南下的列车。到了星期一，她却没有回学校上课，学校、家人、同学、朋友，通过各种途径找她，最终老师和家长不得不亲自到南方某省把受骗的她接了回来。至此，几个月以前以浪漫网恋开始的故事，几个月后，以心灵遭受创伤收尾。

2. 大学生网恋的特殊性

由于网络本身具有特殊性，大学生网恋除了与普通恋爱具有部分共性特征之外，也有以下几个方面的特点。

（1）感情表露和角色错位。正值青年期的大学生，具有与人交往的强烈需求和愿望，他们期待友情和关爱，有与同龄人交往的心理需求。匿名性是网络最突出的特色之一，人们可以隐瞒自己的真实姓名、性别、身份、学历、外貌、所在地等标志性的信息。在网恋中，网络在缩短双方时空距离的同时，也在缩短着彼此的心灵距离。在网上大学生还可以根据自己的倾向扮演一个满意的角色，现实生活中的缺憾也可以通过网络制造出的虚拟信息来弥补，即使是性格内向、胆小、不善交流的大学生，在网络中也能找到自信。

（2）同龄群体的从众性促进了网恋。通常，同龄群体行为的从众性在网恋上也有体现。绝大多数有过网恋经历的大学生，其周围同学也有过类似经历。从人际互动的角度上来说，家庭背景、思想观念和兴趣爱好等方面具有较大相似性的同龄人之间，最容易发生人际吸引和影响。

（3）缓解现实压力。部分高校对大学生谈恋爱持“既不提倡，也不反对”的模糊态度。对于大学生来说，来自家庭与学校的压力使他们不便谈恋爱，然而网络恋爱却因其具有不容易被父母及学校发现的隐蔽性，被越来越多的大学生当作一种宣泄情感的方式。相当一部分大学生怀有浪漫情结，他们被网恋的新奇、浪漫所吸引，试图通过网恋给自己的大学生活带来轻松和快乐，并且他们普遍认为网恋突破了现实的局限，可以比现实恋爱更生动、更精彩、更迅速、更直接。

3. 大学生网恋致情感异化

长时间接触网络会导致大学生情感的异化。网络虽然可以促进大学生认知、情感、人格等心理和行为互动，然而它与现实的直接面对面交流是不一样的。青年时期是个体获得社会认同感的关键期，他们的喜、怒、哀、乐是在完成社会化的过程中必然发生的，而实现这一过程的必备环节是将自己置身于现实的人际互动中。但是在以计算机和手机为终端的网络中，由于匿名性而隐藏了身份，使他们充分表现自己的同时，离现实社会越来越远，也离现实的情感需求越来越远了。

三、大学生网络行为的特征

大学生的网络行为特征可以归纳为“六弱六强”，即约束力减弱，自由度增强；道德责任感减弱，游戏心态增强；目的性减弱，盲目性增强；群体性减弱，个性化增强；依赖性减弱，独立性增强；保守性减弱，创新性增强。总的来说，大学生网民对网络的依赖性高，黏性强度大，基于休闲娱乐的网络交互行为愈加普及，大学生逐渐习惯通过互联网建立和维系生活圈。

大学生网络行为导致了一些不良结果。首先，耗费时间精力，影响大学生学习。很多大学生自控力差，登录一些网络平台的时间较长，这种现象大大降低了学生学习的效率，最终影响学习成绩。其次，大学生的判断能力还有待增强，容易受网络影响。目前，有些大学生在使用社交网络时没有对信息进行有效的甄别和筛查，甚至一些社交网络上的信息言论也会直接影响大学生的看法和价值观，给他们日后的发展带来影响。最后，大学生的上网行为容易引起信息泄露。我国大多数的社交网站在使用之前都需要用户注册自己的真实姓名并填写相关的身份信息，因此，这部分软件在使用过程中无形中会造成信息泄露的问题。

心理实践

一、心理测量：网络成瘾自测量表

指导语： 以下是网络成瘾自测量表（表 10-1），请认真阅读题目内容，根据实际情况作出选择。

表 10-1　网络成瘾自测量表

序号	题目	几乎没有	偶尔	有时	经常	总是
1	你觉得上网的时间比你预期的要长吗？	1	2	3	4	5
2	你会因为上网忽略自己要做的事情吗？	1	2	3	4	5
3	你更愿意上网而不是和亲密的朋友待在一起吗？	1	2	3	4	5
4	你经常在网上结交新朋友吗？	1	2	3	4	5
5	生活中朋友、家人会抱怨你上网时间太长吗？	1	2	3	4	5
6	你因为上网影响学习了吗？	1	2	3	4	5
7	你是否会不管不顾需要解决的一些问题而上网查 Email 或看留言？	1	2	3	4	5
8	因为上网影响到你的日常生活了吗？	1	2	3	4	5
9	你是否担心网上的隐私被人知道？	1	2	3	4	5
10	你会因为心情不好去上网吗？	1	2	3	4	5
11	你在一次上网后会渴望下一次上网吗？	1	2	3	4	5
12	如果无法上网，你会觉得生活空虚无聊吗？	1	2	3	4	5
13	你会因为别人打搅你上网而发脾气吗？	1	2	3	4	5
14	你会上网到深夜不去睡觉吗？	1	2	3	4	5
15	你在离开网络后还会想着网上的事情吗？	1	2	3	4	5
16	你在上网时会对自己说：“就再玩一会儿吗？”	1	2	3	4	5
17	你会想方法减少上网时间而最终失败吗？	1	2	3	4	5
18	你会对人隐瞒你上网多长时间吗？	1	2	3	4	5
19	你宁愿上网而不愿意和朋友们出去玩吗？	1	2	3	4	5
20	你会因为不能上网变得烦躁不安、喜怒无常吗？	1	2	3	4	5

（资料来源：星一，季成叶，杨先根．北京市石景山区中学生成瘾行为流行状况分析［J］．中国校医，2002.）

二、典型心理情境及应对

（一）网络游戏成瘾心理情境

1. 情境描述

王皓在高中喜欢上了网络游戏，但是因为高中学习压力比较大，平时也没有手机，所以可以玩的时间不多。来到大学后，王皓开启了自由支配玩网络游戏的时间，开始是只要有时间就在宿舍和同学们一起玩，后来发展到不去上课，同时，因为玩游戏需要充值，自己的生活费也越来越紧张，多次向家里要求增加生活费。父母感到很奇怪，联系辅导员老师后才知道王皓天天在学校玩游戏，到了期末王皓的成绩一落千丈。

2. 情境应对

（1）网络游戏成瘾的确定

《国际疾病分类》中，专门为“游戏成瘾”设立条目，并明确“游戏成瘾”的多项诊断标准。世界卫生组织表示，确诊“游戏障碍”疾病往往需要相关症状持续至少 12 个月，如果症状严重，观察期也可缩短。

现行标准中一共列出了 9 种症状，一般要满足其中 5 项，才可考虑后续判断。

① 完全专注游戏。

② 停止游戏时，出现难受、焦虑、易怒等症状。

③ 玩游戏时间逐渐增多。

④ 无法减少游戏时间，无法戒掉游戏。

⑤ 放弃其他活动，对之前的其他爱好失去兴趣。

⑥ 即使了解游戏对自己造成的影响，仍然专注游戏。

⑦ 向家人或他人隐瞒自己玩游戏时间。

⑧ 通过玩游戏缓解负面情绪，如罪恶感、绝望感等。

⑨ 因为游戏而丧失或可能丧失工作和社交。

（2）网络游戏成瘾心理疏导方法

① 认知疗法

第一，认知重建：改变坚定而又顽固的不合理信念，重新认识网络游戏成瘾的严重危害。第二，自我辩论：想象自己游戏成瘾的种种极端恶果，在瘾发时，让“理想自我”与“现实自我”进行辩论。第三，自我暗示：出现上网的念头时，反复积极暗示自己。第四，自我提醒：将上网的好处和坏处按程度轻重排列在一张对称的纸上或制成卡片，时刻提醒自己，尤其在自己又想放弃上课而去玩网络游戏时。

② 行为疗法

第一，行为强化法：根据每天停止网络游戏的进展情况而给予一定的表扬、奖励或批评、惩罚。第二，行为契约法：患者与家长共同商定戒网的行为契约，患者签订契约并成为契约的遵守者，家长则担任契约的执行者。第三，行为消退法：以打球、看电影等其他活动代替以前上网的方式，从而应对现实生活中的失败、挫折等导致的负性情绪，消除周围同龄“网虫”、网吧、游戏宣传的强化刺激。第四，厌恶刺激法：当因上网出现欣快感时，让患者刻意联想上网成瘾后的种种严重后果。第五，自我管理法：激发主观能动性，加强对自己的管理，可采用规范生活法、计划时间表法、日记法等。

（二）典型心理情境：网恋心理情境

1. 情境描述

秦民来到大学后，不经意间就和QQ游戏群里面的一个叫丽丽的好友聊了起来，聊着聊着发现对方也是一个大学生，而且从QQ相册里面发现对方是那种长相甜美的女生，便向对方表达了好感。此后一段时间，秦民一直沉浸在和丽丽的美好互动中，而且确定了恋爱关系。但是，当秦民提出想要和丽丽线下见面后，丽丽却一直没有答应，秦民心神不宁，来到咨询室找老师咨询。

2. 情境应对

（1）以谨慎的心态对待虚拟情缘

网恋的美丽，在网络小说《第一次亲密接触》中表现得淋漓尽致，网络为我们讲述了一个又一个浪漫的爱情故事，但是网络是一个虚拟的世界，当人们只剩下精神交流的时候，也掩盖了其真实的面孔。大学生要理性地认识网恋的虚拟性和易碎性，谨慎地对待网恋。特别是在与网上恋人相处时，要做到“四不要”。

① 不要轻易相信他人信息。

② 不要轻易接受对方礼物。

③ 不要提供照片、电话、地址等私人信息。

④ 不要轻易约见网友，确需约见时，要选择公共场所，初次见面时，要有人陪伴，谨防上当。

（2）促进网络交往与现实交往的整合

很多人在网络和现实中的状态是分离的。从总体来看，网络和现实的统一协调是我们所追求的目标。在协调的状态下，人们可以轻松地表现自己，而不必扮演或忍受自我的支离破碎，可以缓解网络带来的孤独、沮丧等负面情绪。那么怎么才能实现这种整合呢？

① 和网友展现你的真实生活。如果想和网友发展进一步的关系，就必须让对方更多地了解自己的现实生活，如学习、工作、家人、朋友和爱好。

② 把自己的网上生活告诉现实生活中的朋友。让家人了解你的网上生活，他们可以更多地了解你的另一面，并对你的网上生活和网友给一个更加深度的反馈意见。

③ 以网络为媒介，和现实的朋友建立新沟通渠道。大多数人现在都开始使用QQ、聊天室、在线游戏甚至角色扮演等网络交流方式，那么这将成为你和你的家人，同事和朋友的沟通新渠道，有助于彼此进一步地认识。总的来说，需要把网上的行为现实化、把现实生活网络化。

（三）典型心理情境：网络暴力心理情境

1. 情境描述

陈莉，某高校大三女生，与舍友圆圆在平日基本不说话。国庆节放假，因为琐事两人在宿舍发生了口角，陈莉随后在QQ上匿名吐槽学校某些人超级变态，并发了几张抓狂的表情，班级同学纷纷留言。圆圆看到后，认为陈莉很明显是在指桑骂槐“内涵”她，异常愤怒，很快就在网络上进行反击，甚至圆圆还把陈莉的隐私发到了网上，引起很多人网络围观。陈莉既愤怒又委屈，出现茶饭不思，失眠，情绪低落等状态。

2. 情境应对

（1）明确网络暴力的危害

图 10-3 网络暴力

网络暴力（图 10-3）是指特定个体或群体基于一定的目的，通过在互联网上发布蕴含特定内容的语言、图片、视频甚至进行人肉搜索等，对他人造成严重伤害、扰乱网络秩序的失范行为。网络暴力是网络技术风险与现实社会风险交互重叠的产物，这让网络暴力的处理遇到诸多难点问题。其一，“网络水军”的屡禁不止；其二，“按闹分配”的舆情处置；其三，“法不责众”的群体效应；其四，“息事宁人”的被害沉默。面对网络暴力来势汹汹的恶意攻击，不少受害者因羞愧、自卑、恐惧等心理，权衡利弊后选择沉默退让，助长了施暴者的嚣张气焰，也有些受害者奋起反击，结果两败俱伤。

（2）网络暴力应对方法

① 学会冷静三思，用积极的方法进行自我保护。第一，学会冷静处理。如果对方一直在网络上进行人身攻击，理性的方法就是采取视而不见、听而不闻，俗话说“一个巴掌拍不响”，把他们说的话当作耳边风，当他自己唱独角戏，发现没有丝毫回应时，他也就自动消停下来了。第二，学会用法律的手段保护自己。首先是保留证据，其次要求平台删除信息，然后提起诉讼程序。《中华人民共和国刑法》第二百四十六条规定：以暴力或者其他方法公然侮辱他人或者捏造事实诽谤他人，情节严重的，处三年以下有期徒刑、拘役、管制或者剥夺政治权利。前款罪，告诉的才处理，但是严重危害社会秩序和国家利益的除外。通过信息网络实施第一款规定的行为，被害人向人民法院告诉，但提供证据确有困难的，人民法院可以要求公安机关提供协助。

② 学会理性表达，提升处理人际冲突的能力。首先，处理双方的人际问题时，双方最好是在同学的调解下或者在学校老师的组织下解决，这样才可以让冲突减少，使影响不会扩大。其次，参加学校组织的相关讲座、课程或体验式活动，学习人际交往、情绪管理的技能技巧，学会合理宣泄情绪，学会与他人沟通、共处并理解和宽容他人，学会适应环境。对于发生的人际冲突，不应该只是一味地回避和抱怨，而应该正视并寻求解决问题的方法，努力提高解决冲突问题的能力。

三、心理训练

活动一：拒绝网络游戏成瘾的团体活动

活动目的：了解网络游戏成瘾危害，理性网游。

活动时间：30 分钟。

活动要求：多媒体教室，纸和笔。

活动过程：

（1）我做你学。所有成员围成一圈，团队带领者在圈中先做一个动作，其他成员不评价不思考，模仿三遍，然后团队成员依次到中间做一个不重复的动作，其他同学模仿三遍，活跃团队气氛。

（2）“E”网情深。小组成员分享自己的网络历程和感受。由指导老师拿着一个麦克风道具，模仿央视栏目“实话实说”节目主持人对组员进行采访。问题集中在：第一次上网的经历，网络活动的内容，痴迷程度的案例，父母亲及他人的态度，自己的认知，试图采取过的自控措施及成效等。团队带领者事先宣布，采访结束后，会产生三项大奖，以引起组员的悬念。最后，由组员评选，产生“最早触网者大奖”“痴迷大比拼优胜奖”“自控金点子奖”，并授奖和赠送礼物。

（3）思考总结。针对以下问题进行思考总结。

① 网络成瘾的初期表现有什么特征？

② 怎么鉴别是否已经达到了网络成瘾？

③ 网络游戏成瘾对大学生的危害主要有哪些？

小组分享和讨论：如何戒除网络游戏成瘾？

活动二：辩论——网络交友的利与弊

活动目的：让学生明晰网络交友的利弊，使学生形成对网恋的正确认知。

活动时间：30 分钟。

活动道具和场地：台签等，多媒体教室。

活动程序：

（1）提前一周布置好任务，根据学生学号分成两组，分别定为正方和反方，正方和反方在辩论前准备好自己的素材，组织好自己的观点，选好队伍的代表。

（2）辩论开始时，先由正反两方陈述自己的观点，然后是自由辩论时间，两方开始采用各种素材和实例来支持自己的论点，反驳对方的观点。

总结阶段：

由老师对网络交友（网恋）的利弊进行分析，充分让学生认识到网络交友的弊端，回到现实交友轨道上来，达到活动目的。

活动三：时间管理技术训练

活动目的：学会时间管理。

活动时间：30 分钟。

活动要求：多媒体教室，纸和笔。

活动过程：

（1）介绍时间管理技术，时间管理是指通过事先规划并运用一定的技巧、方法与工具实现对时间的灵活以及有效运用，从而实现个人或组织的既定目标。时间管理就是自我管理，时间管理本质是精力管理。

（2）介绍时间管理表格（表 10-2），帮助学生学会使用该表格分配自己的日常事务。

表 10-2　时间管理表格举例

	紧急	一般	不紧急
重要	优先 1	优先 2	优先 5
一般	优先 3		
不重要	优先 4		

（3）列举 10 件事情，要学生进行分类安排：① 准备中午部门开会的材料；② 给家里打电话问候；③ 完成作业；④ 锻炼身体；⑤ 整理宿舍；⑥ 休闲阅读；⑦ 上厕所；⑧ 下午面试化妆；⑨ 预约明天的活动；⑩ 回老师的电话。

（4）学生之间互相交流，谈自己的体会。

总结阶段：

每件事情都有轻重缓急，学会在生活中安排好自己的时间，才能有高效的学习生活。

课外拓展

一、心理书籍

（一）《网络成瘾的心理学研究　认知和情绪加工》

本书是网络成瘾行为研究和治疗的引玉之砖。主要讲述了成瘾者对情绪信息的初级认知评估和加工机制、成瘾者对信息的注意和记忆加工特点，以及成瘾者情绪表达等诸多问题。

（郑希付，沈家宏. 网络成瘾的心理学研究：认知和情绪加工［M］. 广州：暨南大学出版社，2009.）

（二）《网络心理学》

本书论述了网络心理学的基本范畴和概念，梳理了网络心理学的主要理论，介绍了网络心理学的主要研究方法，总结了网络心理学主要领域的研究进展，探讨了网络心理学的未来趋势及其与人类发展的关系。

（周宗奎等，网络心理学［M］. 上海：华东师范大学出版社，2017.）

（三）《青少年网络心理》

本书从在青少年网络中遇到的各种问题入手，如青少年网络使用心理、网络心理诱惑、青少年网络成瘾、青少年网络游戏心理、青少年网络人际交往心理、青少年网络恋情等方面对在网络中遇到的心理问题进行深刻地剖析。

（陈光磊，黄济民. 青少年网络心理［M］. 北京：中国传媒大学出版社，2008.）

二、健心影院

（一）《网络妈妈》

该片讲述了江西省残疾女性刘学萍在网上偶遇网瘾少年贺嘉，并帮助其重塑学习信心的温情励志故事。

（二）《网红大事件》

电影开头通过一个绑架事件，引出了一家神秘的机构——青少年性格矫正中心。曾经的热门事件“杨永信事件”“南昌豫章书院”中的受害者在治疗机构内究竟过着怎样非人的生活，遭受了何种精神折磨？这部影片改编自这些真实事件，导演团队的社会责任感及对事件的深刻把握，使得影片具有很深的社会意义。

三、学以致用

（一）案例分析

蔡一鸣，男，20岁，大二学生，从高中开始专注于网络游戏，上大学后达到痴迷状态，只要有空就玩网络游戏，到后来逃课玩，且常玩通宵，学习成绩明显下降，课程出现多门补考。如果不能上网或离开网络，则表现出萎靡不振、焦躁不安等症状。为了玩游戏，他经常向父母撒谎要钱。辅导员了解情况后，明显感到蔡一鸣这样下去很难完成学业，便联系了家长和心理中心，一起制订帮助蔡一鸣戒除网瘾的方案。

思考：

（1）你认为蔡同学网络成瘾的原因是什么？

（2）常用的治疗网络成瘾的方法有哪些？

（二）想想做做

编制大学生网络游戏状况调查问卷，进行社会实践调查，了解大学生网络游戏的时间，花费和网络游戏的种类等。调查完后统计分析，形成改善大学生网络游戏状况的策略。

11

第十一单元

电子与信息大类职业岗位（群）职业心理素质培养

心语

独立思考，实事求是，锲而不舍，以勤补拙。

——周培源

推进新型工业化、加快建设制造强国、质量强国、航天强国、交通强国、网络强国、数字中国。

——党的二十大报告

知识梳理

电子与信息大类职业岗位(群)职业心理素质培养
知识点
电子与信息大类包含的主要专业群
电子信息类
计算机类
通信类
集成电路类
电子与信息大类职业岗位（群）应具备的职业心理素质
创新意识和品质
开放性思维
团队协作意识
沟通能力
责任心
耐心
技能点
克服职业焦躁
保持较高工作热情
减少职业理想与职业现实之间的心理落差
养成不骄不躁的职业心理品质
做好职业定位
树立人生目标，克服迷茫
适时宣泄不良情绪
培养持之以恒的意志品质
挫折心理克服
增强抗挫折能力
学会有效沟通
消除职业紧张，及时放松自己
正确职业认知
增强职业认知
努力增强工作动力
寻找工作带来的快乐

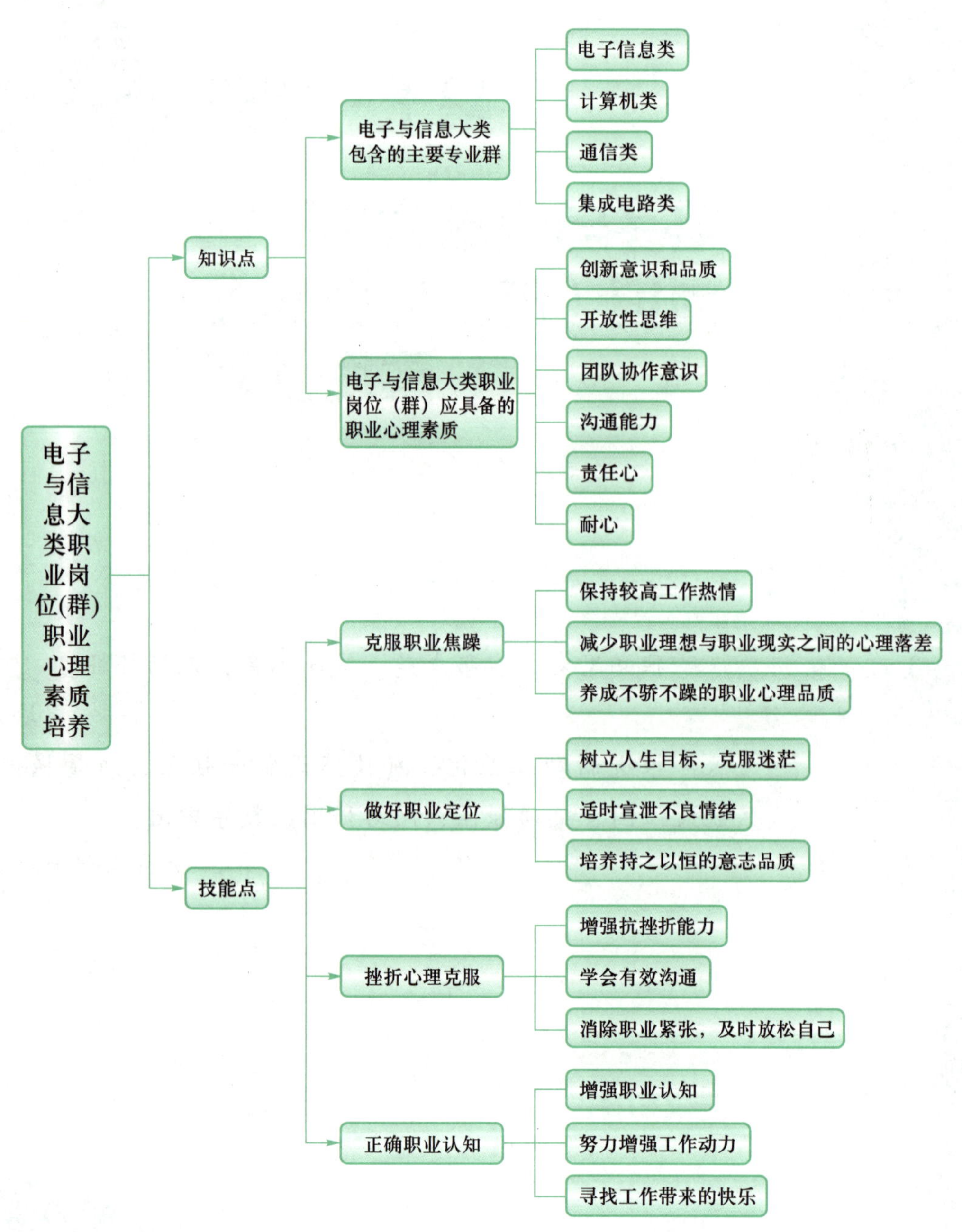

心理讲堂

心灵故事

在2015年9·3阅兵中，新一代预警机惊艳亮相。预警机是空中指挥所，是整个飞行队伍的神经中枢，而这神经中枢里最精密的一部分器件都是由手工焊接完成的，负责这项工作的就是中国电子科技集团的高级技师潘玉华。

潘玉华在军工精细焊接岗位上一干就是20年，从没做过别的工作，每天琢磨的就是如何让手更稳定，心更宁静。同事们经常能看到她很晚了还在独自加班研究技术。

工间休息的时候，潘玉华会带着徒弟们做投硬币的练习。在已经盛满水的水杯中投入一元硬币，保证水不会溢出，为的是锻炼观察力和手的平衡感。潘玉华的最高纪录是45枚硬币。

在厂里，潘玉华是技术水平最高的师傅，也是最严苛的师傅。因为20年前她刚入厂时，师傅就是这样要求她的，而她还曾为此掉眼泪，一直到一次师傅派她出差去给战士们维修飞机，她才真正体会到了肩上的责任。前一天下了整夜的大雪，第二天寒风依旧刺骨，潘玉华维修飞机时，发现烙铁的温度不够，于是身边的战士们便把他们的大衣脱下来，围住焊点挡风。那次，潘玉华也见识了战士们在冰天雪地里坚持训练的场景。尽管部队条件艰苦，可战士们给她腾出一间最温暖的宿舍，准备了全新的被褥，还特意给她打来开水暖手。

战士们的真诚热情和对国家的忠诚都让潘玉华感动。这是她第一次接触飞机，见到真正的飞行员。飞机修好了，战士们还邀请潘玉华参观了他们高难度的飞行训练，那场面震撼了她的内心。

“真正看到我做的东西，谁在使用它，操控它，掌握它的时候，心情真的非常自豪。所以我觉得自己日后对军工人的要求会更加严格，更加苛刻，因为战士们的生命是由我们来保障的。”潘玉华说。

（资料来源：央视网，有删改）

思考：你从大国工匠潘玉华身上看到了什么精神?

一、电子与信息大类包含的主要专业群

随着现代社会经济的快速发展，社会对电子与信息大类专业人才的需求越来越大，迫切需要一大批能够站在生产、管理一线，同时又具备专业技术技能的高素质人才，因此，

对高职的人才培养提出了更高的要求。目前，高职电子与信息大类包含的专业主要有电子信息、计算机、通信、集成电路 4 类，具体包含电子信息工程技术、物联网应用技术等 37 个专业。

二、电子与信息大类职业岗位（群）应具备的主要职业心理素质

电子与信息制造大类职业岗位（群）对我国经济的高质量发展起着重大支撑作用，因为有了它们，一些重大项目才得以实施，我国科技信息业才得以转型升级。很多的“大国工匠”都从从事这些岗位的人当中产生，他们承担着国家发展的重大任务，也为“中国智造”走向世界做出了重大贡献，因此受到社会的广泛尊重。将来在电子与信息大类职业岗位（群）就业的大学生，除了掌握一般的心理知识之外，还需具备以下职业心理素质。

（一）创新意识和品质

创新意识和品质是指人们根据社会和个体生活发展的需要，引起创造前所未有的事物或观念的动机，并在创造活动中表现出的意向、愿望和设想。它是人们进行创造活动的出发点和内在动力，是人类意识活动中的一种积极的、富有成果性的表现形式，是创造性思维和创造力的前提（图 11-1）。创新意识和品质对很多职业而言都很重要，尤其是电子与信息大类职业岗位（群），要求从业人员应具备良好的创新意识和品质，以打造高质量的产品。

图 11-1 创新意识

（二）开放性思维

开放性思维是指突破传统思维定式和狭隘眼界，多视角、全方位看问题的思维。它与把事物彼此割裂开来、孤立起来、封闭起来，具有保守性、被动性和消极性的形而上学思维方式是根本对立的。电子与信息大类职业岗位（群）从业人员面对日新月异的技术进步和不断加快的产品迭代，在工作过程中尤其需要开放性思维。

（三）团队协作意识

团队协作意识是团队成员共同认可的一种集体意识，显现为团队所有成员的工作心理状态和士气，是团队成员共同价值观和理想信念的体现，是凝聚团队、推动团队发展的精神力量。电子与信息大类职业岗位（群）从业人员所从事的工作往往不是一个人能够做得好的，一项重大工程的实施尤其需要方方面面的参与人员具备团队协作意识。

（四）沟通能力

一般说来，沟通能力指沟通者所具备的能胜任沟通工作的优良主观条件。简言之，人际沟通的能力指一个人与他人有效地进行信息沟通的能力，包括外在技巧和内在因素。有效的沟通主要是通过恰当的言语、副言语、表情、手势、体态以及社会距离等来实现。电子与信息大类专业的大学生需要培养良好的沟通能力，以适应未来就业岗位的工作需要。

（五）责任心

责任心是指个人对自己和他人、对家庭和集体、对国家和社会所负责任的认识、情感

和信念，以及与之相应的遵守规范、承担责任和履行义务的自觉态度。责任心是一个人应该具备的基本素养，是健全人格的基础，是家庭和睦、社会安定的保障。具有责任心的员工会认识到自己的工作在组织中的重要性，把实现组织的目标当成自己的目标。

（六）耐心

耐心就是不急躁、不厌烦，它既是一种性格，也是一种品格，是“高尚的秉性”，能够成就事业，更能成就人生。电子与信息大类职业岗位（群）工作的精密度和复杂性越来越高，因此，培养良好的耐心对于此类岗位（群）从业人员而言，显得尤其重要。只有在遇到问题时沉下心来，认真仔细研究问题出在哪，才能更好地应对各项工作（图 11–2）。

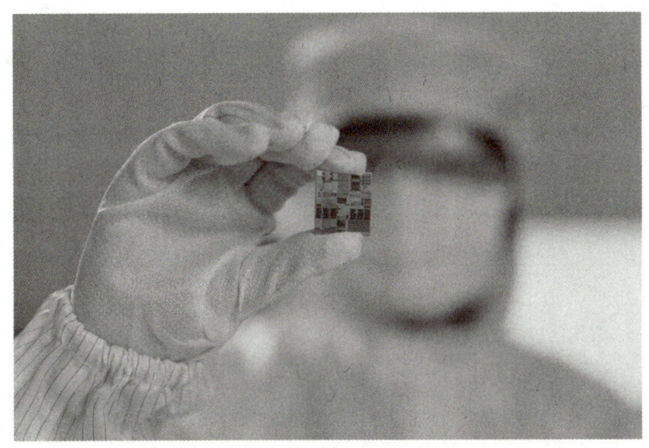

图 11–2　攻克技术难题

心理实践

一、心理测量：工作压力自测问卷

指导语： 以下项目（表 11-1）将帮助你检查自己承受工作压力的程度，请仔细阅读每一个题目，并与自己的实际情况相对照，然后从备选答案中选择一个答案。

表 11-1　工作压力自测问卷

序号	项目	总是	经常	有时	很少	从不
1	早上起得很早					
2	静坐在那里什么也不干，我感到很难做到这一点					
3	我会夜不成眠地思考工作					
4	我不喜欢假日					
5	除工作之外，我很少有其他兴趣					
6	亲友总是抱怨我在工作上花的时间太多					
7	认为自己的能力和工作成绩未被恰当地肯定					
8	朋友们会抱怨很少见到我					
9	我感到难以放慢工作节奏或减轻工作负担					
10	我周末仍在工作					
11	家人期望我能给他们更多的爱和关心					
12	我喜欢边吃饭边工作					
13	我觉得上司在极力限制自己的工作					
14	我无事可干时会坐立不安					
15	即使是对充满希望的利益，我也缺少热情					
16	夜间醒来，我又继续工作					
17	我在夜里仍在工作					
18	我很合群，似乎不会被什么事所烦扰					
19	感觉自己很少做对事					
20	我在被要求做不愿意做的事时，不能说“不”					

续表

序号	项目	总是	经常	有时	很少	从不
21	我感到被强迫、被欺骗、被逼入绝境					
22	我所负的责任超过了自己的能力					
23	我胃口不好、失眠、头晕眼花、心跳过速					
24	我不像从前那样乐观					
25	即使周末早上躺在床上睡懒觉，我也感到很不适应					
26	我喜欢看体育比赛或有趣的娱乐节目					
27	我难以把自己的想法告诉别人					
28	在没有活动、气温不高时，我会浑身冒汗					
29	我对工作中许多事情感到一筹莫展					
30	我在人群中或有限的空间里会惊慌不安					
31	在工作中受到批评时很伤心					
32	我感到疲惫不堪，心力交瘁					
33	每天完成工作后，我会对成绩感到满意					
34	没有任何生理原因，我会感到头晕恶心					
35	我觉得与同事的冲突不能解决					
36	我对琐碎的事极为烦躁					
37	我必须完成的工作量超过了时间允许的量					
38	我无法放松自己					
39	我对工作要求有清楚的认识					
40	我半夜或凌晨经常被惊醒					
41	自己有足够的时间处理私事					
42	我难以作某个决定					
43	假如自己的事想和别人商量，我能找到合适的对象					
44	我充满恐惧感					
45	感觉自己正行进在人生目标的固定轨道上					
46	我对别人的指责无能为力					
47	我对工作有厌倦之感					
48	我不愿会见新的人，不愿尝试新的经验					
49	我一天到晚都想着工作					
50	我很难给自己的能力和工作成绩作恰当的评价					

（资料来源：李媛媛．工作压力自测［J］．校长阅刊，2005（04）：17–18.）

二、典型心理情境及应对

（一）职业焦躁心理情境

1. 典型工作情境描述

某电子企业的工作车间里，生产在有序而又紧张的氛围中进行着。刚从某高职院校应用电子技术专业毕业的王昊在车间从事电子焊接检查工作，每天工作时长 8 个小时，他的任务就是用 X 射线探测仪检查高清连接线的焊接点是否达到生产标准。一年后，王昊感觉工作流程简单而枯燥，在公司赶进度期间，他还要经常加班，久而久之，他就感觉这个工作没有出路，想要换更加轻松、有发展的管理工作。

2. 典型心理困扰的表现

刚从高职电子与信息大类或装备制造大类专业毕业的大学生，很可能会深入生产车间，在生产一线从事相关的技术与管理工作，工作强度相对较大，工作内容比较枯燥。他们感觉自己是一个大学生，毕业后却要从事重复性、高强度、技术含量有限的工作，就会出现与职业焦躁相关的心理问题。主要有如下表现。

（1）职业理想与职业现实之间心理落差较大

职业理想是个体在职业上依据社会要求和个人条件，借想象而确立的奋斗目标，即个人渴望达到的职业境界。它是人们实现个人生活理想、道德理想和社会理想的手段，并受社会理想的制约。职业理想是人们对职业活动和职业成就的超前反映，与人的价值观、职业期待、职业目标密切相关，也与世界观、人生观密切相关。在上述工作情境中，王昊认为自己作为一个大学生，却在企业里从事这种不需要太多技术含量的工作，自己的职业理想与职业现实之间的差距太大，感觉发展无望。

（2）工作急于求成，有点焦躁

在工作过程中，有些刚毕业的大学生抱有急于求成的心理，就是想以比较少的投入获得比较多的产出，或是在比较短的时间内有比较大的提升，而这显然是不现实的，除非自己有什么特别的过人之处。这样的焦躁心态，往往使刚毕业的大学生不能沉下心来，做好自己目前应该要完成的工作。

3. 职业心理素质培养

（1）保持较高工作热情

在工作中，当自己心中理想的职业与现实中的职业出现较大出入时，应以积极健康的心态应对，正确认识当下的工作，努力发掘工作的意义和自身的价值，从而保持工作热情。一是要对自己和企业的优劣势保持理性认识，树立恰当的职业预期；正确面对职业倦怠问题，积极应对，不逃避；进行归因训练，控制情绪，调控自我，努力养成内控型性格。二是进行必要的体育锻炼，通过情绪宣泄、转移注意力、外出旅游散心等方式，让大脑得到短暂的休息，放松身体和心情。三是加强人际交往，多向亲人、朋友倾诉工作中的困惑，获得他们的鼓励。四是及时调整自己的职业发展目标，扎实干好每一件工作。五是适当学习心理学知识，积极应对工作压力。

（2）减少职业理想与职业现实之间的心理落差

一个刚刚踏入职场的高职大学生，在理想和现实之间还不能较好地把握，对于王昊而言，要做到如下几个方面。

一是要深化自我认知。实现职业理想的前提条件是要全面深入地了解自己，包括自己的性格、爱好和特长。只有深入地认识自我，才能知道自己喜欢做什么，适合做什么，从而找到一条正确的职业道路。可以通过两个途径全面、客观地认识自我：第一，自省。古人云："吾日三省吾身"，自我反省既能够帮助自己认识到自身的缺点，又能帮助自己发掘自身的闪光点和强项，从而扬长避短。第二，他人评价。自省是个体从自我评价角度实施的自觉行为，难免会带有一定程度的主观色彩。为了使自我认识更加客观，王昊还可以通过听取家人、朋友、老师对自身的评价来认识自我。

二是要积极主动探求对职业的认知。一方面，不要盲目地听从他人对职业的看法或者随意地选择社会的热门职业，可以通过向专业人士咨询相关职业知识，全面掌握职业信息的途径来深化职业认知；另一方面，在强化职业认知的基础上，还要结合个人兴趣和自身条件与想从事的职业进行比对，看该职业是否能够实现自己的职业理想，尽量达到人职匹配的效果。

三是不断提升工作技能。大学阶段的学习主要还是理论知识的学习，走上工作岗位后需要从业者具备多方面的工作能力。技术岗需要从业者拥有专业的技能，非技术岗则需要从业者具备沟通协调能力、组织能力、社交能力、抗压能力等。王昊从事的岗位有一定的技术技能要求，并不是轻轻松松就能干好的，而是要努力做好每一次检测，在工作中不断提升自己的工作技能。

（3）养成不骄不躁的职业心态品质

急躁与一个人的气质和性格类型有关。一般来说，胆汁质和多血质的人往往比黏液质和抑郁质的人更易急躁；A 型性格的人有较强的紧迫感与竞争心，整日忙忙碌碌、慌慌张张，却常是蜻蜓点水，一掠而过，钻不进去，沉不下去，因而效率并不高，效果也不一定好。当然，除气质与性格有一定的影响外，急躁心理与一个人后天所处的环境、所受的教育、自身的修养和认知水平也有较大的关系。那么，应该怎样克服急躁心理呢？

一是认识到急躁的危害。只有充分了解事物的危害，才可能有自觉去克服的动机与力量。在实际的工作和生活中，急躁的人易造成以下不良后果：一是浮光掠影，挂一漏万。如看书时走马观花，一目十行，但事后一回忆，却不知所云。二是骑虎难下，使自己处于尴尬境地。有些人喜欢说风就是雨，美其名曰"雷厉风行"，一旦有个新奇的想法，就不顾自身的主客观条件如何，鲁莽上阵，其结果往往是半途而废，不了了之，甚至让自己下不了台。三是感情用事，易发脾气，出言不逊，不计后果，不顾他人的自尊与个性特点，一味强求别人与自己保持统一，从而使人际关系难以和谐，有时好心也得不到好结果。四是给自己造成不愉快、烦躁的心理，影响身心健康。

二是适时放松，不骄不躁。在工作中，光靠"急"是解决不了问题的，反而容易将事情弄糟。因此，我们遇事时可以先放松身心，再冷静思考，全面地分析各种可能出现的情况，慎重地决策，耐心地处理，尽量避免一些偏差，做到不骄不躁。

三是适时进行自我暗示，消除和淡化急躁心理。例如，当急躁情绪出现时，就自己提醒自己："要冷静点，靠心急能解决问题吗？""心急只会把事情弄得更糟，何必太心急呢？”也可请好友在发现自己有急躁情绪又没意识到时，及时提醒一下，从而帮助自己恢复情绪的常态，以避免急躁心理。

四是通过活动消除紧张、焦躁。可以通过叩膝运动来消除紧张，这项运动很简单，只要小憩片刻就可以做。具体的做法是：身体站直，两脚交替踏步，抬高两膝。同时两手前伸，掌心朝下，右膝升高时用右手碰触膝头上部，左膝升高时用左手碰触膝头上部。动作快慢与平时快速行走时的速度相仿即可。借助叩膝，能刺激手掌与膝部，促进下身血液循环。反复做 50 下，就会感到身体清爽，紧张、焦躁感全消。上班疲乏时，工作紧张、身心焦虑时，不妨抽十几分钟做做叩膝运动，会有一定的效果。

（二）职业定位心理情境

1. 典型工作情境描述

看微课

电子仓储管理员的职业定位心理调适

“我已经在这里做了 5 年了，每天都重复着枯燥的操作。虽然工资涨了一些，却总是感觉没有出头之日，看不到希望，这样下去终究不是办法。”“工作起来感觉就像是一台机器，单调而枯燥的工作流程要反复不停地重复着。”某高职院校毕业生小张在接受采访时说。毕业后，小张有幸进入一家全国知名的电子制造企业，但由于企业太大，在晋升上看不到希望，自己一直在从事仓储管理工作，每天对进出仓库的产品和原材料进行统计与上报，工作简单而枯燥，仓库人员不多，自己有话不知和谁倾诉，有时感觉很郁闷，忙的时候还要加班，加班费也不高，自己感觉前途无望，决定辞职。

2. 典型心理困扰的表现

工作了 5 年的小张虽然在一家比较大的电子企业上班，工资也涨了一些，但面对简单而枯燥的工作，对自己的职业定位产生了动摇，主要表现如下。

（1）对自己的未来感到迷茫

有些刚毕业的大学生职业定位不清晰不稳定，不知道自己今天应该做什么，明天又应该做什么，对自己的未来感到很迷茫。小张已经毕业 5 年，还没有得到晋升机会，感觉前途未卜。

（2）意志力不坚定

有些大学生毕业后由于工作岗位不如意，或是感觉工作待遇太低、工作强度太大，就不能很好地坚持下来，意志动摇，想走人，不能坚持做一件事，尤其是单调而又枯燥的工作。

3. 职业心理素质培养

（1）树立人生目标，克服迷茫

参加工作后，要针对自身具体的工作岗位，定一个自己跳一跳就能实现的那种阶段性目标。等实现后，再定下一个通过努力就能达成的目标，这样一步一步努力就越来越接近最终目标。目标要可望又可及，那样不至于使人迷茫和气馁，如此下去，就能从实现目标的成功中获得快乐。在工作迷茫之时，一定要保持乐观的心态，不要在迷茫期妄自菲薄觉得自己一无是处，要充分看清未来的走势，做一些跟兴趣爱好有关的事情。慢慢地你就会明确未来适合自己的岗位是什么。在这期间，你还可以多交一些朋友，在朋友的帮助之下度过迷茫期也是不错的选择。

（2）适时宣泄不良情绪

小张的工作环境相对枯燥，与人交流的机会较少，长期下来，一些不良情绪得不到宣泄。对于他来说，应当适当地宣泄在工作中积压的各种不良情绪。具体做法如下：

① 倾诉法。可以向最信得过的朋友、父母倾诉，一吐为快。把心中的不快、郁闷、愤怒、困惑等消极情绪，一股脑倒出来，这会使你心理上轻松起来。

② 呼吸调节法。呼吸调节法就是找一个舒服的方式坐下来，闭上眼睛，深吸气，然后把气慢慢呼出来；再深吸气，再呼气……如此持续几个循环。你会发现自己呼吸变得平稳，整个人也平静下来了。

③ 运动法。当情绪不好时，可以通过跑步、打球、游泳等运动方式，来消耗冲动情绪的能量，让人感觉自信、有活力。

④ 听音乐。听一听让人放松的音乐，能够平和情绪。

⑤ 回归大自然。到大自然中去走走是一种良好的消除烦恼的方法，大自然有净化心灵的作用。当情绪低落、心理压力大的时候，不妨到郊外、到山水间走走，寻找心灵的平和、恬淡。

⑥ 洗个热水澡。淋浴能缓解疲劳、舒爽身心，产生安神的效果，不良情绪也会因此得到释放。

⑦ 借物宣泄。当你情绪不好之时，可以回到家关起门来，用力捶打被子、枕头等物，待捶打到疲乏时，你会觉得心里轻松了许多。这样做既让自己宣泄了不良情绪，又不会造成什么不良后果。

（3）培养持之以恒的意志品质

在不同的单位或企业，领导看重的往往都是你能不能坚持去做一份看似简单而枯燥的工作。这就是我们平常所说的从每一件小事做起。比如天天坚持按时起床，即使是在严寒的冬天。坚持每天跑步，给自己定一个里程，每天都要完成，风雨无阻。长此以往，就能体会到坚持带来的好处。工作更是如此，没有人能在一个单位很快就得到晋升，需要你在工作中不断地去创新、去坚持、去努力，这些坚持与努力总有一天会被看到，待时机成熟，就有可能让你晋升、加薪，或者在这份工作中获得成就感，这个时候你就迈上了一个新的高度。因此不要对一份坚持了 5 年的工作轻易说放弃。

（三）挫折心理情境

1. 典型工作情境描述

小伍在一家计算机公司工作从事计算机组装与维护工作。一直以来，小伍工作认真刻苦，兢兢业业。有一天，小伍同往常一样去接待客户，这位客户是因为配件老旧而准备组装新的计算机。但这位客户不太放心，说要全程观看组装过程，在征得主管同意后，小伍让客户和他一起到工作室进行计算机拆卸与更换工作。本来，拆机和组装是一个技术含量相对较低的工作，但小伍工作经验还不是很丰富，在拆机的过程中不小心装错了零件，导致散热器方向不对。客户对他的服务很不满意，随即把这个事情反映给了主管。主管立即对小伍提出了严厉批评，并要求他向客户道歉，随后公司还做出扣除他一个月奖金的处罚。这对一向勤恳工作的小伍是一个很大的打击，他感到莫大的委屈，当时就流泪了。而后的工作中，他萎靡不振，不敢面对客户，不知从何做起。

2. 典型心理困扰的表现

作为一名从事计算机网络技术工作的专业人员，小伍对工作中出现的突发情况缺乏应对经验，不知应该如何处理，遇到挫折时，更不知道应该如何面对，其问题主要表现如下。

（1）抗挫折能力不强

由于自己经验的缺失，小伍工作失误，上司对他有所责备，是可以理解的。但面对批评，一向敬业的他就比较难以接受，感觉很委屈，这可能和他之前的工作、生活一向顺利，没有受过大的挫折有关。而且小伍在后面的工作中表现出精神状态不佳、退缩等，这些明显是抗挫折能力比较差的表现。

（2）工作热情减退

刚毕业进入一个单位的大学生们往往对工作充满好奇，在工作上也干劲十足，想要努力地干出一番成绩。但随着时间的推移，当他们看不到自己的出头之日，再加上在工作中遇到的种种不顺，他们的工作热情就容易被消耗，并因此萎靡不振、得过且过。

3. 职业心理素质培养

（1）增强抗挫折能力

一是要保持积极乐观的心态，不管从事什么样的工作，态度都是很重要的，态度影响行为，行为影响结果，积极乐观的心态会增强抗挫折能力；二是要多看书，多学习，多向有经验的同事请教，拓宽自己的视野，增加自己的专业知识和技能，这样会让自己的能力提高，从而更加有信心，也就可以更好地面对挫折和打击；三是多给自己积极、正面的暗示，好的自我暗示会给人信心和勇气，在工作中会遇到很多的困难，经常给自己积极、正面的暗示，会增强抗挫折能力；四是不断总结经验，努力提升自己的工作水平，当自己工作没有完成好时，要及时总结工作中的不足，争取在下次遇到相似的情境时不会犯同样的错误。经验越多，处理事情的能力就越强，从而抗挫折的能力也就越强。

（2）学会有效沟通

有效沟通可以解决职场中的很多问题，而在有效沟通中，倾听比说什么更重要。因此，在与同事、上司或客户进行沟通时，不要急于表达自己的观点，先要学会倾听，再做出回应，还要清楚地了解你的回应是否让对方满意。要全神贯注，避免从事与谈话内容无关的活动，比如说看手机、看时间等，这样容易让对方认为你对他的谈话内容不关心，从而打击对方沟通的积极性；谈话时尽量不要打断对方，不要过快地做出判断、草率地给出结论，这不但能体现你对谈话者的尊重，也可以给对方留下稳重含蓄的印象，在增加对你的信任度的同时也提高了沟通的效率。

（3）消除职业紧张，及时放松自己

职业紧张是影响人们身心健康的一大因素，随着社会工作节奏加快、工作强度和复杂程度提高，职业紧张所影响的人群数量也不断增多。通常，脑力劳动人群的职业紧张程度较高，而长时间的职业紧张会对神经系统、内分泌系统和免疫系统造成不利影响。对个人来说，要消除职业紧张关键是要保持良好心态，同时合理安排工作，改善生活方式，强化社会支援网络，遇到困扰要及时向家人、朋友倾诉。职业紧张还会消耗一个人的工作热情，这时就需要从紧张的工作状态中出来，适当地放松自己，以便保持较高的热情继续工作下去。

（四）职业认知心理情境

1. 典型工作情境描述

王强就读于某高职院校移动互联应用技术专业，毕业后，他幸运地被一家大型通信企业录用，他所在岗位的主要工作是前台督导，负责基站设备安装过程的监督及技术支持。这个岗位要求他经常跑安装现场，有时地方还很偏远，时间不固定，而且经常会遇到各种技术难题。刚开始，王强还能坚持，感觉比较新鲜，但久了之后，他发现这个岗位除了跑腿之外，还要精通技术，不然就很难开展工作，所以他感觉很累，力不从心，有时还费力不讨好，容易出问题。有一次在维修一个基站的设备时，由于他对技术问题了解不够，再加上技术人员的疏忽，把一根线装反了，导致基站设备被烧坏，领导说他监管不到位，对他提出了严厉批评。他当时感觉自己这么辛苦地跑来跑去，主要责任又不在他，很是委屈，感觉工作不快乐，便想辞职。

2. 典型心理困扰的表现

王强刚开始对从事的工作充满热情，但不久后就出现问题，主要表现在对职业的认知不够，具体分析如下。

（1）职业认知匮乏

职业认知是个人对将要从事职业的基本认识。在上述工作情境中，王强没有很好地认识自己的职业，不太了解工作内容和工作要求，也没有很好的职业规划，做到哪算到哪，导致在后来的工作当中不能很好地履行岗位职责，出现了不少问题。

（2）工作动力缺乏

王强存在着明显的工作动力不足的问题。在工作中，王强发现该岗位不仅需要“跑腿”，更需要懂得一定的技术，当他发现自身技术还有所欠缺时，只感到力不从心，却从未真正行动，弥补自己在技术方面的不足。他在工作中缺乏激情，有时明知道怎么做是对的，怎么才能做得更好但是却不愿去做，因而出现了工作失误。

（3）缺少快乐体验

部分大学生在毕业以后，因为在工作中碰到种种问题，再加上工作强度较大，对自己的工作往往不太满意，在自己的岗位上不能体验到工作带来的快乐，便心生倦意，准备放弃。

3. 职业心理素质培养

（1）增强职业认知

每个人都可能在自己的人生道路上遇到坎坷，那么我们该怎样少走弯路？这就需要将间接经验和直接经验有机结合起来，在工作过程中不断向同事或上司请教。我们不仅需要知晓他们成功的经验，更需要借鉴他们失败的经验。如此，我们才能更快地成长起来，充分了解自己目前从事的职业有哪些地方需要特别注意，并在工作中做到吃苦耐劳、敢于接受挑战。这些都是我们走向成功的基石。

（2）努力增强工作动力

在一个岗位上干得太久时，我们都有可能失去动力，但不要对自己太苛刻。有时候很难判断我们是需要更努力地去工作，还是重新审视自己的目标，亦或是重新开启一份新的工作。你只需要努力保持在正确的轨道上，积极采取行动，调整你的目标，在真正决定换工作之前，仍然勤奋地完成你的日常工作。

（3）寻找工作带来的快乐

我们现在的生活比以前好很多，但快乐的人并不一定比以前多。有的人认为快乐遥不可及，也有人认为快乐伸手可得。你认为什么是快乐？什么是痛苦？我们应该怎样才能从工作中得到更多的快乐？

一是要从内心寻找快乐。挖掘内心快乐的源泉，让它支持你快乐地工作。快乐与否很大程度上取决于你内心深处对工作的看法和观念，也就是你对工作的态度，态度可以是你的无价财富，也可能成为你成长的最大障碍。一个清楚自己想要做什么的人，比什么都想要的人更容易快乐。

二是从行动中寻找快乐。想要做到不平凡，首先你要停止平凡。如果你渴望成功，就不能等待所谓适当的时间或完美的机会。大多数人是不愿行动或不敢下决心行动的，而拖延和犹豫只会导致错失时机，在你觉得方法用尽时，肯定还有不少办法你还没去尝试，想获得成功，就坚持不懈地尝试。要相信自己一定能在行动中获得成功的快乐，做不平凡的自己。

三是从合作中寻找快乐。愉快的心情可以来自良好的工作环境，团结向上的工作团队更能激发人的进取心，增强凝聚力。怎么让自己更受欢迎？一是不要只顾自己，自尊心的最大满足来源于别人对自己的尊敬，帮别人等于帮自己；二是多将有价值的信息与人分享；三是要注意修复关系。人与人之间会因为多种原因发生冲突，有的是因为工作方案不一致，有的是因为表达不当，但是无论是有意还是无意，对人际关系都是有影响的，这就需要我们通过积极思考和行动来重建关系。

四是从充电中寻找快乐。工作中你是否因专业知识不足而力不从心？要想在本职岗位上做得更出色，就必须不断学习新知识和新技能，接受新事物新观念能让自己感受到年轻的活力，活跃自己的思维。

五是从平衡中寻找快乐。生活与工作要平衡，要学会在忙碌工作后及时休息，可以回家看看父母，也可以和三五知己聚会，有了充分休息后才更有精力投入工作。

三、心理训练

（一）活动：解手链游戏

游戏简介：所有的队员手牵手结成一张网，此时队员们是亲密无间、紧紧相连的，但是这样的亲密无间和紧紧相连却限制了大家的行动。我们真正需要的是一个圆，一个联系着大家，能让大家朝着一个统一方向转动前进的圆。在不松开手的情况下，如何让网成为一个圆？这是团队面临的严峻挑战（图 11-3）。

图 11-3　解手链游戏

游戏人数：8～12 人为一组。

场地要求：开阔场地一块。

游戏时间：15 分钟左右。

（二）活动：团体辅导

活动目标：锻炼团队的沟通、执行及领导力。体验挫折情绪，正确面对失败，导向积极向上的心态。调整认知，消除不良情绪，提高情绪管理能力。充分体验挫折，承受压力，提高应激能力。直面挫折，抗逆压力，学习应对挫折的方法。

辅导计划：

（1）分成4组，每组10人。

（2）辅导次数、频率：3次，每周1次。

（3）活动场所为学院团体辅导室。

（4）活动时间为每周实训课时间。

（5）小组成员的选择：对象为大二在校电子与信息大类或装备制造大类专业学生；该项活动将纳入素质拓展认证。

基本过程：

（1）导入阶段。让组员相互熟悉、相互了解、消除紧张，初步建立一种安全、信任的气氛，为以后的活动奠定一个良好的基础（第一次辅导）。

（2）实施阶段。在前一阶段组员之间形成相互信任、相互坦诚关系的基础上，利用小组内人际互动反应，采用角色扮演、启发讨论、想象脱敏练习等形式，让小组成员把小组当成一个安全的实验场所，练习改善自己的心理与行为，以期能扩展到现实生活中，达到活动目标（第二次辅导）。

（3）巩固终结阶段。巩固小组辅导的成果，做好分别的心理准备（第三次辅导）。

效果评价：

（1）心理测验（重测SCL-90量表，见第一单元）。

（2）针对活动，分享自己的感受与心得。

（三）活动：减压放松训练

工作之余，在身心疲惫的时候做一次减压放松训练，可以让自己体验到身心放松的益处。下面就为大家介绍一则想象式放松训练的方法。

（1）找一个舒服的姿势坐下或躺下，双眼轻轻地闭起来，轻柔地呼吸，体会呼吸的感觉。

（2）现在想象自己走进了温暖明媚的春天。你静静地躺在一片柔软的草地上，微风轻拂你的身体，你感觉很舒服。空气中流动着青草淡淡的芳香，一束和煦的阳光洒在你的头顶上。

（3）你觉得头部放松了，特别安逸舒服，一股暖流从头顶慢慢地流向你的额头，你紧锁的眉头舒展开了。请你仔细体会一下眉头舒展之后放松的感觉，你觉得很舒服、很轻松，脸上的每一块肌肉都特别放松，你觉得舒服极了。

（4）这股暖流从整个头部流到颈部、颈椎，你觉得颈部放松了，颈椎放松了，血液流动非常流畅，慢慢地这股暖流流向你的双肩，你的双肩放松了，每一块肌肉都得到放松，特别舒展，血液很流畅，暖暖的，非常舒服。这种温暖的感觉流向你的前臂，你的前臂放松了，又慢慢地流向你的小臂，你的小臂放松了，然后顺着你的手掌心慢慢流向你的手指尖，你的手心暖暖的，请你体验一下手心温暖的感觉，非常温暖，非常放松。

（5）这股暖流流向你的前胸后背，整个前胸后背的肌肉都特别放松，你胃里的不舒服感觉在慢慢地消除，你感觉好极了，腰部非常舒服，非常放松。整个髋关节都非常放松，臀部的每一块肌肉都得到了彻底的放松。现在请你把注意力集中到你的大腿上，这股暖流慢慢地流向你的大腿，你大腿上的每一块肌纤维都非常放松，你的膝关节也放松了。这股暖流顺着你的膝关节慢慢地流向你的小腿，你的小腿放松了，踝关节放松了，脚后跟、脚掌心都非常放松。体验一下脚掌心那舒适放松的感觉。慢慢地这股暖流流向你的脚趾尖，你的脚趾尖非常放松。

（6）请重新体验一下这股暖流从头顶慢慢流向你的双眉、额头，脸部的每一块肌肉都得到了放松。你觉得额头凉凉的，头脑空空的，你的大脑中的每一个神经细胞都得到了最好的休息，你的精神非常愉快、放松，所有的疲惫都从你的手指尖流走了。当这种烦恼和疲惫都消失了的时候，你有一种无拘无束的感觉，你的感觉真的好极了。你的胸部放松了，你的躯干放松了，尤其是你的颈部、颈椎、双肩、腰部都非常放松，你体验到一种从未有过的放松感觉。你的髋关节放松了，你的臀部放松了，你身上所有的肌肉都非常放松。请你慢慢地体验，你浑身都非常轻松，心情特别舒畅，心胸特别宽广。请仔细体会这种放松后的愉悦感觉。

大家可以每天睡前躺在床上，按上面的步骤，引导自己做 10 分钟左右的放松训练，当下的效果就是会有一个更舒服的睡眠。如果能长期坚持下去，则会产生提高记忆力和专注力、稳定情绪、改善身心状况的功效。

课外拓展

一、心理书籍

（一）《管理心理学》

本书从实战派的角度出发，深入细致地分析了管理过程中的心理学效应。简单朴实的理论，结合真实、生动的案例，将管理的心理学奥秘一一呈现给读者。读者读完本书以后，能够开阔视野和格局，提升管理智慧。

（肖祥银．管理心理学［M］．天津：天津科学技术出版社，2018.）

（二）《行为心理学》

本书整合了华生行为心理学著作中的思想理论和知识，将完整的行为心理学理论体系呈现在大家面前。通过阅读本书，读者可以了解到行为心理学不仅是实验室里的一门科学，更是能对未来社会的教育、治安等方面产生重要的作用的一门学问。本书还能教给人们如何进行行为解析、自我心理调适，如何更加了解他人。

（华生．行为心理学［M］．北京：北京理工大学出版社，2020.）

（三）《职业心理学　平衡你的工作与生活》

本书通过心理学的基本知识和原理帮助职场人士在激烈竞争中进行有效的人际沟通，驾驭自己的工作和个人生活，力求完美平衡。作者不是枯燥地介绍相关领域内的知识，而是强调互动与参与，将理论概念、研究结果与实际运用有机地结合起来。

（都布林．职业心理学　平衡你的工作与生活［M］．7 版．姚翔，陆昌勤，等译．北京：中国轻工业出版社，2008.）

二、健心影院

（一）《超级工程 II 》

这是由中央电视台出品的纪录片。该纪录片有 5 大看点，其中之一便是株洲电力机车研究所研制的 IGBT 芯片。该片共有 4 集，它将带领观众游览世界上最大的高速公路网络，目睹世界上排名前十的港口和世界上最长的高速铁路里程。

（二）《你好，未来人类》

影片由陈一佳导演，聚焦时代背景下“科技与教育”的关系，讲述了在未来的科技时代，如何让生长在电子时代的孩子们健康成长的主题，在教育过程中是否要把电子产品拒之门外？对电子产品说“不”是正确的做法吗？如何引导孩子，远比如何管控电子产品要更为重要。

三、学以致用

（一）案例分析

赵伟大学毕业后，在家电、IT、广告、房地产等不同行业的企业做过多份工作。开始时做技术，后来转为销售，再后来又改做广告策划、营销策划。

做技术时，他觉得工作太单调，而且强度很大，经常要加班，太累。他认为自己不适合从事这种低层次的技术工作。做销售时，经常要去拉关系，跟别人套近乎，他感觉这不是自己所擅长的，收入也很不稳定。做了两年销售，有时业绩还不如一个刚来公司的新手。后来改行做广告策划，他发现自己做广告方案比许多人都做得好。他经常有很好的想法，但自己感觉很好的策划方案上司就是不赞成，所以他不时与上司争论，往往搞得很不愉快。有一次，他自己感觉做得很专业的整合营销策划方案好几处被上司不加商量地做了修改。赵伟无论是在国内广告公司，还是在跨国广告公司，都感觉不能充分施展自己的才华和能力，所以决定自己当老板，开广告公司。但公司营业不到一年，就亏损了几十万元。

赵伟又不得不去打工。他发现房地产业很红火，自己做房地产策划也应该是擅长的，便到一家著名的房地产策划代理公司做营销策划。他发现自己做策划上手很快、很有感觉，但与开发商打交道却很困难。半年后，他又跳槽去了一家房地产公司，做起了甲方。他本以为做了甲方就不用再跟别人套近乎，迎合别人的喜好，就可以大展宏图了，但由于每天要处理大量的事情，工作太多、太杂，他感到有些应接不暇。他还受不了上司的官架子，自己又不喜欢像其他同事那样跟上司套近乎。在这种状态下，要想被公司重用，要想成功，更难了。

讨论：如果你是辅导员老师，你对上述案例的主人公有什么建议？

（二）想想做做

请每位同学通过调研、电话、网络等形式访谈至少五位电子信息类工作者，并整理每位优秀的电子信息类工作者具备怎样的职业心理素养，以及他们如何培育这些职业心理素养，形成访谈报告，字数 1 000 以上。

12

第十二单元 财经商贸大类职业岗位（群）职业心理素质培养

心语

以客户为中心，以奋斗者为本，长期坚持艰苦奋斗，这就是华为超越竞争对手的全部秘密，这就是华为由胜利走向更大胜利的“三个根本保障”。

——任正非

离弦箭，无论它射得多快，离开箭靶也没用。速度很重要，但不是最重要的。

——张瑞敏

知识梳理

财经商贸大类职业岗位（群）职业心理素质培养
知识点
财经商贸大类包含的主要专业群
财政税务类
金融类
财务会计类
统计类
经济贸易类
工商管理类
电子商务类
物流类
财经商贸大类职业岗位（群）应具备的主要职业心理素养
自信心
意志力
自控力
创造力
人际影响力
团队合作
技能点
职业倦怠应对
合理的职业生涯规划
学会自我转换
培养持续学习的习惯
学会放松
人际沟通应对
掌握外贸沟通技巧
消除社交胆怯
学会有效沟通
培养团队合作精神
焦虑心理应对
正确认知焦虑
提升工作技巧
学会调控自我
挫折心理应对
接纳挫折
寻求外界的帮助
建立正确的归因方式
团队作战法
培养决心和毅力

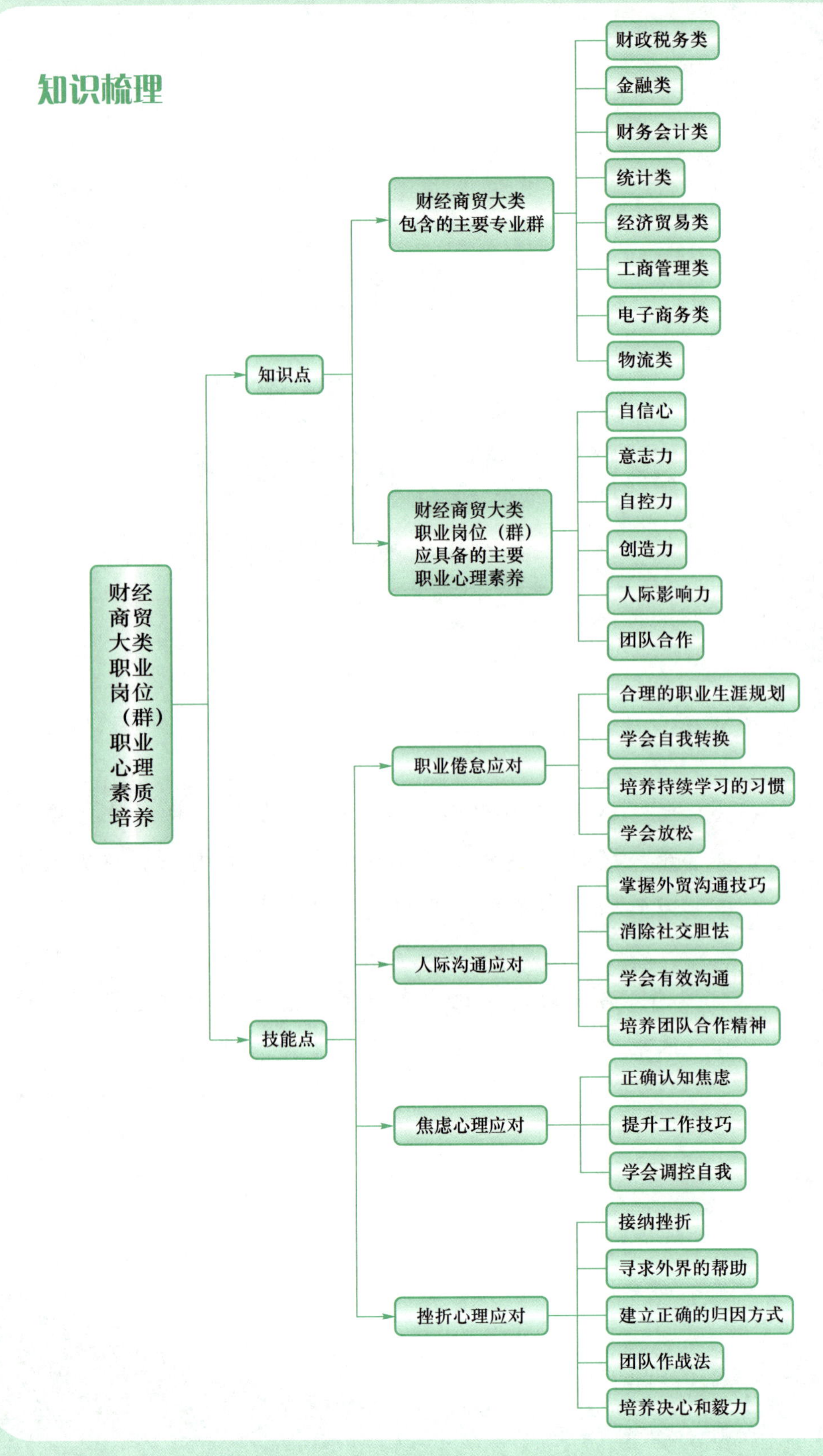

心理讲堂

心灵故事

企业家是经济活动的重要主体。改革开放以来，一大批优秀的企业家在市场竞争中迅速成长，一大批具有核心竞争力的企业不断涌现，为积累社会财富、创造就业岗位、促进经济社会发展和增强综合国力作出了重要贡献。请扫码观看纪录片《曹德旺》，了解企业家精神的内涵以及企业家个人的综合素质。

作为财经商贸大类专业的大学生，对待工作需要有持之以恒的信念，只要信念不垮，就能继续朝着终点奔跑。大学生一定要时时处处磨炼自己、发展自己，使自己早日成为符合用人单位要求的“准职业人”。

一、财经商贸大类包含的主要专业群

在我国市场经济快速发展、中国融入全球经济一体化的今天，各类工商业主体对财经商贸大类专业人才的需求急剧增加，财经商贸大类中的很多专业成为热门报考专业。

财经商贸大类，主要包括以下 8 个类别：财政税务类、金融类、财务会计类、统计类、经济贸易类、工商管理类、电子商务类、物流类。具体包含财税大数据应用、保险实务、信用管理、国际金融、市场营销等 47 个专业。

二、财经商贸大类职业岗位（群）应具备的主要职业心理素质

不同的职业对从业者的职业心理素质要求不同，同时职业心理素质制约着职业活动的各个层面，对职业活动具有调节和导向的功能。市场对财经商贸大类职业岗位（群）人才提出了更高的要求：不仅要具备系统的专业知识，在实际工作岗位上还需要具备财经商贸大类专业人才所需具备的职业心理素质。根据财经商贸大类专业的特点，重点在培养学生的自信心、意志力、自控力、创造力、人际影响力和团队合作六个方面的职业心理素质。

（一）自信心

自信心是一个人相信自己的能力时的心理状态，是相信自己有能力或能够采用某种有效手段完成某项任务、处理困难情境或解决问题的信念，是心理健康的一种表现，是学

习、事业成功的有利心理条件。财经商贸大类专业的学生未来所从事的工作是与人打交道的，在与人交往时要有信心能给他人留下深刻印象；适当的时候，能够挑战权威，突破传统；必要时，即使别人反对，也能独立行动并承担责任；当与上级管理人员、客户或其他权势人物产生意见分歧时，能直截了当但彬彬有礼地表明自己的不同看法；相信自己的能力和判断，敢于直面冲突，坚持己见。

（二）意志力

意志力是指一个人自觉地确定目的，并根据目的来支配、调节自己的行动，克服各种困难，从而实现目的的品质。哲学家罗伊斯这样说："从某种意义上说，意志力通常是指我们全部的精神生活，而正是这种精神生活在引导着我们行为的方方面面。"财经商贸大类专业人员在面对错综复杂的市场环境和人际环境时，难免遭遇压力与挫折，这就要求他们具备良好的意志力，主要表现在遇到困难时不放弃，能尝试多种方法去克服困难；信念、行为坚定，在追求目标的过程中不断地激励自己，使自己振作起来；保持良好的心态，激发自身的潜能，努力实现自己预定的目标。

（三）自控力

自控力是个人对自身心理与行为的主动掌握。它是个体在没有外界监督的情况下，自觉地选择目标，适当地控制、调节自己的行为，抑制冲动，抵制诱惑，延迟满足，坚持不懈地保证目标实现的一种综合能力。财经商贸大类专业人员在长期重复性的烦琐工作和压力环境下，要保持冷静，控制负面情绪和消极行为，有能力抵制各种可能的诱惑，不会采取不恰当和冲动的行为。同时，还要学会自我缓解压力，适当宣泄自己的消极情绪。譬如多找一些朋友谈心，多做一些有乐趣的事，多参与社会活动，多贡献出一点成绩，从中去寻找自己的精神安慰、精神寄托，在持续的压力状况下以一贯的正常状态推进工作。

（四）创造力

创造力是指产生新思想、研制新产品、开辟新市场、制订新战略、开发新技术等创新活动中所体现出来的创新素质水平。它是成功地完成某种创造性活动所必需的心理品质。具有创新能力的人适合从事管理工作或其他与人打交道的工作。对于财经商贸大类专业人员来说，创造力主要表现在能改进现有的方案，挑战传统的工作方法和思维方式，提出实用的新思路，并运用到工作中。同时，对本职工作的改善要有自己的见解，不断引入其他领域的观念和方法来指导工作，敢于为制定新政策、采取新措施或尝试新方法承担风险。

（五）人际影响力

人际影响力是指与可能有助于完成工作相关目标的人，建立或维持友善、和谐关系的能力。它对于财经商贸大类专业人员尤为重要。具体表现在能够接受他人邀请参加社交活动，从而建立工作关系；积极创造与他人接触的机会，主动联络对方，利用非正式接触建立融洽关系；在交往场合，能够调动大家的交流情绪，营造轻松交流的气氛；在工作外的集会、活动上，与同事、客户及其他相关人员保持友善关系；利用他人间接的关系，扩大人际网络范围；能敏感地把握他人的性格特点和利益需求，为今后的交往奠定基础。

（六）团队合作

团队合作是指团队成员为了团队的利益与目标，相互协作、尽心尽力的意愿与行为方式。团队合作是任何一所企业或单位都十分强调的，它表现为：在团队中主动征求他人意见，与他人互享信息，互相鼓励，通力合作完成团队共同的目标；愿意与他人合作开展工作，自愿参与和支持团队的决定；能与群体中的其他成员共同交流，分享有用的信息和资源；在做决策时，诚恳地征求团队其他人的意见、创意和经验；不会隐藏和回避团队中的冲突，开诚布公地处理团队内部矛盾，并积极寻求有利的冲突解决方案。

心理实践

一、心理测量：大学生意志力测试

指导语： 请仔细阅读表 12-1 的每一项描述，并根据自己的实际情况逐一加以判断，在对应的选择上打“√”。

表 12-1　大学生意志力测试

序号	题目	选项				
		A	B	C	D	E
1	我很喜欢长跑、长途旅行、爬山等体育活动，但并不是因为我的身体条件适合这些项目，而是因为它们能锻炼我的意志力	非常同意	比较同意	可否之间	不大同意	不同意
2	我给自己制订的计划常常因为主观原因不能如期完成	总是这样	较多这样	不多不少	较少这样	没有这样
3	如果没有特殊原因，我要每天按时起床，不睡懒觉	非常同意	比较同意	可否之间	不大同意	不同意
4	我认为制订的计划应有一定的灵活性，如果完成计划有困难，随时可以改变或撤销它	非常同意	比较同意	无所谓	不大同意	不同意
5	在学习和娱乐发生冲突时，哪怕这种娱乐很有吸引力，我也会马上去学习	经常如此	较经常	时有时无	较少这样	没有这样
6	学习或工作中遇到困难的时候，最好的办法是立即向师长、同事或同学求援	非常同意	比较同意	无所谓	不大同意	反对
7	在练习长跑中产生生理反应，觉得跑不动时，我常常咬紧牙关，坚持到底	经常如此	较经常	时有时无	较少这样	没有这样
8	我常常因读一本引人入胜的小说而不能按时睡觉	经常如此	较经常	时有时无	较少这样	没有这样
9	我在做一件应该做的事之前，我常能想到做与不做的不同结果，而有目的地去做	经常如此	较经常	时有时无	较少这样	没有这样
10	如果对一件事不感兴趣，那么不管它是什么事，我的积极性都不高	经常如此	较经常	时有时无	较少这样	没有这样
11	当我同时面临一件该做的事和一件不该做却吸引我的事时，我常常经过激烈的思想斗争，让前者占上风	总是这样	有时是	不确定	很少这样	没有这样

续表

序号	题目	选项				
		A	B	C	D	E
12	有时我躺在床上，下决心第二天要干一件重要的事情，但到第二天这种劲头就消失了	经常有	较常有	时有时无	较少这样	没有这样
13	我能长时间做一件重要但枯燥无味的事情	是这样	有时是	不确定	较少这样	没有这样
14	生活中遇到复杂情况时，我常常优柔寡断，举棋不定	经常这样	较常有	时有时无	较少这样	没有这样
15	做一件事之前，我首先想到的是它的重要性，其次才想我是否对它有兴趣	是这样	有时是	不确定	较少这样	没有这样
16	我遇到难以抉择的情况时，常常希望别人帮我拿主意	是这样	有时是	不确定	很少这样	不是这样
17	我决定做一件事时，常常说干就干，绝不拖延或让它落空	是这样	有时是	不确定	很少这样	不是这样
18	在和别人争吵时，虽然明知不对，我却忍不住说一些过激的话，甚至骂他几句	经常这样	较常有	时有时无	较少这样	不是这样
19	我希望做一个坚强的有意志力的人，因为我深信“有志者事竟成”	是这样	有时是	不确定	很少这样	不是这样
20	我相信机遇，好多事实证明，机遇的作用有时大大超过人的努力	是这样	有时是	不确定	很少这样	不是这样

（资料来源：陈奇，邵晓顺．监狱人民警察心理素质与训练［M］．北京：中国市场出版社，2006.）

二、典型心理情境及应对

（一）财会人员的职业倦怠心理情境

1. 典型工作情境描述

宋雪是一家中小型跨境电商企业（图 12–1）的会计，她性格开朗，接受新事物的能力强，每次都能很好地完成老板交代的工作，很快便得到了老板的认可和好评，这让她很快树立了职业上的自信。但工作三年后，宋雪的内心有了波动，每天上班处理的大多是批量重复的数据核算、原始资料的审验、稽核以及报送月（季、年）财务快报、财务报表等工作，这些工作让她感到了枯燥、烦琐，对自己的职业前景也感到迷茫。她希望能够进入一家拥有完善财务管理体系的公司发展，于是决定跳槽。然而现实给了她重重的一

图 12–1　跨境电商企业

击，面对面试官给的考题，比如：成本核算的方法？企业资产负债率多少比较合适？固定资产的折旧方法？宋雪的脑袋快速地运转，她好像知道答案，但又不知从何说起，最终面试没有通过。面试官说的一句话更让宋雪当场无地自容："都工作三年了，连这些都还不知道，平时多看看书吧。"回到家后，宋雪开始反思这三年的工作经历。工作后，她放松了对自己的要求，业余时间都花在了娱乐、追剧上，没有意识到职场竞争异常激烈，放弃了自我职业发展，终究不进则退。既然职场受挫给了她职业发展的警示，那么她就要通过学习改变现状，提升自我。于是，宋雪调整心态，重拾书本。由于她扎实的专业基础和勤奋刻苦的精神，宋雪很快通过了会计中级资格考试，并积极准备注册会计师的考试。

2. 典型心理困扰的表现

会计是一个非常讲究实际经验和专业技巧的职业，它的入职门槛相对比较低，难就难在后期的发展。想要得到好的职业发展，就要注意在工作中积累经验，并加强专业知识学习，不断提高专业素质和专业技巧，开拓自己的知识面。职业倦怠是财会人员常见的心理困扰，具体表现如下。

（1）消极抱怨

消极抱怨心态的主要表现是：愤愤不平，悲观厌世，推脱责任。消极抱怨不仅导致自己整日生活在灰色的哀怨、萎靡之中，也让身边的团队、个人深受其害，成日抱怨的人成了美好环境和氛围的破坏者，所到之处肃杀一片，毫无生机和活力。

（2）行为退缩

当财会人员出现职业倦怠时，会对工作慢慢丧失热情，上班迟到、早退、缺勤等现象增加，对工作不满，效率降低，业绩下滑，有离职倾向。

3. 职业心理素质培养

财会工作具有较强的程序化、机械化特征，工作内容重复性高，工作时间节点性强，行业制度和职业特征的缺陷容易使会计人员产生职业倦怠。

（1）合理的职业生涯规划

对于财会人员来说，职业倦怠的存在，可以是一种挑战，也可以成为一种动力。这时不妨停下来，重新定位和规划自己的职业发展。通过对实际状况的分析与职业目标实现程度的对比，比如具备哪些职业资格，找到自己的兴趣和优势，认清自己目前的职业发展状态是否与现代会计的职业要求匹配。做好职业发展目标的考核、修改与调整，重新制订适合自身发展的职业计划，确保可行性与匹配性，才能使职业发展目标最终得以实现。

（2）学会自我转换

财会工作因为有着固定模式和流程，时间久了难免会觉得枯燥无味。不妨在不同时间节点，转移一下注意力，化繁为简，参加一些感兴趣的活动，比如画画、运动、看书或者玩游戏。如果你达到了注意力特别集中的状态，脑袋里只剩眼前这一件事，你会发现盘旋的烦恼也全都不见了。所以当不快的想法不停冒出的时候，不妨试试集中注意力，比如掏出耳机全神贯注地去享受一首歌，或者来一场酣畅的运动，让淋漓的汗水冲掉那些不愉快。

（3）培养持续学习的习惯

从最基层的财会岗位成长为一名总会计师，需要保持持续的学习动力，即要不断为自己设定工作、学习目标，一步步前进。伴随着时代变化，企业对财会人员的专业技能要求也在不断提升。在工作之余，不妨参加各种培训班，认识业界精英并拓宽视野的同时也可以自我提升，更新自己的知识系统，增加工作的积极性和兴趣，从而避免产生职业倦怠。

（4）学会放松

《自控力》一书中提供了一个操作简单，类似冥想的方法，在一定程度上可以赶走阴霾，放松身心。第一步，不要抑制那些想法，接受其存在但不要相信它的内容，在心理暗示："好吧，坏想法又出来了，又得心烦，不过这就是思维运作的方式，并不意味着什么。"第二步，把注意力转移到身体上，感受肌肉是否紧绷，呼吸是否变得急促，肠胃、胸腔和咽喉什么感觉，会不会因为那些想法难受？然后凝神于你的呼吸，不断默念吸气、呼气，将那些想法和感觉想象成飘过脑海和身体的浮云，并把你的呼吸想象成一阵风，风会毫不费力地将这些浮云吹散、吹走、吹散、吹走……不开心的想法会不停打断你对呼吸的关注，这是很正常的，继续保持吸气、呼气，把阴霾彻底吹走。

（二）外贸员的人际沟通心理情境

1. 典型工作情境描述

林芳是一位刚刚入职深圳某中小型家具外贸企业的业务员（图 12-2），日常工作主要是负责订单跟进、货物查验、报关报检等。林芳的性格内向，不太擅长与人交际，入职后的工作并不顺利。一封简单的海外客户开发信，她反复修改，又不好意思请教同事，有时一天只能完成一封邮件，工作效率非常低。更糟糕的是，有一次在处理一个发往法国的餐台出口订单时，同事在制作产品装箱明细表的过程中，误将实木材质写成了铁材质，由于双方在工作交接时并没有仔细沟通细节，导致林芳在制作后续其他单证时没有做商检（根据出口条例实木制产品在出口时是需要单独做检验检疫的），在集装箱还柜后进行报关时遇到海关抽检需要开柜查验货物，发现所开单证与货物不符，最终导致集装箱退柜、无法放行，且需要上缉私科处理。经过多方举证后，公司重新制作单证再次申报，但却因集装箱扣留码头产生了一系列的仓租、改单、报关等相关费用近 10 000 元。部门领导针对这个事情对林芳进行了严厉批评并给予 1 000 元的处罚。刚开始她觉得特别委屈，认为是同事弄错了材质才导致了她制作单据的错误，而自己并没有实际工作上的疏忽。但看到好几位同事为了这个订单忙前忙后，林芳也感到非常自责和不安，不好意思面对其他同事，甚至想到了辞职。反思过后，她慢慢认识到自己的错误：在工作中只要是从自己手上传递出去的信息和数据，就要认真检查以确保百分百准确，否则一点点疏忽都可能给公司带来巨大的损失；同时，她也认识到在职场中与同事进行及时沟通和交流的重要性。

图 12-2　家具外贸企业

2. 典型心理困扰的表现

在国际贸易中，由于语言、法律、风俗习惯和政策等差异性，交易中涉及的环节更复杂，风险更大，人与人之间的相互沟通更加重要。常见的国际贸易业务的人际沟通困扰有以下几种。

（1）与国外客户的人际沟通困扰

在国际贸易业务的沟通中，由于语言、文化、认知等方面的差异，国内外贸从业人员在与国外各主体间的沟通容易产生多方面的困扰，具体包括：① 排斥。当沟通意见上升到文化和标准冲突时，排斥心理将更加强烈，不利于谈判工作的顺利进行。② 自卑。表现为在与客户沟通时不够自信，害怕出错。③ 紧张。当冲突发生时，紧张心理会导致更加激烈或者更加消极的结果。

（2）与国内各主体间的人际沟通困扰

国际贸易业务具有复杂、多元的特性，业务环节中需要与公司内外部的多部门、多人员进行沟通交流，也容易产生相应的沟通困扰，具体包括：① 胆怯。在国际贸易业务中，需要与工厂、银行、海关、货运代理等不同岗位的人员进行业务交流，如出现胆怯心理，会影响沟通效果。② 沟通不畅。在国际贸易中，面对不同部门、不同人员，要确保沟通的畅通性，需要具备一定的口语表达能力和沟通技巧。

3. 职业心理素质培养

良好的人际沟通有利于准确的信息传递和共享、协调组织成员或合作对象的步伐和行动，确保组织计划和目标的顺利完成；良好的人际沟通有利于在同事或合作伙伴之间营造良好的工作氛围，减少彼此的误会，确立互信的人际关系，增强组织的凝聚力。

（1）掌握外贸沟通技巧

外贸工作富有挑战性，需要以专业的外贸知识为基础，擅长采用不同的语言进行沟通，在客户面前做到不卑不亢，有礼有节，更需要专业的谈判话术和良好的沟通技巧来促成交易的达成。常见的外贸沟通技巧包括：沟通前准备并充实、完备所需材料；沟通时要向客户表示善意与欢迎；在客户向你抱怨时不仅要安抚客户的情绪，还要有解决问题的诚意；在外贸谈判中，牵扯到金额、交货条件和日期时，除了口头复述加以确认外，最好采用正式的书面合同进行确定；听不懂对方所说的话时，务必请他重复；遇到不能接受的底线问题，要斩钉截铁地说“不”；在对方质疑时，要确定将矛头指向事情本身，而不是对手身上；永远要让客户觉得他赢了，合作才能长久；学会站在客户的立场上思考问题，培养“双赢”的思维；遵循平衡法则，你在一个地方让步，就要求客户在另外一个地方让步，比如当客户说价格便宜点时，业务员就可以要求客户提高一定的订单量。

（2）消除社交胆怯

外贸从业人员在业务沟通中时常出现胆怯或恐惧心理，不知道怎样和别人沟通。以下介绍了消除人际沟通中胆怯心理的几种方法：① 在人际沟通中学会放松。有规律地练习腹式呼吸和深度放松技术，减轻焦虑的生理症状。② 在人际沟通中尝试看着别人的眼睛说话。眼睛是人心灵的窗户，如果敢于直视他人的眼睛，就相当于敞开心扉与人交流。③ 在人际沟通中关注社交本身而非自己的表现。将注意力转移到怎样才能表达清楚自己的意思、怎样才能发掘对方的优点等事情上来，这样就能够自然从容了。

（3）学会有效沟通

首先，有效沟通从学会有效倾听开始。在日常外贸工作沟通或商务谈判中，要努力培养倾听的兴趣，用心感知信息，了解对方的看法，并及时用动作和表情给予回应。其次，有效地表达才能确保沟通顺畅。在国际贸易的业务沟通中，为了正确表情达意，在沟通之前必须做好充分的准备；沟通的主题要明确、语言要生动、内容要完整，注意语气和语调；

在口头表达时要采取谨慎的态度，留有一定的余地，表达的内容要有重点和层次；说话要有礼貌，不能太刻板。

（4）培养团队合作精神

外贸工作是一项综合性的工作，涉及业务环节众多，极具复杂性和多元性，在业务中常受制于供应商、金融、物流、监管部门等多种约束，需要公司不同部门的支持配合以及同事之间的互相协作，凝心聚力。环环相扣，任何环节出错都会牵一发而动全身。因此，培养外贸从业人员的团队合作精神是至关重要的。

（三）直播人员的焦虑心理

1. 典型工作情境描述

秦敏是一名发展型电商公司的带货主播（图 12-3），主要负责直播带货和直播间的一些基础工作，公司的绩效考核非常严格，个人收入完全取决于绩效，并且面临末位淘汰的压力。作为电商带货主播，主要是在直播间介绍产品并引导用户下单购买。而网络世界无奇不有，秦敏每天都会遇到形形色色的人，有的人很有礼貌但会不断地咨询很多问题，有的人一旦发消息未被及时回应就会破口大骂，经常一天都是在咨询声和谩骂声中度过。而在直播间流量不好的时候，压力更大，没有人互动，就只有自己对着镜头讲话，无聊且尴尬。长时间的无人观看可能导致主播心态崩溃，并陷入深深的自我怀疑当中。每次下播后，公司都有直播复盘，部门会去系统性分析这场直播的问题，若是主播的个人问题就会直接罚款。在一次直播中，秦敏因为紧张忘记打开麦克风，出现了三分钟无声直播，直播间的数据迅速降到冰点，秦敏因此被罚 500 元。此后又出现过几起类似的突发事件。慢慢地秦敏开始变得焦虑起来，经常做噩梦，有时甚至崩溃大哭，她害怕做不好，怕冷场，怕粉丝走掉，怕卖不出货，完不成目标。一向活泼开朗的她变得郁郁寡欢，开始怀疑自己能否胜任主播岗位。

图 12-3　电商企业

2. 典型心理困扰的表现

直播，是当前最热门的风口行业，而主播是众多年轻群体向往的新兴职业。作为直播从业人员，虽然收入高，回报快，但直播圈瞬息万变，粉丝流动性高，光鲜的背后是高强度和高压力，对从业人员的心理素质要求非常高。常见的心理困扰主要有以下几种表现。

（1）面对镜头的羞怯、怯懦

直播行业对员工心理素质的挑战比一般的营销线下营销活动更大。很多主播，尤其是新人主播，在一定程度上是缺乏自信心的，很多人第一次直播无法突破自己的心理障碍，最直接的表现就是对着镜头神情、行为不自然，说话结巴，反应迟钝等。而直播行业内比较优秀的主播大多对这个行业的无限热爱和执着追求，将它看作自己职业生涯的目标，坚持不懈地练习，目标坚定地一步步走下去，从而最终实现自己的职业理想，提升人生价值，并走向成功。

（2）对销售业绩的焦虑

主播的业绩具有数据可视化的特点，每一场直播成功与否显而易见。由于很多公司将主播的薪资评级等与业绩挂钩，且直播中随时可能出现不可控、不确定的风险，很容易造成直播事故，而主播是直面消费者的人，其压力可想而知，很容易产生焦虑反应，如出汗、晕倒、失眠、生病等问题。

（3）自我评价过低

一方面，在网络上，主播时常面对一些过激的评价言论，这些不客观、不实际的评价会对他们的心理造成重大的打击；另一方面，一些新人主播喜欢和成功案例作对比，对工作期望过高，一旦受挫就产生沮丧感，进而怀疑自己的能力，导致自卑。久而久之就会对自我的评价过低，这对直播从业人员心理品质的提高极为不利。

3. 职业心理素质培养

（1）正确认知焦虑

面对纷繁复杂的网络环境，主播在直播时出现焦虑心理也是普遍存在的现象。当这种心理出现时，首先要正视它，不要掩饰或回避，适度的焦虑有利于提升工作效率；其次要学会积极地心理暗示，告诉自己突发事件是偶然发生的，随着问题的解决，焦虑情绪是可以缓解甚至消除的。

（2）提升直播技巧

电商直播是一项专业性、技术性很强的工作。对于主播来说，专业的直播技巧是最基础也是最重要的职业素养。在直播过程中，主播不能堆砌晦涩难懂的专业名词，而是要把这些专业名词用口语化的方式向观众表达出来，既要通俗易懂，还要吸引客户购买。作为主播，只有不断提高自己的专业技术水平，才能够更好地去适应直播行业的快速发展。为此，新手主播可以对着镜子多练习或录视频后看回放，加强面容自信，提升语言流畅度；也可以多向优秀同行请教并模仿，训练直播的语气、动作和话术，提升自己的直播技巧。

（3）学会调控自我

面对纷繁复杂的网络人群，黑粉恶意攻击主播的现象时有发生，而主播在直播时怀有负面情绪也是常有之事。作为直播人员，要学会宽容，培养自己宽广的胸怀。当你直播胸怀宽广时，你就会宽容别人，接纳他人，自己的心境也能明朗开阔，正所谓“退一步海阔天空”。直播人员在开展线上营销活动时要有良好的情绪和情感，相信大多数客户是持着信任诚恳的态度来对待自己的。不要把自己置于不信任的假定环境中，尽可能把事情往好的方面想，多看积极的一面，克服不良情绪。要懂得问题只是问题本身，不是这个人，学会把人和问题分开，学会把问题“外化”。在工作压力面前，学会沉着应对，学会使用一些冥想、放松的方法缓解情绪，减轻内心压力。比如正念呼吸放松法。直播前，当你感到焦虑不安时，可以运用正念呼吸法进行放松。具体来说就是把关注点放在呼吸上，深深地吸一口气，在心里默念“自在”，然后慢慢地呼气，在心里默念“平静”，重复多次，直到呼吸顺畅，焦虑情绪逐渐舒缓下来。

（四）挫折心理

1. 典型工作情境描述

陈东作为一名大型工程机械企业（图 12-4）的区域业务经理，回顾自己从营销基础

看微课

营销人员的挫折心理调适

岗位走到业务经理这15年的职业生涯，感慨自己也曾在个别阶段遇到压力和挫折。不忘职业梦想和初衷，学会自我排解职场压力，与团队一起分享职业生涯中的喜悦和成功是他坚持下来的动力。作为业务经理，从客户商机走访、合同及商务条款、产品发货到安装调试各方面都要协调，包括客户的需求需要、工厂的制造和服务需要等。大工业品面对客户群体公司或者多个股东，最终的采购决策客户内部也存在着多方博弈和意见差异，往往需要与客户沟通，同时面临着竞争对手的“抢单”压力，要付出巨大的投入和感情。曾经有一个长期合作的老客户，一直采购公司的产品，但有一次客户使用销售设备出现了较为严重的设备故障，公司的质量和售后部门都无法解决，严重耽误了客户工期，索赔方案在公司也一直无法确定，客户一怒之下退货并直接采购了竞争对手的产品。陈东感到长期的投入突然打了水漂，不仅仅是物质上的损失，还有客户对他的信任丧失，短期内根本无法弥补，这让他陷入了较深的挫折中，没有人能随随便便成功，付出也不一定有回报，这个经历让他一时感到迷茫、沮丧。但是，考虑到既要对公司、客户负责，又要对家庭负责，他必须承担压力，负重前行，将自己的负面情绪快速调整，时刻迎接新的挑战。

图 12-4　工程器械类企业

2. 典型心理困扰的表现

（1）逃避

现实是残酷的，付出不一定会有回报，甚至会成为负债，这是当前激烈竞争社会的常态，可是不付出，肯定没有回报。逃避受挫的现实，放弃原先追求的目标，撤退到安全的地方去，虽然能使心理紧张得到暂时的缓解，但问题没有解决，只会让人不求进取。

（2）情绪化

遭受挫折容易引起销售人员的情绪问题，表现为焦虑或攻击他人，如果营销人员自身有情绪化问题，在营销中可能会迁怒到客户，所以需要用积极的情绪状态投入到营销活动中。

（3）不正确归因

营销人员面对失败挫折，一些人会“找借口”来解释所遭受的困境，以减轻内心痛苦，或者把错误转嫁到他人身上，把自己不能接受的事实归结为他人的原因，这种消极的反应只能起到暂时平衡心理的作用，并不能解决问题。摆正自己的位置，端正自己的心态，承受挫折应该是每一位销售人员应具备的素养。

3. 职业心理素质培养

（1）接纳挫折

对营销人员来说，有挫折和失败是再自然不过的事情了。面对挫折，营销人员需要考虑的不是这件事该不该发生，而是既然发生了，该怎么去面对，要知道解决问题的过程也正是成长的过程。

（2）寻求外界的帮助

一个人的成功都离不开背后的社会支持系统，所谓社会支持系统是一个人在自己的社会关系网络中所能获得的、来自他人物质或精神上的帮助和支持。而朋友、亲人就是非常重要的资源。当我们遇到挫折时，要学会先处理我们的情绪，再解决问题。当你感到沮丧、失落时，不妨向亲人、朋友倾诉一下。不管他们能否给你一些建议，仅仅就陪伴和倾听就能给你足够的支持了。

（3）建立正确的归因方式

根据情绪 ABC 理论，一个人情绪的问题很重要的是他的信念是不是合理的，也就是说他的归因方式是否正确。当挫折产生的时候，我们要看他如何去看待挫折。面对挫折有的人认为是本人能力不行，有的人怨天尤人，而成熟的人，会有意识地去觉察自己解决问题的方法是否正确，思路是不是出了问题，从而调整自己的思维方式。建立正确的归因方式，才能让挫折变成财富。如果你把挫折看作经验，并学会记录和汲取经验，如此，经历过的挫折都会发展为你内在的力量，你将变得精力充沛且自信快乐，你会越挫越勇。

（4）团队作战法

团队作战是成功与否的基础。“胜则举杯相庆，败则拼死相救”，在团队上下一心为了同一个目标奋进时，荣辱、挫折由团队共同承担，才会获得源源不断的精神动力和支持。遭遇困难时，团队中那一句“放心、有我在”就是严寒冬日里的那一道暖阳；签下订单后的那一场酣畅淋漓的庆祝，就是炎炎夏日的一汪清泉，洗去征途中的所有眼泪和汗水。

（5）培养决心和毅力

决心就是坚信一定能够胜利的自信心。对公司的自信、对产品的自信、对服务的自信、对自己的自信，唯有自信，才能亮剑，才敢于面对一切的困难和挫折。

毅力就是百折不挠，不到黄河心不死、不撞南墙不回头的精神。在激烈的竞争中，不能被出现的一个又一个的困难所打倒，而是做到不放弃每一个机会、不保留每一次努力，要坚信办法总比困难多，用集体的智慧去积极应对每一次的挑战。

三、心理训练

（一）活动：时装设计展

活动目的：发挥创造力，感受个人在团队中的作用。

具体操作：

（1）5 人一组，进行工作分工，如分成 3 名设计师、1 名模特、1 名裁判。

（2）设计师在规定的时间内以报纸为材料制作服装。

（3）模特现场展示，裁判对各组完成情况评判。

评分标准：新颖性 4 分、认可性 3 分、观赏性 2 分、可行性 1 分。

讨论：各组的制作是如何表现创意的？每组是怎样处理分歧，达成一致意见的？

（二）活动：同心圆

活动目的：体会自己的团队在接到任务后如何进行沟通、协调与合作，并以最快的方法来完成任务。

具体操作：

（1）10~15 人一组，大家围成一圈，伸出食指共同架托着一个呼啦圈。

（2）随着下蹲的指令，大家身体开始下移，但手指始终不能脱离呼啦圈，否则判为失败。

（3）其他小组派出观察员并计时。

（4）第一轮结束后，小组总结讨论并改进活动方案，然后重新做一次。

讨论：

在配合过程中都出现了什么现象？你认为问题出在哪里？后几轮活动时速度、配合方面有没有改进和提高？在游戏中你的感受是什么？

活动总结：

这个游戏看似简单，但做起来需要彼此间的默契，单靠个人的力量是不能完成的。如果团队中有人与集体的步调不一致，就会拖大家的后腿。当然，协调一致的默契配合需要有效的沟通、统一的指挥和团队精神。

课外拓展

一、心理书籍

（一）《职业心理健康　自测与调节》

本书通过各种职业心理健康问题的测量，帮助你及早发现自己的问题，并为你提供对策，以帮助你解决各种职业心理健康问题。

（刘远我．职业心理健康　自测与调节［M］．北京：经济管理出版社，2004.）

（二）《心理学家的营销术　如何操控消费者的潜意识、思维过程和购买决定》

本书作者戴维·刘易斯博士创造性地将神经科学理论应用于营销实践，通过探索人类大脑的敏感点，来发掘消费者挑选、购买产品的深层原因。

（戴维·刘易斯．心理学家的营销术　如何操控消费者的潜意识、思维过程和购买决定［M］．张淼，译．广州：广东人民出版社，2015.）

（三）《任正非传：华为没有成功，只有成长》

本书以任正非的生平经历为主线，用探究事实真相的写实手法，以多述事件、少发议论为原则，展现了他学者的思辨、智者的胆识、军人的风度、大师的风范、哲学家的深刻、作家的诙谐风趣的现代企业家形象。

（林超华．任正非传：华为没有成功，只有成长［M］．武汉：华中科技大学出版社，2019.）

二、健心影院

（一）《首席执行官》

影片讲述了海尔首席执行官张瑞敏带领海尔从一个籍籍无名的亏损小厂，发展成为中国制造行业标杆的奋斗故事。

（二）《杜拉拉升职记》

主人公杜拉拉是典型的中产阶级的代表，她没有背景，但接受过较好的教育，有着超高的 IQ 及 EQ，在经历了各种职场变迁和职场磨炼后，靠个人奋斗、能力和聪明获取成功，最终成长为一名专业干练的 HR 经理。

（三）《中国合伙人》

影片讲述了“土鳖”成东青、“海龟”孟晓骏和“愤青”王阳，三个年轻人从学生年代相遇、相识，共同创办英语培训学校，直到最终实现“中国式梦想”的故事。

三、学以致用

（一）案例分析

时常有一些同学说：“我真的明白一心一意追求目标的重要，但是我的杂务太多，经常扰乱原有的计划，我该怎么办？”许多各种未知的因素确实存在，并影响你的执行步骤。

讨论：你怎么看上面这种现象呢？

（二）想想做做

活动名称：30天的改善计划。

活动概要：从现在开始给自己制订一个30天的改善计划吧，它能使你提高效率以及培养承担大任的条件与实力。

目的：建立新的良好习惯，控制和消除旧的消极性习惯。

操作程序：

在下列五个方面填入你一个月内必须做的事情，一个月后再检查一下进度，并重新建立新的目标。

1. 改掉这些习惯

（1）不按时完成各种事情。

（2）消极性的词句常挂在嘴边。

（3）作息时间无规律。

2. 从现在起要养成这些习惯

（1）每天早上醒来都对自己说些激励的话。

（2）睡前就把第二天的事计划好。

（3）任何场合学会赞美别人。

3. 用这些方法来增加自己的学习工作效率

（1）在最高效的时间干最重要的事情。

（2）每天都安排一定的运动、休闲或机动时间。

（3）经常静静思考，包括思考改善学习和工作的方式方法。

4. 用这些方法来增进同学之间的和谐

（1）尊敬自己周围的每一个人。

（2）认真倾听他人的意见，努力了解他人的观点及相应的理由。

（3）对他人为自己做的哪怕是小事也表示更大的谢意。

5. 用一些途径来修养自己的个性

（1）每周花两小时阅读一本专业的杂志。

（2）阅读一本励志书籍。

（3）结交几个新朋友。

总结：

完善自我是塑造自身生存的能力。当你看到一个处处都高人一等的“风云人物”时，立刻提醒自己那么优美的风度并不是天生的，是他人严格的自我控制所造就的，建立新的积极性习惯，同时根除旧的消极性习惯，这正是“风云人物”的修养过程。而在这一修养过程中，计划与目标起着关键的调控作用。

13

第十三单元

医药卫生大类职业岗位（群）职业心理素质培养

能够成为护士是因为上帝的召唤，因为人是最宝贵的，能够照顾人使他康复，是一件神圣的工作。

——弗罗伦斯·南丁格尔

凡大医治病，必当安神定志，无欲无求，先发大慈恻隐之心，誓愿普救含灵之苦……勿避险巇、昼夜寒暑、饥渴疲劳，一心赴救，无作功夫形迹之心。如此可为苍生大医。

——孙思邈

知识梳理

医药卫生大类职业岗位(群)职业心理素质培养
知识点
医药卫生大类包含的主要专业群
临床医学类
护理类
药学类
中医药类
医学技术类
康复治疗类
公共卫生与卫生管理类
健康管理与促进类
眼视光类
医药卫生大类职业岗位(群)应具备的主要职业心理素质
责任心
同情心
观察力
情绪稳定性
沟通能力
技能点
职业压力心理应对
学会调控恐惧情绪
积极处理内疚心理
缓解工作中的无力感
职业倦怠心理应对
提升共情能力，保持工作热情
提高职业认同，改善职业倦怠
加强医患沟通，改善医患关系
医患冲突心理应对
改善服务态度，提高服务质量
学会舒缓情绪，促进有效沟通
提升风险沟通和应急处理能力
技能竞赛心理应对
学会多措并举，舒缓备赛压力
学会应对情绪波动，提升竞赛能力
学会认知调节，化解焦虑情绪

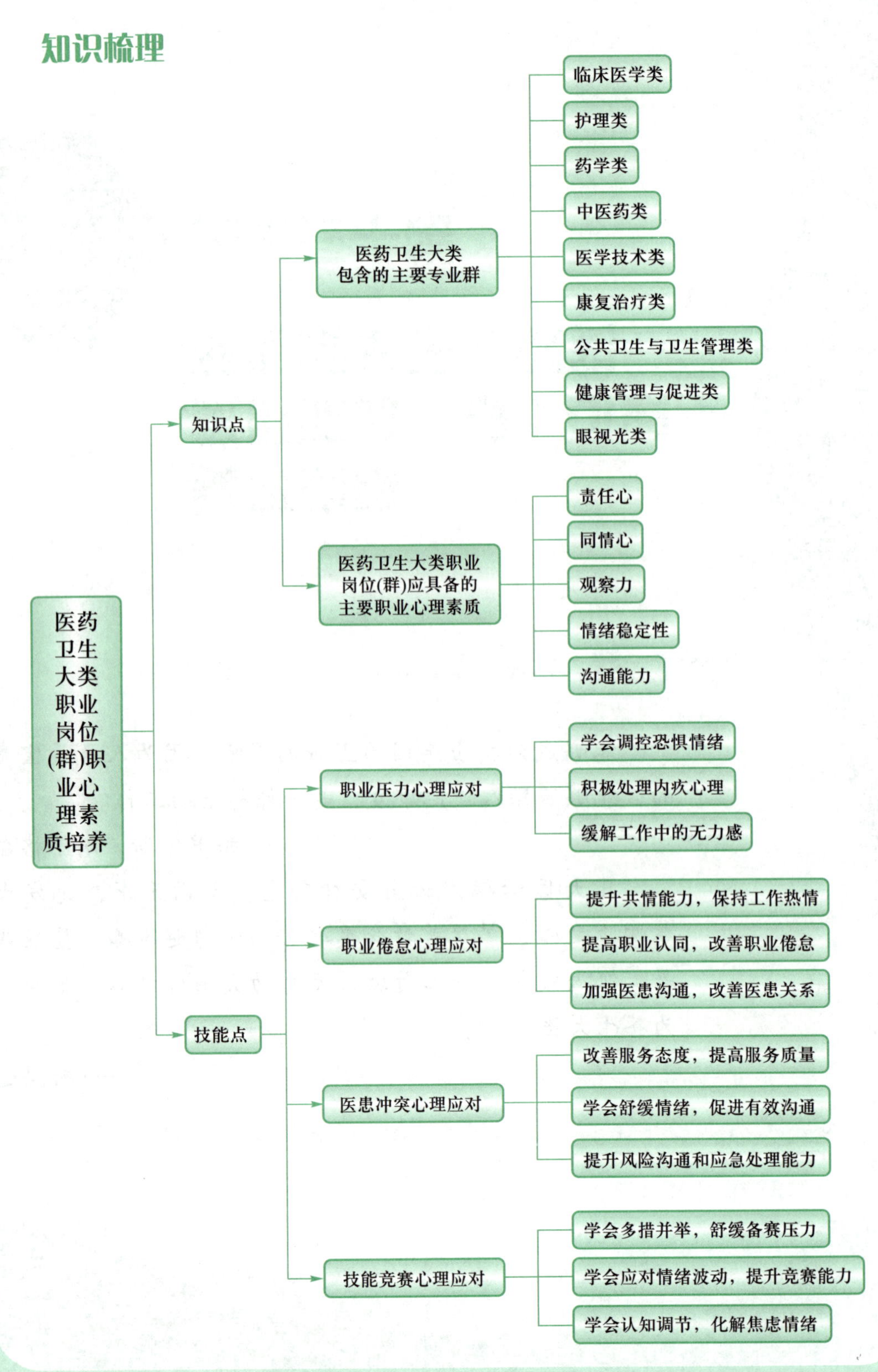

心理讲堂

心灵故事

2017年2月8日，感动中国人物颁奖典礼举行。来自成都市第三人民医院的骨科医生梁益建一出场，现场就掌声雷动，他的事迹感动了无数听众。作为国内首屈一指的极重度脊柱畸形矫正专家，多年来，他亲自主刀挽救了上千个极重度脊柱畸形患者的生命，让患者得到重生。在患者眼中，他是华佗再世，而在同行眼中，他是勇攀医学高峰的勇者。梁益建不断探索医学的边界，铸造了同行难以企及的医学高度。央视颁奖词评价他："自谦小医生，却站上医学的巅峰，四处奔走募集善良，打开那些被折叠的人生，你用两根支架，矫正患者的脊柱，一根是妙手，一根是仁心。"

高职院校的医药卫生大类专业的学生经过系统学习后，具备了比较完备的医药卫生理论知识，也掌握了相应的医院临床实践能力。医药卫生大类岗位（群）对应有临床医师、护士、康复治疗师、育婴师、药剂师、医学检验师、康复治疗师、医药代表等。如何胜任这些职业岗位，这些岗位需要具备哪些职业心理素质，是医药卫生大类学生需要学习和掌握的内容。

（资料来源：央视网，有删改）

一、医药卫生大类包含的主要专业群

医药卫生大类可以分为9大类别：临床医学类、护理类、药学类、中医药学类、医学技术类、康复治疗类、公共卫生与卫生管理类、健康管理与促进类、眼视光类、具体包含临床医学、口腔医学、护理、中药学等47个专业。

二、医药卫生大类职业岗位（群）应具备的主要职业心理素质

医药卫生事业的发展对社会的持续发展起着重要的作用，医学生是我国医疗卫生事业的后备人才。因此，高职院校在重视学生知识传授、能力培养的同时，也要高度重视学生的医学职业人格培养，使医学生具有良好的职业素质，促进医疗卫生事业的发展，更好地保护人民的健康。

（一）责任心

责任心亦称责任感，即个体对责任的感知和知觉，是指个人对自己和他人，对家庭和集体，对国家和社会所负责任的认识、情感和信念，以及与之相应的遵守规范、承担责任和履行义务的自觉态度。2020 年初，我国武汉出现新型冠状病毒感染，全国各地的医生主动报名驰援武汉，都体现了医护人员强烈的责任心。

在某种意义上说，医护人员的责任心、爱心和亲和力与其工作的技能同等重要。病人的心情往往是焦虑的，甚至是十分敏感的。他们需要医护人员的关爱和情感表露，例如语言亲切、态度和蔼、热情大方、善解人意、平易近人、温暖与善良。只有对工作抱有强烈责任感的医护人员，才会奉献一片爱心，用辛勤的劳动、美好的心灵去维护白衣天使的光辉形象。

（二）同情心

同情心是对他人的不幸产生共鸣，并对其表现出关心、赞成、支持等情感以及由此诱发的“助人为乐”“伸张正义”等动机和行为，是一种受多种因素制约的、多维度、多层次的社会心理现象。

弗罗伦斯·南丁格尔（Florence Nightingale）曾说，护士必须要有同情心和一双愿意工作的手。所以同情心对于医护人员的意义非同一般，它既是医护人员职业素质的基础，也是一切道德的基础。一个具有同情心的人才能给其他人带来关心和友爱，快乐与成功。

（三）观察力

观察力是在有目的、有计划的感知活动中，逐渐形成的一种比较稳定的认知活动。及时、准确地发现病人病情变化是医护人员最基本且不可缺少的一项重要技能。

在护理工作中，病人的病情是经常变化的，随着危急重症救治率的提高，对病人观察抢救能力的要求也越来越高，医护专业的学生不仅要有一定的护理技能，在面对突发情况时，还要有准确快速地观察判断和处理病情的能力。

（四）情绪稳定性

按照情绪稳定性来划分，人的情绪模式可分为两种类型，即情绪稳定型和情绪不稳定型。前者的情绪强度低，情绪状态始终控制在一定限度内，不走极端；而后者的情绪强度大，情绪状态忽高忽低，喜怒无常，难以捉摸。对于医护类专业的学生来讲，保持稳定的情绪不但会提升自己的工作状态，而且可以感染到自己的病人。

（五）沟通能力

沟通能力指一个人与他人有效地进行沟通信息的能力，包括外在技巧和内在动因。其中，沟通艺术和沟通效益是人们判断沟通能力的基本尺度。

临床医疗护理的实践活动不仅是一个认识过程，也是一个人际互动的过程。护患之间的沟通及相互作用是产生护患关系的基础及必要过程。同时这种人际沟通还包括治疗性沟通，即医患之间、护理人员之间、护理人员与医生以及其他医务人员之间，围绕病人的治疗问题进行的信息传递和理解。国际医学教育专门委员会制定的《全球医学教育最低基本要求》提出，沟通技能是医学生应必备的核心能力。

心理实践

一、心理测量：人际反应指针（IRI-C）问卷

指导语：下表（表13-1）共有22个题目，每个题目用来测量你的人际反应程度。0代表“不恰当”，1代表“有一点恰当”，2代表“还算恰当”，3代表“恰当”，4代表另一个极端“很恰当”。阅读每一道题目中的描述，从0—4的5个选项当中选择符合你情况的选项打“√”。

表13-1　人际反应指针（IRI-C）问卷

序号	题目	选项				
		0	1	2	3	4
1	对那些比我不幸的人，我经常有心软和关怀的感觉					
2	有时候当其他人有困难或问题时，我并不为他们感到很难过					
3	我的确会投入到小说人物中的感情世界					
4	在紧急状况下，我感到担忧、害怕而难以平静					
5	看电影或看戏时，我通常是旁观的，而且不会全心投入					
6	在做决定前，我试着从争论中去看每个人的立场					
7	当我看到有人被别人利用时，我感到有点想要保护他们					
8	当我处在一个情绪非常激动的情况中时，我往往会感到无依无靠，不知如何是好					
9	有时候我想象从我的朋友的观点来看事情的样子，以便更了解他们					
10	对我来说，全心地投入一本好书或一部好电影中，是很少有的事					
11	其他人的不幸通常不会带给我很大的烦忧					
12	看完戏或电影之后，我会觉得自己好像是剧中的某一个角色					
13	处在紧张情绪的状况中，我会惊慌害怕					

续表

序号	题目	选项				
		0	1	2	3	4
14	当我看到有人受到不公平的对待时，我有时并不感到非常同情他们					
15	我相信每个问题都有两面观点，所以我常试着从这不同的观点来看问题					
16	我认为自己是一个相当软心肠的人					
17	当我观赏一部好电影时，我很容易站在某个主角的立场去感受他的心情					
18	在紧急状况中，我紧张得几乎无法控制自己					
19	当我对一个人生气时，我通常会试着去想一下他的立场					
20	当我阅读一篇吸引人的故事或小说时，我想象着：如果故事中的事件发生在我身上，我会感觉怎么样					
21	当我看到有人发生意外而急需帮助的时候，我紧张得几乎精神崩溃					
22	在批评别人前，我会试着想象：假如我处在他的情况，我的感受如何					

（资料来源：张凤凤，董毅等，中文版人际反应指针量表（IRI-C）的信度及效度研究［J］. 中国临床心理学杂志，2010，18（2）.）

二、典型心理情境及应对

对于医药卫生大类工作，不同岗位有不同的职业心理素养，也有共性的职业心理素养。下面通过四个典型职业情境来探讨面对典型心理问题时如何应对，如何培养职业心理素养。下文主要涉及工作中常见的职业压力、职业倦怠、人际沟通心理和医患冲突，期待给同学们更多的指导和启发。

（一）职业压力心理

1. 典型工作情境描述

“一场疫情，彻底改变了我们的生活，也让我重新认识了这个时代最可爱的人。”武汉汉口医院内分泌科医生杨丽如是说。2020 年 1 月 5 日，杨丽忽然发现自己所供职的武汉汉口医院的门诊病人多了起来，对此医院临时开通呼吸二病区，她知道此刻医院需要人手，当即申请支援呼吸科，当天她被安排至呼吸二病区接诊病人。这是极为冒险的举动，此前她从未接触过防护服，更没系统学习过防护知识，在正式走进病区以前，她坦诚自己内心难免恐惧。这一天，她的病区不停接收新型冠状病毒性肺炎的感染者和重症病人，全体医护人员都手忙脚乱，她当日值班 24 小时，等忙完已是次日凌晨四点钟左右了。刚好那几天也是家人最需要她的时候，孩子的奶奶在汉口医院骨外科做膝关节手术；女儿参加武汉全市小学生期末考试，需要人接送；刚满 3 岁的儿子吵着闹着要妈妈……这一切她都无暇顾及，只能找亲戚代劳。2020 年 1 月 20 日，杨丽被派到汉口医院呼吸六病区，该病区共收治 70 多名病人，其中大部分都是高危重症病人，她和全体医护人员几乎没有时间休息。在此过程中，她也目睹了生死的无常。

（资料来源：澎湃新闻，有删改）

2. 典型心理困扰的表现

杨丽遇到的心理困惑，是医护人员工作中常见的职业压力心理，具体表现如下。

（1）恐惧心理明显

恐惧是指人们在面临某种危险情境，企图摆脱而又无能为力时所产生的担惊受怕的强烈压抑情绪体验。面对新的疫情，没有特效药，没有疫苗，每天和感染者在一起，是最容易被传染的，出现恐惧心理十分正常。恐惧心理会表现出紧张害怕的情绪，伴随着脸红、心慌、冒汗、心跳加快等生理表现。

（2）内疚心理反复

内疚是个体意识到自己的行为违反道德规范时出现的一种悔恨、自责的情感体验。根据情绪分化理论，内疚情绪包括悔恨、自责、焦虑、痛苦等成分。内疚是在自我道德评价过程中产生的道德情绪，会影响后续的行为，是道德的“晴雨表”。杨丽扮演着多重社会角色，她是医生的同时也是一个需要照料孩子的母亲，一个需要照料父母的孩子，她承担着多个角色的责任，但是这种双趋冲突没有办法解决，所以产生了内疚心理。

（3）偶尔体验到无力感

无力感指医护人员在从业过程中体验到力不从心、无计可施的感觉。医护人员这个职业群体在工作中比其他任何职业更容易体验到无助感和无力感。一个患者的离世，可能带来自我的愧疚、同事的怀疑、患者的追责、舆论的批判。有时，医生已经尽了全力，却没能挽回患者的生命，这种情况下医护人员就会体验到无力感。无力感会伴随一定的自我怀疑、自我否定、自责和内疚等不良情绪。

3. 职业心理素质培养

（1）学会调控恐惧情绪

情绪容易传染，如果医生和护士一脸焦虑或者恐惧，病人就会觉得问题严重，影响治疗效果。调节恐惧心理的第一步是要接受自己的恐惧情绪，医生也是人，担心被传染是人之常情，不要去排斥它，这样才会平静地去对待自己的情绪。第二步是认知重评。认知重评发生在情绪的早期，即先行关注调节阶段，指个体从认知上重新评价当前事件以调节情绪的策略，它改变的是事件的意义，继而影响情绪反应。第三步是转移注意力，把注意力放到解决病人或者同事的困难上。总之，锻炼自我情绪调控能力，既能稳定自己的情绪，又能稳定病人的情绪。

（2）积极处理内疚心理

内疚心理对人际关系的维持和改善是有益的，它能驱使人们采取更多的亲社会行为来修复被损害的社会关系。第一，要学会分辨内疚情绪。内疚情绪有健康和不健康之分，健康且有建设性的内疚情绪是出于对自我和他人的良知，是一种爱的情感，是对自我责任的反省。而不健康、破坏性的内疚是通过自责和自恨的方式实现对自我的惩罚，所以处理内疚情绪首先要学会区分，要看到内疚情绪健康的一面和不健康的一面，不要一内疚就自责。第二，要学会正视事实。已经发生的事情都过去了，无论你怎么悔恨都已无法挽回。请记住“内疚与悔恨既不能改变往事，也不能使自己有所长进”。第三，要学会重新审视你自己的价值观和道德观，不要强求自己做一个十全十美的人。第四，学会正视内疚，并积极弥补。把自己内疚的事情列出来，并写出导致的后果，然后针对这些内疚的事情，写上可以弥补的办法。譬如你经常因没有时间陪伴孩子而内疚，就要提醒自己在有时间的时候多陪陪孩子。

（3）缓解工作中的无力感

无力感可能会出现营养不良、食欲不振、过度劳累等症状，缓解工作中的无力感可以从以下几个方面入手：第一，调整心态，理性应对。生离死别是医护人员这个职业面对的常态。一个病人离开了，可能有一个新生命正在降生。作为医护人员，选择这个职业就是因为对生命怀有敬畏，所以面对每一次抢救，都是竭尽全力；面对每一个鲜活生命，都是满怀欣喜；面对每一个离开，都会心痛惋惜。第二，寻求外部支持，提升自我效能感。充分利用自己的外部资源，为患者提供尽可能的帮助，设身处地地从社会的角度、病人的角度、医院的角度来思考问题，采取积极的手段来解决工作中的难题，不断提高自己工作的自我效能感。第三，采用娱乐和运动疗法，各种娱乐活动，包括旅游、休闲、户外活动等，都能够放松身心带来愉悦，有很好的减压效果。

（二）职业倦怠心理

1. 典型工作情境描述

看微课

医院导诊员的职业倦怠心理调适

一对夫妇抱着受伤的孩子神情慌张地跑到分诊台（图13-1），孩子妈妈急切地问护士小文：“医生，我孩子受伤了，是挂外科还是内科啊？”“先挂外科处理伤口，再看看有没有别的问题。”小文的话音未落，又来了一个病人。

病人甲：“医生，住院部在哪儿？”

小文：“看到住院部的那几个字吗？还有箭头，按照箭头的方向一直往前走，到走廊的尽头往右拐，就可以看到住院部那几个字了，那儿就是。”

病人：“医生，我不认识字，你能带我去一下吗？”

小文：“不行，这里就我一个人在，我走开了，别人怎么办？”

图 13-1 医院分诊台

病人乙：“小姑娘，你怎么这么个态度，人家老人确实不识字，你们就是用来帮忙导诊的啊。”

小文：“你也是好心人，要不你帮忙带一下呗，我确实走不开。”小文满脸的不开心。

病人乙：“我带就我带，医院没有一个态度好的。”

这样的接待平均每2分钟就是一个，一天下来，小文口干舌燥，精神疲惫，工作了几个月，她的工作热情被一天天消磨殆尽，怎么办呢？前几天还被一个病人投诉了。

小文在工作中经常遇到“病情不急心情急”的病人，她也想和病人好好沟通，但是这些都需要双方互相理解。在医院并不是说谁心情急就先给谁看，不同的病情得到不同的治疗，才是最好的。但是病人一般都不能够理解，小文越想越郁闷，不知道自己当初为什么选择了这个职业。一想起还要这么继续下去，小文就头疼，不想来上班。

2. 典型心理困扰的表现

小文遇到的心理困惑，是工作中常见的职业倦怠心理，具体表现如下。

（1）工作热情下降，态度冷漠

医护人员工作强度大，时间紧，每天一上班就忙得团团转，再遇到一些不开心的事情或者不配合的患者，工作热情就大打折扣。如果长时间不进行心理调适，就会出现不愿意上班、害怕上班、不想面对患者或者家属的情况，进而交流沟通时热情下降，容易出现冷漠情绪，对病人的焦虑和紧张变得熟视无睹。

（2）身心严重耗竭，心理失衡

工作繁忙及服务对象的不理解导致医药卫生大类服务人员心理失衡，表现为不耐烦、脾气暴躁、易怒、言语举止失常。同时，知识的更新、激烈的竞争以及人们对诊疗、护理工作更高的要求，造成了医务人员职业上的压力，对那些在心理上、业务技术上处于劣势的医务人员来说，更易发生内疚、遗憾、灰心或无能为力等一系列身心耗竭综合征。

（3）医患关系紧张，沟通不佳

医护人员在工作中建立的人际关系是错综复杂的，如护患关系、医护关系、护护关系以及工作中上下级之间的关系。医护类学生上班后，面对的是饱受疾病折磨、心理状态不同、层次不同的病人，在护理工作中往往会与病人或家属发生冲突，甚至遭受到身体侵害，导致医患关系紧张。

3. 职业心理素质培养

小文其实也有看到另外一个导诊的同事，每天都能够很好地应对这些烦琐的工作，小文通过观察和了解，发现其实可以通过提升自己的能力和素质进行改善。

（1）提升共情能力，保持工作热情

提高共情能力，应该注意或者做到以下几点。

① 应走出自己的参照框架（角度）并进入求助者的参照框架（角度）。

② 必要时要验证自己是否做到共情。

③ 表达共情要因人而异。

④ 表达共情要善于使用躯体语言，如目光、面部表情、身体姿势和动作。

⑤ 表达共情要善于把握角色。

⑥ 表达共情应考虑到求助者的特点和文化背景。

⑦ 不必有相似的经历感受，而是要能设身处地地理解。

⑧ 表达共情应把握时机，共情应适度。

（2）提高职业认同，改善职业倦怠

医药卫生大类职业岗位（群）工作人员是职业倦怠的高危群体，消除医护人员职业倦怠的首要方法是提高医护人员的职业认同感，医护人员如果不喜欢自己的职业，就会造成一系列连锁反应，如职业认同感下降，缺乏工作激情和同理心，引发其对患者态度冷漠，出现职业倦怠，甚至发展为离职行为。提高职业认同感可以采取以下方法：① 引导理性社会比较。医护人员在社会职业上属于大众比较认同的职业，在工资待遇和社会地位上比上不足比下有余，特别在疫情期间，家庭中有一位医护人员可以一定程度上提升家庭幸福感。② 体验职业获益。医护人员的职责是救死扶伤，于人于己都有获益，他们应该擅于发现医护职业给予自身的积极情感。③ 恰当职业定位。医护类岗位属于服务类职业，职业价值高尚，受人尊敬。其他改善职业倦怠的方法还包括通过管理职业生涯，珍惜职业缘分，适应职业发展等干预策略，有利于提升职业认同。

（3）加强医患沟通，改善医患关系

沟通是解决医患关系中出现问题的关键，同时也是医患关系的核心因素。医疗实践中，要通过医患沟通，加强落实医护人员责任（图 13–2），正确运用文化、心理、语言、行为等相关因素，帮助患者消除负面情绪，确保患者的快速康复，提高医疗满意度。如何落实医护人员的责任来改善医患关系呢？第一，医护人员要能够有效地控制自己的情绪，稳定自己的心态后，理智清醒地进行沟通，同时严格按照程序办事。第二，医护人员注意语言表达艺术，对于患者提出的问题要细致耐心答复。第三，医护人员要尊重患者的人格，让患者能够感受到自己被重视，被关心。第四，医护人员要全面了解患者的内心想法，进行有的放矢的沟通，同时也要做好和患者家属的沟通，避免不必要的纠纷。

图 13–2　落实医护人员的责任

（三）医患冲突心理

1. 典型工作情境描述

“张主任，来了一位脑出血病人，需要赶紧抢救！”“好，准备抢救，我马上来。”患者脑出血，情况非常危急。张主任一边冲过去为患者做心脏按压抢救，一边向家属询问病史，护士则跑着将急救车推了过来。张主任迅速抽出药剂加到病人的输液袋里。经过一个小时的全力抢救，病人终于脱离危险，张主任长长地舒了一口气，如果没有抢救过来，张主任不知道怎么面对家属。

这不是拍电影，在急诊科，天天都有生与死的故事。与其他专科医生不同，急诊室是救命的地方，需要医生很快识别病人的病情，把握全局，迅速做出判断，立即动手抢救，一分钟都耽误不得。2009 年夏天的一个晚上，一位家属带着他的妻子来看病，不知道怎么回事就跟其他医生打起来了。张主任好心过去劝架，结果刚说半句话，就被家属一拳打在眼睛上，缝了 3 针。后来才知道家属是喝醉了酒。当年张主任做急诊科医生才 3 年，年纪轻，没经历过这种事，心里觉得特别委屈，甚至开始“怀疑人生”。同事们都劝他说，作为急诊科医生，哪有没碰到医患冲突的，就算为此受些委屈，也不能抹杀心里的职业认同感，“再说了，急诊医生，有谁没受过气？”话虽这么说，但是脸上的伤疤总是让他回忆起那些不快。

不过，这些年下来，张主任发现作为医生最苦恼的还是病人和家属的不理解。作为二甲医院，急诊科抢救室每天接诊的病人超过500名，常常产生误会和纠纷。比如，说医生太冷漠、住院部床位不够、医生抢救不及时等，经常有患者家属很不满地跟他们吵起来。

很多时候因为抢救病人需要加班或者值夜班，张主任发现自己情绪容易波动，出现烦躁、焦虑和睡眠紊乱。

2. 典型心理困扰的表现

张主任遇到的心理困惑，是工作中常见的医患冲突问题，具体表现如下。

（1）双方认知不一致引起心理失衡

有调查发现，医务人员和患者对医患冲突的认知差异很大。患者或家属将“医务人员服务态度差”作为导致医患冲突的医方首要原因，将“医学知识欠缺，不了解疾病治疗的风险性和复杂性”作为导致医患冲突的患方首要原因。医务人员将“医疗过程告知不充分”作为导致医患冲突的医方首要原因，将“对医院和医生缺乏信任”作为患方的首要原因。总的来说，患者比较关注医疗过程中医务人员的情感态度，而医务人员更关注医疗过程中的医疗行为。双方对医患冲突的认知难以达成共识，双方心理失衡严重，容易产生医患冲突。

（2）双方情绪不良导致沟通不畅

医务人员工作强度和风险大，绝大多数医生长期处于高度紧张和超负荷状态，导致大多数医务人员容易产生烦躁、焦虑等不良情绪。对于患者来说，生病来医院都是比较担心和紧张的，所以双方都会存在情绪不良的症状，而良好的沟通需要双方都持有良好的情绪，加之医患双方的主体地位和角色不同，双方信息的高度不对称长期存在，医患双方的关注点也不一致，所以医患双方的沟通桥梁容易被阻断。

（3）医患之间信任不够造成彼此防备

在医院调研中发现，患者倾向于信任大医院和职称较高的名医，或者利用关系就医，该结果显示了患者对医生的不信任。同时医生也不信任患者，担心患者隐瞒病情、不按照医嘱服药等。因此，医患双方为了不同的目标而担心，采取各种方式来降低风险，保护自己，进而导致医生和病人之间彼此不信任，甚至彼此防备。

3. 职业心理素质培养

（1）改善服务态度，提高服务质量

服务态度的改善不应仅仅是框架、制度、口号，更应该从小事细节做起。第一，增强服务意识和内控意识，对患者，医护人员要真心诚意地对待他们，时时、事事、处处都要学会换位思考，站在病人的角度去分析，去解答他们所提出的问题和所遇到的困难，切切实实地为他们着想。第二，在为患者服务时，一定要做到热情礼貌、耐心细致、态度温和，全心全意地帮助他们解决所遇到的困难，切实转变那种门难进、脸难看、事难办的“三难”的作风。也许一句不经意的问候，一个真诚的微笑，就可以温暖患者的心房，给他们以战胜疾病的信心（图13-3）。第三，提高医疗过程的告知水平，对于一些重病患者，要把病情的发生发展以及预防的方法详细地告诉病人，同时取得家属的配合，消除病人看病过程中的疑惑。

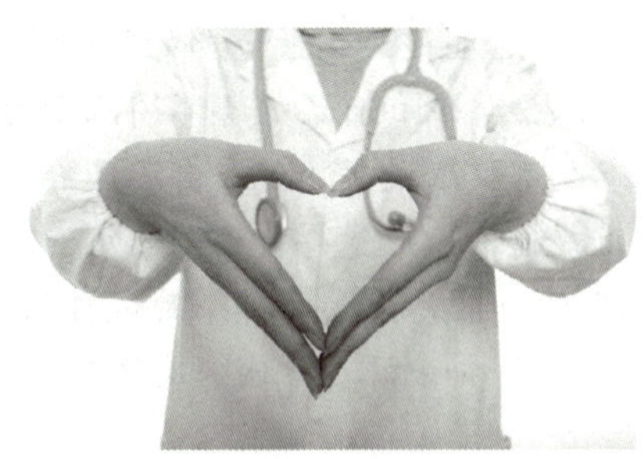

图13-3　改善医护人员服务态度

（2）学会舒缓情绪，促进有效沟通

医务人员工作压力大，工作节奏快，需要掌握适当的缓解不良情绪的方法。第一，表情调节。烦恼时，对着镜子笑一笑，微笑可以牵动面部几百块肌肉，加上一些积极的言语暗示，可以立竿见影。第二，人际调节。情绪不好时，可以向周围的人求助，通过和朋友聊天，倾诉，情绪表达后会得到有效的释放，这种人际互动会让你慢慢忘记烦恼。第三，环境调节。情绪不好时，可以去风景秀丽的地方散步或者运动，触景生情，会让人想起很多美好的往事，利用休息时间去短程旅游，效果更好。第四，认知调节。具体的事件并不一定会导致具体的情绪，对这个事件的看法才会导致什么情绪的发生，所以通过改变对事件的看法、态度等，可以改变情绪。第五，使用 ISBAR 沟通训练，提升沟通水平。

（3）提升风险沟通和应急处理能力

增进医患之间的信任，需要加强全社会对基本医疗知识的认知，满足患者的就医需求，也要加强对医生的理解和尊重，才能营造更好的医患关系和就医环境。而医方可以做好以下几点：第一，医护人员要学会倾听，了解病人的需求和心声。需要站在病人的角度，提高医疗过程中的情感沟通，急病人之所急，想病人之所想，改善患者的就医体验。第二，应充分向患方告知诊疗过程、诊疗方案及医疗风险，提高患方对诊疗信息的了解，消除患者内心的疑虑和焦虑。第三，医院提供结构化的医患冲突培训。如果遇到医闹，无法现场解释清楚，场面比较混乱，这时可以考虑寻求第三方的帮助，如寻求医院保安和警察的帮助，加强医护人员的应急处理能力，在一定程度上可以避免矛盾激化。

（四）职业技能竞赛心理

1. 典型工作情境描述

2021 年 12 月，由民政部、人力资源和社会保障部联合举办的全国养老护理员职业技能大赛决赛在江苏省南京市闭幕。湖南长沙的翟浩霖经过层层选拔最终代表湖南省参加全国决赛，翟浩霖说，这个比赛包括理论知识和操作技能考核两部分，操作技能主要考核养老护理员针对老年人身体、精神状况提供生活照护、基础照护、康复服务、心理支持等服务的实操能力。她非常幸运地获得了全国一等奖，被授予“全国技术能手”称号。

回想起这次比赛，翟浩霖感慨万千。养老护理员技能大赛由开始比赛时的 26 个操作增加到现在的 58 个操作，备赛越来越难，由于自己大学的专业是养老服务与管理，医学知识相对比较薄弱，而比赛时很多案例是需要对老人病情做基本询问和简单处理，包括要有对老人一些常见病所需服用的药品的了解，所以自己每天恶补医学知识，这样一场比赛下来就瘦了 10 多斤。特别是正式比赛的时候，出了初赛成绩得知自己可以参加决赛时，那天晚上只睡了 3 个小时，既有出线的喜悦，更有备赛的紧张，压力可想而知。

“这些还好，最重要的是这个比赛层层选拔且备赛的时间比较长，自己长时间的脱岗训练，单位和自己的备赛团队都付出太多，感觉大家投入这么大，自己如果没有拿奖的话怎么都说不过去，现在自己已经不是代表单位参赛，而是代表着湖南省，有时候一想到这儿就睡不着，觉得自己很矛盾，既希望早点比赛，早点结束，又希望再多点时间可以好好训练。”翟浩霖表示那个时候自己处于极度的焦虑与巨大的压力之中。

（资料来源：红网，有删改）

2. 典型心理困扰的表现

（1）备赛训练内容多，训练压力大

养老护理员技能比赛是集医学护理、康复、养老和人文关怀等知识于一体的技能比赛，对参赛选手的要求比较高，随着比赛的方案越来越完善，备赛的内容也越来越多，需要不断地模拟训练和熟悉操作，对于不同专业的选手提出的挑战比较大。一般参加养老护理员比赛的选手以护理专业和老年服务与管理专业毕业生居多，所以每个专业都有专业优势也有短板，需要在备赛时去弥补，这样参赛选手的训练压力就比较大。

（2）备赛训练时间长，容易情绪耗竭

情绪耗竭是工作倦怠的核心要素，它是一种心理疲劳状态，其特征是缺乏活力，有一种情绪资源耗尽的感觉。职业技能比赛耗时长训练强度大，热情和激情容易受到影响，出现了不想训练，不想进实训室的情况，或者产生了希望比赛早点结束的心态。这种心理和情绪资源因为长时间训练被过度使用，给选手的心理健康造成了一系列的负面影响，如自尊受损、沮丧、紧张和脾气暴躁等。

（3）比赛结果期待高，导致焦虑情绪

社会交换论认为，趋利避害是人类行为的基本原则。既然被选拔出来参加省赛和国赛，就肯定抱着拿名次的目的，所以由此会产生很多的想法和情绪，比如担心训练不到位，担心拿不到好名次，担心比赛发挥不好，担心对手超越自己等，这些担心就会导致焦虑情绪，出现紧张出汗、过度警觉等不良症状。

3. 职业心理素质培养

（1）学会多措并举，舒缓备赛压力

2021 年全国养老护理职业技能大赛一等奖获得者翟浩霖说，之所以自己刚毕业两年就能够在行业中获奖，得益于自己有一定的备赛经验。第一，聚焦关键竞赛能力，训练有的放矢。养老护理员技能比赛，关键考察选手的表达能力、洞察能力和临场应变能力，这其实也是以后工作中需要的核心职业技能，所以自己在每次训练时都仔细琢磨这个情境怎么表达更好，从老人的行为细节中去观察是否有不一样的问题存在，碰到突发的状况，自己该怎么去应对才能体现专业水准。第二，做好时间管理，有计划推进训练。对于优秀的备赛选手，一定要做好时间管理，有计划地完成训练任务，把所有训练任务罗列出来，落实到一个个时间节点去完成，已经完成的就打钩，每天看到自己完成的任务后就有了成就感，还可以缓解压力。第三，拓展训练素材，弥补专业短板。比赛的项目虽然是确定的，但是真正比赛时的情境是不完全确定的，所以每天可以利用零碎的时间去浏览各个养老院的微信公众号，从里面去找一些案例素材，截图进行收藏，一年下来自己就相当于增加了一定的工作经验。

（2）学会应对情绪波动，提升竞赛能力

长期的训练产生的情绪耗竭需要及时调节，对于竞赛中的情绪波动，可以采用以下方法：第一，适度倾诉。倾诉是将自己心中的痛苦向他人表达，适度倾诉，可以将情绪随着语言的表达逐步转化出去，当然对于倾诉的对象可以理性选择，一般选择自己信任的人、经验比自己丰富的人或者心理咨询师等。第二，有氧运动。有氧运动是指主要以有氧代谢提供运动中所需能量的运动方式。主要的有氧运动包括游泳、慢跑、骑自行车和瑜伽等。第三，记日记。记日记是一种自我对话的方式，每天训练完毕回到宿舍，可以通过记日记把自己的情绪记录下来，文字能治愈人心，撰写的过程也是梳理自己情绪的过程。

（3）学会认知调节，化解焦虑情绪

对于备赛中的焦虑和压力，可以使用以下方法进行调节：第一，改变认知法。情绪的ABC理论认为，事件A只是引发情绪C的一个原因，而真正起到决定因素的，则是当事人所持的信念B。所以在备赛中，可以通过改变对竞赛的认知来改变情绪。第二，正念疗法。正念是一种专注于当下、全然开放的自我觉察，不需要带有自我批判的心态，改以好奇心和接纳，迎接内心和脑海的每个念头，也就是强调正视当下和觉察，训练就是训练，训练中的情绪是正常的反应，学会去接纳它。第三，意义重构。意义是人对自然或社会的认识，是人给对象、事物赋予的含义，有客观的根据和缘由，主观的因素也很重要。竞赛对于每个选手来说，其重要的意义是拿名次获奖。但是仔细一想，训练的过程自己专业技能提升了，知识掌握扎实了，表达能力提高了，现场操作不怯场了，综合素质提升才是最关键的，这样赋予自己备赛的意义后，自然对拿名次获奖的焦虑就降低许多。

三、心理训练

（一）共情能力训练：换位思考

活动目的：通过活动使团队成员善于运用同理心，进行换位思考，努力提高共情能力。

活动时间：30分钟。

活动准备：纸、笔、椅子。

活动过程：

（1）我猜猜

三人一组围坐在一起，首先请A同学说一下最近发生的一件事，由B同学辨识这件事引起他的情绪是：愤怒、伤心、快乐、紧张、烦躁等，而C同学担任唱反调角色，所说的与B同学完全相反，甚至是毫不相干的事情。同学A再叙述面对两个同学的描述，他自己内心的感受如何。

（2）换椅子

① 老师首先自己进行角色演练，一人分别饰老师和学生两个角色，利用两张空椅子来进行自我分析，了解自己的烦恼的根源。

② 鼓励一两个学生说一说自己对自己烦恼的看法。

③ 建议同学们在纸上写下换位前后的想法。格式如下。

当时我是这样想：________________________________

“换椅子”后我想：______________________________

④ 小组内交流。

现场演练：把自己的想法通过两把椅子表演出来。

鼓励孩子走出座位，找到与自己有矛盾的伙伴，说一说自己的想法，争取和对方重归于好。

（3）小结

如果我们多从别人的角度来思考问题的话，那么在平时的生活中我们会减少很多摩擦，我们的集体也会更加和谐、更加团结。

（二）ISBAR 沟通训练：护理交班沟通

活动目的：

通过 ISBAR 沟通训练，使团队成员掌握 ISBAR 沟通模式的流程，把沟通方式应用于临床实践中，如交接班、会诊、危重患者抢救、危重患者转运等。

活动时间：30 分钟。

活动准备：纸、笔。

活动过程：

（1）了解 ISBAR 沟通训练的环节（图 13-4）。

I（Introduction）自我介绍。确认对象患者的一般资料。

S（Situation）情境。患者情况或观察到的状况改变。

B（Background）背景。患者主诉、重要病史、目前用药（尤其是特殊的用药）及治疗情况。

A（Assessment）评估。目前患者生命体征、检查 / 检验结果、特殊管路及装置、目前相关检查进度与需要追踪的检查 / 检验报告。

R（Recommendatian）建议。后续治疗方向、需解决的问题。

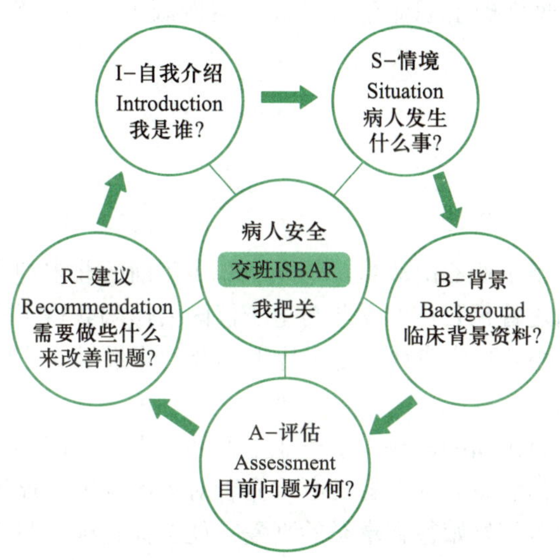

图 13-4　ISBAR 沟通训练图示

（2）根据老师提供的案例，进行护理交班沟通训练，A 同学利用 ISBAR 沟通训练法，把病人的情况和下一位值班护士进行沟通，并做好登记。B 同学可以做适当的询问。

（3）交换训练，B 同学扮演值班护士，按照 ISBAR 沟通训练法的顺序，向交班护士进行交接。

（4）分享总结。ISBAR 是一种结构化沟通方式，ISBAR 沟通模式的实施，能够提高医生间、医护间信息传递的准确率和详尽性，能够提高医护、医患沟通的能力。

课外拓展

一、心理书籍

（一）《医生的修炼：在不完美中探索行医的真相》

本书让病房里的真实故事在我们眼前上演，每一出都是惊心动魄的医学奇案或感人肺腑的外科戏剧，给人无比真实的感觉。

（葛文德. 医生的修炼：在不完美中探索行医的真相［M］. 杭州：浙江人民出版社，2015.）

（二）《护士职业化》

本书针对护士职业化的核心议题，综合运用心理学、行为学、思维学、人际关系学、生涯规划、人际沟通、情商管理等学科成果，以职业化视角为切入点，围绕职业认知、职业情感、职业行为范畴进行论述。

（贾启艾. 护士职业化护士职业生涯必读（案例版）［M］. 南京：东南大学出版社，2014.）

二、健心影院

（一）《医者童心》

影片讲述的是儿科圣手钱乙的故事。距今 900 多年前的北宋神宗年间，儿科医生钱乙在医途经历坎坷。他通过替长公主的女儿与皇子仪国公诊病获得了官员身份，并受皇帝赏赐。钱乙撰写的医书《小儿药症直诀》是世界上迄今为止最早的儿科医学专著。

（二）《甘南情歌》

影片讲述了一位来自杭州的医科大学毕业生万鹏，克服南国都市与远荒草原、理想与现实的巨大反差，靠着治病救人的医者良心，靠着对藏区发展医疗卫生事业迫切性的亲身感受和来自美丽善良的藏族姑娘德吉卓尕的真爱，他选择扎根、坚守，最终收获了刻骨铭心的爱情和事业的成功。

三、学以致用

（一）案例分析

王雅媛大学毕业后分配到家乡的镇医院工作，从事护理及公共卫生工作，工作中，她一直认真负责，兢兢业业，自基层医疗单位开展家庭医生签约服务以来，她经常利用休息时间上门随访，她管辖的村年均签约达 300 人次以上，签约居民服务满意度达 96% 以上。

“病人无医，将陷于无望；病人无护，将陷于无助。”去年三月的一个夜晚，她签约的村民林老伯的孙女哭着打来电话，说爷爷病重，身边没有大人，来不及细问，王医生就急忙通知家庭医生一起赶到林老伯家，此时林老伯已经昏睡过去，医生查看后初步诊断是长时间高烧引起水电解质失衡导致昏迷，再不救治情况将十分危急。王医生急忙给老伯紧急物理降温，并为他挂上吊瓶，当准备跟家属嘱托相关事宜时，发现老伯家只有爷孙俩，十来岁的小女孩就站在老伯跟前，脸上满含着对爷爷的担忧，王医生就主动留下来，帮林老伯擦汗，换毛巾，测体温……经过一夜的紧张救治和护理，黎明时老人终于苏醒，当他拖着虚弱的身体微笑着说：“姑娘，辛苦你了，谢谢！”这一笑，犹如初升的太阳，王医生一夜的疲惫一扫而光。这一刻，王医生深刻体会到作为一名医护人员的神圣和光荣。

思考：

（1）阅读以上材料，请你列出王医生的事迹体现了医护人员哪些职业心理素养？

（2）思考如何培养这些职业心理素养？

（二）想想做做

巴林特小组是一种聚焦于医患关系的病例讨论形式，集中体现了“以患者为中心”的医疗模式，是建立职业化医患关系的一门技术。通过查阅资料，请同学们设计一个巴林特小组活动方案，并在班级中进行分享，内容包括巴林特小组活动的目标和设计方案。

14

第十四单元

公共管理与服务大类职业岗位（群）职业心理素质培养

捧着一颗心来，不带半根草去。

——陶行知

江山就是人民，人民就是江山。中国共产党领导人民打江山、守江山，守的是人民的心。

——党的二十大报告

知识梳理

公共管理与服务大类职业岗位(群)职业心理素质培养
知识点
公共管理与服务大类包含的主要专业群
公共事业类
公共管理类
公共服务类
文秘类
公共管理与服务大类职业岗位(群)应具备的主要职业心理素质
敬业、诚信、大爱的职业道德
务实、主动、坚持的职业态度
热情、乐观、自控的职业个性
协作、表达、创新的职业能力
技能点
职业压力心理应对
自我放松训练
运动疗法
改变认知法
自我意识完善
作业疗法
自我觉察
两极整合
自我升华
情绪困扰调节
自我暗示法
良好习惯养成法
目标调整法
心理疏导
参赛心理调节
前期：形成正确的比赛认知
中后期：学会劳逸结合
赛时：自我心理调控

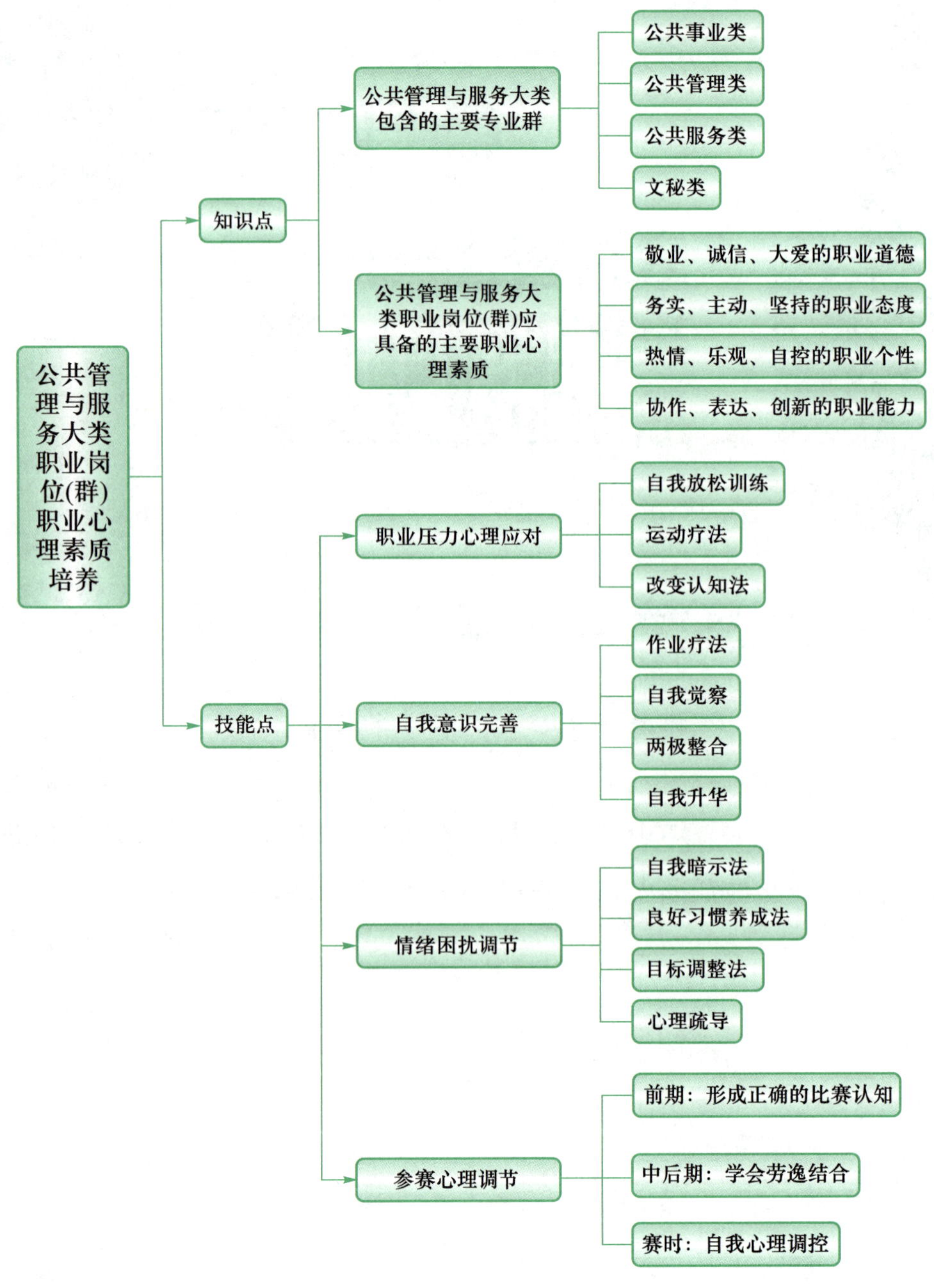

心理讲堂

心灵故事

军门社区地处福州市鼓楼区，从墙壁裱着报纸的木屋区，变成信息化管理的现代社区，养老服务中心、少儿托管中心、社区办事厅等服务设施一应俱全的明星社区，这一变化倾注着七一勋章获得者、社区工作者楷模人物——林丹一生的心血。

看微课

爱心敲敲门

40 多年来，林丹每天走街串巷，倾听家长里短，记下居民们最关心的难事、杂事、烦心事，想方设法帮忙解决。林丹说："社区都是'婆婆妈妈'的事，忙到现在，自己都成了'老婆婆'。"多年来，多家单位先后向林丹伸出"橄榄枝"，但都被她拒绝了。"我热爱社区工作，不舍得离开。"林丹说。

林丹是如何对待工作的？她的哪些精神和心理品质值得我们学习，又带给我们怎样的启示？

（资料来源：共产党员网，有删改）

一、公共管理与服务大类包含的主要专业群

公共管理与服务大类包含公共事业类、公共管理类、公共服务类和文秘类，共四大类，具体涵盖社会工作、人力资源管理、知识产权管理、社区康复等 24 个专业。

二、公共管理与服务大类职业岗位（群）应具备的主要职业心理素质

（一）敬业、诚信、大爱的职业道德

党的二十大报告指出，坚持以人民为中心的发展思想。维护人民根本利益，增进民生福祉，不断实现发展为了人民、发展依靠人民、发展成果由人民共享，让现代化建设成果更多更公平惠及全体人民。公共管理与服务大类岗位（群）多为基层群众、为社会弱势人群服务。当一个人遇到坎坷、困难或失败时，往往对人情世态最为敏感，最需要关怀和帮助，这时哪怕是一个笑脸、一个体贴的眼神、一句温暖的问候，都能让人感到安慰和振奋。因此公共管理与服务大类岗位（群）从业人员要更富敬业、诚信、大爱的

职业道德，要学会敬业，实现从平凡到卓越；学会诚信，恪守职业准则；拥有大爱，世界就会更美好。

（二）务实、主动、坚持的职业态度

公共管理与服务大类岗位（群）多是与人打交道的工作，世间最难把握、最难满足的就是人心，人的需求、喜好、个性多种多样，公共管理类的工作成效很难立竿见影，有时甚至付出了所有却收获甚微，这就要求从业人员学会务实，小行胜于大言；学会主动，不拨也要转；学会坚持，水滴石能穿。要有坚韧不拔的毅力，要有干一行、爱一行，追求成功且锲而不舍的精神。

（三）热情、乐观、自控的职业个性

1. 充满热情，情感更易动人

“单位需要充满热情的工作人员”，这几乎是所有用人单位的共识。充满热情，首先需要从业人员对自身工作的意义和价值有深刻认识。公共管理与服务大类岗位（群）从学科上讲是应用性的，从事业上讲是社会公益性、服务性的，多为身处困境或弱势的群体服务。处于困境和弱势的人群，影响他们心理活动的重要变量十分复杂，从业人员态度如何，不仅影响到服务效果，而且对服务对象的心理以及他们对社会的评价有直接影响，关系到他们的生存以及今后的成长、发展甚至一生的前途。因此，公共管理与服务大类专业的从业人员需要具有充足的热情、无私奉献的精神、高度的创造性和强烈的社会责任感，自觉关心服务对象的命运和身心健康。

2. 积极乐观，云开月明终有时

公共管理与服务大类岗位（群）从业人员需具备积极乐观的职业心理素质，需坚信每个人都拥有一种对于自我实现的需要和追求。当然，在自我实现以前，需要满足人们较低层次的四种需要：生理需要、安全需要、归属和爱的需要、尊重的需要。强者不是宠出来的，也不是惯出来的，而是在逆境中成长，在历练中成熟，在竞争中脱颖而出的。

3. 学会自控，自控者得自由

公共管理与服务大类岗位（群）从业人员要能够自觉支配自己的行动，有明确的工作目标，并努力实现既定的目标。能正确地对待自己的成绩与进步，虚心向他人学习，勇于克服各种困难，战胜各种挫折，避免在工作中依赖他人，避免盲目从事；在处理工作过程中的各种矛盾和问题时，能够反应机敏，善于权衡利弊，运用政策和有利条件，科学有效地予以处理。切忌在处理问题时草率行事，要能够很好地控制自己的言行，克制和调节自己的行动，遇到困难、繁重的任务不回避，对工作不挑拣，处理问题镇静沉着。

（四）协作、表达、创新的职业能力

公共管理与服务大类岗位（群）工作性质特殊，由于工作中的矛盾纷杂，受关注度高，需要较强的协作、表达和创新能力才能胜任，这就要求从业人员学会协作，因为“$1+1>2$”。一个由相互联系、相互协作的若干个体组成的整体，经过优化设计后，整体力量远远大于个体力量之和，面对复杂的工作情境，从业人员必须善于调动团队成员的所有资源和才智才能干好工作。学会表达，俗话说“言为心声”，有效的表达和沟通不仅能帮助人们增进了解，加深认识，还能反映一个人的内心世界、文化水平、社会阅历、品德修养，公共管理与服务大类岗位（群）对表达能力有很高的要求。学会创新，拥有核心竞争力。创新不一定是发明新东西，一个绝妙的想法、一个新颖的主意、一种新型的模

式，一切令人耳目一新的事物都是在创新。要提高社会治理社会化、专业化水平，公共管理与服务大类专业的从业人员要学会创新，有终身学习的能力，有立足岗位、服务社会的职业心理素质。

心理实践

一、心理测量：罗森伯格的自尊量表（SES）

指导语： 该量表（表 14-1）用以评定关于自我价值和自我接纳的总体感受，由 5 个正向计分和 5 个反向计分的条目组成。设计中充分考虑了测定的方便，受试者直接报告这些描述是否符合自己即可。

表 14-1　罗森伯格的自尊量表

序号	题目	选项			
		非常同意	同意	不同意	非常不同意
1	我认为自己是个有价值的人，至少与别人不相上下				
2	我觉得我有许多优点				
3	总的来说，我倾向于认为自己是一个失败者				
4	我做事可以做得和大多数人一样好				
5	我觉得自己没有什么值得自豪的地方				
6	我对自己持有一种肯定的态度				
7	整体而言，我对自己觉得很满意				
8	我要是能更看得起自己就好了				
9	有时，我的确感到自己很没用				
10	有时，我觉得自己一无是处				

（资料来源：Robinson，Shaver&Wrightsman. 性格与社会心理测量总览［M］. 中国台北：远流出版公司，1997.）

二、典型职业心理情境及应对

公共管理与服务大类岗位（群）既有共性，也有个性。下面从四个典型职业心理情境中来探讨面对不同的典型职业心理问题时如何应对，如何培养职业心理素质，主要涉及工作中常见的职业压力、自我意识、情绪困扰、竞赛心理等心理困惑和问题，期待给同学们更多的指导和启发。

（一）职业压力心理情境

1. 典型工作情境描述

启明大学毕业后，从企业转入社区工作，通过选举，成为某社区负责人，以下是启明的一天。早上8点，离正常上班还有半个小时，启明已经送走几位来社区反映诉求的居民，然后他回到办公室里提起大包小包的资料就往外走，去辖区企业检查安全生产工作。社区工作人员总共才13名，需要对接十几个街道部门，工作又多又杂，要想按时按质做好工作，除了加班，就只能注意整合资源、统筹兼顾。比如今天，启明既要安全生产大排查，同时还要给各企业以及沿途的居民发放平安创建、文明城市、卫生城市等宣传资料。

从早上8点30到11点，启明带着5名社区工作人员马不停蹄地穿梭于16家企业之间。当走进塑胶厂，看到随意堆放的边角料时，启明的脸色变得严肃起来。他马上找到负责人进行交涉。在包装厂，启明不顾飞舞的碎屑，查看消防设备，并建议厂里添置几个大灭火器。11点10分，回到社区办公室没多久，社区一位老人来找启明谈心谈话，这是早就约好了的，老人和老伴年老体弱，想要办理低保，但是他们有两个子女且家庭条件较好，不符合相关政策，启明耐心细致地讲政策、谈道理。这一谈，就谈过了饭点。匆匆吃过午饭后，下午一点，启明已经与两名群众约定到社区来面对面交谈，怕他们找不到自己，启明索性在大厅里等，一不小心就睡着了。约好谈话的两个居民提前到来，启明赶紧倒茶，把人迎进办公室开始谈话。谈话完毕，又向一个组长详细了解了这起涉及土地承包和宅基地纠纷事件的来因去果，初步定下调解方案。忙完纠纷调解的事情后，启明一看手表，已经三点多了，匆匆赶往某港口搬迁地块，与街道征补指挥部的人一起，向企业老板再次解释了拆迁征补的相关政策，并对企业厂房的一些数据向指挥部做了确认，间或与老板聊聊天，开个玩笑，缓和一下气氛，两个小时后，老板终于同意让等待几个小时的测量组去测量面积。“我们已经来了几次了，今天总算有突破。”启明松了一口气，寒暄几句之后，离开企业，踏上了回社区的路……

晚上7点，忙碌的一天结束了，这也仅仅是启明日常工作的一个缩影。匆匆吃完晚饭，已经是深夜，启明一边对照组织部门的要求写好民情笔记，一边思考着一天的工作。大学毕业后，启明放弃了在国企就业的机会，想从基层做起，为群众排忧解难，在选举中他全票当选，初步实现了他的职业梦想，但是上面千条线，下面一根针，作为基层的社区，要做好各项工作，启明感觉工作长期超负荷，身心俱疲。

2. 典型心理困扰的表现

事务纷繁复杂，心理压力巨大。社区面向最基层，矛盾最集中，问题最复杂，涉及业务多，要求掌握政策面广，随着社会改革与发展，国家、社会、居民对社区工作要求和关注度越来越高，上面千根线，下面一根针，这就要求社区工作人员付出更多的精力与心血。社区工作人员工作的强度、复杂性一般人很难想象，由于工作人员有限，需要对接的部门众多，处理的事务繁杂，需要宣传、解释、沟通、协调处理的人和事一件接一件，“5+2”“白加黑”，加班加点是家常便饭，既劳心又劳力，既动脑又动腿，既务虚又务实，长期超负荷工作和持续不断的精力消耗导致身心疲惫。社区负责人更是要绷紧神经，思虑万千，以便及时控制和处理各类事件。另外还有部分居民不了解国家政策和社区工作性质，对社区的期望值过高，对工作人员的要求苛刻，对社区的工作不予理睬或不配合，对利益过分敏感，舆论关注度大，造成社区工作人员心理压力巨大。

3. 职业心理素质培养

（1）自我放松训练

社区工作人员的工作繁忙，疲惫时可以尝试下面的方法，进行自我放松：头部放松、颈部放松，直至四肢、手指、脚趾放松，一直到全身放松。如此，身心可以慢慢得到平缓。

（2）运动疗法（图 14-1）

运动可以促进大脑分泌内啡肽，内啡肽是一种类似吗啡的化学物质，会让人产生“天然的舒畅感”，有助于减压。社区工作人员每天步行量非常大，在通过运动减压时，建议练练瑜伽、太极，让心灵在纷繁复杂中得到片刻的宁静，让内心恢复力量。

图 14-1 运动疗法

（3）改变认知法

社区工作者每天会遇到形形色色的人和事，学会遇事不拖不推，能解决的事情积极解决，解决不了的问题，做好解释和共情。情绪 ABC 理论告诉我们，事件 A 只是引起情绪和行为反应的间接原因，我们对事件所持的信念、看法和解释，才是引起人的情绪和行为反应的更直接的原因。相同的事情，不同的思考方式和解决问题方式，会带来完全不一样的情绪和行为结果。

（二）自我意识心理情境

1. 典型工作情境描述

大学毕业后，小邓如愿在某养老机构找到了专业对口的工作，虽然每天要照顾 8～10 名老人，吃喝拉撒全都要管，但他仍然充满激情和梦想，因为院长经常和他们说：“养老机构很需要你们这些专业人员，先沉下心将一线做好了，将来做主管、办公室、带项目、做院长都是完全有机会的。”但小邓面对失能的老人、难缠的家属、每天处理不完的各种琐事，觉得身心疲惫，天天和老人待在一起，自己都没什么活力了，成就感也越来越低，做了一年，他仍在一线，班上很多同学都转行了，他自己也不知道能坚持多久，感受到这份工作难以承受的责任和压力，他想放弃，但对院长勾勒的职业前景，又有些期待，但也存在一定的怀疑、担心和恐惧，如果有机会自己是否可以胜任？就自己目前的状态继续坚持，还是转行？

2. 典型心理困扰的表现

（1）职业认同不够

老年服务工作不只是生活的照看，更需要专业的照护和精神层面的理解。中国老龄化日益严重，作为朝阳产业，需求巨大，前景广阔，大有可为。但小邓仍然迷茫、踌躇，在转行与留任之间徘徊，这显然是对职业认同的缺乏。

（2）自我认识不足

老年服务工作包括老年护理、项目主管、老年社工等职位，但需要相应的知识和技能。小邓虽有职业远景和未来，但对自己没有明确的了解，对自身能力存疑，希望获得职业提升，却又缺乏挑战的勇气，在坚持和放弃之间犹豫、彷徨。

3. 职业心理素质培养

（1）作业疗法

小邓可以尝试寻找一个成功的职业目标人物，做一个生涯人物访谈。最好是自己熟悉的人，通过电话、QQ、面谈等方式，设计好访谈问题和提问方式，加深对目标职业的了解，获得一些直接的职业体验和经验，以此提升职业认同感。

（2）自我觉察

用五个问题做归零思考：我是谁？我想做什么？我会做什么？环境支持或允许我做什么？我的职业与生活规划是什么？了解自己的价值观与组织的价值观是否匹配，匹配度越高，职业适应越好。

（3）两极整合

其实，每个人的内心都存有矛盾，如既想成功，又畏惧困难；既想放弃，但又不甘心；想努力奋斗，时间长了，又感觉负重前行。类似这样的冲突，会让人纠结，影响心情。通过两极整合，不停留在两个极端，就能恢复心理健康。小邓可以寻求好友帮助，尝试如下练习。

① 找到自己身上的两极，练习整合。

② 两人一组，一人扮演咨询师，一人扮演来访者。

③ 首先，每个人不假思索地说出自己的特质。

④ 其次，每个人分别扮演咨询师与来访者，分别叙述一段困扰，对方负责找出两极。

⑤ 再次，给两极命名，如光明与黑暗、天空与大海、大象与犀牛等。

⑥ 最后，练习整合。可以用相关的物品代替，也可以用空椅子技术。所谓空椅子技术，是指完形疗法治疗技术。具体做法是，将两把空椅子面对面地放着，一把代表患者人格中的优胜者角色，另一把则代表其人格中的劣败者角色。患者坐在代表优胜者角色的椅子上时，就对着代表失败者的空椅子说话，随后患者转移到代表失败者的椅子上，并对刚才的优胜者所说的话做出回答。在对话中，治疗者可以在旁边观察，或在患者交换角色时进行一下指导，如建议患者说些什么话，让患者注意自己说了些什么话，是怎么说的，并要求患者重复或夸大其言语和行为。该方法能让患者体验到自己和对方的情境，而且将自己受到精神创伤的

愤懑心情全部投射到空椅子上，从而使心理疾病得以治愈。

（4）自我升华

可以通过阅读弗兰克尔的《寻找生命的意义》，感悟探索寻找自己人生的意义，当艰难险阻不可避免时，即使我们不能改变外部环境，我们还能改变我们自己，通过自我升华，通过创造或建树，提升职业价值感和意义感，过有意义的人生。

（三）情绪困扰心理情境

1. 典型工作情境描述

社会工作者是用生命影响生命，用专业助人自助的职业，而唐糖就是这一职业的信仰者和践行者。大学一毕业，她就在某大城市从事一线社工。刚参加工作时，一有任务她就很焦虑，后来工作慢慢熟悉了，但新的问题总是层出不穷。一线社工的主要服务对象是社区里的“老弱病残”。在不少街坊眼中，社工是倾听唠叨的好听众，解决麻烦的“军师”。为了融入社区，他们经常会“洗楼”，上门进行陌生拜访。被拒绝是常有的事，有些居民还以为是搞传销的。有时候明明家里有人，但是敲门没有人应门。即使有人应门，社工热情地递上宣传单介绍后，有时候得来的答复只是冷冷的一句：“哦，社工啊。我不需要，你们走吧。”就此拒之门外。除了拒绝，他们也会遇到另一个极端，街坊以为社工是万能的。有一次在个案室，来了一位家长，他希望社工唐糖能给他的家庭一些物质资助，并出面帮他申请低保。有些街坊把社工当成政府部门，也有一些街坊把社工当成了长期的免费义工。一位独居老人致电希望社工帮她买饭，背她下楼看医生。为了维持社区和谐，唐糖很多时候需要进行矛盾调解，心理疏导，在社区内散发正能量，可街坊的不理解常让她感到无奈和委屈。

2. 典型心理困扰的表现

（1）职业误解带来的无奈与困扰

社工在我国还属于新兴的职业，很多人对社工不了解或存在误解，他们被当万能者、当免费义工、当出气筒都是常有的事情，假如他们达不到街坊的要求，街坊往往就会失望，以为是在“做秀”。社工的工作性质总是直接与人打交道，打交道的大部分是一些处于困境或弱势的人群，这类人群的情感需求明显，然而奔波于各种机构、场所的社工不能完全满足服务对象的需求，这就导致供与需的割裂，再加之社工总是被拒绝、被当跑腿或打杂的，不被尊重、信任和理解，热情和善意得不到他人的回应，社区内又没有完善的社工心理疏导机制，因此很多一线社工常会出现恐惧、焦虑、尴尬、无奈、委屈等情绪困扰。

（2）经验和能力不足导致的信心不足与职业焦虑

刚入行的新手，自我认识不足，对服务对象的真实心理需求不够了解，经验、底气和信心不足，思虑太多，患得患失，专业功底不够扎实，实践经验不够丰富，容易产生自我怀疑和职业焦虑。

3. 职业心理素质培养

（1）自我暗示法

相信自己行，才会我能行；别人说我行，努力才能行；你在这点行，我在那点行；今天若不行，明天争取行；能正视不行，也是我能行；不但自己行，帮助别人行；互相支持行，合作大家行；争取全面行，创造才最行。

（2）良好习惯养成法

尽量多吃一些新鲜的食物，多运动，多喝水，接受充足的阳光沐浴，在生活上节制自己，多呼吸新鲜的空气，多多休息，对人和事保持信任等。

（3）目标调整法

重新寻找工作方向，调整期望值，确立更切合实际的新目标，调整与工作有关的积极信念去适应人、事、物。面对误解，要充分认识社工服务中要花时间才能见成效。首先要让服务对象熟悉社工，明白社工的专业服务是什么，先建立信任感再开展服务，要从实际上去发现服务对象的真正需求。其次，要全面熟悉社区，包括社区的文化、历史、人口构成等等，然后根据街坊的实际需要给予帮助，从而建立信任感，这个过程最少要花 3 个月到半年的时间，而更重要的是要学会链接资源，通过资源整合，提高服务品质，提高工作效率。

（4）心理疏导

有些情绪困扰是由于个体对某些情绪体验或欲望的压抑而形成的，压抑潜入到无意识中去了，但它并没有消失，因此便产生了困扰。这种情况下，必须进行心理宣泄，把潜意识中引起痛苦的事情诉说出来。国内现在绝大多数社工机构还未能建立完善的社工心理疏导机制，面对负面情绪，社工自身应多向同事、督导倾诉，学会心理调节，向机构申请适当减少工作时间，必要时可先申请暂停工作。

（四）民政行业职业技能竞赛参赛心理情境

1. 典型工作情境描述

叶涛大学毕业后，进入某市殡仪馆担任殡仪服务员，主要是面向丧户做咨询、服务、引导等日常服务工作。在获得第八届全国民政行业职业技能竞赛殡仪服务员项目个人特等奖后，叶涛得到了更好的发展机会和更大的工作空间。

谈到比赛，叶涛至今记忆犹新，他说：“我想表达的非常多。大赛涉及的知识点、技能点、素质点，其实还是比较基础的，包括笔试和实操两个部分，笔试主要是综合能力测评，实操主要是个性化告别仪式的策划和支持为主。我第一次参加职业技能大赛是在 2016 年，当时年纪比较小，初出茅庐，对竞赛了解不够，只取得了三等奖，在 2018 年第二次参加竞赛取得了全国第一名的成绩。当时单位领导特别重视，全单位从上到下给予了极高的期望和极大的支持，从市选拔赛到省选拔赛，一路过关斩将走到了全国竞赛的舞台，过程比较艰辛，为了能够取得预期成绩，我很长一段时间没有休息日，每天从早上 6 点到晚上 12 点都在学习，请教了不少学校的老师和行业的前辈。现在想想，纵使过程艰辛，但结果和回忆都非常美好。”

2019 年，叶涛开始担任某市殡仪馆殡仪部副部长，主要负责殡仪接待服务和管理相关工作，在单位已经成立个人工作室，在为单位策划服务项目的同时也积极参与竞赛培训工作，将自己的收获以传帮带的方法分享给全国各地的同行。

（资料来源于网络，有删改）

2. 典型心理困扰的表现

高期望高压力和情绪的高度紧张。从业人员参加职业技能大赛，往往代表的不仅仅是自己还有单位，甚至是地区，单位、地区在给予支持的同时，往往也抱有较高的期望，导致参赛者心理压力巨大。同时，参赛者既有工作，又要兼顾比赛，有些甚至还有家庭要照顾，会特别辛苦，基本没有休息日，他们要为自己制订详细的备赛计划，要从早到晚针对不同项目，结合自身特长和弱点加以强化训练，要学习各种综合知识和专业知识，要模拟搭建赛场，不断练习实操。同时，为了调整大赛时候的舞台状态，需要进行饮食、身材管理，确保头脑清醒，形体大方。正式比赛的时候，紧张是每一个选手都要面对的问题，很多人甚至会紧张到几天都睡不着觉。

3. 职业心理素质培养

（1）大赛准备前期，形成正确的比赛认知

大赛前期，可以适度提升动力水平和焦虑水平，“立大志明大德”，以展示弘扬新时代劳动精神、劳模精神、工匠精神为己任。同时变悲观为乐观，竞赛能让更多人了解这个行业，会带来自身的成长，能提升自身的能力，会得到更多的机会和发展空间。竞赛中，参赛者可以学习其他地区同行的先进技能、经验和理念，将竞赛经验进行总结提升，并与实际工作进行融合，这有利于工作提质增效。

（2）大赛准备中后期，学会劳逸结合

当精神压力达到一定的限度，人就会很疲劳，如果持续时间很长，甚至能把一个人压垮，大赛中后期阶段主要是搞清自己的心理状况，随时运用心理调控小技巧，让负面想法和不良情绪远离自己。

① 用时间管理“四象限法则”帮助自己分清主次、理清思路。

大赛准备期间，在参赛者面前有一大堆乱七八糟的事情等着做。先别急，尝试按照四象限法则（图 14-2）制订一个任务表，将所要做的事情全部整理出来，这样做既可以帮助参赛者有条理地完成事情，又不会让人觉得事情多得毫无头绪，避免无形中增加自己的压力。

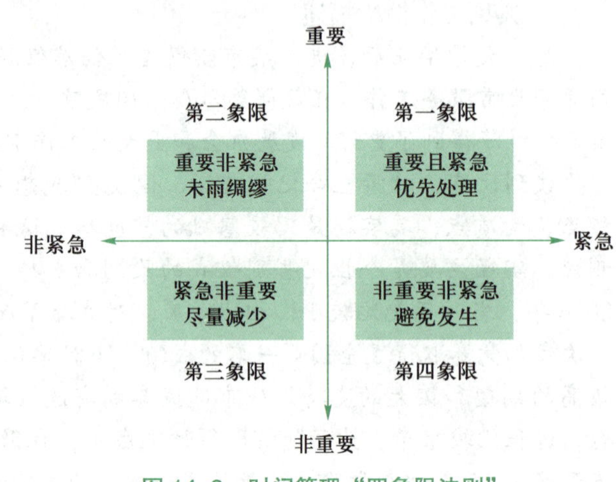

图 14-2　时间管理“四象限法则”

② 每天喝点红茶。伦敦大学学院的研究发现，每天喝红茶，可以帮助减轻日常生活中的压力，并且可以促使应激激素水平降低，使紧张的身心得到深度放松。因此在大赛准备期间，参赛者可以根据自己的习惯在午后或其他时间来杯红茶。

③ 停止抱怨，积极思考。当面对困难或者挑战时，参赛者要想着如何更好地去应对和解决问题，而不是一味地抱怨。心理学家圣路易斯指出，如果你时刻保持积极的状态迎接挑战，那么你自身就会充满力量。而如果你一味抱怨和自暴自弃，那么那些其实并不可怕的挑战反而会变成巨大的压力，让你无法喘息。

④ 提高耐性，适当做重复性工作。重复的家务活动或运动，正是磨炼心性的好帮手，做些不用思考的劳动或运动，可以舒缓紧张情绪，让你远离头脑飞速运转的状态。这个过程的关键是要集中精神，如果一边做家务或运动一边思绪万千，那么做多久家务和运动都是无济于事的。

（3）大赛时，最关键的是缓和紧张情绪，摆脱巨大压力，轻装上阵。大赛中哪位选手一点都不紧张呢？太紧张时，又要如何进行自我心理调控呢？

① 学会用精油。泰国一项研究发现，那些喜欢用玫瑰或者依兰油涂抹在手腕上的人要比普通人更健康。原因是这些精油散发出的香味会让他们呼吸均匀，心态平和，所以这些人在遇到事情时，会比其他人更冷静，能轻松应对各种情况。另外精油的渗透性非常强，可以帮助人由内而外地调节心情，减缓压力。

② 写写画画。压力大了就需要来发泄一下，但是如果拿身边的人来撒气，只会让无辜的人受到伤害，那么最好的办法就是向纸张“倾诉”。纽约州立大学的一项研究发现，人们只要将自己的不快在纸上书写 20 分钟，就可以减少很多的压力。

③ 深呼吸。虽是老生常谈，但是在赛场上深呼吸是舒缓压力的最好办法，它可以真正帮助调节情绪，让身体和心情都自然地平静下来。操作很简单：深深地吸气，随着吸气而扩展胸部，然后再慢慢地呼气，将体内的浑浊气息排出，这样不断重复四五次就能减轻不少压力。

三、心理训练

（一）“爱心”训练

为生活不能自理的老人喂一次饭、洗一次头或脚；拥抱、亲吻残疾或存在智力障碍的儿童，和他们同吃同玩，将这一过程制作成图文并茂的 PPT 或录像，在课堂上交流分享。

（二）“热情”训练

参与一次“抱抱团”的活动，通过拥抱遇见的熟人或陌生人，特别是老人或身体有缺陷的人，来训练自己对他人的热情，提高个体的接纳水平。

（三）“竞争与合作”成长辅导

1. 引出竞争、合作的话题

活动目的：打开团体氛围，暖身。

活动时间：10 分钟。

活动准备：气球、活动教室。

活动过程：

（1）把全班分成若干小组，每个小组成员手拿一个气球，用手向上抛后，只能用除了手之外的身体部分触球，可以几个同学同时顶一个气球，不能再用手触球，否则犯规，到最后一个气球落地就算结束，计算时间。

（2）通过学生分享和教师总结，初步引出“合作”“要有技巧”“竞争”等话题。

2. 了解竞争与合作的关系

活动目的：探讨竞争与合作有关问题，了解竞争与合作的关系。

活动时间：20 分钟。

活动准备：纸、笔、活动教室。

活动过程：

（1）由教师提出问题，同学们回答。问题如下。

① 大学里存在的竞争主要有哪些？怎么选择自己的竞争途径？

② 大学中的合作主要体现在哪些方面？

③ 如何正确对待班级同学中的竞争与合作？

④ 当竞争与合作同时出现时，你的选择是什么？

（2）分享。对上述问题思考 3 分钟，然后进行分享，并从中了解大学里竞争与合作的重要性，同时要注意与之后的职业生涯和人生规划相结合。

3. 体验竞争与合作

活动目的：通过体验性活动切身感受竞争和合作。

活动时间：30 分钟。

活动准备：旧报纸若干，指导老师事先选择好盲行路线，路线最好要有阻碍，如上楼、下坡、拐弯、桌椅、室内室外结合等，每个人准备蒙眼睛用的毛巾或头巾。

活动过程：

（1）体验活动一：把全班分成三个小组，每个组拿废旧报纸若干，小组成员把报纸卷成合适大小（图 14-3），然后连接成一根长长的报纸棒，看哪个小组率先完成，然后，每个小组成员站成一排，用双手食指端住报纸棒，大拇指不能帮忙，同时举过头顶，如有一个成员的食指离开报纸棒，就算不成功，直到成功为止。

图 14-3　卷报纸

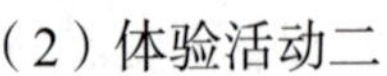

（2）体验活动二

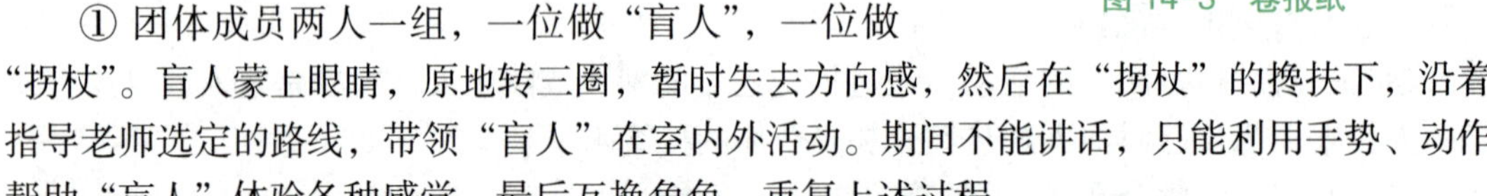

① 团体成员两人一组，一位做“盲人”，一位做“拐杖”。盲人蒙上眼睛，原地转三圈，暂时失去方向感，然后在“拐杖”的搀扶下，沿着指导老师选定的路线，带领“盲人”在室内外活动。期间不能讲话，只能利用手势、动作帮助“盲人”体验各种感觉。最后互换角色，重复上述过程。

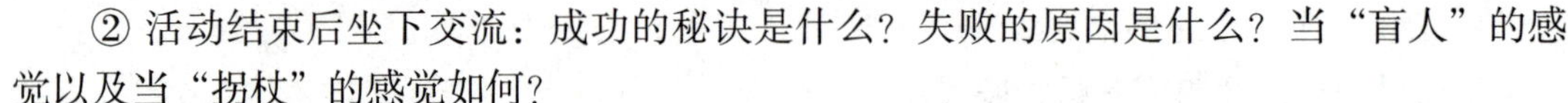

② 活动结束后坐下交流：成功的秘诀是什么？失败的原因是什么？当“盲人”的感觉以及当“拐杖”的感觉如何？

4. 学会竞争与合作

（1）活动目的：学会竞争与合作。

（2）活动时间：30 分钟。

（3）活动准备：纸、笔。

（4）活动过程：

① 结合自己的经历，让每个同学写出自己平日曾经历过的竞争过程与合作活动，并思考哪些方法可以增加团队合作精神或形成良好竞争格局，哪些方法没有达到好的效果，然后和同组的同学进行分享。

② 全班分享：每个组将写好的纸张贴在黑板上，各派一名代表上台发言。

5. 总结提炼升华

在竞争日益激烈的 21 世纪，倡导团队合作精神已成为必修课。可以断言，学会合作、善于合作也将是学生适应社会必不可少的能力之一，当代大学生不管是在学校还是以后进入社会，都要懂得合作与竞争的重要意义，良好的协作能力是个体成长过程中必不可少的生存技能之一，在学习的过程中，要充分体验到竞争与合作是两个很重要的素质，要在竞争中学会合作，在合作过程中懂得竞争。

课外拓展

一、心理书籍

（一）《改变自己：心理健康自我训练》

没有人生来就缺乏安全感，内心充满愤怒、无聊或抑郁。事实是，快乐是我们的自然状态，慢性不愉快只是一种坏习惯——一种能改掉的习惯。本书中介绍了帮助人们重新找回快乐本性的五个步骤。

（卢斯亚尼. 改变自己：心理健康自我训练［M］. 重庆：重庆大学出版社，2012.）

（二）《爱的艺术》

弗洛姆认为，爱情与人的成熟程度无关，只需要投入身心的感情。如果不努力发展自己的全部人格并以此达到一种创造的倾向性，那么每种爱都会失败，如果没有爱他人的能力，如果不能真正谦恭地、勇敢地、真诚地和有纪律地爱他人，那么人们在自己的爱情生活中也永远得不到满足。该书中所谈及的爱不仅仅是狭隘的男女爱情，也并非通过磨炼或增进技巧即可获得。弗洛姆所指的爱是人格整体的展现，要发展爱的能力，就需要努力发展自己的人格，并朝着有益的目标迈进。

（弗洛姆. 爱的艺术［M］. 李健鸣，译. 上海：上海译文出版社，2008.）

（三）《社会心理学》

本书将基础研究与实践应用完美地结合在一起，以富有逻辑性的组织结构引领学生了解人们是如何思索、影响他人并与他人建立联系的，这是一本了解自身、了解社会、了解自己与社会之间关系的指导性书籍。

（迈尔斯. 社会心理学［M］. 11版. 侯玉波，乐国安，等译. 北京：人民邮电出版社，2016.）

二、健心影院

（一）《你是我的一束光》

影片讲述了职场和情场均失意的穆随心为了向前女友证明自己，驱车前往云南开启了一场音乐寻梦之旅。为了打造音乐女团，他发现了天赋异禀的彭彭，并竭力劝说其一起组建团队，却屡次被拒绝。在和彭彭的密切相处中，他发现了这个高冷姑娘内心深处的伤痛，以及自己能为乡村振兴作出贡献的关键所在。最后，穆随心在组建女团的过程中，从低落中走出，实现了音乐梦想，并实现了自我成长和“救赎”。影片用轻喜剧和青春励志的风格诉说了深刻的乡村振兴议题。

（二）《生命因爱而动听》

这是关信辉导演的一部作品，上映于 2001 年。该影片通过改编陈淑贤女士的故事，向我们呈现了爱的伟大，和关于爱、生活、疾病、死亡的更深的思考。

（三）《万里归途》

影片根据真实事件改编。电影中，北非努米亚爆发战乱，前驻地外交官宗大伟与外交部新人成朗受命前往协助撤侨。任务顺利结束，却得知还有一批被困同胞正在白婳的带领下，前往边境撤离点。情急之下，两人放弃了回家机会，逆行进入战区……

三、学以致用

（一）案例分析

一个刚毕业的高职学生，找到了一份工作。但是，由于经验不足，能力欠缺，在工作中出现了失误，受到经理的严厉批评。她很不开心，没心思工作。

有同事问她："你为什么不开心？"

她说："经理骂我了。"

同事："你是不是工作没做好？"

答："即使工作没做好，他也不应该对我这样态度恶劣。我长这么大，我爸我妈都没对我大声喊过！"

同事："那你希望怎么样？"

答："我希望我下次再犯错时，他的态度能好点儿！"

这位高职学生说的话包含三层意思，一是我出错是难免的；二是我以后还会出错；三是我再出错时，要改的是经理，不是我，经理应该提高管理水平。

反思：试问如果这位高职学生有这样的职业心理素质，下次再做同样的工作、重复同样的错误，经理对她的态度会好一些，还是会更严厉一些呢？作为一名职业人，正确的说法和做法应该是什么呢？

（二）想想做做

（1）完成至少 3 个小时的志愿服务活动，与其他志愿者相互交流，倾听服务对象的感受和评价，思考志愿者应具备的心理素质。

（2）每周尝试向身边的亲人朋友讲一个笑话或幽默故事，以带给人快乐和愉悦为标准。

（3）寻找身边的敬业榜样

要求：每位同学提名一位从事公共管理与服务大类职业岗位（群）的榜样人物，并总结这名榜样的职业心理素质。

15

第十五单元 文化艺术大类职业岗位（群）职业心理素质培养

心语

我是个拙笨的学艺者，没有充分的天才，全凭苦学。

——梅兰芳

艺术的伟大意义，基本上在于它能显示人的真正感情、内心生活的奥秘和热情的世界。

——罗曼·罗兰

知识梳理

文化艺术大类职业岗位（群）职业心理素质培养
知识点
文化艺术大类包含的主要专业群
艺术设计类
表演艺术类
民族文化类
文化服务类
文化艺术类职业岗位(群)应具备的主要职业心理素质
创新意识
独立个性
人际沟通
领悟能力
外向气质
技能点
自我意识心理困扰应对
全面认识自我、提升认知能力
正确对待挫折，积极认可自己
积极树立自信，提升自我调节能力
学会换位思考
人际交往心理困扰应对
严于律己、宽以待人
分享、理解、接纳
主动接纳，善用交往技巧
在共性中存个性
职业倦怠心理困扰应对
树立正确的职业价值观
调适职业心理压力
加强对传统文化艺术的热爱与情怀
压力情绪心理困扰应对
正确看待压力情绪
掌握调控压力情绪的方法
提高服务意识

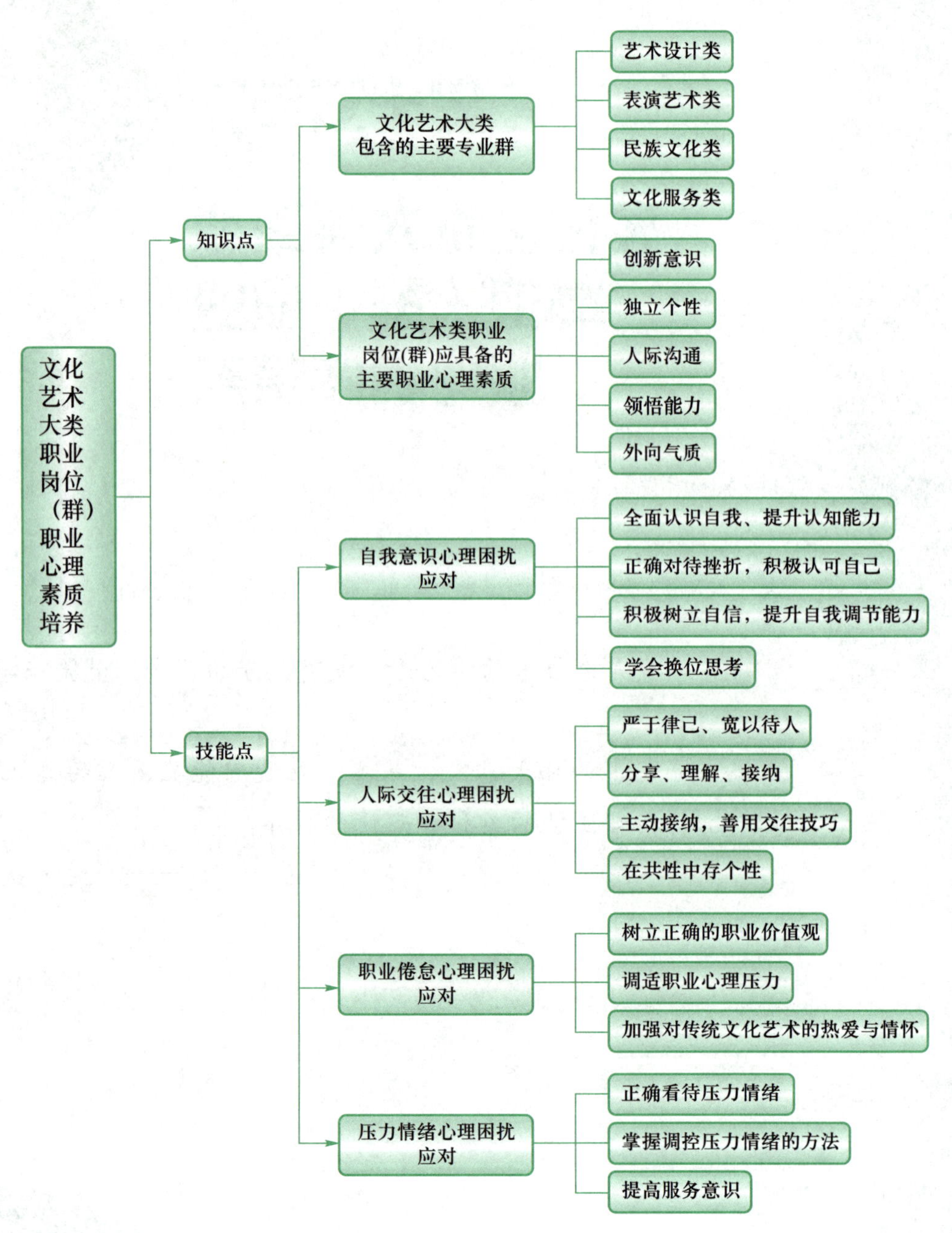

心理讲堂

心灵故事

1941年，盛中国出生于重庆，5岁便向父亲行过拜师礼，开始了小提琴的学习。学艺术的道路往往比一般的成长之路要辛苦得多，盛中国在学琴的道路上承受了无法用语言描述的辛苦，他说是“魔鬼”般的训练才使自己一步步走向成功。

1960年，19岁的盛中国开启了赴苏联莫斯科柴可夫斯基音乐学院学习的海外求学之旅，回国后的盛中国用小提琴演绎了无数的民族乐曲，让中国的听众们感受到了不一样的音乐魅力。其中最著名的就是描述凄美爱情故事的《梁祝》。盛中国虽已享誉全球，但却不忘回报社会，低调做着慈善。2008年，盛中国卖掉了自己最珍爱的小提琴，筹到了100万元的资金，全部捐给了山区的孩子，为他们建了25个体育场。

20多年的时间里，盛中国一直都在默默地做着慈善事业，个人的捐款累计达到了千万余元。每年在世界各地，盛中国都会举办近百场音乐会，其辛苦劳累的程度是常人无法想象的。但是盛中国的初衷却很简单，那就是用自己的力量为中国建立一幢精神和文明的大厦而添砖加瓦。

艺术的行列里有一种人被称为大师，这些大师与众不同，他们引领时代，成为许多人们的学习榜样和奋斗目标。当一个人被光环所环绕的时候，人们往往只羡慕其光环，而忽略了其成为大师的艰辛。大师之大不仅仅因为其有大作，更因其有一颗纯粹的艺术之心，可以肩负起国家之大任、民族之希望。

近年来随着我国文化事业的繁荣发展，高雅艺术与老百姓的关系正一步步走向“零距离”，越来越多的高雅艺术出现在寻常百姓的视野中，越来越多的国人也走进剧场欣赏自己热衷的高雅艺术。国人对文化艺术的需要也提高了社会对文化艺术大类职业人才的需求。作为文化艺术大类从业者，需要具备哪些职业心理素养，是我们需要学习掌握的内容。

（资料来源：人民日报，有删改）

一、文化艺术大类包含的主要专业群

文化艺术大类专业群主要包括：艺术设计类、表演艺术类、民族文化类、文化服务类四个专业方向。具体包含艺术设计、音乐表演、民族美术、文化创意与策划等60个专业。

二、文化艺术大类职业岗位（群）应具备的主要职业心理素质

艺术来源于生活，却又高于生活。艺术家是艺术的创造者，其修养与品格决定了艺术作品的生命力。

文化艺术大类专业的学生大都个性鲜明，精神上追求自由、纯粹、前卫和时尚，易于接受新鲜事物，不愿受太多的约束和管制。一般来说，他们在工作的过程当中，主要需要具备如下几种职业心理素质。

（一）创新意识

创新意识与创新品质是指人们根据社会和个体生活发展的需要，引发的创造前所未有的事物或观念的动机，并在创造活动中表现出的意向、愿望和设想。它是人们进行创造活动的出发点和内在动力，是人类意识活动中的一种积极的、富有的成果性的表现形式，是创造性思维和创造力的前提。从某种意义上来说，文化艺术大类职业岗位（群）就是一个创新的职业，因此，从事艺术工作的人员必须有一种全新的理念，不断变更创新方式，从而孕育出全新的、优良的作品。

（二）独立个性

个性就是一个人的整体精神面貌，即一个人在一定社会条件下形成的具有一定倾向的、比较稳定的心理特征的总和。个性贯穿人的一生，影响人的一生。正是人的个性倾向性中所包含的需要、动机和理想、信念、世界观，以及气质、性格、兴趣和能力，指引着人生的方向、目标和道路，影响着人生的风貌、事业和命运。对文化艺术大类专业的学生来说，他们在创作与工作的过程当中，需要有独立的思维，世界观等。

（三）人际沟通

人际沟通即人们在共同活动中彼此交流思想、感情和知识等信息的过程。它是沟通的一种主要形式，主要是通过言语、副言语、表情、手势、体态以及社会距离等来实现的。艺术专业的学生相对比较独立，人与人之间的关系相对不够亲密。因此，尤其需要培养良好的人际沟通能力。

（四）领悟能力

领悟能力就是个体对某项事物的认知与理解能力。从某种意义上来说，领悟能力是艺术工作者的创作灵魂，对美的感知能力，对音乐、节奏的感觉能力，都是艺术工作者不可缺少的。

（五）外向气质

气质是人的个性心理特征之一，它是指在人的认识、情感、言语、行动中，发生心理活动时力量的强弱、变化的快慢和均衡程度等稳定的人格特征。主要表现在情绪体验的快慢、强弱、表现的隐显以及动作的灵敏或迟钝方面，因而它为人的全部心理活动表现染上了一层浓厚的色彩。它与日常生活中人们所说的“脾气”“性格”“性情”等含义相近。外向型的气质是文化艺术大类专业学生必备的职业心理素质之一，往往那些豪爽、外向的文化艺术大类的工作人员，尤其是广播影视的工作人员，特别需要有外向气质。

心理实践

一、心理测量：威廉斯创造力倾向测量表

指导语：威廉斯创造力倾向测量表（表 15-1）通过测验个人的一些性格特点包括冒险性、好奇性、想象力和挑战性来测量个人的创造性倾向。它可以用来发现那些有创造性的个体。高创造力的个体在进行创造性工作时更容易成功，低创造力的个体则循规蹈矩，更适合进行常规型的工作。趋于冒险，好奇心强，想象力丰富，勇于挑战未知的人就是创造性倾向强的人。

本量表共有 50 题，每个题目包括完全符合、部分符合、完全不符合三个答案，大家根据自己的实际情况选择最合适的一个答案。

表 15-1　威廉斯创造力倾向测量表

序号	题目
1	在学校里，我喜欢试着对事物或问题作猜测，即使不一定都猜对也无所谓
2	我喜欢仔细观察我没有见过的东西，以了解详细的情形
3	我喜欢变化多端和富有想象力的故事
4	画图时我喜欢临摹别人的作品
5	我喜欢利用报纸、旧日历等废物来做成各种好玩的东西
6	我喜欢幻想一些我想知道或想做的事
7	如果事情不能一次完成，我会继续尝试，直到成功为止
8	做功课时，我喜欢参考各种不同的资料，以得到多方面的了解
9	我喜欢用相同的方法做事情，不喜欢去找其他新的方法
10	我喜欢探究事情的真假
11	我喜欢做许多新鲜的事情
12	我不喜欢交新朋友
13	我喜欢想一些不会在我身上发生的事
14	我想象有一天能成为艺术家、音乐家或诗人
15	我会因为一些令人兴奋的念头而忘记了其他的事
16	我宁愿生活在太空站，也不喜欢住在地球上
17	我认为所有的问题都有固定答案

续表

序号	题目
18	我喜欢与众不同的事情
19	我常想知道别人在想什么
20	我喜欢故事或电视节目所描写的事
21	我喜欢和朋友在一起，和他们分享我的想法
22	如果最后一本书的最后一页被撕掉了，我就自己想象一个结果
23	我长大后，想做一些别人从没想过的事情
24	尝试新的游戏和活动，是一件有趣的事
25	我不喜欢受太多的规则限制
26	我喜欢解决问题，即使没有正确的答案也没有关系
27	有许多事情我都很想亲自去尝试
28	我喜欢唱没有人知道的新歌
29	我不喜欢在班上同学面前发表意见
30	当我读小说或看电视时，我喜欢把自己想成故事中的人物
31	我喜欢幻想 200 年前人类生活的情形
32	我常想自己编一首新歌
33	我喜欢翻箱倒柜，看看有些什么东西在里面
34	画图时，我喜欢改变各种东西的颜色和形状
35	我不敢确定我对事物的看法都是对的
36	对于一件事物先猜猜看，再看是否猜对了，我觉得这种方法很有趣
37	玩猜谜之类的游戏很有趣，因为我想知道结果如何
38	我对机器很感兴趣，想知道里面是什么样子，它是怎么转动的
39	我喜欢可以拆开来玩的玩具
40	我喜欢想一些新点子，即使用不着也无所谓
41	我认为一篇好的文章应该包含许多不同的意见或观点
42	为将来可能发生的问题找答案，我觉得是一件令人兴奋的事
43	我喜欢尝试新的事物，目的只是为了想知道会有什么结果
44	玩游戏时，我通常有兴趣参加，而不在乎输赢
45	我喜欢想一些别人常常谈过的事情
46	当看到一张陌生人照片时，我喜欢去猜想他是个怎样的人
47	我喜欢翻阅书籍和杂志，但只想大致了解一下
48	我不喜欢探寻事物发生的各种原因
49	我喜欢问一些别人没有想到的问题
50	无论在家还是在学校，我总是喜欢做许多有趣的事情

（资料来源：威廉斯．威廉斯创造力倾向测量表［J］．中国新时代，2003（22）：89-90.）

二、典型心理情境及应对

文化艺术类职业岗位（群）具有共性和个性的心理区别。当同学们置于以下不同职业场景中，遇到自我意识受挫、人际交往困扰、职业倦怠与压力情绪等困扰时，应如何应对？如何培养职业心理素质？期待本部分内容能给同学们更多的指导和启发。

（一）自我意识困扰心理情境

1. 典型工作情境描述

张鑫，毕业后进入到某装饰公司从事设计师工作（图 15-1）。初入职场的他满怀期待，为自己职业前景构思了美景蓝图。一日，张鑫接待了来公司咨询家庭装修的年轻夫妇。初步接触十分愉快，他很快得到了客户的信任，并定下了合作意向。张鑫丝毫不敢马虎，勘测、构思、设计，层层把关。第二次约见客户的时候，对这个自己夜以继日、精心设计的方案，他信心满满，但一番沟通后，客户觉得这个方案没有给到他们想要的家的温馨、爱的气氛，有一些偏冷系风格。张鑫虽然初战告败，但仍然干劲十足。而事实并非像张鑫想的那么顺利，接下来第二次修改、第三次修改，第四次见面的时候张鑫的自信心明显不足，有点紧张不安，因为感觉自己的第一单就把“毕生所学”都用完了，花光了自己所有的创意、用尽了洪荒之力也没有得到客户认可。这个时候情绪低落、委屈的张鑫开始质疑自己，渐渐地开始深思自己是否真正的适合这样的工作，是否具有这样的专业水平。

图 15-1　设计工作

经过一番“纠结”后，张鑫回想起自己当初大学选择设计专业的初衷，是源于对艺术设计的热爱。大学期间专业导师的一句话回荡在他耳边：“设计师要想把自己的创意及思想表达出来，并为观众所接收，这才是创作的关键，设计作品的灵魂就是设计师设计作品时的心态和心情。”任何梦想都是跌打出来的，于是张鑫收拾好心情，重新开始了他的创作。

2. 典型心理困扰的表现

艺术设计类专业不仅要求有良好的沟通能力，也要求有坚定的自我意识。人民艺术审美的提高，对设计师也提出了更高的要求。案例中张鑫在职业场景中遇到的问题正是自我意识与客户现实需求间的问题，具体表现如下。

（1）自我认识片面，自我评价低

张鑫原本是一位专业能力很出众的设计师，初入职场被质疑也很正常，但他因为工作对象提出的正常质疑，片面地认识自己，进而全盘否定自己，过低评价自己的专业能力，开始怀疑自己的选择和初衷。

（2）不被认同，自我体验消极

在职业场景中不被认同是常有的现象，张鑫因为自己的设计与服务对象发生分歧后，盲目将自己定性为不被认同，感觉自己倾尽所有的付出并没有得到自己想要的认可和尊重，在自我体验中开始变得消极，没有成就感。

（3）信心受挫，自我调节能力弱

俗语说，“家家有本难念的经”，任何人在自己工作场景中都会遇到难处，就像没有一帆风顺的小船一样，这属于职业共性问题。张鑫面对客户的不同意见，因为片面地认为自己“不行”，不会自我调节，导致自信心受挫，不敢面对上司和客户，还出现自暴自弃、自卑的心理。

3. 职业心理素质培养

（1）全面认识自我，提升自己认知能力

张鑫如果能全面地认识自我，就不会片面地否定自己的能力与选择。全面认识自我是形成自我意识的基础，其方式有很多种，比如可以通过他人（多人）评价和分析来认识自我。所谓当局者迷，人往往容易忽略自己的缺点或优点。另外也可以通过与他人比较的方法来认识自我，通过比较，能更好地认识自己的优势和不足，从而有针对性地去调整。其次可以通过自我比较来认识自我，主要是比较自己的过去，现在和预想的将来。

（2）正确对待挫折，积极认可自己

设计行业在工作过程中，难免会遇到客户的不理解和不认同，但每个人都应该有面对失败的勇气，认真地总结教训、吸取经验，不仅要看到自己的不足，也要了解自己的长处。积极地认可自己，才能产生较强的自我认同，克服自卑心理；反之，自卑往往会放大自己的缺点，甚至于否定自己的价值。

（3）积极树立自信，提升自我调节能力

自信的人更加容易让人相信并委以重任。提高自信心，首先要了解自己是什么样的人，具备什么样的优点和缺点。具体的方法有：

① 接受疗法。接受疗法是敢于承认自己正在受某个问题的困扰，但相信自己有能力缓解该问题所造成的负面情绪。相反，否认某个问题的存在，或者因为存在某种缺陷而不断自责，总是会加剧问题的负面性。

② 学会倾诉。倾诉是释放压力、缓解痛苦的有效自我调适方法。倾向的对象可以是亲人、朋友、长者。

③ 积极的心理暗示。在生活或工作过程中多采用肯定的语言或心理暗示，对自己肯定，也对别人肯定。这对增强自信心大有裨益。

（4）学会换位思考

家庭装修对于每个家庭来说都是大事，设计师的设计创意也是有偿服务的，客户提出意见倒也无可厚非。应学会换位思考，设身处地地为他人着想，也只有这样才能更加被客户认可和理解。

（二）人际交往困扰心理情境

1. 典型工作情境描述

韩阳毕业于某大学表演艺术专业。近日，他遇到一件偏移了他人生发展轨道的烦心事。公司需要遴选一人去参加某电影的演出，韩阳本是胜券在握，却在关键时刻遭到了好友小凡在领导面前的反对，这让他很费解，也不能接受。因为在他心目中小凡是他最要好的朋友，两人大学毕业后一同进入公司，关系一直都很铁。

于是他鼓起勇气找到小凡想探个究竟，结果不欢而散。这件事让他对友情失去了信心，久而久之，韩阳发现自己根本没有真心朋友，十分苦恼。他开始对自己日常的活动及周围的人群事物渐渐地丧失兴趣，变得情绪低落，精神不振。原本想成为一位优秀影视表演者的他，却因为人际交往的不顺无心投入工作，觉得生活特别煎熬。“小凡可是自己大学期间最好的朋友，一直以来我们都是互相帮助、互相激励啊，问题到底出在哪里？”韩阳独自感叹。这中间是不是有什么误会，不能因为误会产生隔阂而失去自己最好的朋友啊，朋友之间本来就应该相互信任啊，于是他拿起了电话，准备和小凡彻底打开心扉。

2. 典型心理困扰的表现

表演艺术类的从业者，常常被人际交往问题所困扰，案例中韩阳在职业场景中遇到的问题是典型的人际交往心理问题。具体表现如下。

（1）人际交往中的投射心理

表演艺术类专业岗位群的从业者具有独特的个性品质，在人际交往过程中个性优于共性。案例中的韩阳在和好友相处的过程中喜欢用自己的习惯和标准衡量别人，按照自己的标准去评价他人，这是典型的“自我投射”心理。

（2）人际交往中的嫉妒心理

人往往因为意识到自己对他人的占有或占有意识受到潜在威胁时会产生嫉妒心理。韩阳觉得自己对朋友倾其所有的付出，自己朋友更应该“真诚、唯一”地对待自己，因此更不能接受朋友对自己的“背叛”。

（3）人际交往中的偏执心理

偏执的人往往喜欢和他人争论，这类人比较固执、爱钻牛角尖。韩阳因为在和朋友相处的过程中没有运用恰当的交往方法，导致自己的朋友逐渐远离自己而感到十分沮丧。

3. 职业心理素质培养

（1）严于律己、宽以待人

人都有自我意识，但受环境、价值观等因素的影响，每个人的意识会存在异同，在人际交往过程中应克服投射心理效应，如避免过分以自己的标准去要求别人，就会减少冲突的产生。

（2）分享、理解、接纳

分享是一种美德，不仅给他人带来快乐，也能愉悦自己，而嫉妒心理则使人产生焦虑、不安。克服嫉妒心理要从学会理解、接纳他人开始，每个人都有自己的优点和缺点，以一个统一的标准评价他人并不可取。

（3）主动接纳，善用交往技巧

人际交往中技巧有许多，要学会因人而异，因事而异。首先认真地倾听非常重要，认真的倾听态度可以让对方感受到你对他的尊重，这样你自己才能收获别人的尊重，从而拉近彼此的距离。其次学会赞美，古语云“己所欲之，厚施于人”，在平时的生活中我们自己往往期待他人的肯定和赞美，却容易忽略学会去肯定他人和赞美他人。赞美是一种难得的特质，赞美不仅可以给人带来鼓励，还能拉近心灵的距离，但赞美他人一定要真诚、适时、适度，过度而不符合时宜的赞美只会被人定义为恭维、吹捧，从而招人厌恶。

（4）在共性中存个性

作为艺术表演类学生具有特有个性本身是正常的，但在人际交往过程中个性往往是“逆鳞”，因为共性更容易被人接受，所以不妨适当收敛自己的个性，多展示自己的共性，在共性中存个性，让个性成为自己真正的闪光点。

（三）典型职业心理情境：职业倦怠心理

1. 典型工作情境描述

张博是某大学民族传统技艺专业的毕业生，因为对彩陶烧制的热爱（图 15-2），毕业后他师从一位制作彩陶的传统手工艺人。张博在这方面天赋异禀，师傅也以他为骄傲，并感叹后继有人。原以为自己会就这样从事着简单而又喜欢的工作，但现实却给他沉重一击。

图 15-2　彩陶烧制

春节张博回到老家，总有亲友对他的工作表示不解，加以劝阻。更有直言说没有前途、收入低……张博被他们说得很是心烦，也开始不断地动摇自己的想法，觉得自己的初心与现实对比有强烈的反差，工作得不到亲人朋友的认可，工资又确实太低了，如要供养自己的父母，这份工作带来的收益却是难以如愿的，于是他在理想与现实之间不断徘徊。家人的不理解、工作内容的枯燥也让他心理压力越来越大，身心倍感疲倦。

梦想是什么？梦想是一把利剑，能帮你扫清障碍；梦想是一盏明灯，给你照亮前程。这是我大学的座右铭啊，张博突然顿悟。我怎么能因为遇到一点挫折就放弃自己一直坚持的梦想呢？只有持之以恒地努力付出才是实现梦想的途径啊，于是张博收拾好心情，决定暂时抛开现实的苦恼，毅然决然地投入到紧张的创作中。

2. 典型心理困扰的表现

（1）职业认同感低

张博从事民族传统技类行业，本身就是一件非常有意义的工作，但当下民族传统文化虽被倡导，但还是处于被淡化的边缘地位，这直接导致了这项工作薪酬、工作环境不理想，社会认可度低。

（2）心理压力大

职业心理压力主要是现实和理想的矛盾冲突所导致。职业认同感低、待遇差、家人反对等是小张压力产生的主要原因。工作过程中产生职业压力的原因有许多，职业心理压力过大而不及时调适会导致从业者产生焦虑、沮丧、不满、厌倦、心理疲惫、不良情感、机能不全、自重程度低、自我疏忽、精神疾病、愤懑、压抑以及注意力无法集中等症状。

（3）丧失工作热情

丧失工作热情是职业倦怠的典型表现。对工作态度消极，对服务对象越发没耐心，如教师厌倦教书、无故体罚学生，医护人员对工作厌倦而对病人态度恶劣等。对工作丧失热情主要体现在情绪烦躁、易怒，对前途感到无望，对周围的人、事物漠不关心。

3. 职业心理素质培养

（1）树立正确的职业价值观

“三百六十行，行行出状元。”不同职业本无好坏之分，只是社会分工不同，并不是所有的职业都得干出惊天动地的大事来，平凡的岗位也具有其应有的价值和意义。

树立正确的职业价值观应处理好几种关系：首先是处理好职业价值观与金钱的关系。金钱是一种成就的报酬，它是在确定职业价值观时首先要面对的问题。有些经济条件不太好的大学毕业生在求职时，将金钱作为首要考量要素，从根本上讲这并没有错，但不应该是唯一的标准。其次要处理好职业价值观与个人兴趣和特长的关系。职业价值观、个人兴趣和特长是人们在择业时需要考虑的最重要的三个因素。在确定价值观时，一定要考虑它是否与自己的兴趣和特长相适应。另外要处理好职业价值观的排序与取舍的问题。职业价值观的特性决定人们不会只有唯一的职业价值观，人性的本能也会驱使人们希望得到全部，但在现实生活中“鱼和熊掌是不可兼得的”。

（2）调适职业心理压力

张博的压力来源于多个方面，主要是现实和理想的矛盾冲突。过度的压力会引起焦虑、沮丧等不良心理，从而引发身体疾病，如头痛等。应对工作压力，首先要培养内心对工作的正确认知态度，同时配合一些外部方法。在树立正确的职业价值观后，要学会适当的自我调节，具体方法有：

① 静坐积极暗示法。很多人对事业要求过高，希望自己做到所在领域的最高位置，一旦受阻达不到预期目标就会产生沮丧情绪，或盲目放弃了有发展前途的工作，失去人生方向。我们可以尝试每天夜里用5~10分钟静坐，集中精神想想可喜的事，并告诉自己，我们无法掌握将来，只能把握现在，做好现在的工作。

② 音乐放松法。随着工作经验的积累，人们对工作的热情逐渐减少，不少人都遇到了工作“瓶颈期”，总感到无法突破自己的工作能力和现有成绩。当接受一项重大任务时，听听喜欢的音乐，或把烦恼向朋友倾诉，在交流看法中也许会得到崭新的工作思路。

③ 娱乐转移注意法。许多人爱跟他人比较，总觉得自己的房、车、薪水处处不如别人。每天唉声叹气，觉得自己很失败。不妨下班后暂时将压力抛开，约家人或朋友看电影，体会亲情友情。或周末时让自己安静地休息一下，到郊外爬山、散步、呼吸新鲜空气。

（3）加强对传统文化艺术的热爱与情怀

中国传统文化艺术是全人类的宝贵财富，以其浓郁的乡土气息、淳厚的艺术内涵和生动的历史痕迹，越来越受到世界人民的喜爱和欣赏，成为人类共同的文化“大餐”。但传统文化传承者不应仅热衷于这种文化，更要有情怀，才能耐住寂寞，将传统文化艺术发扬光大。

（四）压力情绪困扰心理情境

1. 典型工作情境描述

小江是金华社区文化服务与管理部门的一名工作人员，起初他满怀期待地从学校毕业，虽然没有分到自己预期的工作岗位，但小江觉得自己现在还年轻，从基层开始做起，只要努力，未来依然可期。

一开始小江怀着一腔热血投入工作，下定决心要从这里开启自己的事业蓝图，他不断地学习和掌握各种专业知识和技能，主动向社会宣传管理处的工作人员请教，想要树立小区的双文明形象、活跃小区气氛，根据业主特点，他组织了各种居民聚会和文化、体育、娱乐等活动。但现实与理想之间总是有差异的，由于他只是初出茅庐的大学生，居民对他的信任度不高，在提出这些想法时没有多少人关注，管理者的不在意，方案可行时没有付诸行动，方案实施出现问题时只会劈头盖脸地埋怨方案设计不到位，却不找解决的方法，同事之间交流也甚少，这让他觉得现实和自己想象中的工作是不一样的，只有自己一个人满怀热情地面对工作，同事们没有丝毫的积极性。一个人的力量总是弱小的，不能代表集体去行动，他对这样的工作感到十分失落。

2. 典型心理困扰的表现

案例中小江作为文化工作者，在工作岗位长期被刁难，不被理解，即便是满腔热血也只会心灰意冷，导致对职业的认同感降低。工作过程遇到的“难题”、尴尬都是压力情绪的起源，具体体现在：

（1）压力情绪大

情绪是指伴随着认知和意识过程产生的对外界事物态度的体验。工作过程中有压力，就可能会产生负面情绪。压力情绪是新社会的高频率词汇，是人们面对压力所产生的情绪。工作中所产生的情绪是常见的压力情绪。案例中小江在工作过程中因为不“顺心”而产生了压力情绪，长期的压力情绪得不到缓解会增加得抑郁症的概率。

（2）情绪自控能力差

“能控制好自己情绪的人，比能拿下一座城池的将军更伟大。”情绪本有正面和负面之别，正面的情绪能给人们带来愉悦感和幸福感，反之轻则影响人们的生活质量，重则使人走向深渊。负面的情绪并不可怕，也是人之常情，重要的是学会如何调节和控制好自己的负面情绪才能不被之影响。案例中的小江因为不能较好地控制自己的不良压力情绪，而严重地影响到了自己的工作和生活，由此可知，学会控制并运用好压力情绪尤为重要。

人非草木，孰能无情，不同职业岗位有不同的情绪，这是对外界刺激的常见反应。而生活中我们难免产生这样或那样的不良情绪，关键在于我们如何控制和调节好自己的情绪。

3. 职业心理素质培养

（1）正确看待压力情绪

并非所有压力情绪都是消极的。很多人有这样的生活体验：在学校时候放暑假，或者工作中放长假，开始时感觉很舒服，但是时间一长，有点无所事事了，反而觉得很不舒服，希望能尽快回到之前忙碌的生活中。这个例子表明，一点压力都没有，并不会让我们有非常幸福的感觉，有了压力才会有驱动力。

负面的压力情绪的影响取决于压力的大小和一个人对压力的承受程度。一个长期处于压力之下的人就像一个齿轮转动过高的汽车，引擎会过早报废，我们的身体也同样如此。

压力过大会影响人的心理、生理、行为等方面。压力过大引起的心理症状就包括：焦虑、紧张、迷惑、烦躁、敏感、喜怒无常等。

（2）掌握调控压力情绪的方法

想要做好情绪管理，首先要懂得如何找到事件的中心。人的情绪波动会随着环境而改变，当外界环境发生了变化，就要找寻事件的缘由。比如事件的制造者，事件的过程，事件的结果，事件的危害等。掌握了这些信息，你就能够及时分析事件，让自己保持冷静。

将事件化繁为简也是一个关键能力。把时间和人物的所有变化整理出一条清晰的脉络，找到起因和现状。不要着眼于太多无关紧要的讯息，整合信息很有必要。

同时对自己的心境要有一定的控制力，比如改变自己的价值观、文化观、抗压性、宣泄方法等。懂得积极的自我暗示，令自己保持好的心情去面对变数。

（3）提高服务意识

服务意识是指企业全体员工在与企业利益相关的人或机构的交往中所体现的为其提供热情、周到、主动服务的欲望和意识。其内涵是：它是服务人员发自内心想要遵循的；它是服务人员的一种本能和习惯。作为社区文化服务工作者，只有拥有服务意识，才能更好地服务他人。

（五）典型职业心理情境：竞赛参赛心理

1. 典型工作情境描述

瀚瀚从大学毕业后顺利进入到当地有名的陶瓷生产企业从事制作设计工作。始于兴趣，成于热爱，瀚瀚曾获得国家级技能大师的荣誉称号。瀚瀚从事陶瓷设计与制作近十年，作品曾获得中国工艺美术大师精品博览会、百花奖、天工奖等。

一次比赛获奖后，瀚瀚谈道：“此次比赛，我的参赛作品是‘龙泉青瓷’，龙泉青瓷始烧于三国两晋，五代前属初创时期，北宋已初具规模，南宋和元代为鼎盛时期。从瓷土粉碎、筛选配料、淘洗过滤到成型修坯、装饰晾晒、素烧上釉等的20多道工序，每道工序对青瓷的造型、釉色、装饰等方面都产生了显著影响。”作品创作过程考验的不仅仅是参赛者的工艺制作水平，技能大师们在传承与再创中将千年前的匠心精神绵延至今，通过产品生产形式的多样化、现代与传统的联结与融合、工艺技术的传承与创新，真正做到了让现代设计走进非遗，让传统工艺走进现代生活。

2. 典型心理困扰表现

创作灵感疲劳。文化艺术大类从业人员参加的职业技能大赛区别于某些其余行业的比赛，不仅要有精益求精的高超手艺，对作品的创作灵感也有同等要求。上述场景情境中瀚瀚制作“龙泉青瓷”所经历的20多道工序，且不说道道工序对技艺技能的要求，光是作品的构思设计、工序程序等就已经纷繁复杂了，在此基础上，作品还要考虑生产形式的多样化、传统与创新的融合，难免出现灵感疲劳或枯竭。

3. 职业心理素质培养

（1）增强领悟力与创新力培育

加强横向文化与纵向文化的理论知识学习储备。领悟力就是个体对某项事物的认知与理解能力。从某种意义上来说，领悟力是艺术工作者的创作灵魂，是艺术工作者对事物的洞察、了解。创新力的培育是指艺术工作者根据社会和个体生活发展的需要，引起创造前所未有的事物或观念的动机，并在创造活动中表现出的意向、愿望和设想，创新力是艺术工作者保持创作力的源泉，时常运用头脑风暴，可以提升艺术创作者的创新力。

（2）克服创作疲劳带来的心理压力

创作灵感的疲劳或枯竭容易造成认知心理压力，应该全面认知自己本身与创作。我们可以从自我了解、他人评价、社会反馈、反省总结等维度来全面认知自己。

三、心理训练

（一）角色扮演：艺术与人生

在选择了艺术类专业以后，你对自己的职业发展与人生道路是否有了明确的想法？现在举行这样一次交流会，目的就是为了让大家畅所欲言，把自己在大学这三年的想法表达出来。步骤如下。

（1）暖身：首先要让团体热起来，然后引出大家所关心的问题，并使难题变得较为敏感，让学生了解并表达出自己的看法、情感以及会采取的行动。

（2）选择参与者：找出要探讨的主题后，教师可就情境中的角色加以描述，由同学依据自身意愿选择角色，或同学彼此推荐，或由大家选派推荐能感同身受、容易投入情境中的同学来演出。

（3）演出前的准备：教师应鼓励同学竭尽心力参与活动，例如，演练、背脚本、对镜头演练姿态等准备工作，并协助学生融入自己的角色。

（4）安排观察者：演出者毕竟是少数，因此将观察活动纳入整个教学活动中是必要的。教师可以在演出前列出应观察的项目，以提高演出后的讨论与分享的参与感。

（5）实际演出：由扮演者自发性地演出，演出的时间不用太长，一般5～10分钟，若有不妥，或情节模糊时，教师需随时纠正。

（6）讨论与评价：演出后引导学生进行讨论，教师可利用开收式的问句，引导学生尽情表达。

（7）再次演出与讨论：由前面的讨论与回馈中，可引导学生发现之前表演中的疏漏，再重新扮演，次数无妨，但每次扮演后应有短暂的讨论，探讨不同结果的原因，演出人员可以更换或演出者之间交换角色以体验不同的感受。

（8）分享经验与类化：培养同学学习“演什么像什么”的态度，提升学习的成就感，产生信心与希望的内控力，以达到单元活动的学习目标。引导学生分享个人的生活经验，将演出情境与生活作连接以产生类化的结果。

（二）你说我画

活动过程：

（1）将A4纸对折。

（2）第一轮请一名志愿者上台担任“传达者”，其余人员都作为“倾听者”，“传达者”看样图（随机准备简图）下达画图指令。

（3）“倾听者”们根据“传达者”的指令画出图上的图形，“倾听者”不许提问。

（4）根据“倾听者”的图，“传达者”和“倾听者”谈自己的感受。

（5）第二轮再请一位志愿者上台，看着样图，面对“倾听者”们传达图画指令，其中允许“倾听者”提问，看看这一轮的结果如何。

（6）请“传达者”和“倾听者”谈自己的感受，并比较两轮过程与结果的差异。

注意事项：

（1）第一轮与第二轮两张图的构成基本图形一致，但位置关系有所区别。

（2）两轮中的“传达者”可以为同一人，也可以为不同人。

（3）邀请“倾听者”谈感受时，要选择有代表性的，如画得较准确的和特别离谱的，这样便于分析出造成不同结果的多种因素，从而找到改进的主要方法。

课外拓展

一、心理书籍

（一）《艺术欣赏与人生》

本书集结了李霖灿先生多年涵泳艺术天地的系列文章，他以40年老博物馆员的体验为基础，从中国文化中汲取智能，以图文并茂、深入浅出的方式，拈出“欣赏”二字为线索，不仅欣赏国宝文物，而且洞察华夏人生，是时代的解热剂和清凉散，也可作为开启艺术人生，培养欣赏灵眸的指引。本书讨论了中国艺术史研究中最主要的几个门类：绘画、书法、陶瓷、雕塑、民族艺术、艺术批评、美学理论、艺术史学等。同时，书中所选用讨论的图版多是中国艺术史上公认的重要作品，足以让读者一窥中国艺术殿堂的奥妙。

（李霖灿．艺术欣赏与人生［M］．昆明：云南人民出版社，2002.）

（二）《看不见的影像》

本书不像是评论，更像是一部电影中的电影。一部来自电影又走向电影的书，一些制造影像又窥视影像的文字。本书从电影的深处入手，在评析电影的同时，又加入了剧照和作者的感觉。与其说是一部评论集子，远不如说是一本电影笔记。这些电影像是地下电影，出自地下电影人的作品，关注的人奇少无比。一个摄影师，一个导演，几个性情中人便组成了一个班子，开始了中国电影的探索。

（张献民．看不见的影像［M］．上海：上海三联书店，2005.）

二、健心影院

（一）《梅兰芳》

电影讲述了一代京剧大师梅兰芳先生传奇的一生，影片不仅展现了京剧艺术大师梅兰芳对艺术追求的坚持与抉择，也展现了十三燕、邱如白、冯六爷等许多人物的精神属性和人格气度，更将一种无坚不摧的民族气节和家国情怀娓娓道来，令人在感受艺术大师的人格魅力和理想追求之余，更能在传承不息的爱国情怀与民族精神中深受鼓舞，收获前行的力量，得到意志的滋养。

（二）《百鸟朝凤》

在陕西一个叫做无双镇的小村落里，有着吹唢呐这种传之久远的民间艺术。它绝不止于娱乐，相反承担着更多意义，在办丧事时是对远行故去者的一种人生评价——道德平庸者只吹两台，中等的吹四台，上等者吹八台，德高望重者才有资格吹《百鸟朝凤》。《百鸟朝凤》这支高难度的曲子，也只有领军的唢呐高手才能胜任。而在整个无双镇，只有四方闻名的焦家班班主焦三爷能吹《百鸟朝凤》。焦三爷是一位德高望重的唢呐老艺人，他带领徒弟们用执着的热情与坚定的信仰追求和传承唢呐精神。

三、学以致用

（一）案例分析

他是北京人民艺术剧院原演员、导演蓝天野。94 岁高龄、满头银发的他，作为戏剧界的唯一代表，荣获党内最高荣誉——“七一勋章”。

“戏剧是蓝天野一生钟爱的事业，但很少有人知道他最早感兴趣的是绘画，走上戏剧这一行起初是为了做好党的工作。1945 年，18 岁的蓝天野正在国立北平艺专学习绘画。离家数年的三姐石梅从解放区回来，作为地下党员的她这次回家的一个任务就是在北平开展地下工作。“我们家自然就成为北平地下党的一个秘密联络点。”蓝天野如是说。

中华人民共和国成立后不久，中国第一所艺术院团——北京人民艺术剧院成立了。25 岁的蓝天野成了北京人艺的第一批演员。蓝天野没有马上排戏，而是花了很长一段时间去体验生活。他曾到北京琉璃河水泥厂干活，当烧制水泥的转炉出现故障时，他与工人师傅一起身穿石棉服，裹着湿透的棉被，冒着高温进入炉内，用钢钎击打水泥“结圈”。剧院演出不忙时，他主动申请到远郊区县做农活、喂牲口，与村民们相处半年多。为了演好老舍先生的力作《茶馆》，蓝天野不仅走遍了北京城的大小茶馆，深入观察茶馆里的“老北京人”、说书人、店伙计的一举一动，就连北京城内最后一位“老太监”都成为他的采访和观察对象。为了让“秦二爷”这一角色立得住，蓝天野接触京城里的企业家，通过不断地观察、领悟，反复地酝酿、排练，逐渐“触摸”到这个角色。北京人艺排演纪念建党 90 周年重点剧目《家》，84 岁高龄的蓝天野重返舞台。他依旧保持着多年来养成的习惯：只要有演出，下午 4 点多就到后台。演出结束后，慢慢卸妆，因此他总是来得最早、离开得最晚。在一次排练中，他不慎摔倒、手指骨折，起身后第一句话是：“对不住大家，让各位受惊了。”第二天，他又早早来到排练厅带伤排练，一刻也不肯耽搁。

本着艺术为党、为人民的初心，蓝天野始终以高标准严格要求自己。有人担心蓝天野的身体，他却说：“这是我的本分，有什么豁不出去的呢？只要党需要我、观众需要我，我就要发好光和热。”

（资料来源：人民政协网，有删改）

讨论：阅读上述案例，你觉得艺术家蓝天野老师的哪些品质值得我们学习？

（二）想想做做

通过本章节所学知识认真思考总结作为文化艺术类职业岗位（群）的从业人员应该具备哪些职业心理素养？如何培养此类职业岗位的职业心理素养？请为自己制订一份详细的职业心理素养培育规划书。

16

第十六单元

教育与体育大类职业岗位（群）职业心理素质培养

心语

运动是一切生命的源泉。

——达·芬奇

真教育是心心相印的活动，唯独从心里发出来，才能打动心灵的深处。

——陶行知

知识梳理

教育与体育大类职业岗位（群）职业心理素质培养
知识点
教育与体育大类包含的主要专业群
教育类
语言类
体育类
教育与体育大类职业岗位(群)应具备的主要职业心理素质
高尚的情操
完整和谐的人格
稳定乐观的情绪
良好的思维品质
人际沟通能力
团队协作精神
技能点
职业倦怠心理应对
提升工作价值感
增强教师角色适应能力
合理规划职业生涯
培养包容抱持、积极乐观的职业素养
自我困扰心理应对
客观全面认识自我，提高职业价值感
提升自我满足感，用心对待工作
提高自我调节能力，确立合理的个人抱负
培养豁达、热情、有爱的职业素养
培养良好的人际沟通能力和豁达的胸怀
情绪困扰心理应对
觉察情绪
表达情绪
缓解情绪
培养以学生为本的职业素养，提高职业自信心
压力心理应对
开展心理压力评估
正确认识心理压力
掌握心理减压方法
养成良好的生活习惯，加强体育锻炼
保持工作热情，灵活、创造性地展开工作
寻求公司的支持和帮助

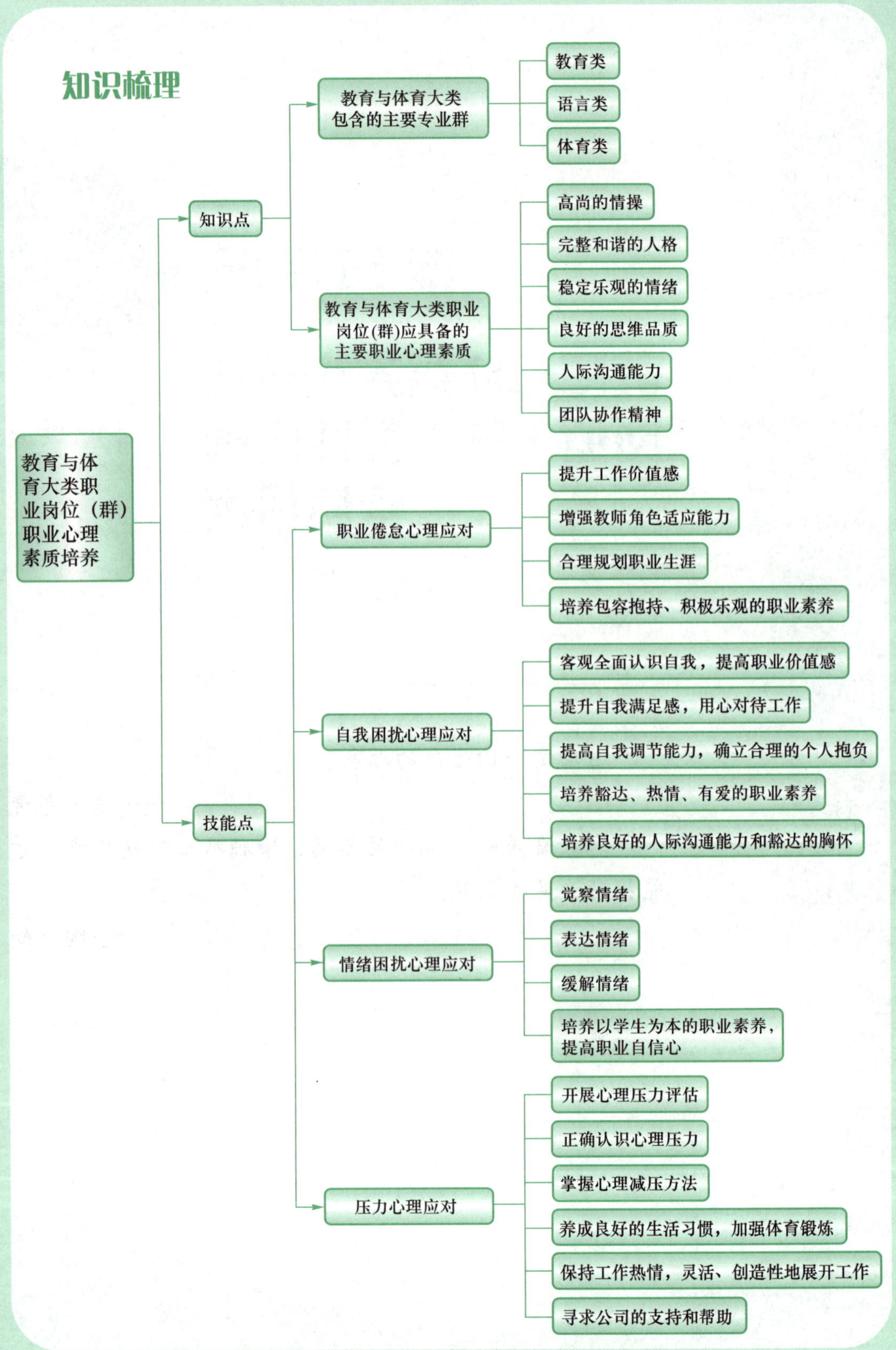

心理讲堂

心灵故事

2017年3月，微博直播界出现了一位新晋“网红”，他不是“小鲜肉”，也不是“整容脸”，而是一名浙大数学教授——苏德矿。他因直播“微积分”上了热搜。

苏德矿教授于1958年出生，在教育一线默默耕耘30余年，甘为人梯，勇于创新，乐于奉献，把生涩难懂的“微积分”课程讲得妙趣横生。他在课外开辟“微博课堂”，不顾自己的眼睛患有超高度近视，每天长时间盯着手机屏幕进行微博答疑。三年多来他发布或转发的微博有24 507条，微博粉丝已超过50 000人。他积极参加学生活动，把正确的人生观、价值观传递给学生，是深受学生喜爱的好老师。有网友截图，其直播期间在线观看人数达到1.3万。在浙大，他是偶像级的老师。

苏德矿教授让我们深刻体会到了“生活即教育，教育即生活”的理念，作为教育工作者，他不只是进行知识的简单传授，而是通过点燃学生的梦想、促进学生追求真善美，力争做自己人生故事的编剧与主角。

培养教育与体育大类岗位（群）从业人员的职业能力和职业素养需要每一个大学生进行学习和实践。

高职院校的教育与体育大类专业的学生经过系统学习后，具备了比较完备的理论知识，也掌握了一定的实践应用能力。毕业后可以选择成为中小学教师、幼儿园老师、翻译员、社会体育工作者、艺术教育工作者以及特殊教育工作者等。如何胜任这些职业岗位，这些岗位需要具备哪些职业心理素质，如何培养所需的职业心理素质，是我们教育与体育大类学生需要学习和掌握的内容。

（资料来源：环球网，有删改）

一、教育与体育大类包含的主要专业群

教育与体育大类主要包括语言类、教育类、体育类三类。其中，语言类包括中文、应用英语、应用泰语等16个专业；教育类包括小学语、数、英、科学、艺术教育、心理健康教育等16个专业；体育类包括运动训练、社会体育、休闲体育等16个专业。

二、教育与体育大类职业岗位（群）应具备的主要职业心理素质

（一）高尚的情操

教育与体育大类职业岗位（群）主要是为人服务的工作，需要具备高尚的情操，主要表现为全心全意为人民服务的敬业精神、神圣的职业使命感、高度的社会责任感。这种职业情操不仅会让该岗位的工作人员对自己的付出无怨无悔，而且使他们对自己的职业充满自豪感、荣誉感。相反，如果缺乏这种高尚的情操，只将职业岗位作为一种谋生的手段，甚至以权谋私，贪赃枉法，不仅不能做好工作，还会降低该岗位工作人员培养人、教育人、服务人的权威，有损职业形象。

（二）完整和谐的人格

完整和谐的人格要求从业人员必须具备良好的性格特征、良好的综合素质、积极乐观的心态。教育与体育大类职业岗位（群）要求工作人员具备活泼外向、对人热情、处事灵活、为人正直、富有同情心和乐观开朗等个性特征，同时在意志力方面必须能够自觉支配自己的行动，有毅力，有明确的工作目标，在工作中有自制力，能够根据工作目标调节自己的行为。

（三）稳定乐观的情绪

教育与体育大类职业岗位（群）的从业人员的服务对象是复杂多样的，难免会遇到令人气愤或恼怒的人或事，如果不能很好地控制自己的情绪，就会给自己和单位造成不良影响。因此从业人员必须学会善于控制不必要的情绪和不良心境，避免做事浮躁，脾气暴躁。

（四）良好的思维品质

教育与体育大类职业岗位（群）的从业人员肩负着教书育人、服务人、文化宣传的重任，职业特点决定他们需要具备良好的思维品质。具体来说，良好的思维品质体现在五个方面：一是深刻性，指思维活动的抽象程度和深度，表现为深入思考、严密推理等。二是灵活性，指灵活的思维活动，表现为方向灵活、过程灵活、结果灵活、迁移能力强等。三是批判性，指思维活动善于辨别思维材料的真伪，善于检查思维过程及结果，表现为分析全面、判断正确等特点。四是敏捷性，指在保证正确基础上的高工作效率。五是独创性，即思维活动的独特性、创造性、新颖性等。

（五）人际沟通能力

沟通是社会个体生存和发展的必要条件，借助于不同目的人际沟通可以帮助人们满足不同层次和类型的需要，如认识自我、表达自我、决策和控制等。教育与体育大类工作人员良好的人际沟通能力体现在根据情境和沟通对象特点而调整认知和技能，运用适当而有效的沟通行为传递知识和技能，满足沟通双方的需求，很多时候进行沟通互动的过程附带教育意义和文化宣传的作用，有利于促进服务对象文化素质、身心素质的发展。

（六）团队协作精神

所谓团队协作精神，是指建立在团队的基础之上，相互合作、互补互助以达到团队最大工作效率的状态。一个人走，可以走得更快；一群人走，则可以走得更远。作为教育与体育大类专业团队中的一员，要时刻记住团队的利益与自己息息相关，为实现团队目标奉献自己，群策群力达成目标。

心理实践

一、心理测量：大五人格量表

指导语： 请仔细阅读以下问题（表 16-1），每个问题有从非常不符合到非常符合 5 种选择。如果该描述非常不符合或者不认同，请选择“1”；如果该描述多数情况下不符合或者不太认同，请选择“2”如果该描述半正确半错误，你无法确定或介于中间，请选择“3”；如果该描述多半符合或者你比较认同，请选择“4”，如果该描述非常符合或者你十分认同，请选择“5”。

表 16-1 大五人格量表

序号	问题	非常不符合	不太符合	不确定	比较符合	非常符合
1	我不是一个容易忧虑的人	1	2	3	4	5
2	我喜欢周围有很多朋友	1	2	3	4	5
3	我很喜欢沉浸在幻想和白日梦中，去探索、发展其中所有可能实现的东西	1	2	3	4	5
4	我尽量对每一个遇到的人彬彬有礼，非常客气	1	2	3	4	5
5	我让自己的物品经常保持整洁干净	1	2	3	4	5
6	有时候我感到愤怒，充满仇恨	1	2	3	4	5
7	我很容易笑	1	2	3	4	5
8	我喜欢培养和发展新的爱好	1	2	3	4	5
9	有时候，我采用威胁或奉承等不同手段，去说服别人按我的意愿去做事	1	2	3	4	5
10	我比较擅长为自己安排好做事进度，以便按时完成任务	1	2	3	4	5
11	当面临极大压力时，有时我会感到好像就要垮了似的	1	2	3	4	5
12	我喜欢那些可以单独做事，不被别人打扰的工作	1	2	3	4	5
13	我对大自然和艺术蕴含的美十分着迷	1	2	3	4	5
14	有些人觉得我有些自我中心，不太考虑别人的感受	1	2	3	4	5
15	许多时候，事到临头了，我才发现自己还没做好准备	1	2	3	4	5

续表

序号	问题	非常不符合	不太符合	不确定	比较符合	非常符合
16	我很少感觉孤独和忧郁	1	2	3	4	5
17	我很喜欢与别人聊天	1	2	3	4	5
18	我认为让学生接触有争议的学说或言论只会混淆和误导他们的思想	1	2	3	4	5
19	如果有人挑起争端，我随时准备好反击	1	2	3	4	5
20	我会尽量认真地完成一切分派给我的任务	1	2	3	4	5
21	我经常感到紧张而心神不定	1	2	3	4	5
22	我喜欢置身于激烈的活动之中	1	2	3	4	5
23	我对诗词基本没什么感觉	1	2	3	4	5
24	我觉得自己比大多数的人都优秀	1	2	3	4	5
25	我有一些明确的目标，并能以有条不紊的方式朝它迈进	1	2	3	4	5
26	有时我感到自己完全一文不值	1	2	3	4	5
27	我通常回避人多的场合	1	2	3	4	5
28	对我来说，让头脑无拘无束地想象是一件困难的事情	1	2	3	4	5
29	受到别人粗暴无礼的对待后，我会尽量原谅他们，让自己忘记这件事情	1	2	3	4	5
30	开始着手学习或工作之前，我会浪费很多时间	1	2	3	4	5
31	我很少感到恐惧或焦虑	1	2	3	4	5
32	我常常感到自己精力旺盛，好像充满能量	1	2	3	4	5
33	我很少留意自己在不同环境下的情绪或感觉变化	1	2	3	4	5
34	我相信人性是善良的	1	2	3	4	5
35	我努力做事以达到自己的目标	1	2	3	4	5
36	别人对待我的方式常使我感到愤怒	1	2	3	4	5
37	我是一个乐天开朗的人	1	2	3	4	5
38	我经常体验到许多不同的感受或情绪	1	2	3	4	5
39	很多人觉得我对人有些冷淡，经常和别人保持一定距离	1	2	3	4	5
40	一旦做出承诺，我通常会贯彻到底	1	2	3	4	5
41	很多时候，当事情不顺利时，我会感到泄气，想要放弃	1	2	3	4	5
42	我不太喜欢和人聊天，很少从中获得太多乐趣	1	2	3	4	5
43	阅读一首诗或欣赏一件艺术品时，我有时会感到非常兴奋和喜悦	1	2	3	4	5
44	我是一个固执倔强的人	1	2	3	4	5
45	有时候，我并不是那么靠谱和值得信赖	1	2	3	4	5

续表

序号	问题	非常不符合	不太符合	不确定	比较符合	非常符合
46	我很少感觉忧伤或沮丧	1	2	3	4	5
47	我的生活节奏很快	1	2	3	4	5
48	我对思考宇宙规律和人类生活状况没有什么兴趣	1	2	3	4	5
49	我尽量对他人做到体贴周到	1	2	3	4	5
50	我做事情总是善始善终，是一个很有能力的人	1	2	3	4	5
51	我经常感到无助，希望有人能帮助我解决问题	1	2	3	4	5
52	我是一个十分积极活跃的人	1	2	3	4	5
53	我对许多事物都很好奇，充满求知欲	1	2	3	4	5
54	如果我不喜欢某一个人，我会让他知道	1	2	3	4	5
55	我好像总不能把事情安排得井井有条	1	2	3	4	5
56	有时我会感到十分羞愧，以至于只想躲起来，不见任何人	1	2	3	4	5
57	我宁愿自己独自做事，而不是领导指挥别人	1	2	3	4	5
58	我喜欢研究理论和抽象的问题	1	2	3	4	5
59	如果必要的话，我会利用别人来达到自己的目的	1	2	3	4	5
60	对于每件事，我都力求做到最好	1	2	3	4	5

大五人格打分表

1		2		3		4		5	
6		7		8		9		10	
11		12		13		14		15	
16		17		18		19		20	
21		22		23		24		25	
26		27		28		29		30	
31		32		33		34		35	
36		37		38		39		40	
41		42		43		44		45	
46		47		48		49		50	
51		52		53		54		55	
56		57		58		59		60	

神经质得分：　　外向型得分：　　开放性得分：

顺同性得分：　　严谨性得分：

（资料来源：姚若松，梁乐瑶．大五人格量表简化版（NEO-FFI）在大学生人群的应用分析［J］．中国临床心理学杂志，2010，18（04）：457-459.）

二、典型心理情境及应对

（一）职业倦怠心理情境

1. 典型工作情境描述

某市特殊教育学校自闭症部三年级的课堂上，10 岁的阳阳时而离座，时而攻击他人，自言自语，爱大笑，尤其喜爱瓶子，只要看见一个瓶子，一定要去抢过来。突然，“啪”的一声，阳阳的身上溅满了酸奶。原来，阳阳看到一个家长手里的瓶装酸奶，“蹭”的一下就从座位上跑过去抢，可是没有抓牢，玻璃瓶摔到了地上，阳阳非常生气，躺到地上大声哭闹起来。其他陪读家长一致要阳阳妈妈把孩子带出去，不要影响课堂。阳阳妈妈不愿意，和其他家长吵了起来，教室里一片混乱。

兰兰老师面对哭闹不已的阳阳、争执不休的家长和注意力分散的学生，感到很挫败。工作五年来即使自己尽心尽力地对待孩子和家长，可是自闭症孩子的课堂依然免不了这样的混乱和无序。有的孩子伴随着多重的问题，暴露出来的行为让人防不胜防，让自己很难有成就感。兰兰老师开始怀疑自己的工作价值和意义所在。最近半年情绪波动比较大，压抑而苦闷，对这样的课堂开始厌烦，疲惫不堪。原本想成为一名优秀特教教师的她最近也无心钻研课堂教学。兰兰老师希望能够尽快调整好自己的状态，继续投身到喜爱的教育事业当中。

2. 典型心理困扰的表现

兰兰老师遇到的心理困惑，是工作中常见的职业倦怠心理，具体表现如下。

（1）职业认同感低

教师的职业认同感大多来自学生成绩的提升和综合素养的全面发展，如学生考上理想的学校、竞赛取得好成绩、找到满意的工作、德智体美劳全面发展等。特教教师在教学过程中成就感低，整日面对一群特殊孩子，师生之间缺乏有效的互动和沟通，总是重复地讲解简单的内容，精心准备的课堂内容，学生不是没反应就是转眼就忘了，教师的激情在一次次挫败中磨灭。加之特教工作教育成效慢，社会对特教教师的看法和评价普遍较低，这些因素导致特教教师容易产生强烈的失落感、自卑感和挫折感。兰兰老师也因此开始质疑自己的职业选择和职业价值。

（2）身心失调，疲惫不堪

特殊儿童的教育训练是一个漫长而艰辛的过程，他们的个别差异大，接受能力弱，需要教师在教学及康复训练过程中投入大量精力。教师兼医生、保姆多职为一身，脑力与体力劳动并存。面对个体需求差异较大的学生时，教师还需要自编教材和讲义，制订每个学生的个性化训练方案，长时间下来使教师产生强迫、敌对、抑郁、焦虑、缺少幸福感等心理疾病，情感处于极度疲劳的状态，因此身心疲惫。

（3）行为懈怠

原本想成为一名优秀特教教师的兰兰最近也无心钻研课堂教学，多次产生放弃这份工作的念头。这是职业倦怠感在行为上的体现，变得没有活力、没有工作热情，有的人甚至敷衍了事，得过且过，没有任何抱负，个人发展停滞，行动无常等。

3. 职业心理素质培养

兰兰老师一想到自己从师范大学特殊教育专业学习期间许下的愿望，要好好地帮助特殊孩子和家长们，觉得自己不能轻言放弃，那么，应该如何应对职业倦怠心理，培育职业心理素养呢？

（1）提升工作价值感

特殊儿童教学的艰难，使得很多特教行业的教师认为自己的工作是没有意义、没有价值、看不到成效的。事实上，特教教师在很大程度上为国家减轻了负担，为家庭分担了忧愁，为社会的和谐作出了诸多贡献，很多孩子在长时间的训练中语言有所进步、生活可以自理、学会了简单的计算，甚至有的孩子完全康复，可以进入普通学校进行融合教育，因此从事特教工作的教师是光荣的、有价值的，应努力把工作当成事业，不断充实自身的专业知识与技能，提高自身的价值感。

（2）增强教师角色适应能力

作为特教教师，要善于与自己的情绪共处，学习一些减缓工作压力的方法，培养自己的兴趣和爱好，采用劳逸结合的生活方式。特教教师必须努力去接受现实，尽可能地去改变这种状况；在不可能时，则要学会在困境中寻求积极应对的方法。

《特殊教育教师专业标准（试行）》（以下简称《标准》）对特教教师的角色和职业身份做出了权威的界定与划分。《标准》指出，特教教师的角色与身份应从传统的教师、妈妈、朋友和保姆等向更加多元化、专业化和职业化的品行塑造者、健康指导者、学习促进者、安全保护者、环境支持者、资源开发者等角色转变。

（3）合理规划职业生涯

关于教师职业生涯发展的阶段，根据最具影响的 Lilian G.Katz 的四阶段论：教师求生阶段（第 1~2 年），在这一时期的教师关注自己能否在新环境中生存；巩固阶段（第 2~3 年），这一时期的教师已初步具备适应能力，开始特殊儿童为中心进行授课；求新阶段（第 3~4 年），教师对机械、重复的工作感到厌倦，转向关注专业领域的发展；成熟阶段（第 3~5 年），在这一时期教师的教学经验已经充足，能够较为深刻、抽象地提出一些探索性的问题。

教师在进行职业生涯规划时，应准确地把握职业生涯发展各阶段特点，促进教师对职业生涯进行科学合理规划。关注所处发展阶段的难点，并加以克服和解决各阶段的典型问题。

（4）培养包容抱持、积极乐观的职业素养

特殊教育学校的孩子需要教师具有更多的爱心、耐心、细心和恒心。特殊儿童教育的艰难更需要教师具备乐观向上、热情开朗、富有亲和力的个性品质，培养良好的耐挫力，善于自我调适，保持平和心态的职业素养，因材施教、尊重个体差异，关注每个孩子身心发展的特殊需要。

（二）自我困扰心理情境

1. 典型工作情境描述

某幼儿园会议室，黎园长正组织园所工作人员开会，重点通报了发生在李曼老师班上的一件事，小一班一个孩子在玩滑滑梯时，重重地摔在地上，医生诊断为轻微脑震荡，并坦言还好不是颅内出血，否则会危及性命。事发当时，李曼正在照看一个哭闹的孩子，黎园长严厉地批评了李老师监管不力，扣除了李老师当月的安全奖，取消了年末本已评上的“优秀教师”荣誉。

整日面对三十多个孩子的吵闹，还需回答家长的各种问题，再加之园所的严格管理，琐碎的工作有时候让人觉得没有价值感。特别是今天的事情，园长严厉的话语和惩罚措施让李曼难以承受，想起工作两年来的苦与累，李曼越想越压抑难过，开始质疑自己的工作能力和工作态度，否定自己，职业工作中的差错和幼儿难以预防的安全问题让她担惊受怕，工作幸福感大打折扣。但转念一想，李曼老师觉得自己面对的是喜欢的孩子们和幼儿教师职业，不能轻易放弃，她决定调整心态，勇敢面对。

2. 典型心理困扰表现

职业岗位中的喜与忧，好与坏，总是辩证而统一地存在着，李曼老师遇到的心理困惑是工作中常见的职业自我意识问题，具体表现如下。

（1）自我认识不全面，职业价值感低

幼儿园教师的工作是一种平凡、普通、甚至被认为是看管孩子的工作，使得工作的价值大打折扣，幼儿教师的专业身份很难得到社会的认可。有的幼儿园教师自己认为工资不高、社会地位低下、没有编制、不够稳定，不能正确地认识到自我的价值和幼儿教师职业的价值感。李曼想起这两年的工作，也开始质疑自己的工作能力和工作态度，觉得自己是不是不如其他幼儿教师，自我评价逐渐降低，认为幼儿教师工作累挣钱少，不清楚工作的意义，开始质疑工作中价值感。

（2）自我满足感不足

当幼儿教师选择工作的动力是积极的、主动的、内在的，往往能体验到更多的职业幸福感。而对幼儿教师这个职业不喜欢或因为某种原因勉强为之的教师，则会表现出较低的自我满足感。李曼在经历幼儿安全事件后，害怕工作中出差错，因此担惊受怕，不知道工作中的幸福感来自何处，工作中的自我满足感不足。

（3）自我调节能力较弱

每个人的心理状况、承受能力各不相同。李曼老师面对园长的批评开始质疑自己，否定自己之前的努力和付出，不能客观地看待工作中的得与失，这与自我调节能力较弱、抗挫能力不强有一定的关系。

3. 职业心理素质培养

李曼老师觉察到自己的心理变化，可以从以下几方面进行调整。

（1）客观全面认识自我，提高职业价值感

幼儿教育是对一个人的启蒙教育，是“基础教育的重要组成部分”，幼儿教师和中小学教师、大学教师一样是天底下最光辉的职业，可以多和资深的幼儿教师、领导多沟通交流，提升职业价值感。李曼可以通过与同事的比较、他人的评价、工作实践、自我反思多方面来客观、全面地认识自己，正确面对工作中的得与失、成与败。

（2）提升自我满足感，用心对待工作

努力培养自己的职业道德、职业素养和敬业精神。工作中要学会不断总结，积累经验，吸取教训，实现工作目标和工作价值，提升自我满足感，善于发现真善美。多发现工作中的乐趣和美好，多记录工作中的温暖画面，多感受孩子们的纯真和童趣，与其一起成长。幼儿教师应培养阳光心态，以一颗积极向上的心去对待幼儿教育事业，以一颗温暖的心去对待幼儿园的孩子们，从而提升教师专业的自我满足感。

（3）提高自我调节能力，确立合理的个人抱负

根据自己的实际情况来树立自己的职业理想和目标，目标过高，难以实现，目标过低，缺少前进的动力，因此，要适当地确立抱负水平。锻炼坚强的意志，工作中并非一帆风顺、事事如意，遇到不顺心的事情时，我们要及时调整自己，遇到挫折与打击，要坚强地去面对，我们可以通过体育锻炼、工作实践等多种方式锻炼我们的坚强意志。合理运用心理防卫机制，李曼老师在面对工作压力和园长的批评时，使用了逃避、否定、压抑等消极的心理防御机制，除此之外，她可以尝试使用一些积极的心理防卫机制，包括替代、幽默、合理化、认同机制等，从而有效地适应环境。

（4）培养豁达、热情、有爱的职业素养

在幼儿人格萌芽、形成和逐步发展的整个过程中，教师人格始终是一种“无言之教”。教师的言行举止对幼儿具有一种不可抗拒的、潜移默化的影响。因此，培养幼儿教师高度负责、热爱幼儿教育工作、对幼儿充满爱心的职业素养是必不或缺的环节。

（5）培养良好的人际沟通能力和豁达的胸怀

幼儿园工作者需要与同事、家长、幼儿等多方进行沟通，要有良好的沟通技巧，稳定的情绪，豁达的胸怀，才能更好地应对工作，以更饱满的状态面对孩子。

（三）情绪困扰心理

1. 典型工作情境描述

薛力一年前从某师范大学社会体育专业毕业，是一家少儿体能运动馆的体能训练老师。一天课堂上他正教给孩子们安全运动的方法。话音刚落，一声尖锐的哭声响起，薛力和家长的注意力落到了学生谢波的身上，只见他瘫坐在地，双手捂着左脚，号啕大哭，薛力赶紧给孩子检查，并没发现什么大碍，问话才知道推搡过程中前面的孩子踩到了谢波的小脚趾。

谢波的爷爷心疼孩子，责怪老师没有照顾好谢波，并愤愤不平地投诉给体能馆领导。领导批评薛力管理无方，并让他向一个才到公司就职两个月的同事多学习。薛力很焦虑，担心领导由于这件事影响到对自己的看法，同时，内心也有些自卑，觉得自己还不如一个新来的员工，以致于这几天心情闷闷不乐，抑郁不已，工作积极性不高，情绪一度失控。

2. 典型心理困扰的表现

薛力由于工作不顺利产生了情绪困扰，具体表现如下。

（1）焦虑不安情绪

薛力才参加工作一年，工作经验欠缺，面对工作中的突发情况不知道如何与孩子、家长、领导更好地沟通，如何及时处理，加上担心领导对自己有不好的看法，影响自己工作的稳定性，因而产生了焦虑情绪。

（2）自卑情绪

当领导让薛力向一个才到公司就职两个月的同事多学习，内心五味杂陈，觉得自己还不如一个新来的员工，开始否定自己，认为自己不如他人，在比较中产生自卑心理。

（3）抑郁情绪

工作中难免会出现突发状况，会有委屈和不如意，尤其是青少年本来就好动，自控力

较差，而薛力过多地使用压抑、回避等消极性心理防御机制，遇到困难不是迎难而上，而是消极应战，容易产生抑郁情绪，闷闷不乐，无精打采，对工作也提不起兴趣。

3. 职业心理素质培养

面对此情此景，薛力应该如何调整自己的心态，更好地适应职业岗位呢？

（1）觉察情绪

觉察焦虑不安、抑郁等情绪状态，允许其发生，看见就是最好的疗愈。积极情绪和消极情绪都是我们不可或缺的部分，允许消极情绪的存在，不评价、不比较、不分析，学会与情绪共处，消极情绪也会适时地转化。薛力可以通过正念、静心等方式来觉察情绪。

（2）表达情绪

学习给自己的情绪命名，是表达情绪的方式之一。薛力可以通过构建良好的社会、心理支持系统，在家人、朋友、同事或咨询师面前诉说自己的情绪、情感，加强与领导的交流沟通，寻求他们的理解和支持。

（3）缓解情绪

① 身心放松法。薛力可以尝试选择幽雅的环境，舒适的姿势，排除杂念，闭目养神，尽量放松全身肌肉，采用稳定的、缓慢的深呼吸方法。深深地吸一口气，吸到不能再吸入为止，屏住呼吸，而后慢慢地吐气。多次反复进行，慢慢放松下来。② 观看喜剧影片。发自肺腑的开怀大笑可以赶走压力，增强免疫力，增加血流量，稳定血压。轻声笑语甚至可以让血糖平稳下降，增强消化能力。来吧，大声地笑起来——这是绝对有益的事情。③ 亲近大自然。闲暇之余，到野外郊区，到大山里走走，呼吸新鲜的空气，换换环境，让阳光、绿地、小鸟、溪流荡涤心中的烦恼。开始新的自己，找回理智和自信。④ 音乐消解或食物疗法。经常听听时下流行的歌曲或好听的音乐，调节一下心情。当情绪不好时，吃一根香蕉或者是巧克力，让自己快乐起来。⑤ 运动疗法。养成运动的好习惯，运动不但可以锻炼身体，还是抵御抑郁的好方法，可以改变人的心情。⑥ 认知调控法。改变个人的想法和认知，能降低周围环境对个体情绪的影响力，从而达到调节情绪的目的。薛力可以把领导的批评和家长的意见当作鞭策年轻的自己前进的动力，提升工作中突发事件应对能力。

（4）培养以学生为本的职业素养，提高职业自信心

一名优秀的社会体育指导员，应以知识全面、业务精通的良好面貌从容自信地迎接每一个服务对象。敢于担当，主动作为，让孩子们可以在游戏中锻炼，在快乐中健身，从被动工作、以生存为目的的工作转变为实现自我和服务他人而工作。以学生为本，因材施教，注意每个学生的特点，通过灵活多变的形式训练授课，尊重孩子们的身心节奏，针对性地制订训练计划，使自己向“服务型”“学习型”“创新型”等高素质体育人才转变，赢得孩子们的喜爱和社会的认可，提高职业自信心。

（四）压力心理

1. 典型工作情境描述

娜娜从某高职院校商贸英语专业毕业后到浙江某工贸有限公司从事跨境电商外贸业务员的工作，外贸业务员的主要工作职责是准确核算销售价格、及时安排打样、积极主动与客户保持联系促进交易达成。娜娜工作的两年中，

看微课

外贸业务员的职业压力心理调适

有成功的喜悦，也有挫败的失落。她因工作认真负责、耐心真诚赢得了一些客户的订单，同时也有很多接单失败的时候，失败的主要原因是不太了解国外客户的文化以及购物习惯，不能很好地把握客户的购物心理，也有一部分是因为语言沟通不畅，不能及时、准确地评估客户的购物需求。有的时候，娜娜感觉客人对价格和样品都满意，就是不见客户下单。这让娜娜有失落感，时间长了感到心理压力很大、紧张焦虑、疲惫不堪、心境低落、觉得付出的努力没有回报；也担心由于业绩不好受到领导的批评，于是开始不愿意与同事和领导沟通；有时夜不能寐、失眠多梦。娜娜疑惑自己的状态，如何面对工作才能让自己保持愉快的心情和良好的工作状态？

2. 典型心理困扰的表现

娜娜遇到的烦恼，是工作中常见的压力心理，具体表现在生理、心理和行为表现上。

（1）心理反应：紧张焦虑和心境低落

紧张焦虑。人们大多都希望每次认真的付出都有丰硕的回报，而外贸业务员却在努力付出后不断地体验失去的感觉，因为文化差异、语言阻碍等，娜娜接单失败是很平常的一件事，但她因此产生职业危机感，担心自己的绩效、职业发展受影响，导致心神不宁、坐立不安、焦虑不已。

心境低落。工作中的不顺利、不如意，引起娜娜情绪上的波动，多次的挫折则容易导致心境低落，抑郁沉闷，悲观失望，对平时感兴趣的事物也开始觉得乏味，出现意志消沉、自我封闭、对生活没有激情、干什么都没劲等反应。

（2）生理反应：睡眠障碍

外贸企业的工作特点决定了工作强度较大，压力较重，而且由于时区差异，工作时间也是黑白颠倒，这就导致了很多外贸从业人员在从业一段时间后出现不同程度的睡眠问题。有的外贸业务员入睡困难，有的多梦难安，有的中途醒后难以入睡，导致第二天睡眠严重不足，工作精力不济，效率低下，身心失调。

（3）行为反应：回避和退缩

娜娜由于担心业绩不好受到领导的批评，产生的压力心理后表现出不愿意与同事和领导沟通，呈现出退缩与回避的行为。有的业务员还会懈怠工作，旷工迟到，与家人、朋友、同事关系恶化。

3. 职业心理素质培养

作为一名职业人士，娜娜应该如何缓解压力心态，培育职业心理素养呢？可以从以下方面进行尝试：

（1）开展心理压力评估

体验到上述心理、生理和行为反应时，娜娜可以找专业的心理咨询机构或者所在企业从事 EAP（员工帮助计划）的专业人员进行心理压力评估，结合自己的身心反应，了解自己的压力状况，在他们的帮助下学习压力应对的方法和技巧。

（2）正确认识心理压力

作为外贸业务员，要知道未能成功接单是情理之中的事情。压力是人生的一部分，人的一生不可能总是一帆风顺，几乎人人都要经历挫折。同时，压力一方面给人带来烦恼和痛苦，让人手足无措，另一方面压力也能磨炼人的意志，修养心性，提高解决实际问题的能力。压力只是暂时性的，随着我们对问题情境的适应，积极调整心态，压力心理也会随之缓解，我们要以平常心去对待压力。

（3）掌握心理减压方法

① 倾诉：和同岗位的朋友、同事、亲朋好友诉说工作中的情绪，建立良好的社会支持系统。倾诉可取得内心感情与外界刺激的平衡，不主张把心事深埋心底，而应将这些烦恼向你信赖、善解人意的人倾诉。② 旅游：去大自然中的山区或海滨，周围的空气中含有较多的负氧离子，人体所得到的氧气充足，新陈代谢机能便盛，神经体液的调节功能增强，有利于促进机体的健康。愈健康，心理就愈容易平静。③ 瑜伽：包括一系列的修身养性方法，包括调身的体位法、调息的呼吸法、调心的冥想法等，以达至身心合一。外贸业务员工作期间不便外出，可以通过学习后在家自行练习或者跟随网络视频练习，觉察情绪和认知，调整呼吸。④ 音乐：音乐通过听觉意象来表达我们的思想情感，是最能即时打动人的艺术形式之一，可以使人忘却烦恼，净化心灵。可以根据自己的需要选取或热烈兴奋、或庄严肃穆、或悲痛激愤等不同主题的音乐来表达和调节自己的心情。阅读：选择一些适合自己的纸质版书籍或者有声阅读的方式来拓展自己的视野，也可以学习一些减压方法更好地适应压力环境，提升适应力和心理健康水平。娜娜可以尝试阅读《20堂心理减压课》《当压力来敲门》等书籍，借助学习来获得新的减压知识和方法。

（4）养成良好的生活习惯，加强体育锻炼

外贸业务员因为工作引起睡眠问题，可以尝试更改作息，睡前不剧烈运动，也可以尝试睡前喝杯牛奶，还可以根据自己的喜好创造良好的睡眠环境，保证充足的睡眠，这都是保证愉悦情绪、减缓压力的有效方式。人们长期承受一定的压力会降低身体免疫力，进行一定的体育锻炼必不可少，它能强化体格，使自己身心舒畅。另外合理的饮食也是很重要的。

（5）保持工作热情，灵活、创造性地开展工作

干一行，爱一行，培养对外贸工作的热爱，享有工作热情，辩证看待工作中的得与失（图16-1）。提高与国外客户语言沟通能力，学习换位思考，尊重、理解双方的文化差异和购物习惯，开展有效交流。遇到困难不轻易放弃，正面面对工作中的挫折与压力，为了实现目标需要灵活、创造性地开展工作。

（6）寻求公司的支持和帮助

大多数外贸公司为了更好做好外贸业务员的坚强后盾，采取“以老带新”的方式，给员工配备了经验丰富的优秀员工为师傅，提供一对一的帮助，为他们做好心理调适和业务指导，做好外贸业务员的贴心人。娜娜及时寻求公司的帮助，得到了很好的支持。

娜娜按照以上方式积极调整自己在工作过程中的压力心理，经过一段时间的实践，逐渐适应了服务模式，掌握了交往技巧，烦闷的情绪也随之而去，工作压力也大为降低。娜娜的贴心、专业服务得到了客户的高度好评，娜娜感受到了工作的价值、乐趣和成就感，增添了对外贸职业的热爱。

图16-1　保持工作热情

三、心理训练

（一）思维力训练：集思广益

活动目的：通过活动培养团队成员通过求助他人来集思广益，更好地解决问题，培养良好的思维品质。

活动时间：30 分钟。

活动准备：纸和笔。

活动过程：

（1）团队成员可分成 4~6 人的小组若干。

（2）“献策”。

① 给每位成员发放一张 A4 白纸。

② 每位成员在事先准备好的白纸上写下自己最头痛、最想解决的问题（如学习问题、交往中的问题等，通过描述，在自己脑中对问题有个明确的概念），然后把这张纸装折叠好。

③ 以小组为单位，把每个小组成员的“求助信”在团队范围内“漂流”，每位同学负责对“漂流”到自己手里的“求助信”献策，并在策略末尾写上自己的名字。（注意：如果成员不愿意留下自己的名字，可以不留；尽量多地把“漂流瓶”传到不同成员的手里），最后，“物归原主”。每人不必拘于只献一计。

④ 大家把自己收获到的“计策”进行交流。

（3）“感谢”。

请向为自己提供可行又有效的方法的成员表示感谢。走过去，握手并说“谢谢你”（或者用你自己的方式表达）。

（二）团队协作训练：“蜈蚣”翻身

活动目的：通过活动培养团队协作精神。

活动时间：30 分钟。

活动准备：穿着休闲运动、团体辅导室或者空旷场地。

活动过程：

（1）将团队成员分成两大组，推荐产生两位组长，两路纵队排好。

（2）全组学生把双手搭在前面团队成员的双肩上组成一条“大蜈蚣”，开始练习一下“大蜈蚣”跑动，看看彼此是否协调。

（3）接下来开始做“蜈蚣”翻身比赛，要求第一位组员依次从第二、第三人拉手处，第三、第四人拉手处……一直到队伍最后两位的拉手处钻过去，第二位组员、第三位组员……跟随前面的组员一直钻完所有的拉手孔。

（4）完成“蜈蚣”翻身用时最少的组为胜。

（5）大家分享参与“蜈蚣”翻身活动的感受，该活动对团队协作有哪些启示？

课外拓展

一、心理书籍

（一）《心力》

邓亚萍是乒乓球世界冠军，在职业生涯中，她以超强的心理素质和顽强的意志力闻名。本书浓缩作者多年直面挑战积累的心理提升技巧，结合心理学经典洞察，针对生活与职场痛点提出稳定心态、提升效率、打造强大抗压力与意志力的可复制技巧，以帮助读者从容应对种种挑战。

（邓亚萍. 心力［M］. 北京：中国人民大学出版社，2021.）

（二）《陶行知教育名篇》

如何引导学生努力求学？如何培养学生的创造力？这些问题和每一个孩子、每一个家庭、每一位教师、每一所学校都息息相关。本书选录陶先生的一些经典文章、书信、演讲稿，记录了他在教育领域的思考与探索，使读者汲取教育智慧，感悟大师精神。

（张圣华. 陶行知教育名篇［M］. 北京：教育科学出版社，2021.）

二、健心影院

（一）《一生只为一事来》

影片根据“感动中国2016年度人物”支月英老师的真实故事改编，以商人董大山的视角，讲述了支月英在偏远大山深处的艰苦条件下，坚守初心，以最质朴的信念，为大山里三代孩子带来重大命运变革的感人故事。

（二）《守望青春》

影片首度将“时代楷模”“全国道德模范”大连海事大学教授曲建武的光辉事迹搬上银幕，讲述了一位大学生辅导员在高校教书育人岗位上的真诚与奉献的故事，给学生的心灵埋下真善美的种子。

三、学以致用

（一）案例分析

“继静安绝学，贯中西文脉。你是诗词的女儿，你是风雅的先生。”不久前，叶嘉莹获得2020年度“感动中国”人物，组委会给予她的颁奖词如是说：“生于乱世，叶嘉莹21岁便开始教学生涯，执教70余年来，她播撒着中国诗词的种子，一生与中国古典诗词‘恋爱’。”叶嘉莹也表示：“我平生志意，就是要把美好的诗词传给下一代人。”

“卅年离家几万里，思乡情在无时已”

作为中华古典诗词大家、南开大学中华古典文化研究所所长，面对漂泊动乱也好，人生苦痛也罢，叶嘉莹都用整个生命吟诗、写诗、传诗，并用曾经支撑自己走过苦难的诗词来反哺自己的民族和文化。1924 年，叶嘉莹出生于北京察院胡同一个书香世家，她名字中的“叶”来自“叶赫那拉”。叶嘉莹虽生于乱世，却从小受到良好的中华传统教育。白先勇评价叶先生身上拥有一种“天生的华丽”。

读初二那年，七七事变爆发。尔后，年少的叶嘉莹经历了丧母之痛，一连写下八首《哭母诗》。叶嘉莹在辅仁大学国文系就读时，师从诗词大家顾随先生，从此与诗词结下了深深的缘分。1948 年冬，叶嘉莹结婚，并随丈夫前往台湾。“那时候我以为很快就可以回来，所以随身只带了简单的行李。”想不到，这一走，却别离故土几十载。1978 年暮春，叶嘉莹在报纸上看到内地的学校需要教师，即刻给国家教委写了一封申请信，希望不要任何报酬回国教书。一年后，她的申请得到批准，受时任南开大学外文系主任李霁野的邀请到该校执教。叶嘉莹在长诗《祖国行》里写道：“卅年离家几万里，思乡情在无时已。”

之后的几十年间，叶嘉莹以诗为约，与中国求诗若渴的年轻人们一道探索古典美的殿堂。90 多岁高龄的叶先生仍未停下爱诗的脚步，还捐出 3 500 多万元支持中华优秀传统文化研究。她用一生培养了大批中国传统文化和古典文学人才，也正如她所说：“我要把自己的一生交给诗词。”

“好将一点红炉雪，散作人间照夜灯”

叶嘉莹说，诗歌的价值在于滋养精神和文化。“中国古代伟大诗人往往是用生命谱写诗篇、用生活实践诗篇，他们把自己内心的感动写了出来，千百年后的我们依然能够体会到同样的感动，这就是中国古典诗词的生命力。古典诗词凝聚中华文化的理念、志趣、气度、神韵，是中华民族的血脉、中华儿女的精神家园。”

（资料来源：学习强国，有删改）

讨论：阅读上述案例，你觉得叶嘉莹老师的哪些品质值得我们学习？

（二）想想做做

请同学以小组为单位，访谈教育与体育大类的职业岗位工作人员，就如何培养团队协作能力进行探讨，并设计一个“提升团队协作能力”的方案。

17

第十七单元 交通运输大类职业岗位（群）职业心理素质培养

心语

生命有长短，命运有沉升……所幸我的生命，能化成匍匐在华夏大地上的一根铁轨，也算是我坎坷人生中的莫大幸事了。

——詹天佑

尊重生命、尊重他人也尊重自己的生命，是生命进程中的伴随物，也是心理健康的一个条件。

——弗洛姆

知识梳理

交通运输大类职业岗位（群）职业心理素质培养
知识点
交通运输大类包含的主要专业群
铁道运输类
道路运输类
水上运输类
航空运输类
管道运输类
城市轨道交通类
邮政类
交通运输大类职业岗位(群)应具备的主要职业心理素质
强烈的责任心
高度的专注力
强大的情绪自控力
良好的抗压力
技能点
职业心理压力应对
认知调节法
情绪宣泄法
放松训练法
职场倦怠应对
提高对职业风险的认知
用正念开启身心正能量
提升职场沟通能力
职业认同心理应对
积极的心理暗示
丰富自己的业余生活
增强基层岗位服务意识
职业情绪困扰应对
寻求心理支持
学会自我调节
提高综合能力

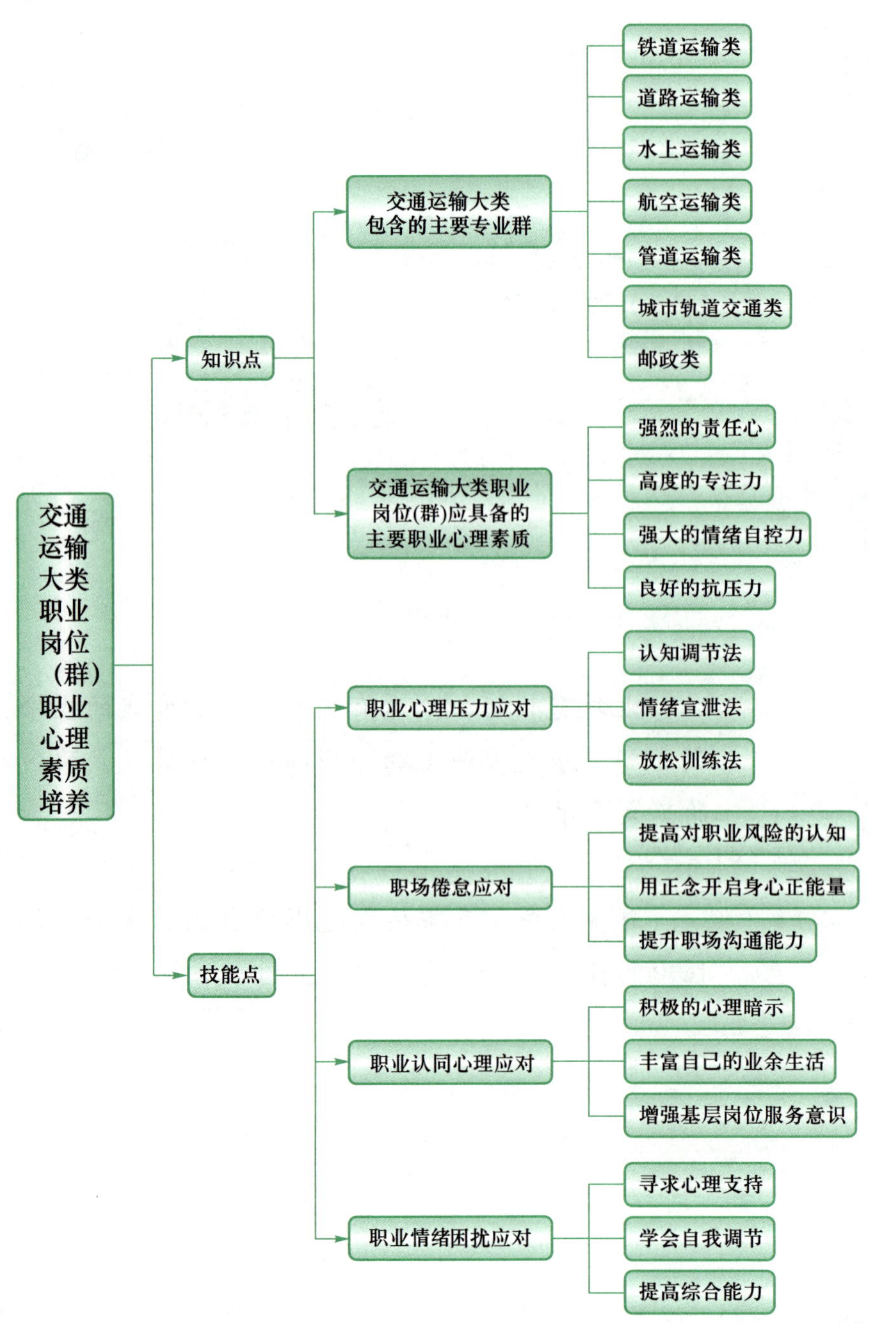

心理讲堂

心灵故事

有这样一位年轻人被誉为“机车神医”，他参与了和谐号、复兴号所有机车首发车型的调试，还把机车安全送出了国门，他就是大国工匠张如意。

张如意刚入厂时只是一名普通电工，后经师傅推荐进入调试车间。机车调试是整个机车生产的最后关键阶段，张如意的工作就是在繁杂的机车系统中找到每一处导致机车无法正常运行的症结所在。“调试机车，除了多干、多学，没有捷径。”一句“多干多学”的背后，是张如意常年早出晚归和节假日无休。据统计，他每年加班工时都超过 1 500 小时。功夫不负有心人，严谨、专注、敬业、精益求精的工匠精神，将张如意锻炼成一名“机车神医”。如今，张如意已经成为掌握电力机车世界先进技术的专业型人才。他和同事调试的机车不但驰骋在神州大地，还出口到了 18 个国家和地区。

张如意的故事让我们深刻体会到他对职业的执着坚守，在实践中不断练就过硬的职业技能，培养坚强的意志品质，最终成为新一代的“手艺人”，更是技能超群的“守艺人”。

（资料来源：央视网，有删改）

一、交通运输大类包含的主要专业群

交通运输大类主要专业群包括铁道运输、道路运输、水上运输、航空运输、管道运输、城市轨道交通、邮政 7 类，具体包括高速铁路施工与维护、汽车技术服务与营销、水路运输安全管理、空中乘务、管道工程技术、城市轨道交通工程技术、邮政快递运营管理等 63 个专业。

二、交通运输大类职业岗位（群）应具备的主要职业心理素质

（一）强烈的责任心

责任心是指个人对自己和他人、对家庭和集体、对国家和社会所负责任的认识、情感和信念，以及与之相应的遵守规范、承担责任和履行义务的自觉态度。具有强烈责任心的从业人员，会认识到自己的工作在组织中的重要性，把实现组织的目标当成是自己的目标。交通运输大类职业岗位（群）关系到亿万人的安全，从业人员必须具有强烈的责任

心、使命感和敬畏感。责任心包含了“三出”，即出勇气、出智慧、出力量。有了责任心，再危险的工作也能减少风险，再大的困难也可以克服；反之，再小的问题也可能酿成大祸。

（二）高度的专注力

交通运输大类职业岗位（群）从业人员处于高强度、高压力的工作环境，所以要保持高度的专注力。专注力是因人而异的，不同个体的专注力是不一样的。交通运输大类职业岗位（群）从业人员可以结合自身兴趣、性格以及情绪调控等因素进行一系列的训练，不断提升专注力。

（三）强大的情绪自控力

交通运输大类职业岗位（群）从业人员的工作情境是复杂多样的，工作高强度、高压力容易带来不良的情绪，如果不能拥有强大的情绪自控力，很容易导致工作过程中判断失误或操作不当，因此从业人员必须学会调节不良情绪，积极培养健康情绪，避免重大灾祸的发生。可以尝试用起伏的声调说话；抬头挺胸；使用正面积极的字眼，取代消极负面的词语；不抱怨，多尝试解决问题等方法来保持乐观健康的情绪状态。

（四）良好的抗压力

由于行业的特殊性，交通运输大类职业岗位（群）对安全的要求历来严格，不少作业现场安装了监控设备，有些个性特征与工作不匹配的职工的挫败感强、心理压力大，甚至有从业人员抱怨“交通运输就是命系一线，今天上班了，明天能不能下班回家就不好说了”；同时工作强度大，某客运站值班员坦言：“我经常被调度追责，一个夜班 14 小时下来，简直是痛不欲生。”该行业相对独立，工作相对封闭，工作性质相对单一，工作与生活的平衡难度较大，因此从业人员需要具备良好的抗压力，学会摆脱消极情绪的恶性循环，驯服无用的“思维定势犬”，科学培养“我能行”的自我效能感，发挥自我优势，建立心灵后盾，常怀感恩之心，从痛苦中汲取智慧，方能重拾自信，斗志昂扬，神清气爽，一身轻松。

心理实践

一、心理测量：大学生就业压力测试问卷

指导语：表 17-1 列举了大学生在找工作的过程中，可能产生就业压力的来源或原因，每个人的情况不同，所感受到的就业压力也不一样。请就题目给出的各种就业压力源，结合自己的实际情况作答，选择合适的选项，选项包括“无压力，压力较小，压力中等，压力较大，压力很大”，每题只选一项，选择无所谓对错，请如实填写。

表 17-1　大学生就业压力测试问卷

序号	题目	无压力	压力较小	压力中等	压力较大	压力很大
1	所学专业的市场需求量较小，人才供过于求					
2	父母与自己的就业去向意见不一致					
3	不知道自己喜欢什么工作					
4	自己的语言表达能力较弱					
5	缺乏学生干部的工作管理经历					
6	没有学到什么技能技巧					
7	周围的同学找到的工作比自己的好					
8	许多单位都在压缩岗位编制，可提供的岗位减少					
9	担心求职时上当受骗					
10	不知道本专业究竟适合从事什么工作					
11	担心找到的工作没有发展前景和机会					
12	自己的组织与管理能力较差					
13	没有什么社会关系可帮助自己求职					
14	很想在相对稳定的行业里工作					
15	自己学习成绩不好					
16	工作岗位对本专业人员的素质要求很高					
17	不知道自己适合什么工作					
18	对口的就业岗位不多，选择的机会少					

续表

序号	题目	无压力	压力较小	压力中等	压力较大	压力很大
19	自己的性格不好					
20	担心要从低层做起					
21	自己的专业技能水平不高					
22	担心工作的经济待遇低，薪水少					
23	没有考取某些重要的资格证书（例如：大学英语四级）					
24	自己很少参加专业社会实践活动或学术活动					
25	自己的计算机应用水平不高					
26	不了解合同法，劳动法，不知道找工作有哪些法律保障					
27	所学专业上一届的就业情况不理想					
28	担心工作难度大，自己不能胜任					
29	周围的同学比自己先找到工作					
30	自己的协调与沟通能力较差					
31	很想在名气大、效益好的单位工作					
32	担心应聘时没能把握住面试和选拔的机会					
33	自己没有什么特长					
34	不知道是全身心投入准备升学考试，还是兼顾求职应聘					
35	担心户口和档案难解决					
36	毕业生人数众多，竞争激烈					
37	自己的适应性较差，担心不适应新的工作环境					
38	担心工作枯燥乏味，无挑战性					
39	参加招聘会，面试与上课时间冲突					
40	担心招聘岗位的性别歧视					
41	自己的英语应用水平不高					
42	不懂面试技巧，对求职方法知之甚少					
43	担心找到的工作自己不喜欢，在工作上没有长久的动力					
44	自己的综合能力较弱，缺乏竞争的信心					
45	担心工作缺少福利保障					
46	很想留在大城市或经济发达地区					
47	找工作的负担很重（例如：路费、通讯费、服装费、资料费、门票费等）					
48	不知道该从哪里获得准确的用人信息					
49	担心工作的具体地点太偏僻					

续表

序号	题目	无压力	压力较小	压力中等	压力较大	压力很大
50	所学专业的就业前景不乐观，是冷门专业					
51	担心专业对口问题，是否能从事与专业对应的工作					
52	家庭缺乏一定的经济实力					
53	就业信息严重不足					
54	不喜欢自己的专业，不知道找工作时到底应该选专业还是选兴趣					
55	家庭背景很一般					
56	找工作的过程中要应付各类招聘考试和选拔考试					
57	单位试用期与上课时间冲突					
58	就业形势紧张					
59	不知道自己到底应该从事什么工作					

（资料来源：陈宇红，江光荣．大学生就业压力问卷的编制［J］．广州大学学报（社会科学版），2009，8（03）：31–35.）

二、典型心理情境及应对

（一）职业心理压力

1. 典型工作情境描述

2019年，小罗从某校空中乘务专业毕业后入职某航空公司，如愿成为一名空乘人员。在大家眼里，空姐美丽端庄，身材高挑，妆容漂亮，让人心生羡慕（图17–1）。殊不知，空中乘务员也有很多不为人知的苦恼和烦心事。

看微课

空乘人员的职业压力心理调适

小罗所在航空公司的航空服务人员飞行时间由客舱部运行派遣中心统一制订。从工作时间上看，小罗有足够的时间休息，但实际上小罗的工作量是巨大的。以下是小罗一天的工作行程表。某天，小罗接到上级安排早8点的飞行任务。由于工作单位统一安排的住宿地点距离飞机场较远，她凌晨3点起床收拾物品，自行前往班车地点，6点左右到达飞机场签到上班，8点准时起飞，直至21点左右飞行结束，22点返回住宿地方。看似小罗工作时间是早8晚9大约13个小时，但实际上小罗从准备工作到

图17–1　空乘人员

工作结束返程的时长加起来超过19个小时，休息时间不足5个小时。如果她被客舱部连续安排2个早班的话，那就意味着工作连轴转，睡眠节律被打乱，易造成自身生活的不规律。其次，新冠肺炎疫情暴发后航空服务防疫工作压力剧增，对服务人员业务能力也提出了更高的要求。空中乘务员每天都要接受来自民航局、安全检查部、客舱部的各种考核，小罗在休息之余还要面对提升业务能力等方面的学习压力，进而处于一种高负荷的工作环境中。面对身体、心理等方面的压力，小罗如何应对职业中的困惑，才能更好地坚守好自己的岗位呢？

2. 典型心理困扰的表现

小罗遇到的问题，是工作中常见的压力心理，具体表现在心理、生理和行为上。

（1）心理反应：焦躁易怒

一方面，由于空中乘务员的劳动强度非常大，经常凌晨起来化妆，而后开准备会，进行单调的飞行准备，直到在星光下结束飞行任务，生活非常不规律。其次，业务考核的成绩与客舱服务等级、经济收入直接挂钩，造成巨大学习压力，两方面的压力如果没有得到及时正确舒缓，情绪没有及时宣泄，会引起焦虑不安、烦躁易怒等情绪表现。

（2）生理反应：睡眠障碍

工作时间的不规律以及国际航班倒时差的需要，会造成入睡困难、失眠多梦、早醒等睡眠障碍。

（3）行为反应：降级或离职

高强度、高要求的飞行工作使部分心理抗压能力较差的空中乘务员难以承受，因此很多空中乘务员因考核不合格而离职。

3. 职业心理素质培养

（1）认知调节法

认知调节法认为：认知过程是行为和情感的中介，不良行为和情感与不良认知有关，应该通过改变认知来调整面临的情绪问题和压力心理。如空中乘务员因工作压力大而感到焦虑不安时，应该认识到“其实每种职业都有压力和不如意，这是每个职业人必须去面对的挑战”，通过改变对工作的看法和认知来调整不良的情绪。具备良好认知调控的空中乘务员，是高质量航空服务的保障。

（2）情绪宣泄法

情绪、情感影响着人的身心健康，也影响着人的生活质量和学习、工作效率。情绪宣泄法是以适当的方法把压抑的情绪表达出来，从而减轻或消除心理压力，稳定情绪。比如运动。利用休息日通过跑步、打球、游泳等运动方式来疏解自己的情绪，消耗冲动情绪的心理能量，恢复自信和活力。比较常见的方式是利用倾诉将内心的压力、工作苦恼同家人、朋友进行诉说和表达。

（3）放松训练法

我们可以尝试采用想象放松法来释放自己的压力，可以在指导语的引导下开展放松训练。例如：“我静静地俯卧在海滩上，周围没有其他人；我感觉到了阳光温暖的照射，触到了海滩上的沙子，我全身感到无比舒适；海风轻轻地吹来，带着一丝丝海腥味；海涛在轻轻地拍打着海岸，有节奏地唱着自己的歌；我静静地躺着，静静地倾听这永恒的波涛声……”配合自己的呼吸，积极地进行情境想象，尽量想象得具体生动，全面利用感官去感觉，能够很好地达到休息、放松和减压的效果。

（二）职场倦怠心理

1. 典型工作情境描述

货运员王鹏是一名大学应届毕业生，通过不懈努力过五关斩六将获得了工作，可工作不到一个月王鹏就开始动摇了。货运员是货运中心非常重要的岗位，主要配合并完成主管交付的日常物流管理、现场铁路专用线作业管理、编制各类相关物流管理报表、及时向上级汇报等工作。铁路部门的管理非常细致、严格，王鹏对很多标准化操作很不理解。

看微课

铁路货运员的职业倦怠心理调适

这天，王鹏跟往常一样，上班后集合点名，来到工作线上，横过铁路时，王鹏被师傅叫住。按照制度，工人穿过铁路时，必须做“眼看、手比、口呼”，王鹏跟着师傅一起眼看、手比并口呼到“左边安全、右边安全、前面安全、可以通行”。每一次横过铁路不管有没有火车经过都需要完成这一标准化操作，王鹏心想我只要确认安全再通过就可以了，为什么还要做这些看上去很傻的“形式化”动作。同样，每一次装卸货前都必须跟工人们一起参加开车前会议并做好记录，经常是每天同样的会议要开十来次。

更让人为难的是，因为工作中标准化的操作要求，王鹏在与管理人员和工人的相处中感觉到很心累。比如，夏天天气十分炎热，铁皮车厢内的温度高达60多度，工人们在搬运矿泉水，有一位工人因为天气太热了把衣服全部敞开，在王鹏看来这完全可以理解，但是依据工作要求王鹏必须马上勒令工人穿上衣服，如不履行该职责则要给予处罚。王鹏心里非常过意不去，但是如果自己不这么做的话，巡查的管理人员就会“发牌”警告。因管理制度要求，管理人员每月必须发出指定数量的处罚牌，被罚者重则停职反省，轻则罚款。这些都让王鹏感到心力交瘁，怀疑自己的工作价值。

2. 典型心理困扰的表现

王鹏的困扰非常的典型，具体总结如下。

（1）对安全生产存在麻痹和侥幸心理

货运员在生产线上工作，在生产线活动中处于核心地位。从大量的事故统计数据可以获知，人的不安全行为是绝大多数事故产生的原因，即便是物的不安全因素也与人为操作控制有关。规范、严谨、标准化的行为操作是降低事故发生概率的有效方法。人的行为与心理及精神状态紧密相关，通过王鹏的表现可以看出，他对安全生产存在麻痹和侥幸心理，这是非常危险的。

（2）职业倦怠心理

铁道部门管理非常严格，主张“安全第一，预防为主”“铁路无小事”，操作上讲究精细和标准化。王鹏刚从学校毕业走进职场，简单、枯燥的货运员工作与他“理想”中的工作相差甚远，久而久之就出现了职业倦怠。

（3）职场沟通能力欠缺

在职场上，仅仅业务能力强还不够，还要学会用语言去感染、说服别人配合自己的工作。作为货运员，王鹏既要与上级管理人员沟通，又要与外包公司的工人沟通。职场沟通的目标是任务导向而不是情感导向，王鹏沟通过程中的情感卷入较多，他混淆了职场沟通和普通人际沟通的区别，这就使得他容易“心累”。

3. 职业心理素质培养

（1）提高对职业风险的认知

职业风险是指在执业过程中具有一定发生频率并由该职业者承受的风险，包括经济风险、政治风险、法律风险和人身风险。铁路货运工作点多线长且体力劳动多，又与铁路列车、众多工程作业机械直接接触，人身和财产安全风险大。工作中应力求高效、完美。

提高对职业风险的认知，一要加深对“安全第一，预防为主”原则的认识，真正从内心深处认识到风险防范的重要性。二要严格按照劳动安全制度进行线上劳动作业，坚决杜绝违章作业。三要经常参加安全生产的理论和实践培训，切实增强劳务工作中防伤意识和安全风险的规避能力。

（2）用正念开启身心正能量

正念训练是指有目的、有意识地关注、觉察当下的一切，而对观察到的事物又不作任何判断、分析和反应，只是单纯地觉察它、注意它。货运员因为有很多重复且严格的标准化操作，因此常常会感觉到枯燥，若加入正念训练，每一个简单重复的工作都变成了一种修行。

① 对身体的姿势保持正念。这个方法可以在任何时间、任何地点练习。不论你在走路、站立、躺卧或者坐着时，都对身体的姿势保持正念。例如，要知道你在哪里走路，知道你站在哪里，知道躺卧在哪儿，知道坐在哪儿，你的身体为什么保持这种姿势等。

② 说话、做事时随顺你的呼吸。在说话、做事时，关注呼吸，保持深长地、轻柔地、平稳地呼吸。保持觉知并练习“吸气时，我深深地享受当下；呼气时，我知道这是美妙的一刻”。

（3）提升职场沟通能力

《如何成为职场实力派》一书就提出了职场人如何进行良好沟通的方法，具体包括以下五个流程。

第一，理解与沟通对象的关系。沟通最重要的特征是“具有双向性”，我们不能只关心我自己说什么，而不关心别人要说什么。要尽可能多地进行交流及反馈，缩小相互之间的信息、理解能力和价值观方面的差距，这是促成双方顺利沟通的关键。

第二，先提出结论（想要传达的信息）。在理解沟通对象的基础上，重点考虑如何简单、易懂地传达自己要表达的信息，可以使用“倒金字塔”形式，即把别人最想知道的内容放在首位。

第三，一句话概括结论（想要传达的信息）。古话说“秀才遇见兵，有理说不清”，为了精准沟通，要掌握概括的能力。具体而言，可以在沟通之前，先想象模拟一下场景，尝试自己在纸上一句一句地写出要表达的内容，最后用一句话总结。

第四，思考能够支撑结论（想要传达的信息）的框架。为了进一步说服工作对象，当表达完想表达的主旨之后，还需要有相应的依据。

第五，具体阐述。知道如何表达信息，建立支撑信息的思维框架后，最重要的就是如何进行具体的阐述了。有两种方法可以让你快速地掌握这一步，一个是“用数字阐述”，另一个是“会讲故事”。

（三）职业认同心理

1. 典型工作情境描述

平凡与真情是锻造人生的两大法宝。任何平凡的岗位都是展示各种才华的舞台。在本职岗位上恪尽职守、埋头苦干，是一种奉献，是一种真诚自愿的付出，是一种愉悦人心的获得，是一种纯洁高尚的精神，更是一种升华自我的境界。

陈姜是交通轨道行业中地铁服务的一名基层站务工作人员。一日，恰逢“五一”长假人口流动密集期，本着对工作负责、对乘客负责的心态，他像往常一样认真维护现场秩序，指挥乘客有序下车，避免发生意外。然而一个乘客强行硬挤，陈姜劝阻他别挤，有序下车，但是却得到了一句“关你什么事，你就是一个站岗的人员，有什么资格说我”。这时因为这位乘客的突然硬挤导致在他前面的乘客摔倒了一片，幸好最后没有造成重大的后果，但是因为这件事情，陈姜受到领导严厉的批评。

满心委屈的陈姜很是疑惑，每天重复这样单调的工作，没有改变，让自己觉得生活也没有一点色彩，每天都是三点一线的辛苦工作还得不到乘客的尊重，得不到领导的认可，陈姜开始怀疑自己工作的价值与意义，逐渐对自己的工作越来越没有认同感，他脑海中多次浮现出辞职的念头。

2. 典型心理困扰的表现

陈姜遇到的问题，是很多基层从业者遇到的职业认同感低的心理困扰，具体表现以下几个方面。

（1）基层服务岗位不被他人尊重、认可

韩愈说：“闻道有先后，术业有专攻，如是而已。”三十六行，行行出状元。如今的职业岗位更是千变万化，各种新奇的工作层出不穷，但是它们都无贵贱之分，每个认真工作的人都没有不被尊重的理由。各行各业都是由无数个基层岗位组成的团体，随着城市交通网络越来越发达，城市轨道交通给人们的出行带来便利，轨道交通的整个体系运转离不开轨道交通司机等重要岗位的维护，但单纯意识到轨道司机的重要性而忽略其他辅助岗位是人们常会犯的一个错误，就像陈姜所从事的站务员工作，是整个体系中最平凡但却格外重要的岗位。

（2）工作内容单一、枯燥，缺乏成就感

越是基层行为就越平凡，越是平凡的岗位就越是单调、枯燥。陈姜从事的站务员工作便是如此：工作内容单一，从事一些简单的服务型工作。但平凡的岗位应同样存在不平凡的事件，如果没有一个正确的职业价值观，就会导致缺乏成就动机，对工作缺乏激情。

3. 职业心理素质培养

（1）积极的心理暗示

人的社会性决定了人们随时随地都有可能受到他人的暗示或进行自我暗示，积极的心理暗示能给人带来自信，陈姜作为基层服务岗位从业者首先应该有一个正确的职业价值观，人要改变他人很难，但我们可以尝试先改变自己，我们的心理总是不断地从自己或他人那里接受各种各样的暗示，积极的暗示会让你充满喜悦和信心，帮助你更加乐观地去面对生活，使自己变得更加自信和快乐。

（2）丰富自己的业余生活

无论岗位责任大小，级别高低，每个人都应该在工作之余充实自己的业余生活，在平凡中找到不平凡的意义。丰富自己业余生活的方法应是多元化的，每个人应该结合自身的情况找到适合自己的方法。比如陈姜作为站务员岗位，可以有效利用自己的空余时间，在不影响工作效率和质量的前提下，听听音乐，锻炼身体，还可以多看看与岗位有关的或课外的书籍，这样不仅能充实自己的生活和工作内容，还能提升自己综合素质，起到愉悦身心的作用。

（3）增强基层岗位服务意识

服务意识是指企业全体员工在同一切与企业利益相关的人或企业的交往中所体现的为其提供热情、周到、主动的服务的欲望和意识，即自觉主动做好服务工作的一种观念和愿望，它应发自服务人员的内心。作为一名基层工作人员，必须牢固树立服务意识，提高服务水平，把令服务对象满意作为工作标准。

（四）职业情绪困扰

1. 典型工作情境描述

李文所学专业为航海技术专业，毕业后他进入到某大型海上运输集团，历经8年，回顾自己历程，航海是一项充满艰辛和风险的事业（图17-2），但是也是一个充满挑战的职业。工作中，李文可以欣赏人们很难看到的美丽日出、水天一线的大自然美妙景色，感受美妙的海洋世界，还可以旅行到不同国家，感受异国风情，享受不一样的人生和生活。但有时也会遇到一些挑战，比如有一次出海遇到大风暴，船身的剧烈摇摆导致货物发生位移，李文紧急率领船员对货物加固，防止货物移动对船体造成损害，慌乱之中有些船员因操作不当引发了口角之争。等风平浪静后，发生口角的船员开始心怀怨气，并引起船员间的斗殴，并有船员受伤，李文作为大副要立即协助船长对船员进行情绪引导，处理有关人员，安抚受伤船员，并维护船长权威。如果自己都处在迫切、焦急的情绪中，就可能酿成重大安全事故。因此在平时生活工作中，学会积累准时、迅速进入高度紧张活动状态的经验，从积极角度看问题并寻找资源，面临危险时，才能处事不惊，不易做出悲观、仓促的判断。

图17-2　航海事业

2. 典型心理困扰的表现

李文遇到的心理困惑，是工作中常见的情绪问题，具体表现如下。

（1）紧张

船上事务单调、枯燥，船员生理和心理疲劳严重。船舶在海上长时间航行，船员无法与外界沟通交流，几乎处于一个与世隔绝、相对密闭的空间。船员每一个人各司其职，生活和工作非常固定且单调，同时工作强度很大，而且，船员是在船只摇晃颠簸、高空、噪声以及存在安全威胁的环境下工作，还要承受安全检查的强制性压力，所以在船上工作期间，所有人一直处于高度紧张状态。这种长时间的精神和身体的透支，导致船员易出现注意力不能集中、决策能力下降、记忆力变差、肢体动作不协调、情绪态度异常等变化。

（2）孤单

海上工作远离亲人、朋友，船员几乎没有心理慰藉，感受不到温暖。在船上工作期间，船员与亲人、朋友的交流几乎处于断绝联系的状态，而且船上流动性大，船员没有相对稳定的社交群体，很难在船上找到真正的朋友，这种情况下，船员的喜怒哀乐和心理问题没有倾诉的出口，心理的负担和压力很难得到释放，在极端环境下，甚至会酿成不可估量的后果。

（3）精神疲劳

船员是一个高风险、艰苦的行业，也是一个勇敢者的行业，海员平时工作量大，压力也大，有时还会遇到海盗、机械故障、紧张局面及其他突发事件，这些都会使海员在较长时间内始终处于心理紧张的状态，这就需要海员做出很大的努力去适应，有时候压力甚至会超出其所能承受的适应能力，从而出现精神疲劳。

3. 职业心理素质培养

（1）寻求心理支持

由于船只先天的密闭性、封闭性特征，仅依靠船员自己调节心理问题是行不通的，尤其是长时间航行的船员。故长期海上航行的船舶应设立相应机制，关心船员的心理健康，方便船员获得心理支持。一是寻求团队资源，一只船队是一个系统，每名船员都是系统的一部分，大家可以在系统中找到资源和力量，在平时的交流中，船员之间的互相尊重和关心，能够减轻和释放船员的不平衡；二是通过外部资源，定期为船员提供心理辅导。通过了解船员在船上的工作状况，对情绪不稳定或心理障碍严重的船员，要及时进行疏导。

（2）学会自我调节

学会一些放松技巧，如呼吸放松训练，可以帮助人们保持心情平静，达到缓解过度紧张、焦虑、恐惧等情绪的目的。

腹式呼吸放松练习步骤如下：

① 练习的时候可以采取坐姿、站姿或卧姿，眼睛可以睁着，也可以闭着。要尽可能让自己觉得舒适。

② 将意念集中于腹部（肚脐下 3 厘米到丹田区间），并将注意力集中于呼吸上。把一只手放在腹部，缓慢地通过鼻腔深吸一口气，同时心中慢慢从 1 数到 5。

③ 当你慢慢深吸一口长气时，尽力将气体扩充腹部，想象着一只气球正在充满空气。吸到位时，肺尖会充满空气。

④ 屏住呼吸，从 1 数到 5，心中默念“1——2——3——4——5”。

⑤ 慢慢地通过鼻腔呼气，同时心中默念“1——2——3——4——5”。呼气时要慢慢收缩肺部，想象着一只气球在放气。

⑥ 重复以上过程 7 次。

（3）提高综合能力

船员职业和处境的特殊性，需要船员有较好的智力结构和智力品质，如观察力、记忆力、思维力等。船员需要提升自身的安全意识，熟练掌握船舶安全操作技能，在出现突发严重事故情况下，能做出敏捷反应，找到解决问题的方法。海员如果拥有大海那样宽阔的胸怀、坚强的意志、百折不挠和锲而不舍的精神，无疑对提高智力具有重要作用。同时，还需培养高尚的敬业精神、扎实的专业基础、丰富的航海经验、较好的安全意识，提高组织管理能力、语言沟通能力、经济意识、法律意识、团队意识，保持稳定、乐观、积极的情绪，增强自信心，增强抗挫能力，优化自身心理素质。

三、心理训练

（一）五步脱困法

内心状态可以从语言中获得，反推可知改变说话方式，也可以改变内心状态。五步脱困法即用语言去摆脱困境，是一个快速轻巧、用改变语言的方式改变心理困境的心理技巧。很多人的心理困境其实是由于一些错误信念造成的，以下五个步骤可以帮助大家轻松将心理困境调整为积极进取的心态并拥有更清晰的行动目标。

第一步：描述困境：“我做不到 X。”

第二步：改写：“到现在为止，我尚未能做到 X。”

第三步：因果：“因为我过去不懂得 Y，所以到现在为止，尚未能做到 X。”

第四步：假设：“当我学会 Y，我便能做到 X。”

第五步：未来：“我要去学 Y，使我能够做到 X。”

（二）在未来给现在的自己写一封信

当我们遇到挫折和压力时，常常希望有一位人生导师能给予我们指导。这个人其实也可以是未来的你。闭上眼睛想象一下，你穿过一个长长的隧道来到未来时空，那时候的你已经是一个阅历丰富的智者，未来的你看着此时此刻的你，一定有很多话想说。想一想，写一写，把未来的你可能想说的话、对现在的你的建议和指导都写在这封信上。

注意：这封信是来自未来的你为了激励现在的你所写的。他会给你很多的理解、提醒、建议、帮助，让你带着更多的勇气、更多的快乐、更多的享受去经历一切发生的事情。当你写完这封信，你可以站起来走一走，回到当下，再认认真真地读一读这封来自未来的信。

课外拓展

一、心理书籍

（一）《抗压有方法》

“压力”是现代人挥之不去的梦魇，伴随而来的往往还有焦虑、失眠，以及生活痛苦指数也随之攀升。作者对于“抗压”这门学问，有一套自己的关于“化解逆境、轻松抗压”的切实方法，轻松快乐生活的窍门尽在其中。

（傅佩荣．抗压有方法［M］．南昌：江西教育出版社，2007.）

（二）《自控力》

凯利·麦格尼格尔是斯坦福大学的教授，是备受赞誉的心理学家。她结合了心理学、神经学、经济学、人类学、生物学等学科的前沿理论，为斯坦福大学的学生们开设了自控力系列心理学课程，帮助学生们理解什么是自控力，自己因何失控，如何提升自控力，并通过自控力突破自我，掌控情绪。斯坦福大学的自控力心理学课程也是《自控力》的基础。

（凯利·麦格尼格尔．自控力［M］．江兰，等，译．北京：印刷工业出版社，2021.）

二、健心影院

（一）《中国机长》

影片根据2018年5月14日四川航空3U8633航班机组成功处理特情真实事件改编，该片讲述了“中国民航英雄机组”成员与119名乘客遭遇极端险情，在万米高空直面强风、低温、座舱释压的多重考验的故事。

（二）《替补职员》

影片是一部关于文凭与职场、爱情与物质的青春励志电影。本剧针对社会热点问题，以主人公在找工作时遭遇工作实力和文凭的冲突为线索，讲述了主人公在坎坷的求职路上，执着追求生活和爱情的青春励志故事。

三、学以致用

（一）案例分析

李向前是中国铁路郑州局集团有限公司洛阳机务段的内燃机车钳工高级技师，自进入铁路系统以来，曾获得“全路技术能手”“全国技术能手”等荣誉称号。

李向前凭借一套独创的“锤敲、眼看、手摸、鼻闻、耳听”看家本领，创造了检修内燃机车 5200 余台零故障，维修、复检内燃机车 1 万余台零质量问题的纪录，让机车乘务员开上了放心车。2015 年，凭借在技术攻关、设备改造、人才培养等方面的突出贡献，李向前成为享受国务院特殊津贴的“蓝领专家”。

凭借过硬的技术，从铁路中等专业学校毕业的李向前走进了洛阳机务段宝丰检修车间的大门。“到了现场，才觉所学知识远远不够。”李向前暗下决心：不能在业务上丢人。工作之余，他主动加强专业学习，拿着书籍、资料蹲地沟、钻机械间，一边对照图片，熟悉配件名称，掌握配件安装位置，一边拆、修、装和测量各类配件，熟悉配件检修工艺，了解掌握其工作原理。几十斤到几百斤的配件，他拆装了一遍又一遍，配件数据、故障现象、处理过程……42 个笔记本记得满满当当。看到他学习的劲头，老师傅们也乐于教他。工作半年后，他就成了班组的“业务通”。

某天，李向前路过整备场，听到正在出库的 DF4−6306 机车声音异常，紧跟机车走了几米后，立即呼喊司机停车。经解体检查，发现机车走行部第 2 齿轮箱小齿轮防缓螺帽松动，并即将脱落。他立即组织抢修，避免了一起行车事故的发生。

“控制阀能不能试验后装车呢？”看到职工修复的轮缘喷油器控制阀三番五次返工，李向前领来材料，根据控制阀工作原理，加工底座、安装电源、连接风管、制作支架……经过半个月的调试，他制作的轮缘喷油器控制阀试验台诞生了。从此，返工的事情再也没有发生过。随后，他又根据生产实际，设计制作出了喷油泵流量校验仪、闸瓦间隙测量器等 8 台试验仪器和松紧大螺栓、风管接头的异形扳手、螺丝刀等专用工具，大大减轻了现场职工的劳动强度，提高了生产效率。

2013 年，以李向前名字命名的“李向前内燃机车钳工铁路技能大师工作室”成立。他按照“培养一批骨干、建立一支队伍、强化示范带动”的工作思路，通过精选题、建团队、抓机制、解难题，激发了全段干部职工的创新创效热情。如今，工作室已经成为洛阳机务段培育先进和各类技术人才的沃土，培养出 4 名高级技师、17 名技师、1 名河南省技术能手、2 名路局技术能手。2016 年，这个工作室被河南省总工会授予“工人先锋号”荣誉称号。

（资料来源：人民网，有删改）

讨论：阅读上述案例，你觉得需要拥有哪些职业心理素质，才能够像李向前一样做到“零故障、零问题、零疏漏”？

（二）想想做做

每位同学收集 3~5 位优秀交通运输大类职业岗位（群）从业者的事迹，以思维导图的形式总结出优秀的交通运输大类从业者应具备的职业心理素质，以及如何培育这些职业心理素质，并将思维导图展示给其他同学。

参考文献

[1] 詹秀娟．团队合作［M］．北京：中国轻工业出版社，2019.
[2] 万秋红，赵丹，邓祖禄．大学生心理健康教育［M］．北京：中国轻工业出版社，2019.
[3] 江光荣．大学生心理健康素养［M］．长沙：湖南师范大学出版社，2020.
[4] 董天策．传播学导论［M］．成都：四川大学出版社，1995.
[5] 汪海燕，马奇柯．高职高专学生心理健康指导［M］．北京：高等教育出版社，2015.
[6] 林崇德．心理学大辞典（下卷）［M］．上海：上海教育出版社，2003.
[7] 弗洛姆．爱的艺术［M］．刘福堂，译．上海：上海译文出版社，2018.
[8] 查普曼．爱的五种语言［M］．王云良，译．北京：中国轻工业出版社，2006.
[9] 冯建军．生命教育教师工作手册［M］．太原：山西教育出版社，2018.
[10] 戴吉．生活中的心理学——阅生活 悦自我［M］．长沙：中南大学出版社，2017.
[11] 张海燕．团体心理教育训练实用手册［M］．上海：上海人民出版社，2016.
[12] 胡凯．大学生心理健康教育教程［M］．长沙：湖南人民出版社，2010.
[13] 谷利成．大学生心理健康教育教程［M］．长沙：中南大学出版社，2019.
[14] 吴建国．华为团队工作法［M］．北京：中信出版社，2019.
[15] 孟慧，王佳颖，吕建国．职业心理学（第五版）［M］．大连：东北财经大学出版社，2021.
[16] 刘国防．营销心理学［M］．3 版．北京：首都经济贸易大学出版社，2022.
[17] 徐光兴．临床心理学 心理健康与援助的学问［M］．上海：上海教育出版社，2001.
[18] 吉沅洪．图片物语 心理分析的世界［M］．上海：华东师范大学出版社，2010.
[19] 闵宝权，大津秀女．房树人绘画投射测验 临床应用实践手册［M］．北京：清华大学出版社，2021.
[20] 刘慧．大学生团体心理咨询实务［M］．北京：中国人民大学出版社，2015.
[21] 秦爱君，等．心理健康教育［M］．北京：清华大学出版社，2020.
[22] 胡艳敏．当代大学生自我意识的迷失与教育引导［J］．黑河学院学报,2021,12(10):46-48.
[23] 付晓．大学生自我意识的引领路径［J］．现代职业教育，2021（43）：136-137.
[24] 方怡君．基于约哈里窗口理论的大学生宿舍人际关系探析［J］．高教论坛,2020(2):84-86.

[25] 张燕. 当代大学生宿舍人际关系类型和影响因素研究[J]. 现代交际，2020(03)：143-144.
[26] 于蓝，邵云，等. 成长性团体治疗改善大学生人际交往能力的效果[J]. 中国医科大学学报，2019，48(2)：140-143.
[27] 余乐，余杰. 大学生考试焦虑的心理咨询案例分析[J]. 智库时代，2018(48)：238-239.
[28] 张冠华. 学生管理视角下大学生学习心理现状及对策[J]. 山西大同大学学报(自然科学版)，2019，35(06)：80-83.
[29] 滑登红，尤陶江. 拓展训练对提升高职学生抗挫折能力的试验研究[J]. 教育理论与实践，2017，37(24)：30-32.
[30] 张翠翠. 大学生心理健康教育课程混合式教学设计探讨——以“大学生压力管理与挫折应对”为例[J]. 亚太教育，2021(22)：67-68.
[31] 刘瑞. 立德树人视角下大学生挫折教育创新路径探究[J]. 新疆师范大学学报(哲学社会科学版)，2022，43(06)：56-60.
[32] 杨萌. 高校心理危机学生的识别与预防探究[J]. 现代交际，2020(02)：115-116.
[33] 包桂华. 技工院校学生职业心理素质教育课程探索[J]. 职业，2017(05)：94-95.
[34] 王威. 高职学生职业心理素质教育的理论初探[J]. 职业技术，2014(9)：22.
[35] 庄坚泉. 职业素养教育在高职电子通信类专业学生教育教学中的研究与实践[J]. 人才资源开发，2016(10)：238.
[36] 曹萌，王涛，翟倩倩，等. ISBAR 沟通训练对全科规范化培训住院医师沟通与团队合作能力的影响研究[J]. 中国全科医学，2020，23(16)：2062-2066.
[37] 艾尔肯，王晶. 医学教育中以职业认同感为导向的呼吸内科人才培养模式研究[J]. 中国继续医学教育，2022，14(08)：136-140.
[38] 肖艳林，陈燕玲. 自闭症儿童课堂干扰行为积极干预个案研究[J]. 中小学心理健康教育，2018(24)：45-48.
[39] 胡明云. 儿童体能训练的思考与对策[J]. 重庆与世界，2018(12)：64-65.
[40] 王琴. 幼儿园安全管理存在的问题与对策研究[J]. 成才之路，2019(4)：70.
[41] 朱平，张权. 幼儿教师职业认同对工作投入影响的链式中介效应[J]. 中国健康心理学杂志. 2023，31(1)：65-70.
[42] 刘锦程. 心理暗示在教育教学中运用[J]. 华人时刊(校长)，2022(05)：68-69.
[43] 方水镇. 试论情绪、情感的自我调控[J]. 现代企业教育，2006(24)：169-170.
[44] 杨芳. 五步脱困法在心理咨询中的应用[J]. 宁夏教育，2010(Z1)：146.
[45] 李梁悦，翟方明，刘海兰，等. 医患信任关系的构建：一项社会心理学分析[J]. 医学与哲学，2021，42(04)：57-63.

后记

经过三年的努力，《高职大学生心理健康教育（第四版）》与读者见面了。第四版在第三版的基础上，针对当代高职大学生的主要特点，在案例的选择、理论知识的更新、方法的运用方面做了较大修改，坚持理论与实践紧密结合，符合高职大学生的身心发展规律与人才培养要求。

全书共分十七个单元，由主编李斌教授提出修改方案，拟定修改大纲。各单元的作者如下：第一、十二单元由丁玲、杨洁执笔；第二、十、十三单元由苏小林执笔；第三、五、十四单元由徐云燕执笔；第四、六、十一单元由邹志超执笔；第七、十六单元由许新赞执笔；第九、十五单元由喻寒兵执笔；第八、十七单元由丁玲、周瑕、刘春莹执笔。全书由许新赞统稿，由主编、主审定稿。

本书之所以能顺利出版，要感谢中国人民大学俞国良教授等的大力支持与指导！感谢长沙宏达威爱信息科技有限公司提供 VR 技术支持！感谢为本书的编写工作付出辛勤劳动的同仁和朋友们！教材“拓展职业心理素质”模块 7 个单元的编写过程中，得到了各行各业龙头企业、行业专家、兄弟院校和本校专业教师们的大力支持，在这里表示诚挚感谢！

此外，我们在修订过程中参阅了大量相关资料、教材、书籍，借鉴了部分学者的优秀成果，吸收了相关网站的有关资料，在此表示感谢。同时，本书的出版更离不开高等教育出版社的领导和编辑们，谢谢你们为本书的出版所做的贡献。

由于时间仓促，加上水平有限，书中难免有不当之处，敬请专家及读者们批评指正。

编　者

2023 年 6 月

读者意见反馈

为收集对教材的意见建议，进一步完善教材编写并做好服务工作，读者可将对本教材的意见建议通过如下渠道反馈至我社。

咨询电话　400-810-0598

反馈邮箱　gjdzfwb@pub.hep.cn

通信地址　北京市朝阳区惠新东街4号富盛大厦1座
　　　　　高等教育出版社总编辑办公室

邮政编码　100029

资源服务提示

授课教师如需获取本书配套教学资源，请登录“高等教育出版社产品信息检索系统”（https://xuanshu.hep.com.cn/），搜索本书并下载资源。首次使用本系统的用户，请先注册并进行教师资格认证。

资源服务支持邮箱：songchen@hep.com.cn